U0593273

欧亚历史文化文库

总策划 张余胜

兰州大学出版社

英国与中国西藏

(1774—1904)

丛书主编 余太山

梁俊艳 著

图书在版编目(CIP)数据

英国与中国西藏:1774~1904/梁俊艳著.—兰州:兰州大学出版社,2011.12

(欧亚历史文化文库/余太山主编)

ISBN 978-7-311-03738-3

Ⅰ.①英… Ⅱ.①梁… Ⅲ.①西藏问题—侵华事件—史料—英国—1774~1904②西藏—地方史—1774~1904 Ⅳ.①K297.5

中国版本图书馆 CIP 数据核字(2011)第 228882 号

总 策 划 张余胜

书　　名 英国与中国西藏(1774—1904)
丛书主编 余太山
作　　者 梁俊艳 著
出版发行 兰州大学出版社 (地址:兰州市天水南路 222 号 730000)
电　　话 0931-8912613(总编办公室) 0931-8617156(营销中心)
　　　　 0931-8914298(读者服务部)
网　　址 http://www.onbook.com.cn
电子信箱 press@lzu.edu.cn
印　　刷 兰州人民印刷厂
开　　本 700mm×1000mm 1/16
印　　张 27 (插页 6)
字　　数 356 千
版　　次 2012 年 1 月第 1 版
印　　次 2012 年 1 月第 1 次印刷
书　　号 ISBN 978-7-311-03738-3
定　　价 88.00 元

(图书若有破损、缺页、掉页可随时与本社联系)

乾隆皇帝戎装像

御制平定西藏碑

御制平定西藏碑文

御制十全记碑

顺治帝给达赖喇嘛的敕谕

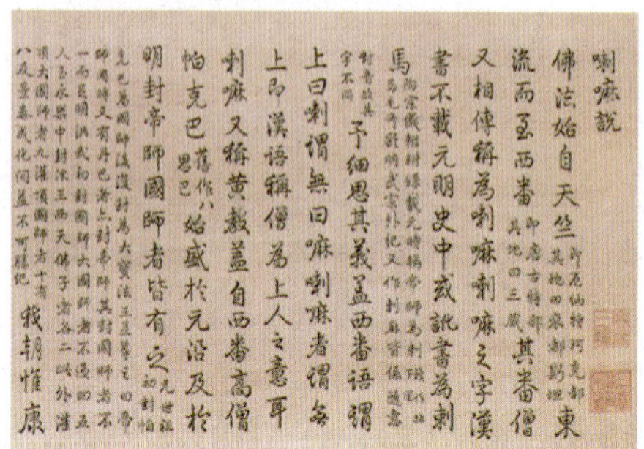

喇嘛說

佛法始自天竺東流而至西番其番僧又相傳稱為喇嘛喇嘛之字漢書不載元明史中或訛書為剌馬予細思其義蓋西番語謂上曰喇謂無曰嘛喇嘛者謂無上即漢語稱僧為上人之意耳喇嘛又稱黃教蓋自西番高僧帕克巴始盛於元沿及於明封帝師國師者皆有之我朝惟康

《喇嘛说》

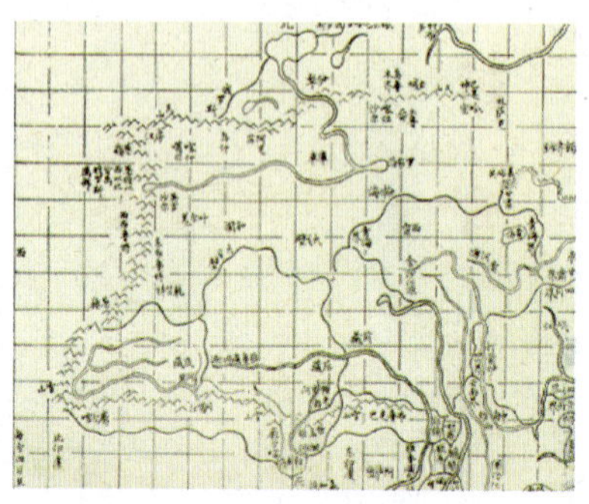

西藏沿边图（引自《西藏图考》）

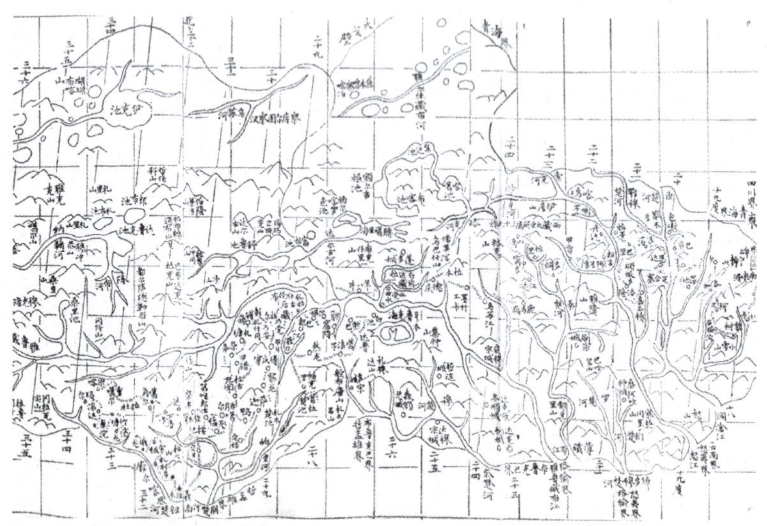

西藏全图（引自《西藏图考》）

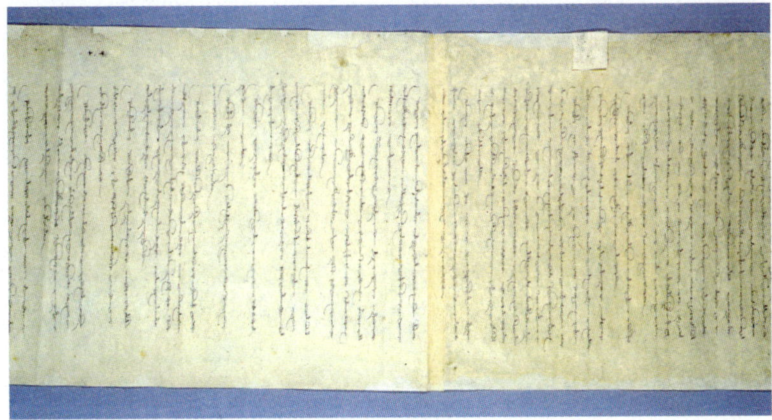

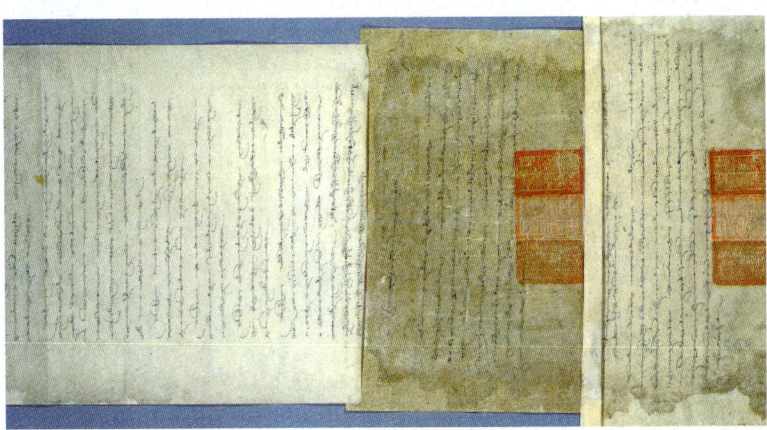

《钦定藏内善后章程二十九条》

江孜宗山英雄纪念碑

曲眉仙郭抗英遗址

曲眉仙郭抗英纪念碑

抗英烈士跳崖纪念碑

聂拉木碉堡遗址

乃宁寺抗英遗址

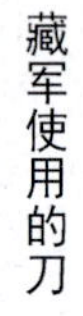
藏军使用的刀

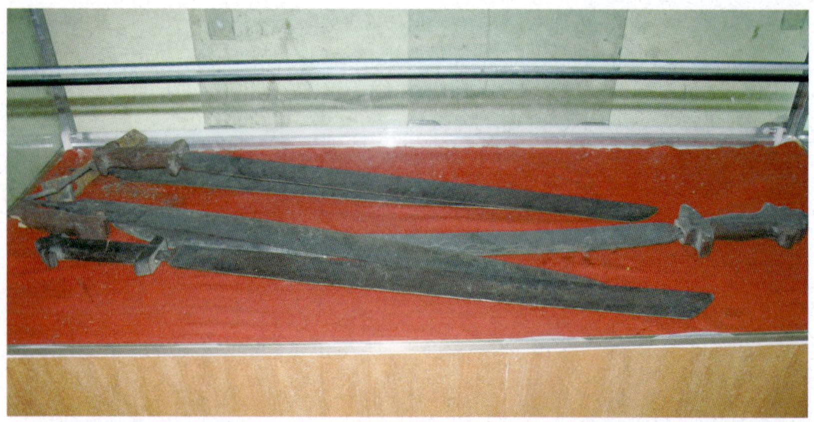

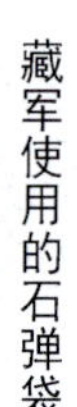
藏军使用的石弹袋

藏军使用的藏枪

英军子弹

抗英大炮

江孜宗山城堡

江孜古城堡遗址

紫金寺遗址

亚东边贸市场

前往聂拉木途中

中尼交界处

《欧亚历史文化文库》学术委员会

主　任

陈高华

委员（按拼音顺序）

定宜庄　韩　昇　华　涛　蓝　琪

李锦绣　李勤璞　厉　声　林梅村

林悟殊　刘欣如　刘迎胜　卢向前

罗　丰　马小鹤　梅维恒　牛汝极

潘志平　荣新江　芮传明　沈卫荣

汪受宽　王邦维　王冀青　王　颋

王希隆　王　欣　魏存成　徐文堪

杨　军　于志勇　郑炳林

《欧亚历史文化文库》出版委员会

主　任

张余胜

副主任

管钰年　李玉政　汪晓军　袁爱华

赵　莉　文斌虎　马永强

委　员(按拼音顺序)

崔　明　郝春喜　柯肃成　雷鸿昌

雷永林　李连斌　李兴民　梁　辉

刘　伟　卢旺存　罗和平　饶　慧

施援平　孙　伟　王世英　王永强

夏　玲　邢　玮　张东林

出版说明

随着20世纪以来联系地、整体地看待世界和事物的系统科学理念的深入人心，人文社会学科也出现了整合的趋势，熔东北亚、北亚、中亚和中、东欧历史文化研究于一炉的内陆欧亚学于是应运而生。时至今日，内陆欧亚学研究取得的成果已成为人类不可多得的宝贵财富。

当下，日益高涨的全球化和区域化呼声，既要求世界范围内的广泛合作，也强调区域内的协调发展。我国作为内陆欧亚的大国之一，加之20世纪末欧亚大陆桥再度开通，深入开展内陆欧亚历史文化的研究已是责无旁贷；而为改革开放的深入和中国特色社会主义建设创造有利周边环境的需要，亦使得内陆欧亚历史文化研究的现实意义更为突出和迫切。因此，将针对古代活动于内陆欧亚这一广泛区域的诸民族的历史文化研究成果呈现给广大的读者，不仅是实现当今该地区各国共赢的历史基础，也是这一地区各族人民共同进步与发展的需求。

甘肃作为古代西北丝绸之路的必经之地与重要组

成部分,历史上曾经是草原文明与农耕文明交汇的锋面,是多民族历史文化交融的历史舞台,世界几大文明(希腊—罗马文明、阿拉伯—波斯文明、印度文明和中华文明)在此交汇、碰撞,域内多民族文化在此融合。同时,甘肃也是现代欧亚大陆桥的必经之地与重要组成部分,是现代内陆欧亚商贸流通、文化交流的主要通道。

基于上述考虑,甘肃省新闻出版局将这套《欧亚历史文化文库》确定为2009—2012年重点出版项目,依此展开甘版图书的品牌建设,确实是既有眼光,亦有气魄的。

丛书主编余太山先生出于对自己耕耘了大半辈子的学科的热爱与执著,联络、组织这个领域国内外的知名专家和学者,把他们的研究成果呈现给了各位读者,其兢兢业业、如临如履的工作态度,令人感动。谨在此表示我们的谢意。

出版《欧亚历史文化文库》这样一套书,对于我们这样一个立足学术与教育出版的出版社来说,既是机遇,也是挑战。我们本着重点图书重点做的原则,严格于每一个环节和过程,力争不负作者、对得起读者。

我们更希望通过这套丛书的出版,使我们的学术出版在这个领域里与学界的发展相偕相伴,这是我们的理想,是我们的不懈追求。当然,我们最根本的目的,是向读者提交一份出色的答卷。

我们期待着读者的回声。

总序

本文库所称“欧亚”(Eurasia)是指内陆欧亚,这是一个地理概念。其范围大致东起黑龙江、松花江流域,西抵多瑙河、伏尔加河流域,具体而言除中欧和东欧外,主要包括我国东三省、内蒙古自治区、新疆维吾尔自治区,以及蒙古高原、西伯利亚、哈萨克斯坦、乌兹别克斯坦、吉尔吉斯斯坦、土库曼斯坦、塔吉克斯坦、阿富汗斯坦、巴基斯坦和西北印度。其核心地带即所谓欧亚草原(Eurasian Steppes)。

内陆欧亚历史文化研究的对象主要是历史上活动于欧亚草原及其周邻地区(我国甘肃、宁夏、青海、西藏,以及小亚、伊朗、阿拉伯、印度、日本、朝鲜乃至西欧、北非等地)的诸民族本身,及其与世界其他地区在经济、政治、文化各方面的交流和交涉。由于内陆欧亚自然地理环境的特殊性,其历史文化呈现出鲜明的特色。

内陆欧亚历史文化研究是世界历史文化研究中不可或缺的组成部分,东亚、西亚、南亚以及欧洲、美洲历史文化上的许多疑难问题,都必须通过加强内陆欧亚历史文化的研究,特别是将内陆欧亚历史文化视做一个整体加以研究,才能获得确解。

中国作为内陆欧亚的大国，其历史进程从一开始就和内陆欧亚有千丝万缕的联系。我们只要注意到历代王朝的创建者中有一半以上有内陆欧亚渊源就不难理解这一点了。可以说,今后中国史研究要有大的突破,在很大程度上有待于内陆欧亚史研究的进展。

古代内陆欧亚对于古代中外关系史的发展具有不同寻常的意义。古代中国与位于它东北、西北和北方，乃至西北次大陆的国家和地区的关系,无疑是古代中外关系史最主要的篇章,而只有通过研究内陆欧亚史,才能真正把握之。

内陆欧亚历史文化研究既饶有学术趣味,也是加深睦邻关系,为改革开放和建设有中国特色的社会主义创造有利周边环境的需要，因而亦具有重要的现实政治意义。由此可见,我国深入开展内陆欧亚历史文化的研究责无旁贷。

为了联合全国内陆欧亚学的研究力量，更好地建设和发展内陆欧亚学这一新学科,繁荣社会主义文化,适应打造学术精品的战略要求,在深思熟虑和广泛征求意见后,我们决定编辑出版这套《欧亚历史文化文库》。

本文库所收大别为三类:一,研究专著;二,译著;三,知识性丛书。其中,研究专著旨在收辑有关诸课题的各种研究成果;译著旨在介绍国外学术界高质量的研究专著;知识性丛书收辑有关的通俗读物。不言而喻,这三类著作对于一个学科的发展都是不可或缺的。

构建和发展中国的内陆欧亚学,任重道远。衷心希望全国各族学者共同努力,一起推进内陆欧亚研究的发展。愿本文库有蓬勃的生命力,拥有越来越多的作者和读者。

最后,甘肃省新闻出版局支持这一文库编辑出版,确实需要眼光和魄力,特此致敬、致谢。

余太山

2010年6月30日

目录

序 一

邓锐龄

自2006年梁俊艳博士来中国藏学研究中心，共事瞬已4年，其间博士参与编辑《西藏通史·民国卷》之余，时常以近代英印与我国西藏关系史上的问题询问，多年以前，我还在职，因某课题的需要，曾涉猎这一历史阶段的史籍，稍有所知，以故得以应答。今年博士又以所写《英国与中国西藏（1774—1904）》文稿见示，读竟全稿，惊讶于其卷帙浩博，结构弘阔，立论精辟，所引用依据的中外文著作有很多我未加寓目者，虽于若干近人著述闻名已久，总因无暇、渐至衰老而无力阅读了。近日，博士将以此文稿问世，又敦促写一序言，以知识浅薄如我者，焉能妄加评论，再三辞谢而未能，只好写点感想以应命。

今日流亡海外的达赖喇嘛等鼓噪"西藏独立"，迷惑视听，此类谬论植根于20世纪初。此前，西藏地方从无人用"独立"一词，祸端肇始于英印1904年第二次武装入侵，其后西藏上层中始出现亲英势力。而此一役正是英印长期企图控制西藏、分裂中国、猖狂入犯而为西藏民众坚决抗拒的结果。本书着眼于英国侵藏的行动全过程，将其自1774—1904年的130年内谋略的前后一贯、循序深入的特点给予详尽的描述，非仅仅注目往昔，于今日维护国家的完整统一的现实也具积极意义。

既树立此题旨，则取材不得不偏重英方著作，用以阐述史实，而不为其偏见左右。作者于此始终注意别择，而搜采范围殊为广泛，既引用罕见的Col. Kirkpatrick、L. N. Soboler氏书，又留意M. Evans氏的近作。同时使用国内档案馆皮藏和汇集的档案、中外文老报纸、学者的论著，佐之以图片、地图、表格、统计数字、附注，内容极为丰富。一般叙述这段历史者容易简略的地方，如英东印度公司的结构沿革、廓尔喀的兴起与英印的纠葛、英印总督的设置、英印谋藏的官员的履历身世等都用专章或注释补足。

过去我涉猎这方面的史料时,读到英印第一次侵藏得手,迫使驻藏大臣升泰去印缔和,构成清廷与西藏上层在和战意见上的矛盾,深深慨叹于上下不睦的悲剧性的结局。今读此稿,认识复得深入。藏人上层如此激烈地反对英印派人进藏是基于多年积累的经验。早在清廷消除准噶尔部从北方再入西藏危险之后,1774 年(乾隆三十九年)西藏当局已经对南方的英人的黩武好战深怀戒心,继因英东印度公司蚕食印度诸邦,觊觎尼泊尔、不丹、锡金[1]而深知英人所倡入境游历、敦睦邻谊、扩大贸易、设办事处,是一套实现其鲸吞的惯用程序。可以说,在国内,唯独西藏上层对英印战略的了解最早最多,而中朝及驻藏大臣未必感同身受,尤其他们多年于世界形势和英印政府的战略,并未去积极地了解。如英人 1886 年(光绪十二年)完成并吞缅甸,始发现喜马拉雅山脉之南、阿里之西诸邦乃大清的藩属,情况类似缅甸,且同西藏在种族、宗教、历史、文化、商业乃至政治上关系密切。清廷本可恃此法理及事实上的优势,拒不承认英人未经照会中国而径与锡金等缔结条约,支持藏人拒绝英人入境,而且鼓励边外尼泊尔、不丹诸邦向往北京,一致对外。如此可迫使英印暂时收敛野心,且当时英人的确也有所顾虑。可惜,朝野见解及此者甚少。驻藏大臣如色楞额还是多少明晓此理,但不能也不愿违抗中央的退让息事的方针。名臣四川总督丁宝桢曾上奏称英人由海路入华经营东南,积年已久,现又觊觎西南,若西藏门户失守,英人得以循陆东行,四川一失,天下遂沦陷为其势力范围,表示愿亲自率军入藏东防御。此类意见都未被朝廷采纳。后来帝俄的藏学家巴德玛耶夫(P. A. Badmaev)、英印侵略军的主帅荣赫鹏(F. Younghusband)的言论,皆与丁宝桢奏议所言相符。这正好证明作者提出英印进入中国的谋略为“东西呼应、海陆并举”的见解准确深刻。

又,在乾隆晚年(1793),廓尔喀人言披楞(指英人)最为“强横暴虐”;嘉庆时(约 1816 年),廓尔喀与英印作战中曾向清廷求援,剀切申

〔1〕 锡金已于 1975 年并入印度,成为印度的一个邦。

说，英人一旦控制尼泊尔，下一步则以拉萨为其目标，这些也是该国上层对英印的勃勃野心的经验总结。因此，作者特立章节论述英印最早乘廓尔喀军犯藏失败，急于与尼泊尔缔约、派专使入尼国首都等，并述及英人最后如何步步完成其对尼的控制，确有卓见。如此看来，倘再扩大范围研究英国吞并印度各邦的谋略及经过，作为阐述其侵藏过程的对照，实有必要。

这一巨著本来在梁君原来的博士学位论文基础上写成。原论文我也读过，篇幅很长。这也是时势使然。近三十年来，历史学博士论文须写数万字始能通过，几乎成了潜规则。拙意：衡量文章当以其史观见解的正确，对史料的理解及去取得当作为准绳，俾一篇之中显现作者学力深浅、风格雅俗，可供评论，而不必为字数是否过数万所左右。如欲求多，可以考虑仿效柳诒徵先生《中国文化史》、邓之诚先生《中华二千年史》的体裁，姑名之为“纲目集证体”。“纲目”是概括史实，抒写己见；“集证”是摘录所据文献（原始史料及学人论著），注明出处。“纲目”以大字在前，“集证”以小字低格附后。这既便利于读者省览，且是治学精进的一条途径。

2010 年 10 月 27 日

序　二

朱晓明

2010年1月,党中央、国务院召开的第五次西藏工作座谈会提出要坚持对达赖集团的斗争方针,深刻认识反分裂斗争的规律,谋长久之策,行固本之举。

怎样才能深化对西藏反分裂斗争的规律性认识呢?学习和研究历史,无疑是一个重要的、有效的途径。"以古为镜,可以知兴替",讲的就是以历史为镜子,可以明白时势的盛衰变迁,认识历史发展的规律和轨迹。但是,研究历史也有一定的难度。因为历史的过程纷繁复杂,历史的人物形形色色,历史的文献汗牛充栋。要从上下数百年,纵横数千里的历史活动、历史人物、历史事件中发掘事实真相、把握历史脉搏,的确很不容易。这就需要历史学者为我们梳理历史的线索和脉络,成为我们认识历史、把握规律的向导。中国藏学研究中心历史研究所梁俊艳博士的新著《英国与中国西藏(1774—1904)》,就是一部帮助我们了解和认识英国这个老牌的帝国主义、殖民主义国家侵略西藏历史的前因后果、来龙去脉的学术专著。

本书内容共有七章:

第一章,英国对华陆路战略的展开。从英国的崛起和早期中英关系谈起,引申至东印度公司和英国对华陆路战略,随即详细谈及波格尔、特纳使藏,也即英国对华陆路战略的展开,并为其日后的进一步行动"探路"。

第二、三章,廓尔喀两次侵藏和英国的介入。以往学界对廓尔喀两次侵藏研究不少,但对英国在其中所扮演的角色并未深入研究。这是英国对华陆路战略展开中的一部分,也是全书的一个重点。这个时候英国惧怕于中国的实力,只能试探性地介入,想扮演"调停人"的角色,企图从这两场战争中捞取最大利益。

第四章,清朝的战后因应对策与对南亚次大陆的认识。从另一种角度看待《钦定藏内善后章程二十九条》,认为这也是清朝应对外来势力所采取的措施。此外,通过对“披楞”(即英属印度政府)的认识,分析了廓尔喀侵藏战争结束前后清朝统治者的世界观念、对南亚次大陆特别是英国和英属印度殖民政府的认识。

第五章,英国侵藏的准备阶段——撤藩,即英国撤除西藏藩篱,蚕食鲸吞尼泊尔、锡金、不丹等国,为武装入侵西藏做准备。1792 年之后,清朝加强了对西藏的管理控制,英人无从插手西藏事务,便蚕食鲸吞西藏周边藩属,作为侵略西藏的跳板。这是英国对华陆路战略中很重要的一个步骤。

第六、七章,英国两次入侵西藏。对英国两次侵藏的原因、过程及影响做了论述,进一步充实了前人对此问题的研究。

书中倾注了作者多年的心血,显示出作者功力扎实、学风严谨。《英国与中国西藏(1774—1904)》一书在以下几方面有所创新:

第一,该书以马克思主义辩证唯物主义和历史唯物主义为指导,解释英国与中国西藏关系中的诸多问题,方法正确,观点鲜明。在具体研究方法上,作者把国际环境理论和中国传统史学结合起来,以英国对华的海陆两面战略特别是陆路战略研究为核心,视野开阔,重点突出。

第二,在史料运用上,本书充分利用汉藏文和外文第一手资料,如《清实录》、《清季外交史料》、《钦定巴勒布纪略》、《廓尔喀纪略》、《卫藏通志》、《宫中档乾隆朝奏折》、《乾隆朝上谕档》、《藏印往来照会》、《多仁班智达传》、《英国与俄国在中亚,1880—1907》、《尼泊尔王国记》、《波格尔使藏及曼宁拉萨之行》、《荣耀之旅——回顾我一生中的人和事》和《印度与西藏》等,这些档案、官书、文集、笔记、来往信件和电函资料的使用为该书学术创新奠定了扎实的基础。本书作者发挥英文阅读能力较强的优势,广泛搜集、大量使用英文资料,体现了新一代青年史学、藏学研究者的战略思维、世界眼光和较高的英语水平。

第三,在学术研究上,作者通过认真辨析,深入分析,探讨英国与中国西藏关系中一些规律性和本质性的东西，填补了过去关注不够的一些空白点，并解决了一些疑难和纷争问题，或者对传统观点提出自己的不同看法，有一定的学术价值。如利用《尼泊尔王国志》分析英国的立场和态度；英国在廓尔喀两次侵藏中的活动；英国第二次入侵西藏中的文化侵略等内容均有一定创新。

研究历史，首先要把握历史走向，认清大是大非。本书读后，给人印象最深的是集中剖析和回答了西藏近代史上的一些重大问题，叙述完整、表达清晰。

例如：

第一，关于英国对华的陆路、海洋两手战略，特别是对英国对华陆路战略的研究。学界之前也有人提到英国对华的两手战略，但尚未出现对其两手战略，特别是陆路战略的系统研究。作者把英国对华的陆路战略和海洋战略联系起来，分析其相互关系，梳理了从以海为主，到海陆并进，再到以海为主的变化过程和脉络。英国通过陆路与中国西南边陲毗邻的南亚次大陆国家向中国西藏渗透、侵略，在取得立足之地以后，再通过西藏地方当局与清朝中央政府角力，并从这个方向逐步向中国内陆渗透。从本书七章的内容看，对英国对华陆路战略的研究是连贯而逐渐深入、环环紧扣的。这也是全书的核心、灵魂所在。作者由此得出，中国的国防是一个整体，海防与塞防互为表里，相互影响，缺一不可。片面强调海防而忽视塞防，"扶得东边倒了西边"，则"西边必倒东边亦未能扶也"。

第二，关于所谓"宗主权"问题。作者刨根问底，理清了这一问题的来龙去脉。首先，作者找出了所谓"宗主权"的原意。宗主权是指宗主国对其进贡国享有的一项权力，宗主国通常在一定程度上拥有进贡国的外交权，但进贡国仍有独立的自治权力。较有权的一方为宗主，英文里的宗主权"Suzerainty"原是用来形容奥图曼帝国及其周围属地的关系。其次，作者指出：1901 年之前，"宗主权"这一概念并没有出现在任何英国正式文件中。但总的来说，英国普遍承认西藏是处在中国的宗主权之下的。但是，寇松甚至连这种宗主权都不愿意承认。在 1903

年寇松写给汉密尔顿的一封信中提到,“我们认为所谓的中国对西藏的宗主权只是一种章程上的虚构”。1907年,俄英两国在划分帝国主义势力范围的《西藏协定》中,第一次提出“中国对西藏之宗主权”的说法,宗主权和主权到底有什么区别?英俄把中国对西藏的主权说成宗主权,用意何在呢?实际上英帝国主义者就是要用“宗主权”来否定中国对西藏的主权。再次,作者援引了柳陞祺先生关于1944年国民政府驻藏办事处处长沈宗濂曾在新德里同英印外交部长卡罗谈到所谓“宗主权”问题时的回忆。卡罗向沈宗濂说,对这个词还很难下定义,宗主权的伸缩性很大,这要看中央政府对一个地方的权力贯彻到什么程度。如果全部贯彻了,那就是主权,不然,就是宗主权吧。显而易见,“宗主权”完全是一个为了方便自己的侵略利益而杜撰出来的概念,目的就是要否定中国对西藏的主权,最终实现“西藏独立”的目的。

作者指出,在帝国主义势力侵入西藏以前,从来没有出现过什么“西藏问题”。西藏地方发生的各种纠纷甚至冲突,都属于中国内政问题,由中国中央政府自己解决。但自19世纪下半叶以来,英国殖民主义分子在吞并全印度后,扩张其势力,向喜马拉雅山区进攻,企图割裂中国、侵占西藏,于是才有了所谓的西藏问题。可以说,英国是所谓“西藏问题”的肇始者。综观英国殖民主义者在西藏的侵略活动,不难看出其分裂中国西藏的“路线图”:首先以所谓的“宗主权”否定中国对西藏的主权,使西藏在“自治”的名义下实现事实上的“独立”,然后唆使西藏宣布“独立”,从而使西藏彻底脱离中国。

搞清所谓“宗主权”问题,有助于人们进一步认清达赖集团所谓“高度自治”、“中间道路”的实质。英国的所谓“宗主权”和达赖集团的所谓“高度自治”、“中间道路”不过是一个硬币的两面:一个从外,一个从内;一个从上,一个从下;一个用所谓“宗主权”否定中国政府对西藏地方的主权,一个用所谓“高度自治”否定中央政府对西藏地方的主权。角度不同,实质一样。因此,达赖集团现在仍在鼓吹的所谓“高度自治”,不过是历史上老牌帝国主义、殖民主义者所谓“宗主权”的陈词滥调在当代的翻版而已。

第三，关于撤藩问题。作者分析到，19世纪60年代末，日益腐朽的清政府经历了鸦片战争以及随后的一系列不平等条约，早已无暇自顾，哪有精力去关注千里之外的边疆藩属？乾隆之后的清帝已经丧失进取之心，就连"持盈保泰"也无法做到；道、咸、同、光等帝因循守旧，固守陈规，鼠目寸光，致使尼泊尔、锡金、不丹等藩属一一陷落。在主观方面，清朝完全可以给予这三个藩属力所能及的支援，帮助其共同抵抗英国，使英国威逼利诱的政策不能实现，陷其于孤立。但清朝并没有这样做，反而漠然处之，明哲保身，殊不知西藏藩篱一旦被英国撤除，便日益暴露在英国人虎视眈眈的眼中，成为其砧板上的鱼肉。于是，英国便直接迈向其对华陆路战略的下一步：武装入侵西藏。

第四，关于"钦定藏内善后章程"的对外意义。以往学界对"钦定藏内善后章程"（水牛年文书）的研究，多从内政角度着眼。作者则同时指出，福康安在奉旨制定有关西藏章程的过程中，在很大程度上是应对复杂的南亚次大陆形势。从某种意义上说，战后由他主持草拟并经乾隆帝钦定的"西藏善后章程"，既是西藏的一个基本法，同时又是基于外来势力威胁的因应对策的重要方面。这里，再次证明了内政和外交的辩证关系。

第五，关于中国应对第一次全球化的历史教训。作者指出，帝国主义列强加剧了向东方尤其是中国的扩张，这是清朝之前任何朝代所没有面临过的国际环境。面对世界资本主义全球化的浪潮，清朝统治者依然闭关自守，墨守成规，不思进取，陶醉于"天朝上国"的虚幻梦境中，用陈旧的藩属观念去看待不断变化的世界，对当时头号资本主义强国的对华海上和陆路两面战略均缺乏认识，丧失了应有的警觉和正确的因应对策。当英国用武力打开中国东南大门之后，最终又实现了它从陆路打开我国西南大门，并在光绪年间两次武装入侵了西藏。历史再次证明，故步自封，不睁开眼看世界，注定是要落伍的，而落后就意味着挨打。

从上面列举的数例，尽管挂一漏万，但在一定程度上也可以窥一斑而知全豹。通过这本对英国侵略西藏历史研究的专著，我们可以了解老牌的帝国主义、殖民主义势力为什么要插手和染指西藏,是如何插手和染指西藏的,经历了哪些阶段和演变,有哪些重要的历史关节点;可以了解西藏的亲帝分离主义分子是如何产生的,经历了怎样的历史过程;也可以了解清朝统治者因应的过程和得失。这对于我们认识和把握西藏分裂和反分裂斗争的规律,做好当前和今后的工作,有着重要的借鉴和启示。

2008 年年底,我带了一个中国藏学家代表团到欧洲访问。在与政界(包括议员和官员)交流时,利用国际上对西藏事务认识的新变化,促有关国家认清形势,不要作出错误判断。例如,提醒有关国家政界人士注意英国外交大臣米利班德 2008 年 10 月 29 日关于"英国承认西藏是中华人民共和国一部分"和历史上染指西藏是"时代的错误"的表态。米利班德的发言中提到英国对西藏地位的认识受到英国在 20 世纪初立场的影响,而当时的立场是基于地缘政治的。当时英俄争夺我国西藏,英国担忧俄国南下威胁英属印度的安全,因此提出"宗主权",成立"缓冲国"。以英国的这一变化向有关国家的议员和官员们说明,英国是历史上唯一曾经武力入侵过西藏的西方国家,历史上他们不承认中国对西藏的主权,只承认中国拥有"宗主权",而现在他们承认和纠正了历史的错误、"时代的错误"。希望在西藏问题上没有历史包袱的西方国家的政治家不要在新的历史条件下,再犯新的"时代错误"。如果我们了解英国侵略西藏的历史,再了解在当前国际形势下英国关于西藏问题态度的变化,就会更加坚定维护祖国统一、民族团结、社会稳定的信心,更加提高做好涉藏对外工作的力量和效果。

这里,我还要对本书作者做个简要介绍。梁俊艳是毕业于中国人民大学清史研究所的博士,本书在她的博士论文基础上作了一定的修改和补充。2006 年 6 月,她到中国藏学研究中心历史研究所从事涉藏近现代史研究。在藏研中心的 3 年多时间里,一方面藏研中心努力为这批青年学者创造学习研究的条件,另一方面本人也十分努力,抓住了一些机会。例如,2007 年 8 月赴藏调研,2007 年 9 月至 2008 年 3 月,通过选拔到加拿大进修英语,2009 年 3 月至 7 月,参加了中央党校西藏班的学习,2009 年下半年借调到中央外宣办帮助工作。此外,她和中心的其他中青年学者一起,每周利用业余时间学习藏语,已经坚持了两年,并在联欢会上用藏语表演节目,受到大家的欢迎和鼓励。她不是一个“读死书”的人,十分关注现实问题研究。2008 年拉萨“3.14”事件发生后,她积极投入揭露和批驳达赖集团分裂活动的舆论斗争,在报刊、媒体发表多篇文章,还发表了多篇西藏历史研究的论文及译著。看到这批中青年学者的迅速成长,作为西藏工作和藏学研究领域的一名“老兵”,感到由衷的欣慰和鼓舞。希望本书作者和这一批中青年学者抓住时代的机遇,结合涉藏工作中的重大理论和实践问题,发挥各自的专长,以“断其一指”的精神,凝聚自己所学、所思、所悟,一个一个地突破难题,出成果、出人才,为实现西藏和四省藏区的跨越式发展和长治久安,维护祖国统一、民族团结,贡献青年藏学家们的智慧和力量。

2010 年春节、藏历新年写于北京

1 英国对华陆路战略的展开

清朝自建立以来，就面对西方世界不断的海外扩张。俄国企图从北部大陆侵略中国，葡萄牙、西班牙、荷兰、英国则从东南沿海咄咄紧逼。当英国东印度公司不断扩张并征服了印度，英国对中国西南边疆的威胁便真正降临了，古老的中华帝国面临着新兴资本主义强国前所未有的冲击。

1.1 英国的崛起与早期中英关系回顾

在清朝兴起前后，西方葡萄牙、西班牙、荷兰等国相继崛起，但终为英帝国所取代。

1.1.1 英国崛起

15 世纪，葡萄牙依靠强大的海上力量大规模向全世界扩张与殖民。1509 年，葡萄牙在印度洋打败阿拉伯人，封锁了红海航路，终结了阿拉伯人对印度洋、红海、地中海的控制权。自此，葡萄牙完全掌握了印度洋的海上霸权。此后，他们继续向西太平洋挺进。1511 年占领马六甲，打开通往西太平洋的通道，继之占领并控制了科伦坡、爪哇、印尼等香料产地，基本上垄断了印度洋和西太平洋的海上贸易。1521 年 3 月底，葡萄牙航海家麦哲伦（Ferdinand Magellan）率领的船队到达了菲律宾群岛，完成了人类首次从西向东环球航行的壮举，证实了地球是圆形的假说。

虽然葡萄牙拉开了地理大发现的序幕，并在东方进行了广泛的殖民扩张，但地理大发现和殖民扩张的主角仍是西班牙。哥伦布发现美洲、麦哲伦环球航行，都靠西班牙政府的领导和支持，其人力、物力是葡萄牙所不能及的。西班牙进行扩张和掠夺的重点在中、南美洲。自 1492 年哥伦布发现美洲新大陆之后，西班牙殖民者随即控制了加勒比海沿岸地区,占领了西印度群岛。1511 年,西班牙攻占今古巴,1513 年征服佛罗里达半岛,1517 年侵吞尤卡坦半岛,1519 年深入墨西哥内地,1531 年进军秘鲁,接着又掠取今智利、哥伦比亚、阿根廷、乌拉圭和巴拉圭等地。到 16 世纪中叶,西班牙已经控制了除巴西和圭亚那地区之外的整个中、南美洲。

16 世纪,西班牙作为西欧最强大的殖民帝国长期称霸海上。然而,和葡萄牙一样,国内牢固的封建统治令海外殖民掠夺来的财富不能用于促进本国资本主义经济的发展。大量金银的流入引起了物价飞涨,造成急剧的通货膨胀。从国外进口的商品日益增加,削弱了国内工农业生产的发展。随着西班牙经济实力的下降,海上霸权地位也发生了动摇。1588 年,西班牙"无敌舰队"在英国和荷兰的夹击下遭受重创。此后,西班牙的殖民势力逐渐衰落。

荷兰是继葡萄牙和西班牙衰落之后代之而起的又一个西欧殖民强国。在 17 世纪,荷兰的资本主义工商业特别是对外贸易有了巨大发展。荷兰拥有发达的造船工业和强大的海上力量,是当时欧洲经济最繁荣的国家。其海外的殖民扩张和掠夺起步虽晚,但很快就超过了葡、西两国。西班牙的海上霸权丧失以后,荷兰主要依靠发达的大宗海上贸易、金融业和部分工业化,在西北欧捷足先登,率先崛起。荷兰把战争与商业竞争合一,不断扩大海外权益,很快成为世界贸易的霸主,至少在波罗的海和北海建立了"荷兰统治下的和平(Pax Netherlandica)"。[1]

当历史的车轮迈向 18 世纪的时候,英国成为世界的主宰。1650 年,英国首先向已经衰落的葡萄牙发动战争,取得了在葡属殖民地的贸易特权。1655 年又派遣舰队夺取西班牙在加勒比海的殖民地,占领了牙买加。接着在 1652—1674 年间与荷兰进行了三次战争,都取得了胜利,从荷兰手里夺取了北美新尼德兰殖民地,随后又把荷兰的殖民势力排挤出印度。到 17 世纪末,英国的主要竞争对手只剩下法国。英

〔1〕〔美〕查尔斯·金德尔伯格著,高祖贵译:《世界经济霸权 1500—1990》,北京:商务印书馆,2003 年,第 56 页。

法两国在印度、北美和西非等地都发生了严重的利害冲突,1757年终于爆发了英法"七年战争"。通过这场战争,英国从法国手中夺取了加拿大、小安的列斯群岛和非洲塞内加尔的一部分土地,还夺取了法国在印度的势力。《巴黎和约》(Treaty of Paris)奠定了英帝国的基础。英法战争的结果是法国在北美和印度殖民统治宣告结束,英国得到了加拿大、佛罗里达及向西直到密西西比河口的所有土地。

到1800年,英国拥有的殖民地面积达1130万平方公里,超过本国领土的46倍以上。保罗·肯尼迪[1](Paul Michael Kennedy)对此说道:"在这一个世纪里,在欧洲的侧翼,乃至更边远的地区,大国的格局的确出现了重大的调整。某些西欧国家不断将其位于热带地区(尤其是在印度、东印度群岛、南非和遥远的澳大利亚)的一些不稳定的小块飞地变为大得多的领地,其中殖民地最成功的国家是英国。"[2]殖民地成为英国商业资本主义原始积累的财源。

英国人用一种近乎狂热的干劲积累了那些注定要在世界历史中起支配作用的资本储备。雄厚的资金,再加上国内安定的局势,可以得到低息的资金。私人投资在当时主要被用来进一步扩大贸易,购买和改良土地以及在国内搞营建,但是低息资金的最大受益者是国家;英国利用私人存款兴办公共事业,规模之大为其他任何国家所无法相比。虽然国债从1688年的100万英镑左右上升到18世纪中叶的近8000万英镑,但政府债券的利率在1717年降到5%,1727年降到4%,1749年降到3%。没有任何一个其他国家能指望以这样的低息贷入这么多的钱。这个重要事实,充分地说明了为什么英国能够在战争和获

---

[1]保罗·肯尼迪(1945—),英国历史学家,牛津大学博士,皇家历史学会会长。现为美国耶鲁大学历史学教授,重点研究和讲授当代战略和国际关系,曾撰写和编辑过10余本有关海军史、帝国主义、英德关系、战略和外交等方面的著作。

[2][美]保罗·肯尼迪著,蒋葆英等译:《大国的兴衰》,北京:中国经济出版社,1989年,第92页。"飞地"是一种人文地理概念,意指在某国境内有一块主权属于他国的领土。根据地区与国家之间的相对关系,飞地中又存在"外飞地"(Exclave)与"内飞地"(Enclave)两种小类概念,其关系如下:外飞地(Exclave)指某国拥有一块与本国分离开来的领土,该领土被其他国家隔开,则该领土称为某国的外飞地。内飞地(Enclave)指某国境内有块地区的主权属于别国,则该地区是这国的内飞地,同时也是握有主权国家的外飞地。

取殖民地方面取得成功(见图1-1)。[1]

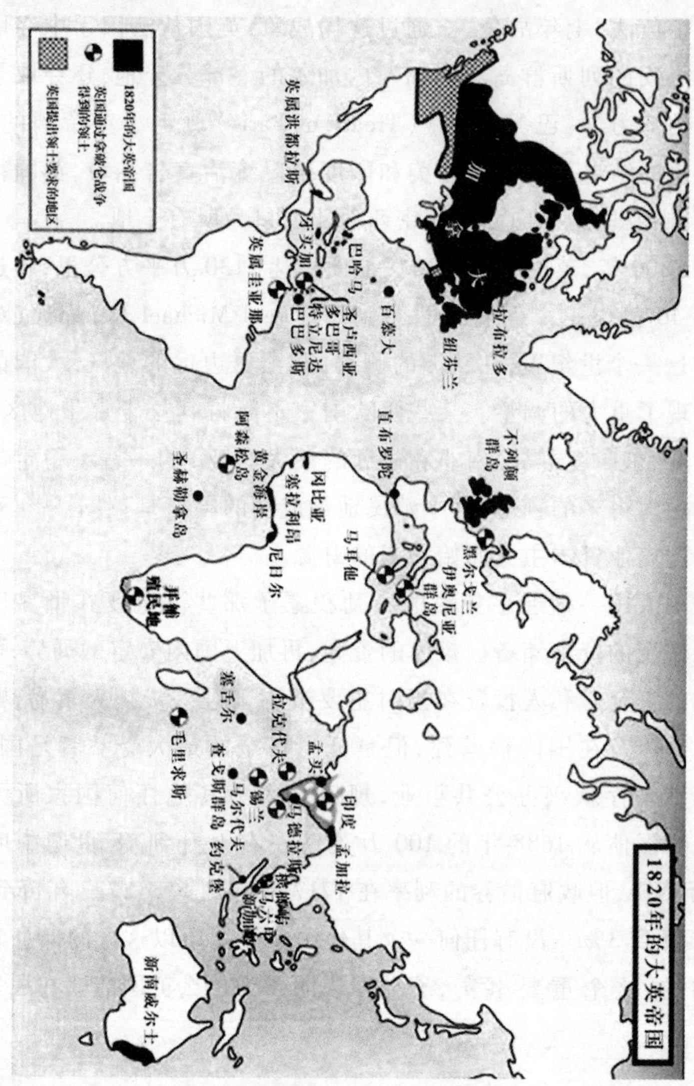

图1-1 1820年的大英帝国[2]

〔1〕〔英〕J.O.林赛编,中国社会科学院世界历史研究所组译:《新编剑桥世界近代史》第7卷《旧制度,1713—1763》,北京:中国社会科学出版社,1999年,第308页。

〔2〕〔英〕马丁·吉尔伯特著,王玉函译:《英国历史地图》,中国青年出版社,2009年,第83页。

美国军事理论家阿尔弗雷德·塞耶·马汉(Alfred Thayer Mahan)[1]在论及西方世界的兴起时,曾经说过:“合理的使用和控制海洋,只是用以积累财富的商品交换环节中的一环。但是它却是中心的环节,谁掌握了海权,就可强迫其他国家向其付特别税,并且历史似乎已经证明,它是使国家致富的最行之有效的办法。”[2]而作为海洋国家,是否控制住制海权与其兴衰有着密不可分的关系。英国就是最典型的一个例证,既得以尽采西方文明之利,又受到海洋保护而免遭入侵,集中力量发展生产,故能最先开始工业革命。英国长期称雄海洋,从1588年战胜西班牙的“无敌舰队”起,到1945年第二次世界大战结束止,垄断了全球制海权,这是英国举国上下全心努力和审慎决策,实施长年一贯的海洋战略的结果。

历史学家和经济学家认为,英国长期的霸权得益于几个方面:海军、殖民地商业金融利益、财政政策和资本输出、工业和科技革新能力。在19世纪中期,它的军费约占国民生产总值的2% ~3%,在整个中央政府预算中占10%,对于一个设法统驭四海的国家来说,这种“以小搏大”的策略代表着最低成本—最佳效益,军事行动与经济利益、殖民利益、商贸、金融利益等挂钩的长期战略,十分值得研究。

1.1.2 早期的中英关系

1620年(明光宗泰昌元年),英国东印度公司的商船“玉可号”(Unicorn)首次抵达中国海域,但在澳门附近的马可作岛(Macojo)触礁沉没,英人遂购两船以作归途之舟,其中一只被葡萄牙人劫往澳门。1635年,英国东印度公司同葡属果阿(Goa)总督林哈列斯伯爵(Conde de Linhares)缔结《休战和对华自由贸易协定》(Truce and Free Trade to

---

[1]阿尔弗雷德·塞耶·马汉(Alfred Thayer Mahan,1840年9月27日—1914年12月1日),美国军事理论家。马汉在1890—1905年间相继完成了被后人称为马汉“海权论”三部曲的《海权对历史的影响(1660—1783)》、《海权对法国革命和法帝国的影响:1793—1812》和《海权与1812年战争的联系》,其有关“争夺海上主导权对于主宰国家乃至世界命运都会起到决定性作用”的观点长久盛行不衰,葡萄牙、西班牙、荷兰、英国乃至当今的美国在世界上的优势力量均以海权为基础。

[2][美]A.T.马汉著,安常容、成忠勤译:《海权对历史的影响(1660—1783)》,北京:解放军出版社,1998年,第218页。

China),更明确规定英商可以在澳门进行贸易,条件是要把葡萄牙人的财宝(包括40万公斤的黄铜和100门大炮)从澳门运到果阿(由于荷兰人封锁,葡人的这一航道基本被封堵)。英人期盼已久的对华贸易首先在澳门打开局面。同年7月23日,英船“伦敦号”(London)在本福德(H. Bornford)等人的率领下抵达澳门。然而,葡澳总督拒绝服从其名义上司果阿总督的命令,不愿英人染指获利未可限量的对华贸易,也担心英人在澳门上岸。但英人强行登陆,并在岛上搭建了两处临时住所,葡人只好催英人尽快返回。“伦敦号”在澳门停留三个月,在1635年(崇祯八年)与广东官员进行了接触,提出在广州进行贸易的请求,允诺将以比葡人低一倍的价格向中方出售商品。“伦敦号”的航行并未成功,正如林哈列斯的继任者席尔瓦(Dom Pedro da Silva)指出的:“没有比允许英国人赴澳门对葡萄牙的利益损害更大的事了。”“伦敦号”所得不多的利润也被果阿当局扣留了。[1] 第一次不成功的对华贸易,并未遏止英国人来华通商的欲望。

英国在与荷兰等国竞争的同时,不断派商船来华。据《明史》记载:崇祯朝前期,有“红毛”驾船至广州,曾被误认为是荷兰船。[2] 夏燮在《中西纪事·通番之始》中证实:“《明史》所谓驾四舶由虎跳门薄广州者,乃英吉利非荷兰也。”[3] 至清初禁海,英商感到“与华交易不便,复去之”。但是,它却趁台湾郑氏集团与清廷对抗之机,和郑成功之子郑经政权建立了贸易关系。1671年9月,东印度公司董事会致函台湾郑氏政权说,该公司现已派出几艘装载部分货物的船。1675年,英国东印度公司专门建造了一艘200吨级的帆船,命名为“台湾”号,从事对台贸易。[4] 同年,公司董事会从万丹(Bantam)[5] 派“飞鹰”号(Flying Eagle)至台湾,该船携带了大量枪炮弹药向郑氏政权出售,受到其

〔1〕郭卫东:《英国与澳门:以鸦片战争之前的历史为考察时段》,载朱诚如、王天有主编:《明清论丛》第二辑,北京:紫禁城出版社,2001年,第287页。

〔2〕(清)张廷玉等撰《明史》卷325《和兰传》,北京:中华书局,1997年。

〔3〕(清)夏燮著,高鸿志点校:《中西纪事》,长沙:岳麓书社,1988年,第14页。

〔4〕*British Parliamentary Papers*, China: Vol. 36, Irish University Press, Shannon, Ireland, 1971, p. 310.

〔5〕隶属印度尼西亚,位于爪哇西北部,是荷兰在东印度群岛最早的居留地。

欢迎,并向英国商人订购铜炮,还要求借给两名炮手帮其训练炮兵。[1]康熙十五年(1676),郑经再次占据厦门,英国人不久便在厦门建立了商馆,并计划以厦门为基地同中国大陆进行贸易。康熙二十年(1681),郑经死,清军收复厦门。1683 年,清军收复台湾,郑氏政权被消灭,从此,英国不得不与清政府直接打交道了。

清政府废除海禁后,中英贸易很快恢复起来。1685 年(康熙二十四年),为推动双方贸易进一步发展,清廷准许英国商人在广州开设商馆。由于对华贸易获利丰厚,来华贸易的英国商人十分踊跃。为扩大中国市场,英国政府数次派使团来华,如马嘎尔尼(Lord George Macartney)[2]为首的英国使团就受到乾隆皇帝的接见。

英国来华商船,在 1711 年(康熙五十年)前多集中在厦门,以后则几乎全部转向广州,广州成为对外贸易中心之后,在当时社会经济中占有举足轻重的地位。中英贸易中,中国输出的商品主要是茶、丝、绸缎、棉布、陶器、金、铜以及药物等,输入的多是毛织品、棉花、铅、白银、香料、白檀等。在对英贸易中,中方占很大优势,获利甚大。以茶叶而言,英国商人为了与其他国家如法国、西班牙等国商人竞争,时而大量抢购,时而抬高价格。如此,茶叶便不断涨价。如在雍正十年(1732),武夷山名茶 1 担仅售 13 或 14 两白银,至乾隆三年(1738)便涨到 14 至 15 两白银 1 担。10 年后,再涨至 19 两白银 1 担。茶叶的大量出口和增值,对清政府十分有利,不仅促进了茶叶作为商品的发展,而且令外国的白银大量流入中国。关于此后中英之间的贸易,可以从表 1-1、1-2 中得到反映:

[1]H. B. Morse, *The Chronicles of the East India Company Trading to China*, 1635—1834, OXFORD, 1926, Vol, p. 44.

[2]乔治·马嘎尔尼(George Macartney, 1733—1806),英国外交官、勋爵,生于爱尔兰。1769—1772 年任爱尔兰事务大臣,1775—1779 年任加勒比岛屿总督,1780—1786 年任印度马德拉斯省督,1793 年以庆贺乾隆八十寿辰为名出使中国。1794 年离华。1796—1798 年任好望角总督。

表1－1　东印度公司自中国输出的主要商品

1760年（乾隆二十五年）—1833年（道光十三年）每年平均数[1]

年度	出口商货总值	茶叶		生丝		土布		其他	
		价值	占总值%	价值	占总值%	价值	占总值%	价值	占总值%
1760－1764	876 846	806 242	91.9	3 749	0.4	204	0.1	66 651	7.6
1765－1769	1 601 299	1 179 854	73.7	334 542	20.9	5 024	0.3	81 879	5.0
1770－1774	1 415 428	963 287	68.1	358 242	25.3	950	0.1	92 949	6.5
1775－1779	1 208 312	666 039	55.1	455 376	37.7	6 618	0.5	80 279	6.7
1780－1784	1 632 720	1 130 059	69.2	376 964	23.1	8 533	0.5	117 164	7.2
1785－1789	4 437 123	3 659 266	82.5	519 587	11.7	19 533	0.4	238 737	5.4
1790－1794	4 025 092	3 575 409	88.8	274 460	6.8	34 580	0.9	140 643	3.5
1795－1799	4 277 416	3 868 126	90.4	162 739	3.8	79 979	1.9	166 572	3.9
1817－1819	5 139 575	4 464 500	86.9	183 915	3.6	121 466	2.4	369 694	7.1
1820－1824	6 364 871	5 704 908	89.6	194 779	3.1	58 181	0.9	407 003	6.4
1825－1829	6 316 339	5 940 541	94.1	－	－	612	*	375 186	5.9
1830－1833	5 984 727	5 617 127	93.9	－	－	－	－	367 600	6.1

*即不足0.05%。

表1－2　英国对广州贸易（1792年，乾隆五十七年）

（1）进口[2]

货名	数量	单价（银两）	货值（银两）
英国港脚船[3]			1 608 544
棉花	112 854 担	11	1 241 394
锡	5 261 担	15	78 915
胡椒	5 567 担	15	83 505
檀香	8 780 担	20	175 600
象牙	330 担	37	12 210
黄蜡	564 担	30	16 920
东印度公司船			2 775 119
棉花	43 000 担	11	473 00

〔1〕严中平等编：《中国近代经济史统计资料选辑》，北京：人民出版社，1989年。

〔2〕姚贤镐编：《中国近代对外贸易史资料》第1册，北京：中华书局，1962年，第277－278页。

〔3〕所谓港脚商人，是指那些往来于中国、印度间进行贸易的私商，他们或是英国商人，或是印度商人，其所进行的私人贸易，即所谓港脚贸易。港脚商人拥有的在中印之间运货的商船，叫港脚船。

续表 1－2

货名	数量	单价(银两)	货值(银两)
锡	19 730 担	15	295 950
铅	17 297 担	5	86 485
兔皮	195 650 张	0.2	39 130
海骡皮	68 856 张	4	275 424
海龙皮〔1〕	8 314 张	10	83 140
玻璃	563 块		
哆啰呢	8 000 匹	60	48 000
哔叽	130 000 尺	7	910 000
羽毛	3 000 尺	44	132 000
共计			8 767 336〔2〕

(2)出口〔3〕

货名	数量	单价(银两)	货值(银两)
东印度公司船	3 413 054	4 566 299 红茶	156 000 担
绿茶		624 640	
生丝	1 500 担		468 00
土布	60 000 担		30 000
瓷器			3 500
大黄	339 担	50	16 950
桂子	480 担		6 720
糖	593 担		2 965
冰糖	47 担		470
港脚船			968 632
瓷器	5 133 担		30 000
白铜	36 578 担	7	256 046
冰糖	10 749 担	10	107 490
糖	26 098 担	5	130 490
白矾	18 758 担	2	37 516
姜黄	60 担	4	240
樟脑	625 担	30	18 750
绸缎	79 担		31 600
水银	23 担		1 150
土布	5 500 担		2 750
生丝	1 763 担		352 600
共计			11 069 862〔4〕

〔1〕又称海熊、腽肭兽,分布于北太平洋沿岸,其毛皮质量佳,我国称为海龙皮。

〔2〕原数字为 4383663,疑有误。

〔3〕姚贤镐编:《中国近代对外贸易史资料》第 1 册,北京:中华书局,1962 年,第 277－278 页。

〔4〕原数字为 5 534 931,疑有误。

以上数字表明,清廷自推行开海贸易政策后,对英贸易的态度是积极的,因而双方的贸易额不断增加,直至鸦片战争爆发。对于这一事实,就连英国商人也承认,且指出广州具备贸易的便利条件,如英商阿肯(John Aken)说,在中国广州做生意,要比他熟悉的其他任何商埠都方便,比在印度、英国都更为方便。因为在广州"你只消和一个商人(指行商)打交道,别的什么都不用管;而一经成交,那什么事都不用烦心了"。不仅如此,阿肯还证明,广州华人行商做生意是"开明"和"诚实"的。〔1〕 由于清方为英国在华贸易提供方便,英人从中获得了巨额利润。在清代中期,英国机制棉布尤其是花布成了中国市场上的畅销品。据记载,1829 年,英国机制花布销售 22 750 匹,得价银 118 839 两;棉纱销售也很多,中国共进口 2 250 担,自英国起岸时,棉纱成本为 15 324镑(英国货币单位,1 镑等于 20 先令,240 便士),到了广州岸,成本便成为 17 332 镑,卖得银 56 700 两,〔2〕可见获利之惊人。

通过与同时期其他国家对比更能说明中英贸易的增长。18 世纪又称为亚洲贸易的"茶叶世纪"。茶叶是中国的主要出口商品,茶叶贸易也是欧亚通商中的最大单项贸易。18 世纪 50 年代后期,由英国、荷兰、瑞典、法国和丹麦等国东印度公司每年输入欧洲的茶叶总数达到了 10 万担左右。到了 1783 年,这一数字上升到 24 万担。其中英国进口的茶叶最多,约占总量的 1/3。在同一时期广州的生丝贸易中,英国东印度公司独占鳌头。在绝大部分年代,英国东印度公司购入的华丝占欧洲进口华丝总量的 80% 以上。到了 19 世纪,英国华丝进口量所占比例更高达 90% 以上,甚至 100%。〔3〕

以上情况说明,英国资本主义已逐步发展起来。在 17 世纪后半叶,英国虽然是新兴的资本主义国家,但尚未进入大规模发展阶段,海

〔1〕严中平:《英国资产阶级纺织品利益集团与两次鸦片战争史料》,载《经济研究》1955 年,第 1 期。

〔2〕严中平:《英国资产阶级纺织品利益集团与两次鸦片战争史料》,载《经济研究》1955 年,第 1 期。

〔3〕严中平:《英国资产阶级纺织品利益集团与两次鸦片战争史料》,载《经济研究》1955 年,第 1 期。

上势力仍很薄弱,无力输出大量商品而从事海外冒险。如康、雍时期,英国商人输往中国的主要货物之一是印度的棉花。康熙四十二年(1703)输往中国的印度棉花为1 116担,雍正十三年(1735)又输入605担,然而棉布输入则不多。棉花大量输入中国,一方面说明当时中国手工纺织业在不断发展,对棉花需求量增大;另一方面也说明英国的棉纺织业还未大幅发展,对棉花的需求量有限。由此可证明,英国资本家关于其棉织品不能畅销中国是因为清政府的"锁国"政策所造成的论调是荒谬的,是为其进一步掠夺中国制造借口。

1.1.3 英国对华海上战略

乾隆皇帝限制对外贸易的政策,对英国扩大对华通商的企图无疑是严重打击。乾隆二十年(1755),英国东印度公司派出哈里森(John Harrison)和"中国通"洪仁辉(James Flint)等率船两艘到浙江定海,因浙海关税额较低,表示愿在宁波贸易。三年后,清廷比照粤海关税率调整浙税,并出于安全考虑重申禁令,不许英商再至宁波贸易。二十四年(1759),英国东印度公司再次派洪仁辉等人率船队擅自驶入宁波和天津,且两地投书,要求继续在宁波通商,在天津增开口岸,改善通商条件,放松对英国商人的限制。对此,清政府均予拒绝。乾隆五十二年(1787),英国派出卡斯卡特(Lieutenant Colonel Charles Cathcart)使团来华。五十七、五十八年间(1792、1793),英王又派马嘎尔尼(Lord Macartney)一行来中国,要求增开商埠,减征商税,在广州划给租界,在北京派驻公使和开设商行,并提出准许将舟山附近一小岛供英商居住和储货,自由传教等等,清政府均予以驳斥,英国的侵略目的未能得逞。

嘉庆十年(1805),英军竟然借口对抗法国,强行登陆澳门。清廷揭露其阴谋,指示广东当局采取坚决态度:"边疆重地,外夷敢心存觊觎,饰词尝试,不可稍示以弱。"[1]英国殖民军被迫退却。二十一年(1816),英王又派阿美士德(Lord Amherst)使团来华,结果无功而返。

乾隆时期,"中国成为一个统一繁荣的国家屹立于亚洲东部",[2]

---

[1]《清仁宗实录》卷210"嘉庆十三年九月己丑"条,北京:中华书局,1987年。

[2]刘大年:《中国近代史问题》,北京:人民出版社,1978年,第183页。

一定程度上遏制了西方的殖民势力，捍卫了中华民族的独立。当时，西方对中国的武装侵略相对较少，西方各国只有派遣使节向清朝政府称臣纳贡，才能换取中国方面的某些让步和恩赐，在国际政治的舞台上，自主权和主动权掌握在中国手里。[1] 故此，乾隆皇帝不分青红皂白拒绝马嘎尔尼请求的做法，从某种程度上看也许错失了一个融入世界的机会。假若乾隆皇帝在维护中国主权和领土完整的同时，借英使来华不失时机地对外开放，与英国等西方国家开展正常经贸往来和科技文化交流，中国历史也许是另一番景象。然而，历史不容假设，如果一相情愿地认为打开了中国大门就能解决一切问题，也不符合帝国主义国家侵略的本性。

朱杰勤先生对于英国的对华战略有一段精彩的议论：

> 18世纪工业革命完成后，英国资本主义比其他国家发展得快。列宁指出：资本主义如果不经常扩大其统治范围，如果不开发新的地方，并把非资本主义的古老国家卷入世界经济漩涡之中，它就不能存在与发展。中国那时是地大物博、人口众多的封建古老国家，正是英国侵略的对象。但中国在乾隆皇帝统治时期，还是一个统一的有一定的国防力量的庞大帝国，英国不敢贸然采取武装侵略，于是首先染指印度。他们使用一切手段——欺骗、阴谋、毒害、暗杀，挑拨离间各少数民族，制造中央和地方势力的冲突和无情地使用暴力，费了一百多年时间才占领印度。英国大举侵略印度期间，当然没有余力进攻中国。何况中间又插进了英法争夺殖民地的七年战争，英国虽然得利，也消耗了不少气力。在18世纪末叶，英国政府也不能对中国采取大规模军事行动，因为在法国爆发的资产阶级革命和接着来临的拿破仑战争，长期吸引英国的全部力量，将它困在欧洲和欧洲大陆海面。英国对华既不能用武就只好用计，所以派马卡特尼使团来华窥探虚实，企图从外交上取得一些特权。侵华既成为英国已定的政策，无论使团提出的要求被接受与否，只要英国一有机会而且有力量，它们就会随时

〔1〕朱雍：《不愿打开的中国大门》，南昌：江西人民出版社，1989年，第4页。

发动侵华战争。事实上也是如此。如果乾隆皇帝批准了英国使团的要求,任由英国殖民者在中国内地盘踞横行,得寸进尺,必然会激起中国人民的反侵略斗争。结果亦难免出于一战,战祸之来,恐怕不能拖到1840年了。

朱先生认为,乾隆皇帝处理英国马嘎尔尼使团来访一事是得体的、合理的,在当时形势下只有这样做,才能在一定程度上维护中国主权和领土完整。19世纪初期,英国资本主义加快了发展步伐,资产阶级一面对内加强阶级剥削和压迫,一面对外加紧发动侵略战争,夺取更多殖民地和更大市场,在新的形势下,无论中国怎样"温良恭俭让",也难免遭受英国的侵略。因此英国发动的两次鸦片战争并非源于乾隆皇帝拒绝英国使团的要求、维持对外通商制度引起的,而是英国资本主义发展的必然结果。[1]

清朝的对外关系分属于两种不同的体系,一种是传统的东亚封贡体系,另一种是现代国际关系体系(即条约体系)。从清朝与周边国家的关系来看,主要是一种传统的东亚封贡关系。其社会形态均属于封建国家之间的关系。中国在整个东亚封贡体系居于"天朝大国"的中心地位。这种东亚封贡体系对清朝的影响是双方面的。一方面,相对柔和而争端较少的国际环境,似乎利于清朝:清朝达到"康雍乾盛世"同其居于东亚体系的核心位置有一定关系。但另一方面,也正因为清朝处于这样一个封闭的、以自我为中心的体系当中,缺乏危机感,从长远看是不利的。正当清朝沉溺于昔日天朝大国的迷梦时,殊不知外面的世界已经发生了天翻地覆的变化!正因如此,清朝后来无法应对突如其来的变化,仓促被动地卷入了现代国际体系当中。

正当明清鼎革之际,欧洲爆发了三十年战争(1618—1648)。欧洲从封建时代向资本主义时代过渡,从中世纪国际关系向现代国际关系转换。三十年战争和《威斯特伐利亚和约》(The Peace Treaty of Westphalia)在国际关系的发展史上具有划时代意义。《和约》确定了一些

---

[1]朱杰勤:《英国第一次使团来华的目的和要求》,载《中外关系史论文集》,郑州:河南人民出版社,1984年,第562页。

现代国际关系原则,诸如:以"会议"解决争端,确认了国家主权平等的原则,首次创立并确认了遵守条约和对违约的一方可施加集体制裁的原则,对欧洲国际体系的建立和欧洲未来的政治经济秩序影响深远,在国际关系史上占有十分重要的地位。

作为18世纪迅速崛起的新兴资本主义强国,英国虽然没有直接和中国领土接壤,但是东印度公司的建立以及英国海上霸权的建立,海外贸易的扩张及殖民扩张本性,决定了英国必然觊觎中国这样一个庞大的市场。卡斯卡特使团、马嘎尔尼使团来华后向清朝政府所提出的要求,是资本主义殖民扩张和寻求海外贸易要求的集中体现。然而,由于清朝对外部世界的贫乏无知,导致中国和英国的首次交往注定以失败告终,英国的海上战略屡屡受挫,便开始觊觎我国西南边疆。

1.2 英国东印度公司

17世纪中叶以来,英国企图通过海上贸易打开中国大门,实施了海上战略。但是,由于中国实行限关自守政策,[1]英国从海上进军多次受挫,从而迫使其另寻出路。而英国东印度公司的成立及在南亚次大陆的活动,给英国提供了一条新途径,即通过与中国西南边陲毗邻的南亚次大陆国家向中国西藏进行渗透,在取得立足点后,再通过西藏地方当局与清朝政府发生联系,同时借以向中国内陆渗透。随着英属东印度公司在印度扩张的不断得逞,英国愈发加深了对西藏地缘政治的了解,向中国渗透侵略的陆路战略也日益清晰起来。有关英国的对华陆路战略,清末人丁士彬在他为黄沛翘撰《西藏图考》所写的序言中一语道破。他说:

> 夫唐古忒与廓番接壤,廓番又与英圭黎(英吉利)属之印度接壤。英圭黎常思开通藏路以达中国,胜海道之迂险,是以经营印度汲汲若不终日……然则今日之藏卫,其关系中外利害数倍

[1]由朱雍首先提出。参见其所著《不愿打开的中国大门》,南昌:江西人民出版社,1989年。

于昔。[1]

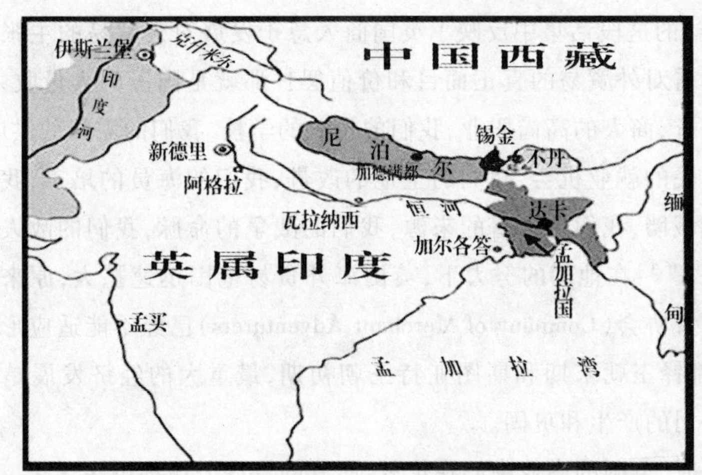

图 1－2　18 世纪的英属印度与中国西藏

以上论述可谓一语中的。英国的海陆战略有先有后,但在实施陆路战略时,并未放弃先前的海上战略,而是同时进行,互为补充,英国东印度公司在其中扮演了极为特殊的角色。

1.2.1　英国东印度公司[2]的建立

地理大发现和新航路的开辟,特别是几个先行国家通过航海贸易获得惊人财富的消息,极大地刺激了英国商人。伊丽莎白女王宣布:“与西班牙人相同,我们也有从事海外贸易的自由,大海及空气对天下

---

〔1〕《西招图略·西藏图考》卷之首·序,拉萨:西藏人民出版社,1982 年,第 35 页。

〔2〕《中国大百科辞典·2》第 1177 页(北京:中国大百科全书出版社,1999 年,):东印度公司是指 16—19 世纪葡萄牙、英国、荷兰、丹麦、法国等欧洲国家对印度、马来群岛、东南亚、远东各地享有贸易垄断权、进行殖民地掠夺的一些组织。这些公司与本国政府有极密切的联系,享有贸易垄断权,并拥有军队和舰船,有权代表政府订立条约和发动战争,在所在国修筑炮台、发行货币、任命官吏。这些公司的分支行或所属的“通商”机构实际上成为当地的殖民统治机构。另见《简明不列颠百科全书·2》(北京·上海:中国大百科全书出版社,1985 年,第 670 页):英国东印度公司,1600 年 12 月成立,目的在于发展英国对远东和印度的贸易。成立之初,是垄断性的贸易团体;后来参与政治,从 18 世纪初到 19 世纪中,成为英国帝国主义在印度的代理人。……1773 年和 1780 年英国分别通过《管理法案》和《皮特印度法案》,公司逐渐失去了商业上和政治上的控制权,1813 年公司丧失了商业垄断权,1834 年起仅成为英国政府管理印度的代理机构。1857 年印度叛乱事件后,这一权力也被剥夺,1873 年该公司中止了法人地位。

本书中出现的东印度公司均指英国东印度公司。

众生皆平等。"[1] 英国商人更是迫不及待,托马斯·孟(Thomas Mun)[2]的这段话集中反映了英国商人急于发展对外贸易的主张:"请仔细看看对外贸易的真正面目和价值罢!那就是国王的大量收入,国家的荣誉,商人的高尚职业,我们的技艺的学校,我们的需要的供应,我们的贫民的就业机会,我们的土地的改进,我们的海员的培养,我们的王国的城墙,我们的财富的来源,我们的战争的命脉,我们的敌人所怕的对象。"[3]在他们的努力下,英国海外贸易范围迅速扩大,原来的商人冒险者协会(Company of Merchant Adventurers)已经不能适应形势发展,在都铎王朝末期和斯图亚特王朝初期,最重大的经济发展是一些特许公司的产生和巩固。

当时,英国的商业中心在伦敦,所有的特许公司都设在这里。1553年,一个商人冒险者协会成员创建"俄国公司"(The Muscovy Company,又称 The Russia Company),获得通过北海航线与俄国进行贸易的独占权,这是英国最早的皇家特许贸易公司。1579 年,伊斯特兰公司(Eastland Company)成立,从事波罗的海和斯堪的纳维亚地区的商业贸易。此前一年,几个商人冒险者协会成员组建了西班牙公司(Spanish Company)。1588 年,专门从事"对非洲民族绑架、侵夺、制造死亡而丝毫不受良心谴责"的皇家非洲公司(Royal African Company)开张。1581 年,四个商人发起组织了雷万特公司(Orient Company),与土耳其进行贸易,1592 年与威尼斯公司合并成为土耳其公司(Turkey Company),正是这个土耳其公司孕育了英国东印度公司。

从 16 世纪下半叶起,英国人开始向东方探索。1553 年,H·威洛比(Sir Hugh Willoughby)和 R·钱塞勒(Richard Chancellor)首先尝试寻找通往中国之路。1581 年 4 月,纽伯里(John Newbery)在土耳其公

[1] M. E. Wilbur, *The East India Company*, Standford, 1945, p. 8.

[2] 托马斯·孟(1571—1641)是英国晚期重商主义的突出代表人物,贸易差额论的典型代表。同时又是英国大商业资本家,曾任英国东印度公司董事和政府贸易委员会委员。其主要代表著作有:《论英国东印度贸易:答对这项贸易的常见的各种反对意见》(1621)、《1628 年东印度公司向国会下院提出的请愿与申述》(1629)、《英国得自对外贸易的财富》(1664)。

[3] [英]托马斯·孟:《英国得自对外贸易的财富》,北京:商务印书馆,1981 年,第 89 页。

司资助下到达霍尔木兹(Hormuz)。两年后,他第二次东行,并于同年底和三个同伴到达印度果阿,不过是被当做俘虏由葡萄牙人押送到那里去接受审讯的。这也许是英国人踏上南亚次大陆最早的记录之一。1591年乔治·雷蒙德(Captain George Raymond)率领三艘船只向东航行,主要目的是“进行一次侦察,发现哪里可以进行贸易”。[1] 最后只有兰开斯特(Sir James Lancaster)率领的“爱德华号”船经过印度半岛南端到达马来半岛西海岸。

1599年9月,一伙伦敦商人开始集资筹建东印度公司,土耳其公司董事梅厄(Lord Mayor)成为他们的首领。9月24日,57名投资者(其中1/3以上的人与土耳其公司有联系)举行了全体会议,会议推举出包括7名土耳其公司成员在内的15人组成的董事会,决定向国会申请与东印度进行贸易的独占权。1600年12月31日,英国国会经过辩论,伊丽莎白女王(Queen Elizabeth I)颁发特许状,公司被命名为“伦敦商人在东印度贸易的公司”(The Company of Merchants of London Trading into the East Indies),特许状写到:“为了我们国家的荣誉,我们民族的财富”,“为我们运输的增长,为促进增长国民财富的贸易,”授予公司与东印度贸易的特权。其中最重要的包括三条:

(1)“禁止公司以外的一般商人从事公司专营的贸易,但在公司愿意之时,可授权其进行贸易。”

(2)有权“在每次航行中输出价值三万英镑的金银,对头四次航行所载运的英国货予以免税,而且在特许状有效期内,英国船只转运印度货物出口也享有同等权利。”

(3)特许状有效期为15年,“如果发现对国家不利,可在任何时候废除之,但须提前两年通报;同样,如果对国家有利,经公司申请,也可延期15年。”[2]

自此,英国东印度公司(British East India Company,简称BEIC)出

[1]W. Faster, *England's Quest of Eastern Trade*, London,1933,p.129.

[2]Ramkrishna Mukherjee, *The Rise and Fall of the East India Company*, Monthly Review Press, New York, 1974, p.66.

现在世界历史舞台上,它由一群有创业心和有影响力的商人所组成。这些商人在1600年12月31日获得了英国皇家给予他们对东印度15年的贸易专利特许。公司共有125个持股人,资金为7.2万英镑,东印度公司的总部设在伦敦利德贺街(Leadenhall Street)。

1.2.2 英国东印度公司的扩张

英国东印度公司自成立以来不断扩张。1601年到1613年间,英国东印度公司共组织了12次航行,每次出航之前筹集资金,结束后按投资比例把利润全部分光,这与其他公司别无二致。从1613年起,情况起了变化,筹集的资金不再一次性了结。此时的商业形式已具备近代股份公司的雏形。

1613年至1618年和1617年至1633年两段时期,公司两次合股经营,先后出海11次。1657年,奥利弗·克伦威尔(Oliver Cromwell)更新了1600年的特许状,并对公司的股份分配进行了较小调整,宣布公司为永久股份公司,这样"使各个股东资本家减少了由于经营不可靠的殖民地事业可能发生的危险……保证了参加这些公司的人们享有特权地位和本国的特别保护。"[1]英国学者莫尔顿认为"这种公司显然优于旧式的公司,它容许继续不断地发展,使大规模企业成为可能"。[2]

英国皇室复辟后,公司的地位有所提高。1670年查理二世颁发了5条法律,授予东印度公司自主占领地盘、铸造钱币、控制要塞和军队、结盟和宣战、签订和平条约和在被占据地区就民事和刑事诉讼进行审判的权力。东印度公司的敌人包括商业竞争者、敌对国家和国内的敌对势力,因此它需要更多的保护权力。从事军事行动的权力对公司来说是非常重要的。1680年东印度公司建立了一支自己的武装力量,其主要人员依靠征募当地居民。到1689年为止,东印度公司拥有了"国家"的特性,它自主地控制着对孟加拉(Bengal)、孟买(Bombay)的统

〔1〕〔前苏联〕雷斯涅尔,等主编,丁则良,等译:《东方各国近代史》,北京:三联书店,1957年,第29页。

〔2〕〔英〕莫尔顿著,谢琏造,等译:《人民的英国史》,北京:三联书店,1958年,第164页。

治，拥有强大的军事力量。1748 年，劳伦斯上校(Major Stringer Lawrence)被任命为英国东印度公司军队总司令。随着 1757 年普拉赛战争的展开，东印度公司的军队力量不断增强。[1]

马克思在《东印度公司，它的历史与结果》一文中指出："东印度公司真正的创始不能说早于 1702 年，因为在这一年，争夺东印度贸易垄断权的各家公司才合并成一个独此一家的公司。在 1702 年以前，原有的东印度公司的生存曾经一再陷入危殆。在克伦威尔摄政时期，它的活动曾中断多年；在威廉三世统治时期，它又因为议会干涉而几乎全部解散。但是，正是在这位荷兰亲王的统治时期，——那时，辉格党人成了不列颠帝国的包税者，英格兰银行创办了，保护关税制度在英国确立了，欧洲的均势最后稳定了，——仅仅是在这个时候，东印度公司的存在才由议会承认。"[2]

东印度公司成立之初，主要目标是香料，故航行目的地是香料群岛，但他们很快发现用本国的金银去购买香料并不是最佳方法，欧洲和英国国内对于香料的需求有限，很快就呈饱和状态，而印度这块拥有广袤土地、众多人口、丰富物产的次大陆对英国才是重要的。于是，东印度公司活动重点逐渐转到印度，贸易范围迅速扩大。

英国东印度公司输出的主要商品包括棉布(cotton)、硝石(saltpetre)、糖(sugar)、丝(silk)和靛青(indigo dye)，1668 年起茶叶(tea)成为又一大宗，其他商品种类繁多，1678 年公司的一份清单所罗列的商品达 70 种以上。英国输往印度的主要商品只有铜、铅、锡等，而且比重仅占总价值的 10% 左右。为购买印度商品，英国不得不出口大量金银，从 1669 年起到 1682 年，英商用于购买当地产品的支出以两年翻一番的速度上升。尽管如此，东印度贸易仍然给英商们带来了巨大好处。从商业利润来说，1603 年到 1613 年间的 8 次航行，除一次因船只沉没而一无所获外，另外 7 次的利润都"几乎不低于 100%，在有些时候，这

[1]详情参见 Dr. Raj Kumar, *Military System of East India Company*, published by Ajay Verma for commonwealth publishers, 2004, pp. 57 - 153.

[2][德]马克思：《东印度公司，它的历史与结果》，《马克思恩格斯全集》第 9 卷，北京：人民出版社，1979 年，第 167 页。

些航行获利甚至超出 200%。”[1]

随着商业活动的增多,英国在印度的势力也迅速发展起来,先后建立了几十个贸易站点,并在三个主要地区站稳了脚跟。在印度西海岸,苏拉特(Surat)成为最早的中心;在东南沿海地区,英国人于 1639 年获准建立圣乔治堡(Fort St. George),后发展为马德拉斯(Madras),成为克罗曼德尔海岸中心;以孟加拉(Bengal)为主的东部地区,中心设在 1698 年建立的威廉堡(Fort William),即后来的加尔各答(Calcutta)。

18 世纪中期,英国东印度公司在印度建立了 150 处商站和 15 家大代理站,并同其主要竞争者——法国展开激烈角逐。1757 年,罗伯特·克莱夫(Robert Clive)在普拉西战役中击败了法国支持的最后一支反抗力量。罗伯特·克莱夫由此成为英国在孟加拉的第一位总督。在公司占领富庶的孟加拉国后,孟加拉国的财力和人力资源帮助英国东印度公司击败了法国在南印度的军队。1763 年,英法签订《巴黎和约》(Treaty of Paris),法国放弃了在印度的全部殖民地。“七年战争使东印度公司由一个商业强权变成了一个军事的和拥有领土的强权”。[2] 从此,它向印度发动一系列殖民侵略战争,并在 19 世纪中期侵占了整个印度。

从 1757 年到 1857 年,印度民族起义接连不断,但东印度公司也在不断加固其统治。东印度公司以洗劫宫廷国库、强征田赋、垄断贸易(盐、鸦片、茶叶和槟榔等商品)、勒索贡赋、奴役手工业者和农民等方式,掠夺了印度的巨额财富。此外,东印度公司的商业活动还扩大到东亚,进行罪恶的鸦片贸易,毒害中国人民,攫取巨额利润。这些财富源源不断流入英国,成为其工业革命的重要基础。

但是,随着英国工业资产阶级力量的增长,英国议会对公司事务的干涉越来越多。1773 年,议会通过公司《管理法案》(East India Company Act),把公司的商业和行政分开。1784 年,议会通过了《皮特印

[1] Ramkrishna Mukherjee, *The Rise and Fall of the East India Company*, Monthly Review Press, New York, 1974, p. 68.

[2]《马克思恩格斯全集》,第 9 卷,北京:人民出版社,1979 年,第 163 页。

度法案》(East India Company Act, Pitt's India Act),规定由内阁任命一个监督公司董事会的督察委员会,主管印度事务。1813 年,议会通过新的公司《特权法案》(Charter Act),取消了公司对印度的贸易垄断权,并加强了议会对公司的监督作用。1833 年,议会通过的《特权法案》(Charter Act)取消了公司对中国的贸易垄断权,同时规定公司行政机关成为"受英王委托"管理印度的代理机构继续存在 20 年。1858 年,议会通过《关于改善治理印度法案》(Government of India Act,又称 An Act for the Better Government of India)。该法案规定:撤销东印度公司;除股本外,公司的全部财产归英国家所有;英国内阁设印度事务大臣(the Secretary of State for India);印度总督[1]改称副王(Viceroy of India),为英王驻印度的直接代表。[2]

东印度公司对印度的行政管理成为英国公务员制度的原型。1813 年公司的垄断地位被打破后,公司渐渐脱离了贸易业务。1857 年印度民族起义后,公司将其管理事务也交给了英国政府,印度成为英国的直辖殖民地。大约在 1865 年,公司在印度的所有财产交付政府,公司仅帮助政府从事茶叶贸易。《东印度公司股息救赎法案》(East India Stock Dividend Redemption Act)生效后,公司于 1874 年 1 月 1 日正式解散。《泰晤士报》评论说:在人类历史上它完成了任何一个公司从未肩负过,在今后的历史中可能也不会肩负的任务。[3]

英属印度政府晚于东印度公司成立,它由英国国王直接任命,代

---

〔1〕印度总督(Governor-General of India),或称 Governor-General and Viceroy of India,是英国在印度的管理首脑。在 1773 年首次任命印度总督一职,总督也授予威廉堡总司令之头衔。要塞司令官在印度直接控制和监督其他不列颠东印度公司官员。在 1858 年,英国王室直接控制印度。印度各省(旁遮普邦、孟加拉、孟买、马德拉斯、联合省等)向英国申请"总督"头衔。总督是王室的代表,不归英国政府管辖。总督一职直到 1950 年印度制定一部共和宪法后才取消。直到 1858 年,印度总督是由东印度公司董事会所遴选,并对其负责。印度总督由英国政府当中印度事务大臣任命,印度事务大臣为英国内阁成员之一,其职责在于指示印度总督如何运用他在印度的权力。在 1947 年以后,宗主国继续任命总督,但是由印度政府提名,而不是英国政府。总督任期一般为 5 年,但可以被革职及早退。在任期结束以后,一个临时总督一般担任职务直到这个职位的新继任者被任命。历任印度总督参见本书附录 2。

〔2〕B. Gardner, *The East India Company : A History*, McCall, New York, 1972, p. 52.

〔3〕Keay, John, *The Honourable Company —A History of the English East India Company* , HarperCollins, London, 1991.

表英国政府全权管理英国占领下印度领土的海外殖民政府。英印政府代表一部分英国商业资产阶级利益,特别是股东们的经济利益;而英国政府则代表英国最高国家利益,在印度殖民地实行政治、军事、经济、文化、思想等全面统治。英国东印度公司为英属印度政府的建立和巩固提供了一定的物质基础。特别是18世纪以来,英国东印度公司与英属印度政府根本利益一致,都秉承英国政府的意旨,在殖民地及其周边国家为英国尽可能攫取最大利益,并提倡"自由贸易"。

直到1858年,印度总督都是由东印度公司董事会遴选并对其负责,足见二者关系密切。印度总督由英国政府中的印度事务大臣(Secretary of State for India)[1]任命,而印度事务大臣是英国内阁成员之一,职责是指示印度总督如何运用权力。

由于东印度公司具有雄厚的物质力量,为了达到其商业目的,常给英国政府出资,为其实施殖民主义侵略提供物质上的支持。1768年2月16日,东印度公司董事会给当时的孟加拉总督[2]哈利·维莱斯特

〔1〕印度事务大臣,英文 Secretary of State for India,简称 India Secretary,又译为印度大臣。英国于1858年设立的直接管治印度的内阁职位,统领印度事务部。至1935年,此职又兼领新置的缅甸事务部,并同时改名为印缅事务大臣(Secretary of State for India and Burma,又译为印缅大臣)。1947年,印度事务部随印度独立而中止,职位一再改名为缅甸事务大臣,但次年因缅甸独立而废置。历任印度事务大臣参见本书附录3。

〔2〕英国自1612年在苏拉特建立第一个贸易据点开始,在整个17世纪控制了印度次大陆三个沿海海岸,包括孟买、金奈和加尔各答,这三个城市都是当时的东印度公司(即之后的英属印度)管辖区(或称省)的行政中心,三大管区均设行政长官即省长,其中孟加拉省(孟加拉管区)省长成为后来的印度总督。英属印度诸省包括:马德拉斯省(Madras Presidency),成立于1640年;孟买管辖区(Bombay Presidency),1687年东印度公司驻地从苏拉特迁至孟买;孟加拉省(Bengal Presidency),成立于1690年;阿杰米尔—梅尔华拉省(Ajmer - Merwara),成立于1818年;库格省(Coorg),成立于1834年;西北省(North - Western Provinces),成立于1835年;旁遮普省(Punjab),成立于1849年;那格浦尔省(Nagpur Province),成立于1853年;中央省(Central Provinces),1861年自那格浦尔省和萨格尔—纳尔布达属地(Saugor and Nerbudda)分置;缅甸省(Burma),1862年置省;阿萨姆省(Assam),1874年自孟加拉省分置;安达曼—尼科巴群岛,1875年置省;俾路支省(Baluchistan),1887年置省;西北边境省,1901年自旁遮普省析置;东孟加拉省 East Bengal,1905—1912年自孟加拉省分置;比哈尔和奥里萨省(Bihar、Orissa),1912年自孟加拉省分置,初名"比哈尔和奥里萨省",1935年更名为"比哈尔省";德里省(Delhi),1912年自旁遮普省分置;奥里萨省(Orissa),1935年自比哈尔省分置;亚丁省(Aden),1932年自孟买省析置;信德省(Sind province),1935年自孟买省析置;潘特—皮普罗达省(Panth - Piploda),1942年建省,为土邦王公放弃的领地。

(Harry Verelst)[1]发文称："我们希望你竭尽所能获取有关西藏拉萨及中国西部的情报。"[2]如其所愿，波格尔、特纳等人入藏的所有开销，均由东印度公司承担，这些人回来后都必须为东印度公司写出书面报告，以供参考。英国第一个正式出访中国的使团——马嘎尔尼使团出使中国时所有开销都由东印度公司提供，除了路上的花费，最贵重的莫过于送给乾隆皇帝的寿礼，这些都由东印度公司提供。不难看出，为了打开中国大门并扩大对华贸易，甚至掠夺中国领土，东印度公司不惜代价，全力支持英政府同中国建立官方关系并在华扩张。英国政府也全力支持东印度公司，因为公司与政府首脑有切身利益关系。公司往往在经济上给予政府一定支持，以巩固自己的地位。

此外，还有两个因素不可忽视。第一，公司与统治者之间有千丝万缕的联系，伊丽莎白女王等本身就是公司股东。董事中有不少人是贵族，国王也常给大富商授予爵位。第二，公司对统治者采取了贿赂政策，自1693年起，东印度公司以送"礼物"的名义花在国王和其他权势人物身上的年度开支从1200英镑增长到9万英镑。[3] 公司还以捐款的名义向王室提供资金以求支持，并巩固自己的地位。

东印度公司还参与了鸦片贸易，从1800年起，英国东印度公司表面上不再参加对中国的鸦片运输与贩卖，1816年还规定公司船只不准装运鸦片来华，违则给予经手职员以停职处分。但实际上，英国东印度公司不过因清政府从1796年起一再严禁鸦片入口，想借此表示鸦片贸易与其无关，预先开脱贩卖毒品的责任。因为所有往来中印间经营鸦片贸易的私人船只都必须得到东印度公司的许可，这些船只的船长与船员大部分由东印度公司选派，如果发现其所装运鸦片不是公司出

---

[1]1767—1769年任孟加拉总督。

[2]Alastair Lamb, *Britain and Chinese Central Asia: the Road to Lhasa*, 1767 to 1905, Routledge and Kegan Paul, London, 1960, p. 7.

[3]根据记载，以秘密捐款名义的支出1688年是1284英镑；1689年是2096英镑；1690年是3056英镑；1691年达到11372英镑；1692年是4659英镑；1693年高达80468英镑。Sir William Wilson Hunter, *A History of British India*, Longmans, Green, and CO. London, New York, and Bombay, 1899, Volum2, p. 310. 也参见Karl Marx, *The East India Company — Its History and Results*, first published in the New-York Daily Tribune, July 11, 1853.

产,公司可随时收回执照,取消其来华贸易权力。如此一来,不用亲自出面,东印度公司的鸦片就源源不断地运到中国来了。

1.3 英国对华陆路战略的实施

自17世纪中叶以来,英国对中国市场觊觎已久,主要通过海外贸易实施海上战略。但由于中国实行限关自守政策,英国的海上进军屡屡碰壁,历尽周折。同时,由于英国在同中国东南沿海贸易中一直处于逆差,加之受到广东官员的盘剥,英国遂加快了对我国西藏的渗透。

英国东印度公司的成立及其在南亚次大陆的扩张,令其通过陆路对毗邻中国西藏的南亚次大陆国家进行渗透,从而接近我国西藏,以开辟新的贸易通道和商品市场,同时向中国内陆渗透。为了扩大贸易额,占领更广阔的中国市场,英属印度政府及东印度公司在我国东南沿海与西南边疆采取了东西策应、水陆并进的战略方针。

1.3.1 英国觊觎西藏

英国觊觎中国西藏的原因是多方面的:

首先,为了打开西藏市场,掠夺西藏资源,推销英国商品,从而借道西藏打开中国西南大门。这是18世纪以来英国渗透侵略西藏的初始原因。西藏虽是雪域高原,但物产丰饶。东部海拔相对较低,适宜农业,山林茂密,尤产硼砂,英国一直垂涎欲滴。英藏贸易主要通商路线有两条,一条是印度—尼泊尔—西藏线,另一条是印度—不丹—西藏线。因此,在打开西藏大门之前,英国只有通过尼泊尔或者不丹才有可能与西藏贸易。18世纪,英属印度通过尼泊尔、不丹、克什米尔商人向西藏输入了一些日用杂货商品,在拉萨、日喀则进行买卖。但总的来说,藏印贸易数额很小,远不能满足英国需要。而中国市场总体实行闭关政策,若通过中国西藏打开中国内地市场,对英国来说十分诱人。英属东印度公司在战胜荷兰和法国获取其在印度的殖民势力后,"开始对北部的毗邻地区,诸如尼泊尔和不丹产生了兴趣,考虑怎样才能进行贸易。他们的兴趣甚至扩展到了西藏”。[1] 凯曼(Schuyler Camman)认为:“也许是金罗奇上尉远征尼泊尔使英国人第一次对喜马拉雅山有了较近的观察,引起了对喜马拉雅山背后的兴趣。无论如何,在次年(1768)三月,公司在伦敦的董事会建议搜集棉布及其他欧洲商品能否通过尼泊尔在西藏及中国西部找到市场的情报。”1768 年,东印度公司就对驻印代表提出了同样的要求。[2]

其次,为了深入中国内地侵略的战略需要。西藏处于中国西南边陲战略前哨的重要位置,高峻的地势使其成为川、滇、青三省的屏障,是英国从西部侵入中国腹地的有力跳板。由于地势走向的关系,藏入川滇易,川滇入藏难,一旦西藏陷入英人手中,中国失去的不仅仅是一个西藏,而是整个西南地区。

第三,英国侵略西藏是为了巩固对印度的殖民统治,并进而扩大其在中亚的侵略势力。西藏紧靠印度,英国人一贯认为它就是眼前的猎物。特别是在 1876 年,英国维多利亚女王被内阁奉为印度女皇之后,印度成了当时英帝国海外殖民地中最辽阔富庶的“王冠上的珍珠”。为巩固对印度的统治,必须加紧侵藏。

第四,在整个 19 世纪,英国都希图通过控制西藏来遏制俄国南下、推行“制俄保印”并控制南亚次大陆。沙俄对西藏一直存有野心,特别是当俄国势力深入蒙古和新疆以后,极欲染指西藏。英国认为西藏是俄国南下必经之路,担心俄国独吞西藏。若俄国在蒙古、新疆得势,势必侵占西藏,从而威胁英属印度。由于西藏地处青藏高原,交通险阻,东部海拔相对较低,北部则是广袤荒旷的高原,于是,西藏似乎成了英国抵制俄国南下的天然屏障。

英国控制西藏,有利于控制不丹、锡金、缅甸等国。英国认为不丹、锡金、缅甸人与西藏人肤色相同,且语言、宗教文化背景也非常接近,很有可能摆脱英国控制,与西藏发生更密切的联系。特别是缅甸人民抗

---

〔1〕Schuyler Camman, *Trade Through the Himalayas—the Early British Attempts to Open Tibet*, Greenwood Press, Publishers, p. 22.

〔2〕Schuyler Camman, *Trade Through the Himalayas—the Early British Attempts to Open Tibet*, Greenwood Press, Publishers, p. 25. 以下皆简称为 Cammann, *Trade Through the Himalayas*, op. cit.

英独立运动日趋激烈,不丹、锡金也都萌发抗英倾向,只有控制西藏,英国才可以较好地解决一系列问题。[1]

1.3.2 英国对南亚小国的最初渗透

英属印度政府通过对印度殖民地多年的经营,最终认识到,要想完全打开通往西藏之路,必须先撤除中国西藏的藩篱。因此,英国采取军事进攻和拉拢收买相结合的手段蚕食南亚小国。

在喜马拉雅山南麓诸小国中,尼泊尔最为强大,18 世纪时它反英也最为有力。廓尔喀统一全国后,其势力更为强劲,牢牢控制了东至锡金,西抵库马翁,南及喜马拉雅山麓毗连印度平原的大片地区,成为英国殖民势力北进道路上的一大障碍。为了抵御东印度公司的扩张,廓尔喀王朝除了联络印度地方割据势力外,还提高过境商税,打击英国商品的运销,对英殖民主义的扩张形成了巨大威胁。为了扫除北进道路上的障碍,控制通往西藏的通道,东印度公司对喜马拉雅山南麓诸国侵略的主要目标便是尼泊尔。

1.3.2.1 廓尔喀王朝统一尼泊尔及其对外扩张

尼泊尔[2]是我国西藏高原和印度平原之间的一个山国。尼泊尔自古就有很多部落、土邦分裂割据。尼瓦尔族在加德满都河谷建立了马拉王朝(公元 880 年至 1768 年),但未能统一尼泊尔。到了 15 世纪,马拉王朝的亚克沙王(Yaksha)征服了加德满都、帕坦(Patan)南部的莫

[1]萨本仁,潘兴明:《20 世纪的中英关系》,上海:上海人民出版社,1996 年,第 93 页。

[2]尼泊尔一词的含义:①在遥远的古代有一个名叫"尼"的伟大圣人在巴格马提河与毗湿奴马提河的汇合处苦修。那时的国王们都遵照这位圣人的教诲来治理国家。据公认的系谱记录记载,这个国家曾受到圣人"尼"的维护,所以叫做"尼泊尔"。②在藏语里,"尼"这个词的意思是家,而"泊尔"一词的意思是羊毛。由于这里盛产毛织品,所以这个国家被称为"羊毛之家"即"尼泊尔"。③如上所述,一个人的"尼"(即"家")住在"泊尔"(即"羊毛的"),则这个人可以叫做尼泊尔人。正是由于这个原因,这里居民的名称就成了尼泊尔这个国家的名称了。④在尼瓦尔语里,"尼"的意思是"中间的","泊"的意思是国家,所以"尼泊"的意思就是"中间的国家"。"尼泊尔"可能来源于"尼泊"这个词。由于尼泊尔位于印度和中国两个大国之间,可能因此被恰当地称为"尼泊",亦即"尼泊尔"——中间的国家。⑤因为这个国家生产"泊尔"(即羊毛),人们习惯称它为"泊尔"国。此外,西藏人把神住的圣洞或圣地称为"尼"。因为这个国家是大梵天和大自在天等神的家,所以这个地方可能因此被称为"尼泊尔",即羊毛之国和众神之乡。(见 I. R. 阿里亚尔,T. P. 顿格亚尔著:《新编尼泊尔史》,四川人民出版社,1973 年,第 313 页。)

兰(Morang)区、弟华尔(Tirhur)、迦耶(Gaya),并在西部征服了廓尔喀(Gurkha),之后将全部土地分成几个区,分给他的子女:把加德满都给其幼子,巴特冈(Bhatgaon)给其长子,帕坦给其女儿,建立了3个王朝。因其彼此间相距不过几英里,时常发生矛盾、冲突,于是廓尔喀[1]利用其不和灭亡了马拉王朝。

推翻马拉王朝的廓尔喀人自称是月亮王族,其祖先在穆斯林势力进入印度后,从印度进入尼泊尔西部,并建立了王国。公元1559年,该王族的后代德拉比亚·沙阿(Drabya Shah,1559—1570)征服了位于加德满都西部的廓尔喀公国,建立了廓尔喀王国。普里特维·纳拉扬·沙阿国王(Prithvi Narayan Shah)是廓尔喀王国第10代君王。他生于1722年,是一位勇敢善战、坚韧不拔的军事家与雄才大略的政治家。1742年,他开始了统一国家的大业。

普·纳·沙阿统一尼泊尔的过程,大致分为4个步骤:

(1)扫清从廓尔喀进入加德满都谷地的障碍。(2)攻占加德满都。普·纳·沙阿为攻占加德满都使用了三方面的策略:①同廓尔喀西部的乔比斯(24国)联盟建立友好关系,以防后院之患;②利用离间计,使加德满都王国的大臣与国王之间发生内讧;③对加德满都实行全面经济封锁,切断一切商道。(3)征服加德满都西部的乔比斯联盟。(4)实施东征计划,最终于18世纪末期实现了尼泊尔国家的统一。[2]

1768年征服加德满都谷地后,普·纳·沙阿将廓尔喀沙阿王朝的国都迁至加德满都,然后继续东征西讨,欲图统一尼泊尔。在统一尼泊尔的过程中,为巩固中央政权,他建立了各种职能机构。为促进国家的进步,他加强经济管理,努力发展民族工业,保护民族文化,促进各民族团结并积极开展外交活动。为发展民族经济,他鼓励开采矿藏。为保护民族文化,他驱除西方传教士,并兴办各种公益事业。为促进各民族之间的团结,他把尼泊尔各个民族的优秀青壮年吸收到廓尔喀军队和

[1]廓尔喀,藏文转写gor-kha。有的学者认为这一名称来自印度教神名廓罗叉那他(Goraksa Natha),见魏英邦:《尼泊尔、不丹、锡金三国史略》,载《青海民族学院学报》,1978年第3期。

[2]王宏纬主编:《尼泊尔》,北京:社会科学文献出版社,2004年,第120-123页。

中央政府任职。普·纳·沙阿一生都在为尼泊尔的统一和强盛而奋斗。对此,学者阿萨德·胡赛因(Asad Husain)评价道:普里特维·纳拉扬·沙阿使尼泊尔获得了"主权国家"的荣誉。他建立了中央集权的政府,并将爱国主义思想注入尼泊尔民众的心中。他可当之无愧地被称为"现代尼泊尔的建立者和建设者"。[1]

1775年当普里特维病逝时,廓尔喀王朝已占领了今尼泊尔领土的中部和东部地区,成为强大的中央集权国家,并不断向外扩张,威胁到英属印度及南亚地区的稳定。

纳拉扬发展本国贸易的政策引起英国人的反对。他的政策是采取封锁其他商路的办法迫使印度对藏贸易必须通过尼泊尔,而尼泊尔的贸易必须控制在尼泊尔人手中。他时常说:"如果容许外国商人进入尼泊尔,他们势必要使人民穷困。"由于他想发展民族贸易,便禁止一切外国布匹和货物的输入,他的目的是要输出尼泊尔货物以换取外国的财富。外国人是不准到尼泊尔来的,连舞蹈家和魔术师也不例外。[2] 纳拉扬的这种一概排外的政策显然不符合英国殖民者的利益。这也是后来英国和尼泊尔关系一度紧张的原因之一。

1.3.2.2 英国对尼泊尔和不丹的渗透干涉

普·纳·沙阿在1742年登上廓尔喀王位后,发动了大规模扩张战争。当时尼泊尔马拉王朝的三个王国(属于尼瓦族)长期互相攻占,国力衰弱,联合起来也无法阻挡廓尔喀人的进攻,因此,不得不向东印度公司求援。[3] 巴特那总督郎博尔特(T. Rumbold)[4]认为,尼瓦族三个王国信仰佛教,而且和西藏的达赖喇嘛关系密切,援助他们可以获得达赖喇嘛的好感,有利于同西藏建立直接关系;与此同时,还可借口援助他们而扩大在尼泊尔的势力和影响,为最终控制印度—尼泊尔—

[1] Asad Husain, *British India's Relations With the Kingdom of Nepal*, 1854—1947, *A Diplomatic History of Nepal*, 1970, London, p. 30.

[2] [尼] I. R. 阿里亚尔, T. P. 顿格亚尔著,四川外语学院《新编尼泊尔史》翻译组译:《新编尼泊尔史》,成都:四川人民出版社,1973年,第143页。

[3] 王宏纬主编:《尼泊尔》,北京:社会科学文献出版社,2004年,第120-123页。

[4] Chief Officer of the Company's Government in Province of Patna.

西藏的交通线创造条件。于是郎博尔特写信给纳拉扬要求廓尔喀退兵,遭到了拒绝。[1] 东印度公司在调解无效后,于1767年派出金洛克上尉(Captain Kinloch)率领一支远征军进入尼泊尔攻打廓尔喀,在辛杜—加里战斗中,英国人全面败北,大量枪支弹药落入廓尔喀人手里。[2]

1768年东印度公司伦敦董事会致函英印政府,要求获得有关布匹等商品是否能由尼泊尔进入中国西藏和西部地区的情报。这是因为英国在当时的中英贸易中仍然处于入超[3]地位,如果能打开中国更多的市场,就可以在一定程度上减少英国对华白银的输出。为了打通印藏交通,1769年东印度公司再次派出洛根(James Logan)率军入尼。无奈英军至尼泊尔边境时,廓尔喀人已经征服了马拉王朝三王国,并定都加德满都,建立了新的尼泊尔王国,英军只得无功而返。[4] 纳拉扬驱逐了英国传教士,禁止英国人进入尼泊尔,也禁止英国布匹和货物输入,封锁了商路。[5] 英国妄图通过尼泊尔渗透西藏的计划暂告失败。

在尼泊尔遭遇失败后,英国并没有放弃渗透西藏及其周边藩属的计划,而是更加密切地注视着南亚次大陆的局势。不久,英国又抓住一次机会——1772年不丹和库赤·贝哈尔的战争。

库赤·贝哈尔(Cooch Behar)是不丹和孟加拉之间的一个小国,经由这里一条古老的商路可直通藏南重镇帕里。早在1695年,不丹就征服了库赤·贝哈尔,并将其纳入治下。18世纪中叶,库赤·贝哈尔的国王被其臣下拉门德害死,不丹出兵处死拉门德,另立戴京扎为王。后来,戴京扎未经不丹批准,擅自将其首相处死,不丹便废黜戴京扎,立其

---

[1][尼] I. R. 阿里亚尔,T. P. 顿格亚尔著,四川外语学院《新编尼泊尔史》翻译组译:《新编尼泊尔史》,成都:四川人民出版社,1973年,第138页。

[2][尼] I. R. 阿里亚尔,T. P. 顿格亚尔著,四川外语学院《新编尼泊尔史》翻译组译:《新编尼泊尔史》,成都:四川人民出版社,1973年,第138页。

[3]即贸易逆差:在对外贸易中,商品进口总额高于商品出口总额。

[4]Cammann, *Trade Through the Himalayas*, op. cit., p. 23.

[5][尼] I. R. 阿里亚尔, T. P. 顿格亚尔著,四川外语学院《新编尼泊尔史》翻译组译:《新编尼泊尔史》,第141、143页。

弟纳仁扎为王。1773年,纳仁扎死,库赤·贝哈尔王室发生内讧。戴京扎的儿子大仁扎发动政变,自立为王。不丹德布王(Deb Rajah of Bhutan)派军队进入库赤·贝哈尔,捕获大仁扎,押回不丹囚禁。大仁扎集团派出使者到孟加拉向英属印度政府求救,此时公司正面临孟加拉大旱造成的谷物和棉纺工业危机,急于向不丹等地扩充销售市场,这一请求正中总督沃伦·黑斯廷斯(Warren Hastings,1773—1785)下怀。黑斯廷斯提出了兼并库赤·贝哈尔的苛刻条件,即库赤·贝哈尔首先给东印度公司在旺普尔的代表5万卢比,且臣服于东印度公司,成为孟加拉的一部分,并将土邦年税的一半贡献给公司。大仁扎集团接受了东印度公司的"保护条约"。[1] 于是,黑斯廷斯派出琼斯(Captain Jones)上尉率领4个团的雇佣兵进入库赤·贝哈尔。不丹人的军刀、弓箭自然敌不过英国人的快枪和加农炮,溃败后只得退出库赤·贝哈尔。黑斯廷斯并未在此止步,而是占领了大吉岭(Daijeeling)、奇恰可塔(Chichacotta)和布华(Buxa)等地。

不丹原是西藏藩属,宗教上与扎什伦布寺(Tashilhunpo,Tashilumpo)的关系尤为密切,不丹的德布法王请求六世班禅(Panchen Lama)出面调解。班禅写信给孟加拉总督沃伦·黑斯廷斯,请其罢兵。1774年4月,不丹被迫接受英国条约(共10条),英军遂撤出不丹。[2] 黑斯廷斯后来就以请班禅调停为借口派出波格尔出使西藏。这就是波格尔入藏的缘起。

剑桥大学教授麦特卡夫认为,黑斯廷斯为英国在印度的统治打下了坚定持久的基础。[3] 荣赫鹏(Francis Younghusband)[4]则对黑斯廷

---

[1] Clements R. Markham, *Narratives of the Mission of George Bogle to Tibet and of the Journey of Thomas Manning to Lhasa*, Manjusri Publishing House, New Delhi, 1971, p.4. 以下皆简称为Markham, *Narratives*, op. cit.

[2] Alastair Lamb, *Britain and Chinese Central Asia: the Road to Lhasa*, 1767 *to* 1905 Routledge and Kegan Paul, London, 1960, P.9,以下皆简称为Lamb, *Britain and Chinese Central Asia: the Road to Lhasa* op. cit.;Cammann, *Trade Through the Himalayas*, op. cit., pp.160-161;另见《中国反对外国侵略干涉西藏地方斗争史》,第11、12页。

[3] Barbara D. Metcalf and Thomas R. Metcalf, *A Concise History of India*, Shanghai Foreign Language Education Press, 2006, p.55.

[4] 有关荣赫鹏侵藏,详见本书第7章。

斯一手举橄榄枝、一手拿枪炮,为达目的不择手段的形象生动地评价道:

> 沃伦·黑斯廷斯的政策不是在自己势力范围内坐以待毙,对周围发生的事漠不关心,或尊重邻国的独立与隔绝。他的政策是一种高度警觉且深思熟虑的前进政策:这种政策反应迅速而时间持久,过分自信而又虚心接纳。他竭力守卫边界,一旦危险降临便立即奋力回击;而与此同时,又要长期耐心地促进同周边邻国的日常关系。这两种潜质都是必要的。
>
> 由于黑斯廷斯具有瞬间把握机会的能力,由于他能够、也愿意毫不犹豫、毫不惧怕地采取严厉行动,而只有采取严厉的行动才能维持持久的和谐……黑斯廷斯被认为是印度所有总督中最伟大的一位。[1]

1.4 波格尔、特纳使团来华

18世纪后期英国对华贸易有了较大发展。英国从中国输入的产品主要是生丝和茶叶。从1717年起,茶叶开始取代生丝成为东印度公司在华购买的主要商品。[2] 18世纪初,东印度公司每年销售的茶叶量约为5万磅,到了18世纪末,茶叶销售量已达两千万磅,即在不到100年的时间增长了400倍。[3] 英国对中国产品的需求量急剧增长,而英国的棉毛织品和其他工业产品却在中国市场长期滞销,为了购买中国产品,英国不得不向中国支付大量白银,这就引起东印度公司和英国工商界的不满,他们认为中国人口众多,地域辽阔,南北气候不同,北部寒冷,需要大量棉毛织品,如果英国对华贸易不限于广州一处,英国商人就能前往更多的地区贸易,如此既能摆脱粤海关的管理勒索,又能

〔1〕Francis Younghusband, *India And Tibet*, Hong Kong, Oxford University Press, 1985, pp. 7 – 8.

〔2〕H. B. Morse, *The Chronicles of the East India Company Trading to China*, 1635—1834, OXFORD, 1926, Vol. 1, p. 158.

〔3〕G. Staunton: *An Authentic Account of An Embassy from the King of Great Britain to the Emperor of China*, London, 1797, pp. 22 – 26.

扩大英国工业品的销售市场。

1757 年普拉赛战争后,英国确立了对印度的统治,英印统治者即渴望打开西藏大门,发展印藏贸易,使西藏成为英国商品的销售市场,并从西藏获得在广州购买中国丝、茶叶等产品所需要的资金。同时,英国试图通过班禅或者达赖喇嘛的引荐,同清廷建立联系。1774 年和 1783 年,黑斯廷斯先后派遣波格尔和特纳进藏活动,计划拉拢班禅和仲巴呼图克图,[1]企图打开中国西藏的大门。

1.4.1 波格尔入藏

英国人并不是最早来藏的西方人。在波格尔和特纳入藏之前的 17 世纪和 18 世纪早期,天主教传教士就来到西藏了。1627 年,一个耶稣会传教站在日喀则设立。1661 年,第一位耶稣会传教士从北京来到拉萨。拉萨的耶稣会传教站后来被圣芳济各嘉布会(Capuchins)取代,圣芳济各嘉布会在拉萨一直传教到 18 世纪 40 年代。[2]

18 世纪除了传教士来到西藏之外,还有不少探险家也纷至沓来。18 世纪上半期,荷兰旅行家范德普(Van de Putte)来到拉萨参观,在此期间,受康熙皇帝之命,北京的耶稣会士来到西藏,并对西藏进行系统、完整地测量,后来形成了康熙年间著名的《皇舆全览图》。[3]

1.4.1.1 缘起

英国军队干涉了库赤·贝哈尔同不丹的战争后并未罢手,而是乘

---

〔1〕藏语 drung-pa-ho-thog-thu,清代西藏扎什伦布寺总管。其母为拉达克王之女,六世班禅罗桑巴丹益西之兄,为管理班禅商上事务的商卓特巴。乾隆四十五年(1780),陪六世班禅入京祝贺乾隆 70 寿辰,赐"额尔德木图诺门罕"名号。班禅在北京圆寂后,护送其舍利金龛西归,将清朝大臣、蒙古王公所赠班禅之金银财宝据为己有。乾隆五十六年(1791),廓尔喀军侵藏至扎什伦布寺,不抵御,携资先逃。次年,被解赴京师,因念其为班禅之兄,未将其正法,而令其在从前班禅额尔德尼所住德寿寺居住。

〔2〕Alastair Lamb, *Britain and Chinese Central Asia: the Road to Lhasa* , p. 1.

〔3〕李约瑟曾指出:"在中世纪这整整一千年中,当欧洲人对科学的制图学还一无所知的时候,中国人却正稳步地发展着他们自己的制图传统,这是一种虽然并非严格按照天文图的原则,但力求尽可能做到定量和精确的制图传统。"中国建立大地坐标系统的实测地图则萌芽于西方测量技术传入的明代,而运用这种方法进行地图绘制,则始于清康乾年间,即康熙《皇舆全览图》。康熙《皇舆全览图》的绘制,不仅是中国,亦是世界上第一次运用近代制图学方法进行的全国性测量,规模之大、测量之精确令西方国家为之叹服。

机进入不丹境内,占领了不丹要塞。面临危机的不丹德布王一面派人到孟加拉谈判,一面向西藏的第六世班禅罗桑贝丹意希(1738—1780)呼吁,请他出面调停。[1]

长期以来,不丹一直是中国西藏的藩属,在政治、经济、宗教、文化等方面与我国西藏有着密切联系。雍正年间,布鲁克巴遣使入贡北京。[2] 每逢国内有重大问题,不丹均向西藏的达赖喇嘛和驻藏大臣(Amban)请示。英国军队入侵不丹时,八世达赖喇嘛还未亲政,作为达赖喇嘛师傅的六世班禅在西藏有很大的影响和号召力,故德布王向其求救。1774年(乾隆三十九年),六世班禅派出藏人白玛和印度托钵僧普南吉(Purangir)带着自己的亲笔信和礼物前往加尔各答面见黑斯廷斯,希望从中调停。[3]

1774年3月29日,黑斯廷斯在加尔各答的威廉堡收到班禅来信,不禁大喜过望,认为进入西藏的最佳机会来了。因此,他在加尔各答广为公布班禅的来信,声言在给班禅的回信中,建议西藏与孟加拉缔结友好通商条约。5月4日,黑斯廷斯向伦敦东印度公司的董事会提交了一份备忘录,说他已拟好给班禅喇嘛的回信,提议缔结孟加拉与西藏通商条约;要求商会批准派遣一名英国绅士到西藏去进行调查。在备忘录中,黑斯廷斯竭力说服董事会同意其计划,催促董事会立即派出乔治·波格尔(George Bogle)出使西藏,并提名助理外科医生亚历山大·汉密尔顿(Alexander Hamilton)作为波格尔的助手。他说,"尽管成功的希望不是很乐观,但是目前的情况确实十分有利,机不可失","那里的人民淳朴、友好、勤劳,生活在井然有序的政府治理之下,并和其他地区彼此往来,尤其是中国和北部鞑靼,以贸易通商为生,盛产金

---

[1] Markham, *Narratives*, op. cit., p.1.

[2]《清世宗实录》卷103"雍正九年二月乙巳"条:"布鲁克巴地方人等,起衅构兵,互相仇杀。朕闻之深为不忍,轸念于怀,尔能仰体朕意,遣使与班禅额尔得尼之使一同前往说和,又遣使宣谕朕之恩德。布鲁克巴地方人等遂感悟息争,输诚向化,各带部落敬顺无违。且请朕施恩训诲,朕甚嘉悦。布鲁克巴地方人等自兹以往宜各守疆界,共相和睦。"亦见《西藏志》卷下"外番"条。

[3] Alastair Lamb, *Britain and Chinese Central Asia: the Road to Lhasa* op. cit., p.9.

银”。[1] 接着黑斯廷斯又给公司董事会写信,建议派波格尔携带信函、礼物和各种货物前往西藏,调查那里销售最好的商品。[2] 东印度公司自然不会放过这个千载难逢的机会,很快就批准了黑斯廷斯的计划。

1.4.1.2 使命

乔治·波格尔(1746—1781),苏格兰人,商人家庭出身。少年时在汉丁顿学习拉丁文和希腊文,1760—1761 年在爱丁堡大学学习逻辑学和教育学。1769 年,受雇于东印度公司。1770 年,波格尔在孟加拉大饥荒中期抵达加尔各答。在给父亲的信中,波格尔描述说:“整个家庭都被饿死或仅靠树叶维持生命。”那一年,有 150 万人被饿死。[3]

1772 年黑斯廷斯就任孟加拉总督,波格尔被任命为税务署助理秘书。经过较为频繁的接触,波格尔逐渐得到黑斯廷斯的赏识,成为其亲信。波格尔办事素以机敏忠诚著称,且性格冷静沉着,办事一丝不苟,[4]黑斯廷斯对此十分欣赏。1773 年 3 月,波格尔被提升为公司特别委员会秘书,有人说:“他是在印度的少数英国人中长期和西藏人接触过,而且是了解西藏人特质和性格的权威。他是优秀的观察家,具有模仿西藏人行为动作的才能。”[5]

黑斯廷斯在给波格尔的任命书中,对波格尔出使西藏的使命做了明确指示:

(1)开辟不丹与孟加拉居民之间互惠平等的贸易往来;

(2)随身携带一些商业样品清单,并精确算出运输这些商品所需费用;

(3)调查除此之外,还有无其他种类的商品较受欢迎,了解西藏与其他国家通商的具体商品种类,尤其那些价值极大又易于运输的,诸如金、银、宝石、麝香、大黄等等,最好是可以直接从不丹获得的;

---

[1] Markham, *Narratives*, op. cit., p.5.

[2] Markham, *Narratives*, op. cit., p.6.

[3] 约翰·麦格雷格著,向红笳译:《西藏探险》,拉萨:西藏人民出版社,1985 年,第 111 页。

[4] Markham, *Narratives*, op. cit., p.4.

[5] 苏发祥:《伸向雪域的魔爪——从波格尔使藏到英国第一次侵藏战争》,北京:中国藏学出版社,2002 年,第 16 页。

(4)调查孟加拉和拉萨边界之间的道路情况及位于二者之间的其他国家情况;调查拉萨同其邻国的往来关系及邻国的治理、税收情况与风土民情;

(5)无论观察到了什么,与此相关或者不相关的,无论是有用的知识还是出于好奇心,我希望你能随时和我交流,向我汇报谈判的进展情况;

(6)你必须自己决定在西藏停留时间的长短,用足够的时间完成使团的任务,获得对西藏以及你所调查的相关事务的彻底、全面了解。如果你认为在拉萨设立办事处十分有益,而且不会增加公司负担,或者可以从日后获取的利益中得到补偿,那一定要尽早向我汇报。如果你认为在接收到我的命令前有必要离开,那就找到一个你认为合适的人选作为代表,直到我任命正式人选。[1]

不难看出,黑斯廷斯交给波格尔的所有任务都紧紧围绕着一个中心,就是希望他能同西藏签订贸易条约,直接打开西藏的门户,以便英国直接同西藏进行贸易。由此可知,波格尔并非和平通商使者,而是负有特殊使命的英国间谍。他后来的行为充分证明了这一点。

1.4.1.3　波折

1774 年 5 月 13 日,波格尔一行离开加尔各答北行。他们沿着古商路,穿越河流纵横、沼泽遍布、暑热潮湿、蚊蝇成群的普拉西平原,行至孟加拉北部的重镇兰格普尔。兰格普尔是古商路的中转站,不丹商人把从西藏购买的商品运送此地后出售给印度商人,再购买印度商品运回不丹。东印度公司兼并库赤・贝哈尔后,在此设有税务局,试图扩大与不丹、西藏的贸易。波格尔一行在此稍作休息后,从奇恰进入不丹,再由布克萨登上喜马拉雅山南坡。当他们接近不丹皇都扎实曲宗时,一名西藏信使匆匆赶来,向他们递交了一封班禅写的信。这封信是用礼貌得体的波斯文写的,信中说到:"听说您已经到了库赤・贝哈尔,在来看我的路上。"象征性的问候之后,班禅继续说:"我的土地是

[1]Markham, *Narratives*, op. cit., pp. 6 – 7; Cammann, *Trade Through the Himalayas*, op. cit., p. 9.

隶属于清朝皇帝的,我只听命于清朝皇帝”,“清廷距离遥远,我无法写信告知皇帝并请求得到他的允许,因此希望您返回加尔各答”,奉劝波格尔放弃这次旅行。[1] 后来,当波格尔亲自见到班禅,班禅说起了当时拒绝波格尔入藏的原因:“我坦白地承认,我之所以拒绝您入藏,是因为当时很多人劝我别让您来。我也听说了很多英国[2]国力强盛之事;还听说东印度公司就像一位伟大的国王,穷兵黩武,四处征战;而我和我的人民所能做的就是祈求上苍,因为我们害怕任何英国人进入西藏。”[3]

波格尔只得在不丹暂作停留。期间,波格尔通过各种渠道,广泛搜集不丹及其邻邦的情报,为将来东印度公司的征服作准备。到达不丹后不久,他就向东印度公司提出了征服不丹的意见:“企图以武力占领不丹是绝对不适宜的,困难很多……我认为只要两队人就可以征服这个国家。但要维持交通畅通,两队人也无济于事。若交通被破坏,那么即使征服也毫无意义。”[4]但波格尔建议直接占领阿萨姆(Assam,汉文史料称为“阿赛密”[5])。他认为阿萨姆地域广袤,人口众多,水陆交通极为便利,而且经济比较发达,金矿丰富,军队供给不成问题。[6] 波格尔虽然还未到西藏,其出使西藏的野心已暴露无遗。

波格尔不甘心受阻,他动员德布王向班禅疏通,协助其进藏。但德布王对英人早就痛恨在心,以各种借口推诿拖延。与德布王第二次会面时,波格尔就班禅的信件与他进行了商谈,希望能够得到他的支持。但德布王劝波格尔放弃这次行动,这令波格尔十分懊恼。他认为,德布王不赞成他进藏有其政治目的。不得已,波格尔派公司收买的印度托

[1]Markham, *Narratives* , op. cit. , pp. 44 – 45.

[2]Markham 文中多次提到的“Fringies”经常被人误解为“欧洲人”,此处,根据上下文做出判断,应该是指“佛林”,即英国人。“Fringies”是波斯语,“佛朗机”之意,虽然在16、17世纪主要是指葡萄牙人、西班牙人,但在18世纪末英国称霸世界之际,不能笼统地认为是欧洲人,而是指英国人。这是西藏人对英国人的称呼,“Fringies”是音译。见《辞海》中的“佛朗机”条。

[3]Markham, *Narratives* , op. cit. , pp. 137 – 138.

[4]Markham, *Narratives* , op. cit. , p. 58.

[5]《西藏图考》卷8《外夷附考》。

[6]Markham, *Narratives* , op. cit. , pp. 59 – 60.

钵僧普南吉到日喀则活动，声称公司已经按照班禅的请求从不丹撤兵，缔结了和平条约，班禅没有理由拒绝公司使者入藏并向班禅表示"友好"。并暗示，如果班禅拒绝公司的"友好"表示，那么，公司将考虑再次对不丹使用武力。班禅反复权衡，最后允许波格尔前往日喀则。

1.4.1.4　进藏

1774年10月13日，波格尔与汉密尔顿在一名叫做米拉·塞塔的克什米尔人陪同下，离开了扎实曲宗。陪同他们的还有班禅的信使白玛。虽然已是寒冬，但波格尔心情异常激动。作为第一个即将登上"世界屋脊"的英国人，他心中充满对自己远大前程的憧憬。

9天后，一行人抵达西藏帕里宗。稍作休息后，波格尔继续向日喀则方向前进。天气越来越冷，周围山顶上的皑皑积雪，在冬天的阳光下，闪耀着切肤彻骨的银光。波格尔依旧亢奋，恨不能立刻到达日喀则，再前往拉萨。11月2日，经江孜、白朗，波格尔一行抵达日喀则，普南吉与六世班禅的一位使者在此迎候。此时六世班禅到雅鲁藏布江北岸的南木林躲避天花，不在扎什伦布寺。

几天后，六世班禅在德庆颇章会见了波格尔，这是西藏人与英国官员的首次正式会晤。波格尔呈上了黑斯廷斯的书函和一串珍珠项链作为见面礼，并按藏族习惯向班禅献了哈达。班禅之母是拉达克人，故班禅精通印第语。他用印第语同波格尔谈话，不需要翻译。第一次会面纯属礼节性的。为了赢得班禅的信任，博取后藏高级僧侣和贵族的欢心，尽量减少他们对英国殖民者的疑虑，波格尔学习藏文，学说藏语，身穿藏装，大量饮茶、吃盐和酥油，利用一切机会观察藏族的风俗习惯，详细记录所见所闻。对藏族的婚姻情况、家庭组织、丧葬礼仪、人文地理等都做了大量记录和认真研究。后来，他的著作成了欧洲人了解西藏的标准教科书。可以说，为了达到预期目的，波格尔可谓竭尽所能，用尽浑身解数。

由于波格尔善于周旋、勤奋好学,与班禅迅速建立起了友好关系。[1] 他不厌其烦地向班禅游说使团的目的是为了贸易,争取班禅的支持。班禅耐心听完他的解释后,回顾了西藏与孟加拉之间贸易锐减的原因,并向波格尔保证,不丹德布王不会再制造事端了。[2]

1.4.1.5 失败[3]

18世纪60年代,廓尔喀王纳拉扬统一尼泊尔后,其军队南下平原,东侵孟加拉,封锁全国,限制过往商旅,阻断南北交通,使东印度公司面临重开商路的问题,也严重影响了西藏与喜马拉雅山南麓各国和地区间的传统贸易,还威胁到不丹的德布法王。几个世纪以来,孟加拉统治者的种种暴行已使西藏的游客望而却步。廓尔喀兴起后,不幸的事件屡屡发生,寺庙被劫掠,许多人逃到山里避难,六世班禅对此表示忧虑。波格尔趁机挑拨中国和尼泊尔之间的关系,指责廓尔喀王为祸首,希望班禅和英国结盟,签订一个友好通商条约,以遏制日益强大的廓尔喀,并防止其入侵西藏或其属地。班禅婉言拒绝了波格尔的建议,答复道:拉萨方面对英国有所顾虑,且西藏臣属于清朝,关于订盟通商,必须要得到朝廷的同意。班禅只答应波格尔将英国政府的要求转告清廷。[4] 班禅告诉波格尔,清帝在拉萨拥有极大的权力,通过指派摄政王格西仁波切及驻在拉萨、可随时调动军队的驻藏大臣管理西藏。如果摄政王统治有方,即令朝廷满意的话,那么一切都好;如果适得其

---

[1]黎吉生在《西藏及其历史》中提到:"1775年,波格尔抵达扎什伦布寺,不久之后,就和班禅及其家族建立了密切的联系。他娶了一位藏族女子,即六世班禅喇嘛的妹妹(a sister of Panchen Lama)为妻,还与其生了两个女儿。女儿们后来在苏格兰拉纳克郡(Lanarkshire)受教育,并嫁给了苏格兰籍丈夫。但在公开出版的文献里,波格尔娶了藏族妻子这一事实都被删除了,但其仍生活在英国的后代现在都以波格尔为自豪。"由于史料匮乏,无法考证真伪。参见 Huge E. Richardson, *Tibet and its History*, second edition, revised and updated, 1984, Boston and London, Shambhala Publications, p.65.

[2]Markham, *Narratives*, op. cit., p.141.

[3]对于波格尔入藏是成功还是失败仍存在争议。国内学者普遍认为波格尔的出使是失败的。兰姆认为波格尔同班禅喇嘛建立的"友谊"是"波格尔入藏的最大收获",认为波格尔此行的政治成果远远大于商业上带来的效益,还认为"波格尔的成功倚赖于他个人同班禅喇嘛的关系",见 Alastair Lamb, *Britain and Chinese Central Asia: the Road to Lhasa* op. cit., pp.10-11.

[4]Markham, *Narratives*, op. cit., p.151.

反，班禅断言他将会受到严厉惩处。至于班禅本人，他坦言自己不过是一名僧人，只诵经念佛，不能与外国私下缔约，冒犯清朝皇帝。

波格尔试图争取班禅的支持和同意，前往拉萨面见达赖喇嘛，但同样遭到断然拒绝。拉萨地方政府本来对于班禅致信黑斯廷斯就很不满意，更不允许波格尔到拉萨。噶厦只派了两位官员到扎什伦布寺接见波格尔，明确告诉他，西藏属于大清帝国，一切要听从大清帝国的命令，反对东印度公司在西藏立足。至于通商，西藏与印度、不丹、尼泊尔自古就有贸易，西藏方面愿意扩大这种贸易，但不必和东印度公司缔约。班禅表示印商可到帕里通商，对藏人至印度经商以"畏暑"加以拒绝，对在拉萨设立使馆的请求则断然拒绝。[1] 拉萨来的代表只答应把波格尔表示感谢的短笺带给摄政王，但坚决拒绝带去就贸易问题进行讨论的信件。他们同意波格尔派一名当地仆人到拉萨参观，但不允许他本人前往，对此，波格尔感到十分懊丧。

和西藏地方政府直接通商的努力失败后，波格尔又劝说班禅运用个人影响，让清王朝同意与东印度公司建立关系。班禅虽然一直热情招待波格尔并多次与其会面，但始终没有答应他提出的任何要求。实际上，波格尔一踏上西藏的土地，人们就用怀疑和憎恶的眼光看待他，从印度来的商人、香客对西藏人讲述："英国人阴险狡诈，野心勃勃，一旦他们在通商的幌子下利用花言巧语进入一个国家，熟悉了那里的情况和居民，就千方百计使自己成为该国的主人。"[2]无论波格尔怎样狡辩，也难以洗刷东印度公司的所作所为，取得班禅的真正信任。

踌躇满志的波格尔处处碰壁，沮丧地写道：中国在西藏的主权是"阻止我在所有路上前进的绊脚石"。[3] 经过近半年的活动，他意识到实现预期目标的希望十分渺茫，决定返回加尔各答。1775 年 4 月，波格尔离藏回印前，仍不死心，再次向班禅建议欲派遣信使与之保持联系，被班禅拒绝。为了慎重起见，班禅就此向黑斯廷斯致信声明："西

[1]牙含章：《班禅额尔德尼传》，拉萨：西藏人民出版社，1987 年，第 125 页。

[2]Markham, *Narratives*, op. cit., p. 139.

[3]Markham, *Narratives*, op. cit., p. 148.

藏处于清朝皇帝的绝对主权之下,清朝皇帝强有力地严密控制一切事务,与外国政府建立联系和友谊都将冒犯清帝,向您派遣信使超出了我的权限。"[1]

1775年6月,波格尔返回加尔各答。

1.4.1.6 影响

波格尔返回孟加拉后,给东印度公司写了一份详细的总结报告。报告对西藏的政教组织、颇罗鼐家族执政情况以及西藏与清王朝的隶属关系都做了比较详细的介绍。他认为西藏完全听命于清廷,是公司实现目标的拦路石。他向东印度公司提出了入侵西藏的办法,建议先占领阿萨姆,然后以此为基地,再逐步向喜马拉雅山区逼近。关于通商问题,波格尔认为欧洲人、英国人到西藏经商和居住是不可能的,最好利用克什米尔人、尼泊尔人来推销英国的货物。

虽然波格尔西藏之行的成果同当初黑斯廷斯交给他的任务相去甚远,但他为东印度公司搜集了有关不丹和中国西藏地方的政治、经济、军事、社会、历史、地理、宗教、文化等各方面的大量情报,而且给六世班禅及其周围的人留下了较好的印象,使扎什伦布寺与东印度公司之间的联系得以维持下去。因此,他的建议长时间被东印度公司所采纳。1779年,黑斯廷斯决定再次派波格尔出使不丹和西藏,并特别强调要利用西藏的喇嘛打开与清廷联系的渠道。但就在波格尔出发之际,传来六世班禅前往内地祝乾隆七十大寿的消息。黑斯廷斯只好放弃计划。随后,波格尔于1781年4月3日病逝,年仅34岁。

1.4.2 特纳入藏

1.4.2.1 缘起

乾隆四十四年(1779),六世班禅到北京给乾隆皇帝祝寿,但由于活动频繁、劳累过度,加之气候不适、水土不服,六世班禅感到身体不适,不思茶饭,腿部出现红疹,且连续呕吐,夜晚无法入睡,经御医诊治,断为天花。乾隆四十五年十一月二日(1780年11月27日)下午,六世

[1] Markham, *Narratives*, op. cit., pp. 195 – 196.

班禅大师不幸在黄寺圆寂。六世班禅大师圆寂后,在黄寺祭祀百日,举行了极其隆重的超度仪式。乾隆帝赐黄金7000两用于制作盛放班禅肉身的金塔。在历代班禅的灵塔中,六世班禅的灵塔最为宏大华贵。

六世班禅圆寂后,西藏地方噶厦政府根据乾隆皇帝的旨意和藏传佛教的传统,开始寻找六世班禅的转世灵童,最后确定日喀则的丹白尼玛为六世班禅的转世灵童。1782年12月20日,乾隆降旨批准,并赐哈达一条,宝石念珠一串,令驻藏大臣博清额亲自送到扎什伦布寺。1783年8月,扎什伦布寺的僧俗官员数百人将转世灵童接到甘丹勒谢曲林,准备选择吉日举行隆重的坐床典礼。

黑斯廷斯得知六世班禅转世灵童确定的消息后,为之一振,认为这是继续派遣使者到西藏的绝佳借口。1783年(乾隆四十八年)1月9日,黑斯廷斯任命32岁的中尉特纳[1](Samuel Turner)为其代表,前往日喀则向新班禅表示"祝贺",同时也向仲巴呼图克图等扎什伦布寺主要负责喇嘛转达东印度公司的"问候"。特纳是黑斯廷斯的亲戚,梦想着发家致富,建功立业。

陪同特纳前往的还有萨缪尔·戴维斯(Samuel Davis)中尉,他负责绘制当时还鲜为人知的喜马拉雅山区的地图,并进行素描;罗伯特·桑德斯(Robert Saunders)医生则在漫长而危险的旅途中提供必不可少的医疗服务;普南吉仍然充当向导和顾问。他们打算沿着波格尔的路线进藏。使团的主要任务仍是谋求和西藏地方通商的可能性,并为将来东印度公司继续与西藏联系打好基础,但是黑斯廷斯认为特纳似乎不可能重复波格尔的"成功",因为六世班禅已经圆寂,新班禅还只是幼童。正如黑斯廷斯在一封书信中所言:"我对特纳使团并没有太高的期望,但至少可以满足我的好奇心",[2]然而"特纳后来表现出来的

[1]萨缪尔·特纳,1749年出生,后来加入了东印度公司军队。他是黑斯廷斯的亲戚,黑斯廷斯认为特纳具有足够的能力,并任命他完成第二次出使西藏的任务,时间为1783年1月到1784年3月。特纳完成使命回到英国后,出版了他的《1800西藏之行》。他于1802年1月2日猝死于伦敦。见:Markham, *Narratives*, op. cit., p. ixxi.

[2]H. Dodwell, *Warren Hastings' Letters to Sir John Macpherson*, ed. London, 1927, p.189.

沉着冷静、富有耐心、善解人意的品质一点都不比波格尔逊色”。[1]

1.4.2.2 经过

1783年4月底,特纳使团从加尔各答启程。5月11日,进入不丹。在不丹扎实曲宗,德布法王以静修为由,拒见特纳一行。特纳在此地逗留了近一个月,一面等待扎什伦布寺的回音,一面进行广泛调查,努力掌握有关不丹的详细情况。虽然不丹统治者盛情款待特纳,但他仍然无法与德布法王就通商问题达成协议。扎什伦布的代表坚持以波格尔使团为例,除了普南吉外,只允许两名英国人进藏。经过多次反复交涉,最后特纳只好答应带桑德斯医生随从,戴维斯中尉不得不继续留在不丹。

1783年9月22日,特纳一行到达扎什伦布寺。次日,仲巴呼图克图会见了他们。特纳把一串珍珠饰品以及黑斯廷斯的信交给了仲巴呼图克图,并转达了总督的“良好”祝愿和黑斯廷斯对因班禅圆寂而影响彼此友谊的担心。仲巴表示不会有态度上的差异,所不同的只是现今喇嘛年纪尚幼而已。

9月27日,七世班禅迁至德帕林寺的盛大仪式即将举行。特纳提出要参加这次盛典,遭到拒绝,因扎什伦布寺绝不会邀请英国人参加如此重要的仪式。特纳本人也承认:清朝皇帝在西藏有很大影响,拉萨的驻藏大臣热忱地捍卫其影响,而清廷的探子们则及时向皇帝汇报威胁天朝的一切事情。

特纳参拜了六世班禅的灵塔。他意识到清朝官吏在拉萨有着很大影响。他认为自己之所以处处受阻,完全是由于驻在拉萨的清朝官吏。扎什伦布寺的主要负责僧侣婉言谢绝了英国的通商要求,也不敢违抗噶厦的命令,让特纳到拉萨活动。但主管僧人答应,只要有孟加拉总督的介绍信,印度各地商民就可以到西藏贸易。还可以拨给印度商人一块地用来储存和销售货物,或在日喀则,或在其他合适的地方。

特纳对西藏的行政体制、风俗习惯、山川河流进行了仔细地观察

---

[1] Alastair Lamb, *Britain and Chinese Central Asia: the Road to Lhasa* op. cit., p.18.

研究,其生动丰富的描述,为东印度公司进一步了解西藏和制定侵藏计划提供了依据。

眼看冬季已至,大雪即将封锁喜马拉雅山口,而通商事宜毫无进展,特纳一行不得不离开。仲巴呼图克图送给他告别礼品以及一封致黑斯廷斯的问候信,并礼节性地表示,对未能和东印度公司达成正式协议深表遗憾。

特纳返回印度路过德帕林寺时,在仲巴的安排下,见到了七世班禅。会见时他们互赠哈达,特纳代表黑斯廷斯给七世班禅献上了闪光的珍珠和珊瑚。1784 年 3 月,特纳返回孟加拉。特纳在出使报告中认为,七世班禅长大后会对英国友好,而清朝的统治是阻挠英国与西藏通商的直接原因。

1.4.2.3 结果

签订商约未成,东印度公司在扎什伦布开商店的建议又遭到拒绝,特纳只好离开后藏;但他测绘的入藏路线对后来英军侵藏起了很大作用。此外,特纳还整理了一份西藏贸易清单。在这份清单上,中国内地在藏销售的商品有锦缎、素丝、缎、茶叶、烟、银锭、辰砂、水银、乐器、貂皮、狐皮以及各种干果。西藏销往内地的有金砂、宝石、珍珠、珊瑚、麝香、毛衣、羊皮、孟加拉獭皮等。西藏从尼泊尔输入银锭、硼砂、金砂等,并用金砂、茶叶、毛衣、盐与不丹换购烟、粗布、米、印度盐、茜草等。西藏与克什米尔贸易的中转站是拉达克。在那里,克什米尔购入西藏的细羊毛,西藏人购买克什米尔披肩、干果。英印的商品也经过尼泊尔、不丹销往西藏,有宽幅毛呢(其中黄色和红色最为畅销)、鼻烟盒、嗅烟瓶、刀、剪、眼镜、丁香、肉豆蔻、檀香木、珍珠、绿宝石、蓝宝石、天青石、珊瑚、黑色大理石、琥珀、贝壳、棉布、皮革制品、烟草、靛青与水獭皮等。从西藏输入的商品有沙金、麝香和硼砂。这份清单对于东印度公司开发西藏市场提供了极为有用的情报。[1]

特纳回来后还汇报道:应当竭尽全力,将波格尔和班禅建立起来

---

〔1〕Alastair Lamb, *Britain and Chinese Central Asia: the Road to Lhasa* op. cit., p.19.

的友谊继续下去,而最好的办法就是建立印度和西藏之间的商业贸易往来,“只要孟加拉政府同西藏当局建立正常的交往,那无疑就是同清朝政府建立交往的一个坚实基础:而且很可能因西藏的媒介作用,我们才能真正抵达北京”。[1]

特纳敦促东印度公司竭尽可能打通穿越喜马拉雅山利润丰厚的贸易通道。黑斯廷斯听从了特纳的建议,组织印度商人,由普南吉带队,满载特纳清单上所列出的英国货物前往西藏。这次贸易大获成功,商队换回金砂、银锭、羊毛、牛尾等,利润极为可观。然而,商队返回印度的时候,黑斯廷斯已经离开了印度返回英国,再未组织第二次贸易商队。令黑斯廷斯尤其感兴趣的是特纳关于西藏沙金的记述。特纳说他在西藏时一小口袋沙金仅值 7 卢比,几年前甚至一度下跌到 3 卢比左右。正当黑斯廷斯大做黄金梦时,英国国内围绕改组印度殖民地管理机构的争论进入高潮,1785 年(乾隆五十年)他被迫辞职离印回国。代理总督麦克菲逊(Sir John Macpherson)以及 1786 年出任印度总督的康华利则继续奉行向西藏扩张侵略势力的政策。

黑斯廷斯两次派人入藏显然没有达到英国的预期目的。英国承认有三个障碍:一是清政府对西藏的有效控制,故西藏在对外交往方面十分谨慎(波格尔认为这是最大的障碍);其次是尼泊尔、不丹、贝拿勒斯等地的反英情绪,他们力图联合西藏阻止英国势力,特纳入藏失败之后东印度公司和不丹的交往也几乎断绝;最后,俄国在西藏的渗透也成为英国的一大障碍(在波格尔和特纳的行记中,多次谈到俄国势力在藏的活动)。[2] 据特纳汇报,在与仲巴和苏布堪布的交谈中,特纳探听到沙皇对蒙古的渗透活动。据说俄国女皇凯瑟琳二世曾经向哲布尊丹巴活佛提出要和西藏建立联系的要求,哲布尊丹巴把沙皇的信件和礼物呈送给班禅,征询处理意见。特纳对此非常警觉,向黑斯廷斯提了两条意见:(1)英藏贸易要等到班禅成年后再提出;(2)组织印度人到西藏贸易。

---

[1] Turner, *Embassy*, op. cit., p.373.

[2] Taraknath Das, *British Expansion in Tibet*, Calcutta, 1927, p.4.

特纳此行虽然没有达到预期目的，但是这两次入藏更加坚定了英国人染指西藏的决心，为扩大日后的印藏贸易带来了希望。黑斯廷斯离开印度返回英国前，强烈呼吁英印政府同意重新派印度托钵僧普南吉入藏，作为东印度公司的常驻代表，但他的提议没有引起英国政府的重视，只好黯然离去。黑斯廷斯想通过西藏同清王朝直接建立联系的美梦化为泡影。

然而，西方人对于黑斯廷斯的对藏政策历来评价甚高。英国学者兰姆（Alastair Lamb）就认为："很明显，英国对西藏的兴趣并没有随着黑斯廷斯的离任而消失，甚至也没有受到 1792 年灾难性事件[1]的影响。实事求是地说，沃伦·黑斯廷斯治下的英属印度，其影响力直接渗透到西藏核心，这一点，只有 20 世纪的印度总督寇松才能与之媲美。"[2]

1.4.3 卡斯卡特赴京使团

波格尔和特纳入藏失败后，英国政府确信，打开中国大门、扩大对华贸易的最佳途径是派使团去北京面见清帝，建立中英两国外交关系。加之 1786 年英国爆发经济危机，东印度公司与英国政府更迫切地想要打开中国大门，扩大英国工业品的销售市场。

1787 年，英国政府首次派使团前往中国，出任使团大使的卡斯卡特中校（Lieutenant Colonel Charles Cathcart）是孟加拉陆军军需署署长。此次出使的经费，包括大使的年薪 6000 英镑以及向中国朝廷大臣赠送礼品等所需费用，均由东印度公司承担。[3] 英国政府特地指示卡斯卡特同印度总督康华利保持密切联系。最初，英国使团曾拟经西藏去北京，后考虑道路漫长艰险，才决定仍由海道至广州，再转赴北京。但卡斯卡特建议等使团抵达北京后，他即派使团秘书阿格纽（Agnew）经西藏回国。[4] 这说明英国始终未放弃进入西藏的打算。

[1]指清廷第二次出兵驱逐廓尔喀入侵西藏。

[2]Alastair Lamb, *Britain and Chinese Central Asia: the Road to Lhasa*, op. cit., p.31.

[3]*The Chronicles of the East India Company Trading to China*, 1635—1834, H. B. Morse, Oxford, 1926, Vol, pp.154 - 155.

[4]Alastair Lamb, *Britain and Chinese Central Asia: the Road to Lhasa*, op. cit., p.21.

1.4.3.1 英国政府的训令

1787年11月30日,英国政府向卡斯卡特下达出使训令,训令首先回顾了近年中英贸易状况以及促进对华贸易发展的重要性。训令说:

政府近年来采取措施从欧洲其他国家之手夺走茶叶贸易,已经收到良好效果,这种商品合法输入大不列颠的增加额,虽然没有达到3倍,最低限度也有两倍;促进印度产品与工业制造品在辽阔的中华帝国安全销售,有利于我国印度领地的繁荣。同时,印度产品的销售也为我国向欧洲投资提供了财源,目前对欧洲的投资每年不下130万英镑。

接着,训令谈到了英国对华贸易存在的困难以及此次出使的目的:

长期以来,英国不得不在最令人沮丧的情况下进行这一贸易……广州是英王臣民有权建立商馆的地方……也是东印度公司从其殖民地进行贸易的唯一地方。在这里,市场的公平竞争被中国人的团体所破坏,我们的大班不准公开进入中国法庭,中国拒绝公正地执行其法令,我们驻广州的大班全都处于一种压抑的痛苦境地,这种处境同委托他们照管的重要事业是不相容的……这些灾难是由帝国政府既定政策所致呢,还是由于对我国势力的无端猜疑所致?或者只是由于一个遥远省份的政府腐败与滥用职权所引起的?这是你应该查明的事情。努力使他们遭受的灾难获得补偿也是你此次出使的主要目的……你应该诚恳而清晰地向中国政府阐明:第一,两国之间的贸易对彼此均有裨益,我们在贸易过程中除别的商品外还得到大约两千万磅中国茶叶,此类茶叶在别的地方并无销路,因为其他欧洲或亚洲国家很少饮用。我们用棉毛织品以及对中国人有用的其他商品进行交换,但实际上大部分货物是用现银向中国购买的。第二,我们在华的商业已达到相当规模,需要有一个安全的地方,作为未能销售的英国货或我们的船只在获准进港与离港的短暂时期内所运货物的存放之所。为此,我们希望得到一小块地方或者一处较之广州其他地理位置更为适合的孤岛……如果中国政府同意给予一处新的居留地，你应以英国国王的名义接受。当然你应努力以最有利的条件获得此处居留地，在居留地……对我国臣民行使司法权……如果中国皇帝倾向允许给予这样的居留地，你必须极其谨慎地确定其地理位置：该地对我国航运方便安全，有助于促进我国进口货销售，并邻近中国优质茶叶产区。

另一方面，如果你已经尽力但仍未能获得新的居留地，你必须十分关心通过扩大我们的特权，以摆脱我们目前在广州的困境。

"如果此次出使能获得圆满结局，可以向中国皇帝陛下建议接见一位英国国王派遣的临时或常驻公使，中国皇帝陛下也可以向伦敦派遣一位公使。[1]

1.4.3.2　分析

从以上训令可以看出，卡斯卡特出使的主要任务是消除英国扩大对华贸易的障碍，索取一块中国领土作为英国的"货物存放之所"，互派公使驻扎彼此首都。英国政府对卡斯卡特提出的所有训令，几乎都是后来马嘎尔尼使团来华所带的任务。除了获得贸易上的利益之外，英方还对中国提出领土要求，暴露了英国殖民侵略的本质。英国对华政策并非像其标榜的"自由贸易"那么简单。

英国政府在前两次出使失败后，从陆路尤其是通过西藏渗透扩张到中国的野心多少受到一些遏制。而此时东印度公司在广州的贸易又受到广州十三行[2]的盘剥，即英国人所说的"不公平"待遇，这都迫使英国政府变换思维，直接派出使团同中国政府建立联系，进而改变英国对华贸易的现状。因此，英国政府接二连三地派出使团来华，而卡斯卡特使团来华正如马嘎尔尼来华之前的一次"演习"，二者任务几乎相同，除扩大贸易外，都提出了领土要求，如此要求必定会受到任何一

---

〔1〕H. B. Morse, *The Chronicles of the East India Company Trading to China*, 1635—1834, Oxford, 1926, VOLUM2, pp. 160 - 167.

〔2〕清代设立于广州的经营对外贸易的专业商行。又称洋货行、洋行、外洋行、洋货十三行。康熙帝二十四年(1685)开放海禁后，清廷分别在广东、福建、浙江和江南四省设立海关。

个主权国家君主的断然拒绝。

1788年6月,卡斯卡特在赴华途中病死,英国派使赴华的计划不得不暂时搁浅。同年,怀有领土扩张野心的廓尔喀以银钱贸易和官吏增收税课等作借口,发动了第一次入侵西藏的战争。英国对此非但没有坐视不问,反而异常关注,并伺机渔翁得利。

2 廓尔喀第一次侵藏与英国介入

乾隆五十三年(1788),廓尔喀以西藏官员"妄增税课"、"盐掺杂质"为借口,武装入侵西藏。廓尔喀入侵西藏,既有政治、经济方面的原因,又有复杂的国际背景。在西藏地方政府仓促应对、驻藏大臣向朝廷紧急报告求援之时,仲巴呼图克图背着驻藏大臣,擅自以班禅的名义向英属印度总督康华利(Lord Cornwallis,1785—1793)致函求援。康华利总督陷入进退两难之中:英属印度政府出兵援藏势必会招致清廷的猜忌与反对,进而会影响英国在华的全局利益,尤其是在广东的贸易;如果英属印度政府坐视不管,又很可能错失扩大其在藏影响及向中国内陆进一步渗透的良机。在此之前,康华利总督恰好收到东印度公司董事会关于发展西藏贸易的信件。权衡利弊,康华利总督决定名义上维持中立,暗地里则同双方都保持联系,采取坐山观虎斗、以待时机的策略。

2.1 廓尔喀在南亚次大陆的扩张

中国西南边疆之外的尼泊尔等国与中国有着悠久的政治、经济、宗教和文化联系,先后与中国历代王朝结成宗藩关系。18 世纪末 19 世纪初,喜马拉雅山脉两侧的政治、经济格局发生了根本变化,一方面,封建保守的中国正由盛世逐步走向衰落;另一方面,扩张中的大英帝国,则以咄咄逼人的态势不断挑衅中国周边。在此情势下,廓尔喀发动了侵略西藏的战争,这对正陶醉于盛世武功的乾隆皇帝来说既震惊又愤怒。

2.1.1 中国与尼泊尔友好关系的逆转

中国与尼泊尔的关系早在公元 5 世纪就已开始,7 至 8 世纪最为密切。松赞干布(Srong Tsang Gampo)统一吐蕃时,兵力强盛,征服了尼泊尔；松赞干布曾娶尼泊尔公主为妃。从那时起，尼泊尔和西藏一直保持着密切的政治、经济、文化、军事关系，尼泊尔的绘画、雕塑、建筑等文化对吐蕃文化和宗教的发展产生了深远影响。经济上，二者存在天然的经济互补性，尼泊尔王国是个内陆国家，也是典型的农业国，农产品资源较为丰富；而世代栖居在青藏高原上的藏民族因地理环境限制"逐水草而居"，以经营畜牧业为主，畜牧产品具有得天独厚的优势，因此双方长期以物易物，互通有无。

藏尼宗教关系尤为密切。早在6世纪末，西藏就供奉从尼泊尔输入的佛像，7世纪中叶，墀尊公主嫁到西藏，佛教也随她传入西藏，当时尼泊尔佛教与印度教和睦相处，佛教中观派大师寂护及其弟子莲花戒、密乘大师莲花生在入吐蕃传法之先，皆曾留居尼泊尔建寺传法。11世纪，西藏佛教复兴，迎请印度佛教大师阿底峡进藏弘法，阿底峡途经尼泊尔居留传法。当穆斯林入侵印度后，伊斯兰教传入印度，大批佛教僧徒携经卷文出走至尼泊尔、不丹和西藏地方避难，加德满都谷地成为最重要的佛教中心，很多尼泊尔高僧曾到西藏传法，西藏的玛尔巴等人也赴尼泊尔学法，后来，藏人每年赴尼泊尔朝山成为风气。随着藏、尼宗教关系的日益密切，尼泊尔古代绘画、雕刻、建筑也传入西藏。总之，在唐、宋、元、明初，中尼关系友好，使节往返均经西藏。自15世纪末到18世纪，因尼泊尔谷地政局四分五裂，东西各部山区长久割据，尽管北部一带与西藏地方仍有贸易往来，但中尼间的使节往返中断了。

清朝时期，中国西藏与尼泊尔之间的友好关系，演变为时而友好时而敌对的复杂关系。18世纪上半叶尼泊尔马拉王朝（Malla Dynasty）分裂成3个王国，相互斗争，廓尔喀王国第十代君主普·纳·沙阿乘机于1769年完成对尼泊尔谷地的征服，建立了廓尔喀王朝，统一了整个西部尼泊尔，跨过卡利河，占领了现属印度的库龙区；向东占领了西藏属地的哲孟雄部、宗木部、作木朗部和西边的落敏汤部（即穆斯塘）等地。随着廓尔喀不断向外扩张领土，使西藏和尼泊尔原本友好的关系顿时紧张起来，最终导致18世纪末廓尔喀两次入侵西藏。

有着友好交往历史的中国和尼泊尔，为什么在18世纪末会兵戎相见？廓尔喀为什么要入侵西藏？学术界在触及这个问题时，无不提到“银钱之争”、“贸易冲突”、“妄增税课”、“食盐搀沙”等，而对廓尔喀侵略扩张的本质却未引起足够重视。历史事实充分证明，廓尔喀举兵侵藏绝不是偶然，其对中国西藏的领土扩张和政治野心由来已久。廓尔喀对中国西藏财富的觊觎，则直接导致其对西藏发动大规模的武装入侵。

2.1.2 廓尔喀的崛起与巴哈杜尔·沙阿的扩张

廓尔喀之所以入侵西藏，本质原因在于其凭借多年积累的军事扩张实力和对我国西藏由来已久的领土野心。

> 巴勒布地方原分三部，周围有二十余小部落，现在科尔喀并非巴勒布人，乃另一部落。自其祖父皆好兵戈，渐次将巴勒布三部侵夺，周围二十余处部落，全行占据，即为巴勒布王。今嗣王虽幼，属下头目苏尔巴尔达布，狡诈好事。[1]

廓尔喀凭借武力扩张，在18世纪三四十年代一跃而成为拥有东西两千里、南北约五百里版图的南亚次大陆强国。在摄政巴哈杜尔·沙阿统治期间(1786—1795，巴哈杜尔·沙阿正式执政时，其正值27岁的年富力强之际)，是尼泊尔发展的最重要时期之一。他把普·纳·沙阿遗留下来的尼泊尔土地扩大了3倍。尼泊尔由此在东起不丹、西至克什米尔、北及西藏、南达俄德(Oudh，英属印度北方邦的一个省)的广阔领土上建立了宗主权。

巴哈杜尔·沙阿不仅是军人，而且还是一位施政者和改革家。在国内，他特别关注民族贸易和武器弹药的制造。“在一个短短的时期内，巴哈杜尔·沙阿使尼泊尔变得更加伟大和光荣。困扰着像中国这样的大帝国，挫败像英国这样的强国以及把一个小小的尼泊尔王国变成一个大尼泊尔——所有这些成就都是出自巴哈杜尔·沙阿的智慧和才能，出自他的奋发图强、果敢干练以及他的远见卓识”。[2]

对此有人评价说：

---

〔1〕《钦定巴勒布纪略》卷1《乾隆五十三年七月二十七日丁亥驻藏大臣庆麟、雅满泰奏》。

〔2〕《新编尼泊尔史》，第151－152页。

巴哈杜尔·沙阿统治的九年,是尼泊尔统一过程中的黄金时代。正是在那段时间,尼泊尔的地位从一个微不足道的小国上升为印度次大陆的一大强国……就是在这九年,巴哈杜尔·沙阿征服了整个尼泊尔西部以及库马翁……的确,他成功的原因在于战斗力非凡的廓尔喀军队,但他为军队指明了方向,激发了他们必然成功的斗志。[1]

表2-1 1742—1805年廓尔喀王朝统治者在位纪年

廓尔喀统治者	统治时期
普里特维·纳拉扬·沙阿 (Prithvi Narayan Shah)	1742—1774年 (乾隆七年—三十九年)
普拉特普·辛哈 (Pratap Singh Shah)	1775—1777年 (乾隆四十年—四十二年)
拉纳·巴哈杜尔·沙阿 (Rana Bahadur Shah) (继位时仅2岁,相继由其母亲与叔父摄政)	1777—1805年 (乾隆四十二年—嘉庆十年)
拉金德拉·拉克希米(摄政) (Rajendra Laxmi)	1777—1786年 (乾隆四十二年—乾隆五十一年)
巴哈杜尔·沙阿(摄政) (Bahadur Shah) (清朝文献中称为巴都尔萨野)	1786—1795年 (乾隆五十一年—乾隆六十年)
拉纳·巴哈杜尔·沙阿(亲政) (清朝文献中称为拉特纳巴都尔)	1795—1805年 (乾隆六十年—嘉庆十年)

廓尔喀通过征战获得了大批财富,包括较先进火器在内的武器,组建了一支训练有素并有多年实战经验的军队,增强了军事实力。在

[1] Ludwig F. Stiller, S. J., *The Rise of The House of Gorkha, A Study in the Unification of Nepal* 1768—1816, New Delhi, 1973, pp. 173-174.

辛杜利—加里之战中，贾亚·普拉卡什·马拉发现尼泊尔谷地陷入了廓尔喀人的四面包围，便向英国人求援。巴特那总督郎博尔特（T. Rumbold，Chief Officer of the Company's Government in Province of Patna）写信给普里特维·纳拉扬，要他解除对谷地的包围。普里特维·纳拉扬置之不理，英国人便派了一个分队在金洛奇上尉率领下前来与廓尔喀人作战，结果全面败北，大量枪支弹药都落到廓尔喀人的手里。[1]另一方面，年年征战造成巨大的军费开支，消耗了尼泊尔大量财力。它迫切需要通过不断的军事扩张来补充财源，维持对国内统治和庞大的军事开支。

廓尔喀的扩张对南亚次大陆的固有秩序带来了巨大的冲击。在第一次入侵西藏之前，廓尔喀就已经侵占了锡金的部分领土，对英属印度和我国西藏造成压力。英国非常担心廓尔喀会出兵侵占孟加拉，廓尔喀的崛起使原本控制印藏贸易、印不贸易的英国面临巨大挑战，以往安全的商路已经不再安全，这也是波格尔入藏时反复对六世班禅提到过的。

与尼泊尔毗邻的中国唐古忒[2]就成为其侵略对象。多年来，因为清朝政府管理不力等诸多原因，廓尔喀在经济上对西藏进行盘剥，而近期扩张成功也令其野心膨胀，欲重蹈侵扰中国西藏聂拉木、济咙等地的覆辙。

> 从前五辈达赖喇嘛时，巴勒布人等曾抢夺济咙一次，我等带兵夺回，彼此讲和。后于乾隆四十年间，第穆呼图克图办事时，巴勒布又来侵界。第穆呼图克图寄札于彼，善为开导，因仍遵原议和好，并经议定界址，立有文约。[3]

廓尔喀致书西藏地方政府官员，提出领土等要求，声称："我境接

[1]根据《新编尼泊尔史》第138页记载，此为廓尔喀人获得先进武器原因之一。《新编尼泊尔史》151页记载，巴哈杜尔·沙阿在位期间，"特别关注民族贸易和武器弹药的制造"。还有一个原因即是廓尔喀人从英国大量购买武器。

[2]"唐古特"与"唐古忒"的意思相同，都是清朝对西藏的不同称法。

[3]《钦定巴勒布纪略》卷6《乾隆五十三年九月十一日己巳庆麟、雅满泰奏言》。

壤之聂拉木、济咙二处,原系我巴勒布[1]地方,仍应给还。"[2]西藏与廓尔喀贸易,向来使用廓尔喀银钱。这时廓尔喀新铸银钱,向西藏地方提出停用旧钱,专用新钱,且一个新钱当两个旧钱使用。驻藏大臣庆麟、雅满泰以及西藏地方政府官员均对廓尔喀的无理要求予以严厉驳斥,明确指出:聂拉木、济咙"二处俱系达赖喇嘛地方",廓尔喀"新铸钱文甚少,不能流通,仍将新旧掺杂使用",[3]"若一个当两个使用,我们太吃亏,不能依允的"。[4] 廓尔喀的无理要求被驳回,遂以贸易纠纷为借口,派兵入侵西藏。

廓尔喀的军事扩张增大了其财政供应的压力,巴哈杜尔·沙阿重提银钱冲突问题,[5]其劫掠财富的目的不言自明。

表2-2是对廓尔喀军事力量增长进行的粗略估算:[6]

表2-2 廓尔喀军事力量增长估算表

年代	提及连的数目[7]	估算的增长 最小值、最大值	估算的总数 最小值、最大值	征服地
1769年以前	——	—— ——	1200 ——	
1769年	4	—— ——	1200 ——	尼泊尔谷地
1775年	10	1400 2300	2600 3400	东部尼泊尔
1792年	50-60	3600 9800	7000 13200	库马翁
1802年	60-65	0 1100	9600 14300	——
1804年	10	1400 2200	11000 16500	为加沃尔战役作准备

当廓尔喀得知西藏藏有大批奇珍异宝的消息后,贪欲备受刺激,

---

[1]巴勒布,palpa,藏文 bal-po 或 nee-bal-po,唐代称泥婆罗(《旧唐书》载),清代译作巴勒布、别蚌子,近代译作尼泊尔。

[2]《钦定巴勒布纪略》卷1"乾隆五十三年七月二十七日"条。

[3]《钦定巴勒布纪略》卷1"乾隆五十三年七月二十七日"条。

[4]《钦定巴勒布纪略》卷1"乾隆五十三年七月二十七日"条。

[5]Ludwig F. Stiller, S. J., *The Rise of The House of Gorkha, A Study in the Unification of Nepal 1768—1816*, New Delhi, 1973, p.193.

[6]根据 Colonel Kirkpatrick, *An Account of the Kingdom of Nepaul*, London, 1811, p.102 而来。

[7]一个连大约200人左右。

遂以银钱矛盾等为借口,举兵入侵西藏。

2.2 廓尔喀入侵西藏及清廷对策

2.2.1 廓尔喀入侵西藏原因分析[1]

廓尔喀入侵西藏,从政治方面来看,扩张的本质和势头决定其必然向中国西藏推进。除政治原因外,廓尔喀入侵西藏的直接原因就是银钱贸易之争[2]和盐税问题。廓尔喀和西藏地区贸易关系密切,除银钱贸易外还有日用生活品,如食盐、大米、酥油、布匹、果品、香料、药材及其他土特产和珊瑚、珍珠等交易。巴勒布商人"自康熙年间即在前藏居住,皆有眷属,人户众多,不下数千口"。[3] 驻藏大臣巴忠称:"巴勒布人众,在藏往来贸易,由来已久,一切税务自有成规"。[4] 与廓尔喀接壤的聂拉木、济咙、宗喀等处边贸较为发达,巴勒布商人往来此处贸易者较多。西藏地方政府在聂拉木、济咙专门设有由第巴负责的开征税课点。由于西藏噶厦的个别噶布伦及个别第巴利用职权,对前来贸易的巴勒布、廓尔喀商人敲诈勒索,擅自增加课税,引起了他们的强烈不满和怨恨。

奉旨询查廓尔喀入侵西藏缘由的驻藏大臣相继奏报:"惟聂拉木第巴桑干平日办事极为不妥,缘伊所管地方,巴勒布贸易人等较多,伊

---

〔1〕廓尔喀侵藏的原因有很多,戴逸先生的《一场未经交锋的战争——乾隆朝第一次廓尔喀之役》(《清史研究》,1994 年第 3 期)中提到了"廓尔喀地小人众,力量较强。此时印度已为英国并吞,廓尔喀与印度相邻,颇多来往,能得到英国的精利火器与其他货物,英国呢绒甚至已经由廓尔喀流入西藏"。而苏联的节昂列夫在他的《英国在西藏的扩张》中也提到"18 世纪 80 年代的末叶,英领印度当局唆使尼泊尔的廓尔喀部落侵犯中国的西藏。他们的如意打算是:如廓尔喀人获胜,即可通过该部落的首领扩大英国对西藏的影响"。见节昂列夫:《英国在西藏的扩张》,载《国外藏学研究译文集》第 10 辑,西藏人民出版社,1993 年,第 178 页。兰姆在他的著作中提到:1788 年,廓尔喀进攻了班禅喇嘛的属地并且占领了西藏边界的几处重要地方。导致此事件的直接原因尚不清楚,但最主要的原因毫无疑问莫过于廓尔喀国家的扩张本质。Alastair Lamb, *Britain and Chinese Central Asia: the Road to Lhasa*, 1767 to 1905, Routledge and Kegan Paul, London, 1960, p. 22.

〔2〕此问题将在下文详细分析。

〔3〕佘素:《清季英国侵略西藏史》,北京:世界知识出版社,1959 年,第 23 页。

〔4〕《钦定巴勒布纪略》卷 16《乾隆五十四年正月十二日己巳巴忠奏言》。

遂私增税课数至加倍。至宗喀本无税务,其经管济咙之第巴,税额俱循旧规,尚无私弊。"[1]"究其滋衅根由,实因唐古忒番众拣择彼处银钱,并任意加收税项。又于售给食盐内掺和沙土,因而结怨。迨至巴勒布屡次遣人向论,又皆置之不理,以致该番等无可申诉,激成事端"。[2]

乾隆五十四年六月十三日,将军鄂辉、参赞大臣成德、驻藏大臣巴忠等所上西藏善后事宜条款写道:

聂拉木、济咙、绒辖三处,均与巴勒布连界,为往来贸易冲衢。其抽税之事,非独藏地为然,即藏民营贩至彼,亦皆按货抽收。现在巴勒布来藏买卖匠工人等,亦有该处头人在藏收取税银。尔来贩运日多,巴勒布驮载货物来藏贸易者,第巴等收税加至十分之一,遂至互相争执,酿成衅端。[3]

五十六年七月,驻藏大臣保泰等奏折也提到:

只因唐古忒每年在聂拉木收取伊等税银最重,又给与伊等盐斤不好,已故噶布伦索诺木旺扎尔乱行侵渔该处商民货物,伊等屡怀愤恨。[4]

保泰还谈道,御前侍卫、理藩院侍郎巴忠奉旨入藏主持军务后,与尼方议和"所议赔偿伊等各项,一时不能完结,是以我等私相定议,连利息核算,共计银四万五千两,作为三年偿还"。[5] 乾隆获悉西藏噶布伦、第巴敲诈勒索、擅增税课奏报后,毫不讳言西藏方面存在的问题,他说:

想因索诺木旺札尔平日向贸易人等苛求勒索已非一日,聂拉木第巴桑干又复加税不止[6]……巴勒布夷人侵扰藏地一事,皆由噶布伦索诺木旺札尔肆意妄行,苛取商人物件,第巴桑干擅增税

---

[1]《钦定巴勒布纪略》卷16《乾隆五十四年正月十二日己巳巴忠奏言》。

[2]《钦定巴勒布纪略》卷16《乾隆五十四年正月十二日己巳巴忠奏言》。

[3]《钦定巴勒布纪略》卷22,"乾隆五十四年六月十三日丁卯"条,《酌定善后事宜》;《清高宗实录》卷1333"乾隆五十四年六月辛巳"条。

[4](清)松筠:《卫藏通志》卷13《纪略上》。

[5](清)松筠:《卫藏通志》卷13《纪略上》。

[6]《钦定巴勒布纪略》卷16《乾隆五十四年正月十三日庚午上谕》。

课等事起衅[1]……巴勒布等起衅根由，实因唐古忒等拣择银钱，加增税额，并于售卖盐斤内掺和沙土，种种积怨及遣人讲论又复置若罔闻。巴勒布心怀不平，无可雪愤，以致兴兵。果不出朕之所料。此事皆由噶布伦索诺木旺札尔及第巴桑干二人起衅[2]……至加增税额一事，尔等亦可遣人告知噶布伦令其查明究办，何遽妄自兴兵？[3]

在此，乾隆皇帝表现出对藏尼贸易中所出现问题的认真态度及面对廓尔喀以贸易为借口武装侵藏时的严正立场。

至于"盐掺杂质"，一方面"巴勒布地方素不产盐，全赖西藏札野元登卡擦噶所出盐斤易回食用。其盐系于山谷沙土之中刨出，穷番随处挖得，背负行销，本不洁净，其中更有掺假蒙混者，亦皆事之所有。"[4]故意掺假者确实有之，但毕竟是个案。自然，西藏地方政府及其市场管理者难辞其咎，但这构不成廓尔喀入侵西藏的理由。正如福康安所说：

上次廓尔喀滋扰，全系沙玛尔巴[5]主持，实非因贸易启衅……边界地方，惟济咙、聂拉木抽收税课，尚属无多。向来收税则例，凡巴勒布商民运米在边界售卖者，每米一包，抽取一木碗，每年约收税米一百数十石，俱运交大昭，以备攒昭念经之用。唐古忒番民零星贩出盐斤，每包亦抽取一木碗，该营官复将所收盐斤，向巴勒布易换制办藏香之料及纸张果品之物，运交商上。至巴勒布商民运米来藏，各物除米石外，其余并不在边界纳税，只由该营官记明包数，禀知货物商上。到藏后，不论粗细，每包纳银钱一元。即

---

[1]《钦定廓尔喀纪略》卷17《乾隆五十四年二月二十日丁未上谕》。

[2]《钦定巴勒布纪略》卷16《乾隆五十四年正月十三日庚午上谕》。

[3]《钦定巴勒布纪略》卷16《乾隆五十四年正月十三日庚午上谕》。

[4]《钦定巴勒布纪略》卷22"乾隆五十四年六月十三日丁卯"条。

[5]藏语 zhwa-dmar-ba，六世班禅之兄，宁玛派（红教）活佛。当年六世班禅赴京祝贺乾隆皇帝寿辰，班禅圆寂后仲巴呼图克图将皇帝等所赐金银财宝据为己有，沙玛尔巴因属红教，未能分得财物，怀恨在心，便勾结、怂恿廓尔喀来西藏掠夺财物。1792年，廓尔喀投降后，沙玛尔巴病亡，廓尔喀交回其骨殖。乾隆皇帝传谕："此次廓尔喀滋扰后藏，沙玛尔巴挑唆起衅，实为罪魁。现据贼酋将该犯骨殖送出，著福康安不必送京，分悬前藏之布达拉、后藏之扎什伦布，并前后藏及察木多、打箭炉一带大寺庙，一一悬挂。并将起衅犯事缘由逐一开写，号令示众，用示儆戒。"（《清高宗实录》卷1413）并被抄家，财产全数充公。

金花、缎疋、珊瑚、珍珠、细软之物,亦皆系按包收税。惟红花不以包计算,每一克即纳银钱一元。详核所收税课,为数本属有限,日久相安,并无争论……所有抽收税课一项,并非从前起衅根由。[1]

"妄增税课"、"盐掺杂质",完全不需要用武力解决,这显然是廓尔喀入侵西藏的一个借口,而沙玛尔巴事件则是引发战争的导火索。

乾隆四十三年(1778),六世班禅通过章嘉呼图克图代奏,请求进京觐见,为乾隆皇帝庆祝七十大寿。乾隆皇帝十分高兴,仿照扎什伦布寺在热河承德为其修建须弥福寿之庙。[2] 六世班禅在内地期间,乾隆皇帝赏赐"和在京各王公及草地蒙古人民供养的金银不下几十万金,此外宝冠、念珠,晶玉之钵,镂金之袈裟,旃檀,华幡、瓷器、采帛、珍瑰不可胜计"。[3] 他还获得了各个王公大臣们赠送的大量珍宝。这些财富全部被班禅之兄扎什伦布寺主管仲巴呼图克图据为已有,班禅的另一兄弟沙玛尔巴因为信奉噶玛噶举派而分文未得,极度不满的沙玛尔巴一怒之下跑到廓尔喀,煽动廓尔喀统治者抢劫扎什伦布寺,借机报复。沙玛尔巴素与廓尔喀年幼国王的叔父、该国摄政"大头人巴都尔萨野交好",遂"将藏中虚实告知,从中怂恿,外夷唯利是图,顿萌窥伺之意"。[4]

对此,藏文史料如是记载:

沙玛尔巴和德庆曲科寺活佛本来是去朝圣,并未委派公务。沙玛尔巴喇嘛可以像德庆曲科寺活佛一样返回家乡,谁也不会横加阻拦。首先,西藏没有特地派遣他去尼泊尔;其次,廓尔喀王臣和政府刷塔人等谁也没有说留下来,而是善射才买弓,自行留在尼泊尔;最后,正如谚语所说,瘟神没想到,病人却想到了。他向廓尔喀王臣多次煽风点火,给刷塔两位制造了从来没有过的种种麻

〔1〕(清)松筠:《卫藏通志》卷11《贸易》。

〔2〕《六世班禅朝觐档案选编》(北京:中国藏学出版社,1996年,第11页)和《六世班禅洛桑巴丹益希传》(拉萨:西藏人民出版社,1990年)详细记载了乾隆皇帝赏赐六世班禅相关内容。

〔3〕魏源:《圣武记》卷5《国朝抚绥西藏记》;〔日〕山县初男著,《西藏通览》,西藏自治区历史档案馆编印,郑州:中州古籍出版社,1986年,第二编第31页。

〔4〕中国第一历史档案馆藏:《乾隆宫中档》,外交类,075号《福康安、海兰察、惠龄奏折》。

烦……事实上,廓尔喀王的叔叔和沙玛尔巴喇嘛骨子里像愿意同甘共苦的一家子。[1]

2.2.2 廓尔喀入侵与清廷对策

乾隆五十三年(1788)六月,廓尔喀大头目苏尔巴尔达布(一作素喇巴尔达布)乘后藏空虚,率兵3000余人,对我国西藏发起武装袭击。"唐古忒兵徒有其名……不谙战阵",[2]故廓尔喀军犹入无人之境,二十一、二十四日后藏济咙、聂拉木相继失陷,接着,廓尔喀军挥师北上,抢攻宗喀等地。

驻藏大臣庆麟获报,大为震惊,一面从各地抽调1200名绿营兵、达木蒙古兵等赶赴前线迎敌,一面向北京报警,同时向四川总督李世杰求援。

拉萨至北京相距遥远,通讯方式落后,乾隆帝直到七月二十七日才接到廓尔喀入侵的奏报。他立即发出谕令,强调聂拉木、济咙、宗喀等地,"此系卫藏所属地方,理应派兵堵御",要求"所有后藏与巴勒布接壤之处俱宜力为守御。其前藏地方亦著庆麟等严加防范"。[3] 为此,他紧急作出筹划和部署:

首先,令驻藏大臣雅满泰立即率领绿旗兵和达木厄鲁特兵,迅速赶赴后藏扎什伦布,保护好尚处年幼的七世班禅额尔德尼。班禅在藏民中拥有崇高威望和影响,应对其加以抚慰。为防止不测,如情况紧急,可将班禅迅速转移至前藏。同时令雅满泰与仲巴呼图克图等商议,对和巴勒布接壤地方着力防御。

其次,向西藏民众进行政治动员。乾隆帝发布敕谕,向西藏民众说明调集内地官兵入藏讨伐敌人的必要性,目的"无非保护尔等奠安卫藏之意",[4]号召西藏民众积极支援清军的正义行动。

---

[1]丹津班珠尔著,汤池安译,郑堆校:《多仁班智达传——噶锡世家纪实》,北京:中国藏学出版社,1995年,第248页。

[2]《钦定巴勒布纪略》卷7《乾隆五十三年九月二十日戊寅上谕》;《清高宗实录》卷1313"乾隆五十三年九月二十日戊寅"条。

[3]《清高宗实录》卷1309"乾隆五十三年七月丁亥"条。

[4]《清高宗实录》卷1310"乾隆五十三年八月癸巳"条。

第三,发布讨廓退兵檄文。谕令廓尔喀迷途知返,及时退兵。檄文由清廷拟稿,以驻藏大臣庆麟、雅满泰名义发表,“晓谕祸福,译出番字发去”。文中说道:

> 檄谕巴勒布部落廓尔喀等知悉:前经驻扎边境之第巴等报称,尔属下首领苏尔巴尔达布整军前抵我境,将聂拉木、济咙两处抢掠。此两处虽边外蕞尔之区,原系藏中旧属,非尔之地。……我大国兵威,尔岂茫无闻见耶?今尔或一时昏昧,若及早引罪退兵,献还两处,大皇帝仁慈洞烛,不加深究,或可曲邀宽宥,诚为尔等之福。倘不深思利害,一意肆行,不知悛止,本都统已备兵数万,统领前进,并续调数十万兵。一经举动,大兵全至,尔部落可须臾尽灭。[1]

乾隆帝还指示庆麟、雅满泰,接到檄文后,钤用印信,与班第达等商酌,选派能员速交巴勒布夷目。并将巴勒布接奉檄文作何举动,有何言语,及现在如何调兵堵御,戴绷等详报何信,班禅额尔德尼曾否移驻前藏,一并迅速驰奏。[2]

第四,调兵遣将。立即命四川总督李世杰调兵三四千名,由四川提督成德、总兵穆克登阿率领,迅速入藏;令赴热河(今河北承德)入觐的成都将军鄂辉、总兵张芝元即日星夜返回成都,赶赴西藏统兵堵御。

第五,筹集军费粮饷。从四川、陕西、山西和湖北等省紧急拨银170万两,作为采买军粮及其运输费用,命四川总督李世杰移驻打箭炉(康定),负责统筹前线的后勤保障。由于从打箭炉到西藏,崇山峻岭,崎岖难行,运输困难,费用昂贵,决定除途中所需粮食由内地拨运、途中购买外,其余均在西藏就地采买,并号召藏汉民众积极出售粮食,支援清军,政府照价给银。

七月二十二日,四川提督成德率领的先头部队绿营兵1000名从成都出发。由于庆麟先后给乾隆帝发去两个不同信息,造成作战指挥混

---

〔1〕《钦定巴勒布纪略》卷2“乾隆五十三年八月初四日癸巳”条;《清高宗实录》卷1310“乾隆五十三年八月癸巳”条。

〔2〕《清高宗实录》卷1310“乾隆五十三年八月癸巳”条。

乱，不但严重影响了成德的前进，而且也使鄂辉、李世杰感到"缓急轻重之间，实难悬定"。[1] 十二月，鄂辉率领的400名满汉屯练官兵终于赶到扎什伦布寺。而先期到达的成德部，已抵达西藏的第哩郎古，直到十二月初九日，两部才在这里会师。然后，他们由第哩郎古沿着白雪皑皑的山间小路艰难行进，次年正月中旬，抵达宗喀。廓尔喀军已不见踪影。部队稍事修整，冒着严寒、高山反应，挖雪开道，翻山越岭，一路奔向藏尼边界，未交一战，即收复宗喀、济咙、聂拉木及其附近边境村寨。

2.2.3 私下议和[2]

第一次反击廓尔喀入侵战争竟以敌我双方不交一战而告结束。出现这种情况，主要是西藏地方当局和驻藏大臣等人违背乾隆帝的旨意，实施"许银赎地"私下议和的结果。

乾隆帝最初制定的反击侵略方针是，鄂辉、成德等人"务即兼程迅速前抵后藏，协力剿捕。现在派调各处官兵，俱已陆续进发，军威壮盛。鄂辉等统兵驰抵该处，虽不必扫穴犁庭，尽歼其丑，但不可止将贼众剿散，俾胁噶尔之围一解，即云蒇事。必须将前此彼贼抢占之济咙、聂拉木、宗喀等处，全行收复，并勒令该头人出具甘结，明定地界，严立章程，不敢复行越界滋事。惟当趁此兵威，使之畏惧慑服，以期一劳永逸，方为妥善"。[3]

可是，西藏地方的僧俗官员面对廓尔喀军的入侵畏敌如虎，一味避战求和。成都将军鄂辉于九月二十二日抵达拉萨之前，执掌后藏大权的仲巴呼图克图、红教喇嘛、萨迦呼图克图，不经驻藏大臣和达赖喇嘛的允许，便派使者与廓尔喀开始商谈停战退兵之事。雅满泰和成德开始并不赞同。雅满泰认为，"伊等私自说和，不足为凭，总俟贼匪悔罪投诚，再行妥办"。[4] 鉴于驻藏大臣庆麟等出现严重问题，乾隆帝迅

---

[1]《钦定巴勒布纪略》卷5《乾隆五十三年九月初八日鄂辉、李世杰奏》。

[2]参见邓锐龄先生：《第一次廓藏战争（1788—1789）中的议和潜流》，载《中国藏学》，2007年第1期，第38－50页。

[3]《钦定巴勒布纪略》卷6《乾隆五十三年九月十二日，上谕》。

[4]《钦定巴勒布纪略》卷10《乾隆五十三年十月初七日乙未上谕鄂辉》等；《清高宗实录》卷1314"乾隆五十三年十月乙未"条。

速作出决策,指派熟悉藏语的御前侍卫、理藩院侍郎巴忠担任驻藏大臣,与鄂辉、成德等共同会办藏务。巴忠于五十四年正月到达西藏后,也曾一度反对议和。

当时,主战派占据上风,甚至连西藏地方政教首领达赖喇嘛也不赞成仲巴呼图克图等与廓尔喀私下议和。然而后来情况发生了变化。一方面,雪域高原随着严冬的到来,喜马拉雅大雪封山,廓尔喀难以在西藏边境立足,在清军大举入藏的威慑下,巴哈杜尔·沙阿等深感胜负难料,经沙玛尔巴[1]多方诱说,廓尔喀统治者权衡利弊,抓住西藏地方僧俗官员软弱害怕、急于求和的心理,决定在获得实际利益的前提下见好就收,于是,议和进程加快。另一方面,清方鄂辉、成德等,在收复失地之后,痛感要在西藏边境如此恶劣的自然条件下展开大规模战争实在困难,开始转为倾向议和,撤兵休战。巴忠来到拉萨后,也逐渐认同鄂辉、成德的看法。此外,巴忠更有如意算盘。他出于私心,急于早日回京受奖,竟置乾隆帝谕令于不顾,也听不进达赖喇嘛"应行进剿"[2]的意见,转而支持仲巴等议和。

乾隆帝得知此讯后,接连发布上谕指出:

> 若在藏众喇嘛均可与外夷部落私相往来,尚复成何事体耶?即和息一事,亦必须倚仗兵威,使贼震怖,方可永远宁谧。如以心存懦怯,辄往议和,转为贼人所轻,安能保其不复滋事![3]……巴勒布贼众擅敢侵犯藏界,业经内地派兵前往,若不示以兵威,任令红帽喇嘛等私与议和,因而完结,则置达赖喇嘛、班禅于何地?且贼众等无所畏惧,将来大兵全撤,设复潜来滋扰,势必又烦纷纷征调,成何事体!……朕非乐于用兵,不恤士卒,希图多有斩获。但贼既侵犯天朝边界,若不加之惩创,何以安番众而靖边圉?[4]

---

〔1〕《多仁班智达传》记载"沙玛尔巴长期住在尼泊尔,熟悉当地的风俗习惯,精通他们的语言,与廓尔喀王臣们都有深交,各方面都能起到沟通两岸的桥梁作用",参见丹津班珠尔著,汤池安译,郑堆校:《多仁班智达传——噶锡世家纪实》,北京:中国藏学出版社,1995年,第280页。

〔2〕《钦定廓尔喀纪略》卷20《乾隆五十七年二月十八日福康安奏》。

〔3〕《清高宗实录》卷1314"乾隆五十三年十月乙未"条。

〔4〕《钦定巴勒布纪略》卷10《乾隆五十三年十月初十日,上谕》。

乾隆帝从外事权归中央、永求边境安宁、维护达赖和班禅地位影响的战略高度出发，切实防止红教喇嘛势力借机抬头、危及中央对西藏地区的管理和社会稳定的动向，坚持不给敌人以致命打击就不得议和的方针。

然而，乾隆五十四年(1789)五月中旬，双方私下达成以“许银赎地”为核心的协议。

《多仁班智达传》记载了谈判签约过程：

谈判时由沙玛尔巴安排座位，沙玛尔巴喇嘛居中而坐，宝座左右是扎什伦布和萨迦的谈判代表。右侧坐着我们政府代表，左侧坐着玛木·萨野等廓尔喀官员。按各自地位敷垫。沙玛尔巴身着喇嘛服，玛木·萨野身着披楞装，[1]达萨尔一身婆罗门服。在鼓笛声中步入帐内。500名彪悍的司纳达·果奔兵丁，头缠黑巾，身穿红呢衣，手执武器，将帐内帐外团团围了三层人墙，威风凛凛，戒备森严，就在这种情况下，我们被请来。我们萨迦、扎什伦布、政府三方的代表和随从总共只有50人，不是对方军队的敌手。强大军队未能收复陷入敌人手中的聂拉木、济咙等边界重镇，却必须签订和约……我们主仆一行明知遭水淹，也要装作在游泳嬉水……对方的主要代表玛木·萨野，据说是王室成员，故极傲慢，敢杀敢拼……沙玛尔巴喇嘛为了汉藏尼三方今后寄厚望于他，于是哄骗唆使廓尔喀方面在字句上借故拖延。大条约上的字句未能修改，但取得一个条约新附件。上面载明：今年年内，西藏立即支付廓尔喀300秤汉银，廓尔喀即将占领的聂拉木、济咙等边境宗豁一一退还西藏。大条约载明四宗豁的赎金必须每年支付，但是在明年尼泊尔刷塔朝圣时，政府特派负责僧俗代表赴尼泊尔阳布京城谈判免除赎金事宜。为考虑藏廓和睦之友好前途，上述赎金数目予以豁免。由沙玛尔巴喇嘛作保，谈判双方和中证人一一盖章

〔1〕虽英人史书记载廓尔喀始建军队即仿英式(参见邓锐龄先生：《第一次廓藏战争中的议和潜流》)，但从这条有关披楞的信息似可推断，第一次廓藏战争期间的廓尔喀统治者同“披楞”(即英印政府)仍有某种特殊关系。

画押,署明年月日等。条约原本和附件共两份,双方都盖了印章,信而有证。藏廓双方对条约原本和附件的内容会各有取舍,故商请内地各官员仲裁,作一顶批,立此存照。[1]

《钦定廓尔喀纪略》亦详细记载了相关内容:

臣等亲提丹津班珠尔[2]询问:贼匪因何起衅?何以擅自说和,私许银两?据供:贼匪总因藏内不行使廓尔喀银钱起衅。廓尔喀以新铸银钱成色较高,将一圆抵旧钱两圆。乾隆五十三年藏内遣喇嘛于典噶布珠赴阳布城外朝礼神塔,廓尔喀顺便寄字讲论银钱,藏内未经应允。贼匪即来侵犯边界,我于十月内由胁噶尔赴定日堵御。十二月回胁噶尔催办各兵乌拉。五十四年正月,班禅额尔德尼之父巴勒丹敦珠布因沙玛尔巴到济咙来讲和,将往宗喀一路迎去,又要我同往。二月内,巴大人派我到宗喀约会巴勒丹敦珠布,就在宗喀住了几日。三月内,巴勒丹敦珠布先到济咙。四月初,沙玛尔巴来了,我也到济咙去住在帮杏地方,没有亲见沙玛尔巴、巴勒丹敦珠布说,他们定要一千个元宝,我说断断不能。过了几日,去见沙玛尔巴,因廓尔喀贼兵卫甚多,没有提这些话。后来,沙玛尔巴差他的卓尼尔,并伊亲信跟役格哩来说,你们不肯应许一千元宝,廓尔喀头人要把你们拿到阳布面见王子,经沙玛尔巴再三挽回,才写字与王子去了。至五月初十、十一等日,才定了三百个元宝。十三日,沙玛尔巴写立合同,给与众人看过,钤用图记。合同底稿条款,全系沙玛尔巴一人订立,逼勒挟制,不能不应。我究以藏内力量,不能永远按年付给,复向沙玛尔巴讲论。他说先把当年交清,再分作三年送交元宝三百个,或可免永远给银的事。沙玛尔巴又与玛木萨野、哈哩哈尔、乌巴迭阿三人另写合同一张作

---

[1]丹津班珠尔著,汤池安译,郑堆校:《多仁班智达传——噶锡世家纪实》,北京:中国藏学出版社,1995年,第280-285页。

[2]藏语 bstan-rdzin-dpal-rbyor,清代西藏地方政府官员,噶伦,为班第达贡布欧珠绕登之子,袭辅国公,其妻为沙玛尔巴之女,即八世达赖喇嘛之妹。乾隆五十六年(1791)率代表团赴尼泊尔与廓尔喀人谈判,被俘虏,送往阳布。清廷怀疑其与廓尔喀勾结,解除其噶伦职务。1792年,福康安攻入尼泊尔,索还丹津班珠尔,夺爵,令候审讯,旋宥之。参见:扎西旺都编,王玉平译:《西藏历史档案公文选·水晶明鉴》,北京:中国藏学出版社,2006年,第199页。

为凭据,我只得应允。[1]

两边定议之人一一列名,钤用图记。内开:“每年许给元宝三百个,合银一万五千两,按年付给。倘有反悔,神佛必降咎灾”等语。[2] 丹津班珠尔等以年年给与元宝三百,力量不能,复向沙玛尔巴讲论。沙玛尔巴另写合同一纸,自五十四年为始,给付三年后再行商议。当经丹津班珠尔向扎什伦布及撒迦呼图克图庙内并后藏贸易铺家凑借元宝三百个,如数交清。巴忠因急欲蒇事,以该噶布伦等业已和息,贼匪又复乞降,遂任其私议完结,鄂辉、成德因巴忠系钦差大臣,谙悉番情,既已主持其事亦即随同附和,将就了事。廓尔喀贡使到营谒见时,并未提及许银之事。巴忠等佯为不知,并未深加究问。[3]

聂拉木、济咙、宗喀是我国西藏的固有领土,廓尔喀凭借武力抢占,本应无偿归还,绝无拿银赎地之理,这是一项背着乾隆皇帝签订的屈辱协议。

第一次廓尔喀战争,中尼军队并未交战,而以“许银赎地”、向廓尔喀进贡宣告结束。乾隆帝并不了解真相,以为廓尔喀果真畏罪乞降,抒诚进贡,故册封廓尔喀国王拉纳·巴哈杜尔·沙阿王爵,其叔巴哈杜尔·沙阿公爵。然而,纸包不住火,两年后,廓尔喀对西藏发动了更大规模的武装入侵,“许银赎地”成了廓尔喀第二次侵藏的导火线。

2.3 仲巴呼图克图向英国求援

对于廓尔喀第一次入侵西藏,英国并非坐视不管,也远非有些学者认为的“中立”。英国在第一次廓尔喀侵略西藏战争中的态度是积极活跃的。正如一名英国学者所说:“尼泊尔与西藏之间爆发的战争给东印度公司带来千载难逢的机会,东印度公司可以借此机会扩大同

[1]《钦定廓尔喀纪略》卷38《乾隆五十七年八月初九日乙亥福康安奏》。

[2]《钦定廓尔喀纪略》卷20《乾隆五十七年二月十八日福康安奏》。

[3]《钦定廓尔喀纪略》卷20《乾隆五十七年二月十八日丁巳福康安奏言》。

西藏的羊毛贸易”。[1]

2.3.1 西藏上层的分化

西藏上层对于廓尔喀侵藏的态度存在分歧。一部分人主张清政府出兵,另一部分人则担心自身利益而不希望清廷派兵,甚至不顾国家利益向外国求援。

前苏联学者节昂列夫对此提出了自己的见解,并分析了西藏上层分裂的原因。他指出:西藏封建农奴主之间从来没有巩固而持久的亲睦关系。封建的分立不断造成分歧和因为宗教纠纷而分裂愈甚的封建领主之间的斗争。自从殖民国家初步尝试扩大其对西藏的影响以来,一个反对中央、屈从境外的集团越来越明显地分化出来了。这个集团与其余封建农奴主之间的矛盾,在西藏统治集团当中逐渐成为压倒其他一切分歧的主要矛盾。[2]

节昂列夫认为,西藏封建农奴主的这种分化是由于经济的利害关系不同。参加反中央集团的首先是这样的一些封建农奴主,他们的庄园靠近印度边境或是能够出售外国最需要的原料。在外国资本侵入西藏以前,日喀则和西藏西南部的封建农奴主主要与边境各国通商,而拉萨和西藏东部的封建农奴主则与中国内地各省及蒙古、新疆,甚至远与俄国属地进行贸易。促成这种分化的不单是由于各自领地的地理位置和固有的关系,而最为重要的却是由于西藏不同地区某些专供市场需求的农业生产的专业化。例如,西藏西南的许多农场出售山羊绒毛,其最主要的主顾是克什米尔和印度;中部和东部的农场,则出售中国内地商人收购的大宗绵羊毛。中国内地是西藏麝香的基本主顾,而由西藏越喜马拉雅山输出的则是硼砂和苏打。

他认为:西藏的宗教封建农奴主从源源不断的香客方面获得极大的收益。显然,中国内地各省、新疆、蒙古以及俄国的喇嘛教徒都把自

〔1〕B. D. Sanwal, *Nepal and the East India Company*, Asia Publishing House, London, 1965, p. 74.

〔2〕〔前苏联〕节昂列夫著,张方廉译:《英国在西藏的扩张》,载《国外藏学研究译文集》第10辑,拉萨:西藏人民出版社,1993年,第177页。

己的礼物和积储送往拉萨,而作为喇嘛教第二个中心日喀则却只能收到喜马拉雅山各地喇嘛教徒送到西藏的部分礼金,因为这些教徒和前者一样,总是竭力想把礼金献给拉萨的。另一方面,把西藏西部的一个湖泊(玛那萨罗瓦湖)和开拉斯山视为圣地朝参的印度人却常往后藏,很少去拉萨。由克什米尔和喜马拉雅山附近各国接踵而来给达赖喇嘛献礼的定期使节团是西藏南部人民的一个沉重负担,他们须在由边境至拉萨的全程上,供应成百上千的骡马运送的礼品和使节团随员携带的货物。至于班禅及其左右亲信的封建特权,则因达赖喇嘛受到北京王廷的偏爱、占据西藏地方政权的首位而大遭损害。外国统治集团有力人物的诱惑促使部分西藏封建农奴主倾向异国。在西藏人民处境艰危的时候,有些亲英的封建农奴主竟然驰书英国当局,明白表示他们希望英国的武装力量开到西藏。如果考虑到驰书人曾扬言不愿看到驻藏大臣请求抵抗廓尔喀人入侵的清廷军队开进西藏的话,那么,西藏部分封建上层帮助英国统治集团施行侵略阴谋,借以从中渔利的企图便昭然若揭了。[1]

对于这一点,作者同意节昂列夫的观点。西藏上层之间存在的一些矛盾表现在关键时刻的对外求援,而不是向中央王朝求援;他们也知道这样做违背中央王朝旨意,而这一点恰被居心叵测的英印政府所利用。

2.3.2 仲巴求援

正如上面所分析的,当尼泊尔侵略军强占聂拉木等地后,后藏仲巴呼图克图就背着清廷驻藏大臣,在情态急迫之下以自己并假借班禅的名义写了两封信派克什米尔人马赫穆德·雷哲布(Mahomed Rejeb)与马赫穆德·沃里(Mahomed Walli)带往加尔各答,向康华利求援。[2]对于此次求援,学者兰姆认为"西藏当局根本无力反击廓尔喀军队,只有在承诺赔款后劝说入侵者退兵。而在许银赎地之约签订之前,扎什

〔1〕〔前苏联〕节昂列夫著,张方廉译:《英国在西藏的扩张》,载《国外藏学研究译文集》第10辑,拉萨:西藏人民出版社,1993年,第179页。

〔2〕Cammann, *Trade Through the Himalayas op. cit.*, Publishers, p. 114.

伦布当局想起英属印度总督黑斯廷斯当初派遣的两个使团(波格尔使团和特纳使团)所承诺的友谊,便向英属印度当局求援,以抵抗廓尔喀的入侵”。[1]

1788年12月8日,仲巴呼图克图所派的这两名使者抵达兰普尔(Rangpur),受到马克道维尔(D. H. McDowell)的接见(此人时任兰普尔地区税务官)。第二天,马克道维尔匆匆将此二人送往加尔各答,他们随身带着公文急件,内容为“喇嘛的领地已经被廓尔喀人占领,廓尔喀人还占领了几个前线堡垒和大面积领土,而且拒绝听从任何休战的建议,除非喇嘛同意放弃‘所有产于西藏的金子’。”[2]凭借这点,马克道维尔推测他们是来向英国人求援抵抗廓尔喀人的。

使者带往加尔各答的信件系从波斯文翻译而来。第一封信是以班禅的语气写的,但因班禅当时还是孩子,很有可能是由摄政代写;第二封信是摄政自己写的,只是一些简单的礼貌性的用语,但他点明总督只需细看第一封信就可以。

班禅的信件是一份非常重要的文件,它从一个侧面反映了扎什伦布寺上层在廓尔喀侵藏时的思想状态。信的开始是一些惯用的外交辞令,诸如“自从上次收到总督来信,已经过去了很长时间,因此我很焦虑,希望能收到您友好的来信”。[3]之后,这封信简短地总结了大约20年前廓尔喀人的入侵是其后来入侵的序曲,而廓尔喀人仍不能满足,便在那年夏天入侵西藏领土,进行大肆屠杀,掠夺了包括班禅领地库提附近的许多地方。

班禅继续说,一旦驻藏大臣听说所有这些情况后,他们定会向清帝写信,而班禅本人十分担心清廷派军队来到西藏可能会伤及西藏人民。为避免伤及无辜,他希望和平处理廓尔喀入侵事件,并派人去见清朝皇帝,恳请他不要发兵,但是廓尔喀王却不同意和平解决。班禅说,

---

[1] Alastair Lamb, *Britain and Chinese Central Asia: the Road to Lhasa*, 1767 to 1905, Routledge and Kegan Paul, London, 1960, p. 23.

[2] Cammann, *Trade Through the Himalayas*, op. cit., pp. 114 – 115.

[3] 扎什伦布寺僧人很可能认为麦克菲逊仍是总督,因为自从康华利1786年接任职位以来,扎什伦布寺再未同加尔各答联系过。

达赖喇嘛对情况的理解也是如此。他写信给傀儡皇帝沙阿·阿兰姆(Rajah on the Jumna, the puppet Emperor Shah Alam),希望其能出兵阻止并摧毁廓尔喀。但是班禅认为沙阿·阿兰姆没有任何权力,因此他写信给英国人,请求总督派出大规模武装力量来对抗廓尔喀,至少消灭廓尔喀王本人。

班禅还说道:他将尽力同廓尔喀和解,但如果无法和解,那么只有从清朝廷派出大军前往尼泊尔了。到那时,如果绝望中的廓尔喀向英国人请求援助,班禅希望总督不要答应廓尔喀的请求。班禅再次重复请求:英国要么积极出兵帮助他们抵抗廓尔喀人,要么也不要出兵帮助廓尔喀(即保持中立),这也是对班禅的一种帮助。

信的结尾处,班禅要求保密,称如果总督决定要出兵前往尼泊尔,他希望尼泊尔相信英国人之所以出兵是其个人行为,永远不要提及班禅的名号,或者他们曾经通信的事实。他也不希望有陌生人知道他的请求,他说,因为他将给清朝皇帝写信,称已经同廓尔喀达成和解,目的就是为了阻止清廷出兵尼泊尔。如果清朝皇帝得知他同总督有通信往来,那他将会面临灾难性后果。[1]

显然,这封信出自仲巴之手,反映了仲巴本人及相关人士的意见。当时,西藏内部面对廓尔喀的入侵政见不一。仲巴属于主和派兼向英国求援派。仲巴深知此事若是被清朝皇帝知道,他将受到严厉的惩罚。因为清廷牢牢控制着对外交涉大权,禁止班禅私下和外国势力进行联系。

2.3.3 康华利的回信

印度总督康华利从西藏人的求援信中发现,这既是一个机会,也是一次冒险。若援助西藏,不仅有利于改善印藏贸易,还能遏制廓尔喀人。廓尔喀人的军事扩张已危及东印度公司在喜马拉雅地区的经济利益。另一方面,英国的干涉有可能激怒清廷,这会给东印度公司与中国的贸易增添更多障碍。此外,帮助西藏很可能会促使廓尔喀人进攻

〔1〕Cammann, *Trade Through the Himalayas*, op. cit., p.116.

东印度公司所属领地。[1] 这种情况下,康华利总督经过整整两个多月的深思熟虑,最终用标准的外交辞令回了信。

首先,康华利概括了班禅给他的信,表示他非常理解西藏现在的处境;他表示很高兴能再次与西藏恢复通信,希望双方能继续保持信息交流。接着,康华利说,他始终把维持和平放在第一位上,因此,当他非常担忧地听说廓尔喀肆无忌惮地攻占了班禅的领地后,就毫不犹豫地做出了决定,英国绝对不会帮助廓尔喀王。然而,英国也不可能派出大军进攻尼泊尔。原因如下:

第一,花费过于昂贵,代价过大,东印度公司不能提供进行一场山地战所需要的军费;

第二,廓尔喀人并没有直接向东印度公司挑衅;

第三,西藏属于中国皇帝管辖,不冒犯中国皇帝对英国来说很重要,而干涉廓尔喀与中国保护下的西藏之间的战争,显然会得罪中国皇帝。

康华利尤其详细阐述了最后一点,他说,东印度公司同中国的海上贸易相当重要,他们没有必要干涉廓尔喀—西藏之间的战争而让中国皇帝不高兴。[2]

康华利总结上述观点的时候指出,中国皇帝同东印度公司还没有任何陆路方面的联系。他建议班禅告知皇帝,东印度公司与班禅之间关系密切。如果中国皇帝知道了班禅与东印度公司之间的关系,不仅会很高兴,而且可能会促进这种密切关系。如果能同中国皇帝建立这种联系,那么英国将会获得巨大的好处。康华利认为,没有必要再对中国皇帝隐瞒班禅与东印度公司之间关系的“秘密”了。

康华利在提出保持中立的同时,还谈到同西藏的贸易以及同西藏

---

〔1〕Ravuri Dhanalaxmi, *British Attitude to Nepal's Relations with Tibet and China*, 1814—1914, 1981, New Delhi, p. 18; *Britain and Chinese Central Asia: the Road to Lhasa*, 1767 to 1905, by Alastair Lamb, Routledge and Kegan Paul, London, 1960, pp. 23 - 24.

〔2〕Alastair Lamb, *Britain and Chinese Central Asia: the Road to Lhasa*, 1767 *to* 1905, Routledge and Kegan Paul, London, 1960, p. 24; Cammann, *Trade Through the Himalayas*, op. cit., p. 117.

保持更开放关系的可能性，这极有可能受到当时东印度公司政策的影响。因为与此同时，英国本土正在就东印度公司怎样同西藏建立贸易联系展开了一场激烈的辩论。1786 年 3 月，或许基于沃伦·黑斯廷斯回来后散布的一些信息，东印度公司董事会宣布，应当立即执行一项同西藏贸易往来获利极大的贸易(既包括英国产品，也包括印度产品)，还宣布，孟加拉将会因此获得大量的黄金供应。

一年后，伦敦有消息说："我们希望能同遥远的西藏建立最密切的商业贸易往来，为了孟加拉省的最大利益，我们鼓励大不列颠的手工业者加大他们产品产量。"[1]

康华利很可能在 1788 年的某个时候得知了这个消息，也就是他收到班禅来信前不久。他在给班禅的回信中作出上述答复并非偶然。自波格尔和特纳相继入藏以后，虽然英印政府同后藏班禅建立了联系，印藏贸易有了初步发展，但西藏大门仍对英国人关闭，通过班禅或者达赖的引荐同清廷建立外交关系的计划并没有实现。康华利在复信中强调派军援助西藏存在巨大困难，英国必须付出高昂代价，意在利用西藏的困难处境，迫使西藏地方政府承担开放西藏市场并协助英国同北京朝廷取得联系的义务，以此作为援助条件。

当康华利这封信到达西藏时，巴忠已暗中下令西藏地方当局允诺每年向尼泊尔赔款 300 个元宝，换取了廓尔喀从西藏撤军的协议。廓尔喀第一次侵藏战争结束了，康华利利用中尼战争渔利的算盘也落空了。

2.4 英印政府的态度及其分析

根据波格尔和特纳使团来藏留下的大量资料可知，当时英国人十分痛恨廓尔喀人，因为其破坏了南亚次大陆的平衡，极大地影响了东印度公司和南亚诸国之间的贸易安全。

在波格尔的行记中不难发现，英国人对廓尔喀人的扩张及其桀骜

[1] Cammann, *Trade Through the Himalayas*, op. cit., p. 118.

不驯十分不满,多次向班禅申明,要联合西藏对付廓尔喀,而且极力说服班禅同英国一起对抗廓尔喀。波格尔还多次提到,如果廓尔喀人胆敢威胁到西藏人的安全,英国会毫不犹豫地出兵相助,这也是班禅在遇到廓尔喀侵藏时会向英国求助的最主要原因。然而,关键时刻,英国人并没有出手相助,而是维持了"中立"。这是为何?下面试就当时英国对华政策进行分析。

2.4.1 从波格尔的记述看英国对廓尔喀的态度

我们从波格尔的叙述中可以看出英国对廓尔喀的态度。波格尔在提到廓尔喀的时候,有如下描述:

> 廓尔喀王公依靠自己非凡的能力,经过25年的战争,使自己成了整个尼泊尔的统治者,把尼泊尔统一在一个政府之下……廓尔喀王公虽然利用尼泊尔的财富使自己成为整个尼泊尔的统治者,但却丝毫不珍惜这种财富赖以产生的源泉。由于怀疑自己的臣民不忠于政府,他豢养了一支庞大的军队,定期发饷。他训练这支军队,并用火器来武装这支队伍,还组织了一支炮兵,想方设法地让自己的臣民害怕他。这样,尼泊尔平时的税收不足于承担这支迄今为止还未为人知晓的庞大的军费开支。于是,廓尔喀王公采取了一些诸如对贸易征收重税等来筹集军费的权宜之计。商人们则不得不因为毫无意义的借口而承受沉重、任意的罚款。在此情况下,商人们只得以送礼的方式向暴虐的政府购买保护,因为在尼泊尔再也无法享受贸易活动的自由,连生命都得不到保障。商人们所受的压迫一点没有减轻,最后只得离开尼泊尔。至于此前在尼泊尔广泛定居的哥沙因人,由于他们曾经帮助廓尔喀王公的对手而招致了新国王的不满,因而被赶出了尼泊尔王国。还有很多富有的居民,由于被剥夺了财产或者受到了苛捐杂税的盘剥,也同样地逃离了尼泊尔。结果,只剩下两家克什米尔商号留了下来。[1]

---

[1] Markham, *Narratives*, op. cit., p. 127.

孟加拉地区与西藏之间的贸易,过去完全由不丹垄断。然而从尼泊尔逃出来的两家克什米尔商号由于不愿意放弃自己一直从事的赚钱贸易,就在拉萨驻扎下来,从德布王那里得到经由不丹运输货物的许可后,便在孟加拉建立代理处。但是由于不丹王公禁止这两家商号从事细平布和其他重要商品的贸易活动,而这两家商号的贸易范围小,再加上其他商人又被派出在外,因此根本无法弥补孟加拉所遭受的由于穿越尼泊尔的贸易中断而引起的损失。[1]

过去,孟加拉的商品是通过穆朗和与之邻近、隶属于拉萨、由哲孟雄(Demo Jong)首领统治的地区运到西藏的,被赶出尼泊尔的托钵僧最常走的就是这条路。由于这条路极其危险,商人都不走这条道。但是此前廓尔喀王公已经征服了尼泊尔地区,又侵略了穆里和锡金地区,因此所有进入西藏的交通全部中断了。[2]

除了上述进入西藏的不同交通路线外,还有一条线路。这条线路起自英属印度贝拿勒斯和密尔扎布尔,穿过木斯塘地区和位于布尔瓦特·辛领地之北的群山。有时,孟加拉许多有价值的商品就经由该线路运入西藏。虽然商人走此线路十分安全,而且得到各个小部落王公的帮助,但是由于路途较长,而且在许多地段要穿越崎岖多山、没有人烟、走起来极为艰难的小道,又要被直接征收许多货物通行税,因而该线路并不利于同西藏贸易。在当时的几年中,商人之所以不断走这条线路,只是因为它几乎是唯一能进入西藏的贸易线路。[3]

波格尔在同班禅的谈话中不止一次表示对扩张中的尼泊尔十分忧虑,尤其担心其会危及英国在印度的统治。在和班禅于南木林行宫的一次谈话中,波格尔对班禅说:贝哈尔和英属印度的孟加拉地区朗布尔邦仅一河之隔,不丹人自古以来就住在大山里,当他们到低地国家进行贸易时,他们的举止行为亲切而温和。但成千上万全副武装的士兵突然从森林里冲出来,逮捕并抓走贝哈尔小王公,霸占其国家并

---

〔1〕Markham, *Narratives*, op. cit., p.128.

〔2〕Markham, *Narratives*, op. cit., p.128.

〔3〕Markham, *Narratives*, op. cit., p.128.

定居于此:这一切不能不引起东印度公司的震惊。今天,他们在贝哈尔所取得的成功鼓励下,很难满足于现状;明天,他们就会试图征服朗布尔,甚至会觊觎孟加拉地区更加肥沃的内地各邦。总督虽然多次听到班禅的名字和其崇高品格,但对不丹国并不熟悉,与其首脑也没什么联系,因而更有理由担心。所以总督一接到贝哈尔人民的援助请求,就派了一个营的东印度公司士兵把侵略者赶了出去,班禅本人对后来发生的事情已经很清楚了。[1]

英国对廓尔喀扩张野心表示担心,但却对不丹和库赤·贝哈尔的历史渊源闭口不提,这是为何? 原来,库赤·贝哈尔和不丹一直有着密切联系,库赤·贝哈尔曾一度隶属于不丹。如此看来,英国的干涉是不合理的。但统治者一向会为侵略找借口,而且通常都会把引发战争的源头说成被迫出手相助。

波格尔在扎什伦布寺同班禅的又一次谈话,也反映了英国对廓尔喀扩张的担忧:

> 12 月 23 日,班禅喇嘛去诵经堂前派人让我过去。在他要求下,我对他重复了我和拉萨代表之间的谈话。我对班禅说,他们说必须遵守古老的习惯;按照古老的习惯,尼泊尔应该由他自己的王来统治,商人可以自由地在孟加拉和西藏之间进行贸易。我对他坦白道,如果拉萨政府能够修复尼泊尔同其周边邻邦的关系,或者命令廓尔喀王宽容地对待商人,那么这种古老的习惯是能够坚持下来的。班禅喇嘛说,他非常清楚近年来西藏和孟加拉的贸易已经大为下降。以前,商人带着大量珊瑚、珍珠和细平布来到西藏,如今情况早已不同。
>
> 对廓尔喀王公而言,没人再相信他了。几年前,他鼓励一些商人来尼泊尔定居,最初对他们还不错,但后来却割掉了他们的耳朵,将他们逐出尼泊尔。廓尔喀王公还多次对班禅本人许诺,对拉萨政府承诺,他永远不会侵犯西藏的一寸土地,可是如今他却进

[1] Markham, *Narratives*, op. cit., p. 136.

攻了拉萨的藩属哲孟雄。[1]

12 月 28 日,波格尔又一次和班禅谈话。在谈话中,班禅着重谈了廓尔喀王公和锡金的战争,指出廓尔喀王的诡诈,强调廓尔喀王公违背了向他和拉萨政府许下的诺言。波格尔则重申了对廓尔喀王公的看法,指出其野心和能力使他志在征服,如果成功地征服了锡金,就会攻打帕里宗或者不丹。廓尔喀王公既然自称为群山之王,那么他必定希望自己能够名副其实地做王;判断一个人的意图,应该以其行为为依据;廓尔喀王公从一个小王公变成整个尼泊尔统治者,征服了比节伊布尔(Bijapur)和穆朗(Murung),最后又侵略了依附于拉萨的锡金,波格尔担心第穆活佛摄政和拉萨政府会认为廓尔喀人比英国人更值得信任,但英国人在过去的 12 年到 15 年里从未试图扩大孟加拉的边界。波格尔最后说,除了让廓尔喀王公知道西藏地方政府和英属印度政府之间建立起关系外,没有什么可令其停止对哲战争并回到自己的国家。[2]

上述一番谈话充分表明了黑斯廷斯总督的观点,即廓尔喀的扩张对孟加拉同西藏,以及所有喜马拉雅山国之间的贸易造成了不良影响,严重影响了东印度公司的利益。波格尔希望利用班禅在喜马拉雅山国的威信说服廓尔喀停止其征服行为,以达到英国同西藏之间自由通畅地进行贸易的目的。

2.4.2 康华利的信函与英印政府态度的"转变"

按照波格尔对廓尔喀扩张的担忧甚至敌视,对班禅的"仰慕",对同西藏贸易的渴望,以及信誓旦旦地要保护西藏同孟加拉之间的贸易等话语,人们只能得出这样的结论:英国出兵帮助西藏抵抗廓尔喀的扩张势在必行,如果相反则令人不解。然而,当西藏内部一派政治势力代表向英国求援的时候,遇到的是康华利总督长达两个月的"深思熟虑",并最终拒绝了西藏方面的请求。乍一看,这其中似有态度转变的过程。

[1] Markham, *Narratives*, op. cit., pp. 148 – 149.

[2] Markham, *Narratives*, op. cit., pp. 148 – 150.

我们不妨从英国人拒绝帮助西藏抗击廓尔喀入侵的几个理由来看。第一条理由,所谓“花费过于昂贵、代价过大”,很难自圆其说。印度作为英帝国王冠上的宝石,每年为其创造巨大无比的财富,要说它没有能力进行一场山地战,让人难以相信。康华利抛出这一托词颇有深意。东印度公司为了帮助中国西藏,是否值得付出如此巨大代价?第二条理由系因“廓尔喀人并没有向东印度公司挑衅”而拒绝出兵。前文波格尔和特纳使藏行记中多次提到,廓尔喀的扩张给英国在南亚次大陆的贸易造成了恶劣影响,康华利此条理由难免牵强。第三条理由,“干涉廓尔喀与中国保护下的西藏之间的战争,显然会得罪中国皇帝”。如此一来,英方真实意图及向中方传达的信息就清楚不过了。

波格尔在入藏之初就说过:以前,英国人仅作为商人暂居印度时,开设商行代理处和进行自由贸易没有什么困难;但现在,由于英国的强大势力和地位,使其成为周围国家猜疑的对象。他一度被拒绝进入西藏,并在执行使命期间遭遇了诸多困难,原因正在于此。西藏地方政府认为他是被派去刺探情况的,野心勃勃的英国人接着就会侵犯西藏,而英人在武器方面的优势将使这种企图获得成功。[1]

虽然波格尔一再申明:“我不是间谍,不是来刺探西藏情况的,而是来拜访班禅的;英国人并非口是心非,英国从来没有也不可能和西藏有什么争执。”但这只是“此地无银三百两”。波格尔使团的目的就是为了打开同西藏之间的贸易,寻求以西藏为通道直接和北京建立外交关系,这在波格尔和特纳的行记中提过多次。英国之所以在这时候对西藏比较客气,是因为清朝中央政府仍然强大,有足够的力量对付英国的外来入侵。波格尔想隐藏英国对西藏的侵略野心,只能是掩耳盗铃。这也是康华利考虑了两个月才做出决定的原因。

18世纪,英国虽竭力推进其海上与陆路战略,都未达到目的。康华利做出这样的决定与当时英国对华战略目标相一致,符合英国利益。其时,英国没有足够把握干涉廓尔喀侵藏。过多介入中国内政外交,难免会引起清朝政府的高度戒心和防备,而且极大可能会影响到

[1] Markham, *Narratives*, op. cit., p. 203.

英国和中国广东之间的贸易。在同西藏贸易联系没有正式建立起来之际,就匆忙放弃在广东的既得利益,这不是狡猾奸诈的殖民主义者所愿意的。因此,英属印度政府决定不干涉廓尔喀的第一次侵藏战争。

只有"中立",英国才能获取最大的好处。如果双方和解,显然对英国有利。英国可以顺利地通过尼泊尔继续和西藏贸易,坐收渔翁之利。对此,兰姆评价道:"康华利总督回信的态度是模棱两可的。很显然,他不想卷入到这场喜马拉雅战争中去,抑或采取任何会被廓尔喀理解为有敌意的行动。然而,康华利却希望从喜马拉雅形势的发展演变中攫取某种利益。"[1]

康华利的回信和表态,看起来似乎是英印政府态度的一个转变,实际上英国的对华态度及固有的对华政策都没有发生实质性变化。在廓尔喀的第一次入侵西藏过程中的所谓"中立",是英国坚持对华陆路战略的结果。

---

〔1〕Alastair Lamb, *Britain and Chinese Central Asia: the Road to Lhasa*, 1767 to 1905, Routledge and Kegan Paul, London, 1960, p. 23.

3　廓尔喀第二次侵藏与英国的策略

乾隆五十六年(1791),廓尔喀因索取“赎地”之银不成,再次武装入侵西藏,并大肆洗劫扎什伦布寺。西藏人民再度遭受巨大灾难。乾隆帝命两广总督福康安为大将军,领兵入藏进行反击,驱逐廓尔喀侵略者,英国又一次卷入到中尼战争中来,并企图从中获利。

3.1　廓尔喀第二次入侵西藏与清朝反击

廓尔喀第一次侵藏,虽然西藏地方当局背着清廷以所谓“许银赎地”的私下交易草草了结,廓尔喀暂时从西藏退兵,聂拉木、宗卡、济咙三处因此收回,但问题并未真正解决。乾隆五十六年七月二十二日,驻藏大臣都统保泰、副都统雅满泰等折奏记载,“所议赔偿伊等各项,一时不能完结,是以我等私相定议,连利息核算,共计银四万五千两,作为三年偿还。本年五月,已将本年之项送过。去年廓尔喀寄来信字云,汝等若再给一年,可以让免一年之欠,令派大头人讲议”。[1] 廓尔喀不仅通过与西藏噶布伦丹津班珠尔等私下议和每年获得300个元宝,而且又“连利息核算”,从最初折算9600银两到最后签订协议,共合银15000两。[2]

15000两的赎地银对西藏地方政府无疑是沉重负担。当丹津班珠尔等回到前藏,将私下议和谈判签约经过向达赖喇嘛禀报时,达赖喇嘛指“所办冒昧”。乾隆五十五年(1790)秋,廓尔喀差人索取银两,达

[1](清)松筠:《卫藏通志》卷13《纪略上》。拉萨:西藏人民出版社,1982年,第356页。

[2]丹津班珠尔著,汤池安译,郑堆校:《多仁班智达传——噶锡世家纪实》,北京:中国藏学出版社,1995年,第345页。

赖喇嘛"不愿"给与。[1] 十二月,奉乾隆之命来藏办事的阿旺簇尔提穆抵藏,"得知许银说和之事,即言此事不成体制,未清银两毋庸找给"。[2] 达赖喇嘛更坚定了废除和约的决心,遣卓尼尔喇嘛敦珠布彭楚克前赴廓尔喀界上,言"尔既仰蒙锡封王爵,列在藩服,与藏地永相和好,不应复照前议给银",廓尔喀不答应,要求另派人谈。"达赖喇嘛以此事终非了局,唯恐反复不结,致滋事端,因复派堪布喇嘛托格穆特、商卓特巴吉弥敦第,备带元宝银一百五十个,先与讲论,倘若未允,再以此银付给,将所立合同撤回,永断葛藤,嗣后不得再索讵。廓尔喀心存黠狡,声称堪布喇嘛托格穆特等亦非紧要之人,指名令丹津班珠尔及达赖喇嘛之叔阿古拉赴边界面见定议"。[3] 五十六年六月,达赖喇嘛指派噶布伦丹津班珠尔、扎什敦珠布等人,借往后藏巡阅边界、训练藏兵和修理寺庙为名,来到聂拉木,写信"约廓尔喀人来至边界面议地租一事",[4]不想反中廓尔喀人的诡计,丹津班珠尔被当成人质挟持到廓尔喀。[5] 与此同时,沙玛尔巴再次唆使廓尔喀抢掠后藏寺庙,报复藏内爽约。

乾隆五十六年七月上旬,廓尔喀再次大规模武装入侵后藏,一支1000余人的侵略军很快攻占聂拉木、济咙。八月初宗喀遭"四面攻围"。[6] 教习陈谟、潘占魁督率藏兵、喇嘛等协力堵御,打死敌兵数十人,廓尔喀军败退至离宗喀30里的俄玛。另一支廓尔喀兵千余人在定日围攻官寨,将各处寨落烧毁,藏兵被迫退守胁噶尔。八月十六日,萨迦(Saskya)遭廓尔喀3000余兵力围攻,守军达木蒙古兵虽奋勇抵抗,大半阵亡,最终失守。驻藏大臣保泰急忙派兵将班禅迁往前藏,由仲巴

[1]《钦定廓尔喀纪略》卷20《乾隆五十七年二月十八日福康安奏》。

[2]《钦定廓尔喀纪略》卷18《乾隆五十七年正月二十日福康安奏》。

[3]《钦定廓尔喀纪略》卷20《乾隆五十七年二月十八日福康安奏》。

[4]中国第一历史档案馆藏:《乾隆宫中档》,外交类,075号《成德奏折》。

[5]丹津班珠尔著有《多仁班智达传——噶锡世家纪实》一书,其中第十六章至第二十一章详细记述了廓尔喀两次入侵西藏的过程,以及他本人和多仁班智达被廓尔喀扣押做人质的经过。参见丹津班珠尔著,汤池安译,郑堆校:《多仁班智达传——噶锡世家纪实》,北京:中国藏学出版社,1995年,第245-427页。

[6]《钦定廓尔喀纪略》卷24《乾隆五十七年三月二十一日鄂辉、成德奏》。

呼图克图留守扎什伦布寺,都司徐南鹏率绿营兵120人驻守官寨。十九日,贪婪成性、畏敌如虎的仲巴,趁夜逃往东喀尔,并将寺中细软搬走。[1] 更为恶劣的是,济仲喇嘛罗卜藏丹巴等在吉祥天母像前占卜,竟假托卜辞,妄称占得不可与贼接仗,以致众心惑乱,不复守御,皆行散去,致被贼匪占据,[2]藏兵和各寺庙僧人纷纷溃逃。二十日,廓尔喀兵进至扎什伦布,次日占领扎什伦布寺。廓尔喀侵略军在扎什伦布寺大肆烧杀抢掠,"放火焚烧(官寨)四围所屯粮草",[3]扎什伦布寺金塔上"所镶松石珊瑚金银花贼皆挖取,佛前所供金银帏幔等项亦被取去,……其商上所贮银器绸缎等物俱被贼掠去",[4]"廓尔喀军队以前从来没有,今后也将不会再见到如此之多的财宝"。[5] 九月初七日,廓尔喀兵带着抢掠的大量财物从扎什伦布寺退走。

对此,藏文史料如是记载:

> 不料,将军玛木·萨野等官员却穿上我们噶伦、代本和丹吉林札萨克喇嘛等人的服装,扮成藏人,沿途行走。他们诡计多端,徐徐来到扎什伦布。仿佛是来住宿,是来朝圣拜佛,不想伤害外人,也没有顺路骚扰抢劫过萨迦。因此,藏人被希望所蒙骗。在扎什伦布寺的守卫人员安下心来之时,突然将扎什伦布寺内的金银绸缎等贵重财物和佛像佛经佛塔等,烧的烧,砸的砸,抢的抢,然后扬长而去。因为不知敌情,卫藏地区好似鬼哭狼嚎,一呼百应。西藏尊卑人等,宛如一棒打散的豆子堆,纷纷四散,各自奔命。[6]

3.1.1 乾隆帝决心反击

乾隆五十六年八月下旬,廓尔喀诱执西藏噶布伦、戴绷,占领聂拉

---

〔1〕Ludwig F. Stiller, S. J., *The Rise of The House of Gorkha, A Study in the Unification of Nepal* 1768—1816, New Delhi, 1973, p. 201,对仲巴呼图克图的行径进行了记载:仲巴呼图克图逃离之时,带走了他身边所能带走的所有财宝,但是这比起财宝的总数而言是微不足道的。

〔2〕《清高宗实录》卷1388"乾隆五十六年十月丁未"条。

〔3〕《卫藏通志》卷13上《纪略上》,拉萨:西藏人民出版社,1982年,第357页。

〔4〕《钦定廓尔喀纪略》卷7《乾隆五十六年十一月初五日雅满泰奏》。

〔5〕Ludwig F. Stiller, S. J., *The Rise of The House of Gorkha, A Study in the Unification of Nepal* 1768—1816, New Delhi, 1973, p. 201.

〔6〕丹津班珠尔著,汤池安译,郑堆校:《多仁班智达传——噶锡世家纪实》,北京:中国藏学出版社,1995年,第356页。

木的消息传到京师,乾隆帝最初的反应是,从前鄂辉、成德、巴忠办理不妥,以致复生事端。廓尔喀已是"内附天朝之臣仆",本次"不过为索取债目"滋扰,不必大办,鄂辉乃总督大员,"声名较大"只要带兵前往,廓尔喀"自必闻风胆落"。[1]

但是,廓尔喀不断深入,相继占领济咙、萨迦、定日等地,洗劫扎什伦布之后仍留兵千余屯据聂拉木、济咙等处;而驻藏大臣惊慌失措,防御无方,奉命赴藏的总督鄂辉、成都将军成德又畏敌观望,裹足不前。一连串坏消息不断传来,乾隆帝才感到事态的严重性。他痛下决心,重新部署,改组西藏前线指挥部,确定大举反击廓尔喀的入侵方针,"必须慑以兵威,痛加惩创,俾知慑服,不敢再萌他念,方期一劳永逸。若少存将就了事之意,使彼无所畏惮,大兵撤后,彼必复至边境抢掠,又将作何办理?倘复须调兵进剿,是贼匪转得以逸待劳,反客为主"。[2]"朕之初意,原不欲劳师远涉。今贼匪肆行侵扰,竟敢抢掠扎什伦布,不得不声罪致讨,非彼乞哀可完之事。若因贼匪已遁,遂思就事完结,使贼匪无所畏惧,将来大兵撤归,贼匪复来滋扰,又将作何办理?岂有堂堂天朝,转为徼外番贼牵制之理!此事势在必办,竟无二义"。[3]

于是,乾隆帝愤然革去保泰、雅满泰驻藏大臣之职;奎林补授正红旗蒙古都统,舒濂赏给副都统职衔,前往西藏办事;不久,又命和琳为驻藏大臣;革去鄂辉、成德的四川总督、成都将军之职,以副都统衔留军前效力,授奎林为成都将军;以两广总督、协办大学士福康安为将军,率兵进藏;二等超勇公海兰察、成都将军奎林为参赞大臣;遣乾清门侍卫巴图鲁、章京额勒登保、永德等百余员亲信随军出征。同时命吏部尚书、协办大学士孙士毅兼任四川总督,筹办粮饷。考虑福康安部可能从青海西宁进藏,又命陕甘总督勒保、西宁办事大臣奎舒直接筹办其所需马匹粮草。乾隆帝决定厚集兵力痛剿廓尔喀入侵之敌,除九月先期征调的滇兵、察木多兵等共7500名外,先后续调索伦达呼尔兵、川兵、金

---

[1]《钦定廓尔喀纪略》卷1《乾隆五十六年八月二十二日上谕》。

[2]《清高宗实录》卷1387"乾隆五十六年九月庚子"条。

[3]《钦定廓尔喀纪略》卷4《乾隆五十六年十月初六日上谕》。

川等屯练土兵进藏参战,总兵力实际共达1.6万人左右。

其时,进藏有四川、西宁两条途径。乾隆帝认为,“以西宁赴藏较川省路近而平”,令其“取道由草地行走,以期迅速”。[1] 十月十九日,福康安自京师启程。行进途中,得知“今值隆冬,冰雪甚大,马草牛粪均被雪压,难以趱行”,[2]乾隆帝让他“酌量情形”,“若实有难行之处,当即改道由四川赴藏”。[3] 福康安认为,虽然从西宁口外草地行军艰难,但比改道四川能赢得更多时间,遂决计仍从青海一路进藏。十一月二十六日,福康安抵达西宁,稍事停留,补充必要的口粮、马驼等军需物资后,轻装简从,于十二月初一日率部继续前进。他们跨过冰雪覆盖的青藏高原,翻过险峻的昆仑山,经受高原反应和瘴气袭击,克服难以想象的困难,历尽艰险,终于在乾隆五十七年正月二十日,胜利抵达拉萨。

3.1.2 福康安周密部署

乾隆五十六年十二月二十四日,先期抵藏的成德、鄂辉率领的先头部队,已经全歼敌军,收复了聂拉木。廓尔喀一方面收缩兵力,加修工事,企图固守济咙、绒辖等地;另一方面,该国国王面对清军大规模进藏反击所形成的巨大压力,致书鄂辉、成德等,请求罢兵求和。

乾隆帝明确指出,廓尔喀“总借索欠为词,意在归咎唐古忒人等,胁诱说合”,[4]提醒福康安等人切勿中敌人的缓兵之计,必须给敌以痛击,才能接受议和。他说:

> 贼匪心怀慑服,望风胆落,差人前至军营投递禀帖,悔罪乞哀,福康安等或可将计就计,令其坚明约束。俯允所请,准其投诚,振旅班师,亦完事之一法。然必先慑以声威,将贼匪大加歼戮,使之十分畏惧,势力穷蹙,悔罪投诚,始可受降纳款,庶贼匪有所创惩,不敢复行滋事。至前次令西藏许给银两一节,断不可行。必须明白宣示,令其俯首听从,以后无可借口,又向藏地勒索,方可永断葛

[1]《钦定廓尔喀纪略》卷9《乾隆五十六年十一月十八日福康安奏》。

[2]《钦定廓尔喀纪略》卷9《乾隆五十六年十一月二十三日福康安奏》。

[3]《钦定廓尔喀纪略》卷9《乾隆五十六年十一月十八日上谕》。

[4]《钦定廓尔喀纪略》卷25《乾隆五十七年三月二十三日上谕》。

藤；若贼匪于此事稍涉含糊，仍当严词驳斥，不准受降，断无调集，如许多兵远临贼境，而仍如前次将就完结之理，必令贼匪畏威服罪，不敢再提银两，永远不犯藏界，始为完善。[1]

福康安抵藏后，奉命发给廓尔喀檄谕，严厉声讨其侵略罪行，坚定表明坚持以武力维护祖国领土、决不与敌人妥协的严正立场：

尔自外生成，辄敢称兵滋扰卫藏，不但占据边界，且敢侵犯扎什伦布，将庙宇塔座损坏，镶嵌金什物肆行抢掠，尔岂不思卫藏之地，岂容尔等作践。……今本将军奉命亲统大兵，问尔廓尔喀之罪，唯有将尔部落一举荡平，申明天讨，尔等从前所议钱债细事，概不值理论，现在调集各兵，源源而来，克期进发，捣尔巢穴，务在悉数歼擒，不留余孽。此皆尔孽由自作，速取灭亡，恶贯满盈，罪在不赦。至尔给噶布伦信内称，"若能说合，也免汉番官兵并廓尔喀的生灵受罪，如要动干戈，我处也预备"等语，尤属妄诞。[2]

福康安大举进攻廓尔喀之前，为孤立敌方，在外交上作了周密的部署，其重点之一，即争取廓尔喀的劲敌披楞（即英印政府，下文将详述之）协同出兵。出兵前，福康安发布檄谕，号召西藏周边部落布鲁克巴、哲孟雄以及披楞协助进剿廓尔喀，以赢得外交主动，孤立敌军："福康安奏，附近廓尔喀之布鲁克巴、作木朗、披楞三处部落，业经檄令发兵攻贼。"[3]

福康安檄文收录在《钦定廓尔喀纪略》之中，文谓：

臣拟严切晓谕勒令巴都尔萨野、玛穆萨野、沙玛尔巴等亲自来营认罪，面行陈恳以为牵缀贼人之计。一俟兵力厚集，即可穷追深入，一鼓歼擒，至附近廓尔喀之布鲁克巴、作木朗、披楞三处部落业经檄令发兵攻贼，并饬藏地各边界严行堵截，又查有哲孟雄、宗木两处地方部落较小，在西藏帕克哩边外，亦与廓尔喀接壤，各该处崇奉佛教，向属达赖喇嘛管辖。后被贼匪蚕食吞并，唐古忒亦未

[1]《钦定廓尔喀纪略》卷27《乾隆五十七年四月十八日丙辰上谕》。

[2]《廓尔喀档》"乾隆五十七年三月份"条《福康安檄谕廓尔喀文》，国立故宫博物院典藏专案档暨方略丛编，冯明珠主编，台北：沉香亭企业社，2006年。

[3]《清高宗实录》卷1398"乾隆五十七年三月戊寅"条。

与之较论,服属于贼,已历多年,今各该部落番目闻大兵剿贼之信,即同帕克哩营官鼐珑定喀干等率领番众与贼打仗,攻取地方。……臣思帕克哩边界及哲孟雄、宗木等部落近邻贼境,向被欺凌,今闻大兵进剿,即率领番众打仗,将远年被占地方大半收复,该营官番目等实属奋勉可嘉。臣俱优加奖赏并谕令奋勇杀贼收复寨落即当乘势相机直入贼境,亦不可因屡胜之后稍涉大意致堕贼人狡计。查布鲁克巴赴廓尔喀边界剿贼须由哲孟雄、宗木经过,不日,布鲁克巴兵丁到境即令该营官各自带兵会同前进攻围贼匪,东北一带地方,以分贼势。[1]

上命军机大臣传谕福康安海兰察奎林惠龄鄂辉成德曰,福康安奏附近廓尔喀之布鲁克巴、作木朗、披楞三处部落业经檄令发兵攻贼,又西藏帕克哩边外哲孟雄宗木等部落现在与廓尔喀贼匪打仗,将该二处地方夺回并谕令该部落乘胜直捣贼巢等语,所办略早,于进剿机宜殊为失算,布鲁克巴等处部落既与廓尔喀不睦,经福康安檄谕该部落,令其攻剿,不过如治病偏方借以牵缀贼势,原非仗其兵力以为捣穴擒渠之计,即欲用以攻剿贼匪,亦必俟大兵深入贼境,预约各部落同时进攻,使贼匪猝不及防,四面受敌,首尾不能相顾,方为得力,乃福康安计未及此于大兵未经齐集之前,即檄谕各部落前往剿杀廓尔喀,此举实属失之太早。若该部落竟能直入贼巢,将廓尔喀剿灭,亦系各部落自己之功,与天朝无涉,倘不能取胜,使贼匪知此次各部落与彼构兵,明系出自天朝指使,得以预为设备则将来大兵前抵贼境于攻围进剿机宜转不无费力。且哲孟雄宗木等部落向被廓尔喀欺凌侵占,其软弱无能已可概见,又岂能使之直入贼巢耶?虽现在鄂辉等将聂拉木屯聚贼匪全行击毙,廓尔喀谅必亦有风闻,但大兵深入与否,尚在疑似之间,今以各部落多人先往贼巢打仗,贼匪自必知大兵即当乘势深入,攻其腹心,设备必更严密,则福康安使各部落前往剿贼,是明告以大

[1]《钦定廓尔喀纪略》卷23《三月初九日戊寅福康安奏》。

兵将至，俾得先为防守矣。[1]

从上文不难发现，君臣二人对于战前是否发布檄谕存在意见分歧。乾隆帝认为福康安发布檄谕时机不对，应当在大军深入之际再行发布；另一方面，乾隆帝认为此等番夷小部落的援助不值一提，他们往往被廓尔喀欺凌自身难保，怎能指望援助“天朝”？

然而，如果等到大军深入之际再发布，就会错过大好时机。在深入进军之前发布檄谕，可起到振奋人心，鼓舞士气的作用，从而达到孤立敌人的目的，赢得外交主动。从这点看，乾隆帝身处北京，自然不如福康安了解前线的敌情，所谓“将在外，君命有所不受”，在外领军作战的将军理应有自己的判断力，关键时刻做出正确的抉择，才不至于贻误战机。

二月十七日，福康安从拉萨起程，二十七日到达后藏。三月，清廷授福康安为大将军。闰四月十八日，福康安、海兰察遂率领已抵后藏的6000名清军，自扎什伦布出发，经拉孜、第哩朗古、宗喀等地，向济咙进军。五月初六日夜，福康安兵分三路，冒雨向济咙外围地势险峻的要地擦木发起进攻。初七日，经过激战，一举占领擦木，歼敌200余名。

五月初八日，福康安督兵乘胜前进，在玛噶尔、辖尔甲击败自济咙前来偷袭的廓尔喀兵，再歼敌近270名。初九日，进至济咙。由于济咙寨碉高耸，形势险要，官寨建在山冈上，用石砌成，工事坚固；周围又用石头构筑了各种碉卡，互相应援，成掎角之势，廓尔喀兵分据险要，负隅固守。初十日丑时，清军兵分多路，趁夜同时向各主要碉卡发起猛烈攻击，在肃清周围各据点后，福康安集中兵力向官寨发起总攻，双方自午前激战至亥时，终于将其攻破，收复济咙，歼敌640余名，俘198名。十二日，由聂拉木南进担任牵制敌人兵力的岱森保部，在德亲鼎山连克敌卡三处，进抵下木萨桥。至此，清军已基本收复了被廓尔喀侵占的领土。

乾隆帝获悉前线捷报，连下谕旨予以褒奖，“将士人人用兵，奋勇争先，实为奋勉出力，勤劳倍至，深堪嘉奖”，欣喜之情溢于言表，并赋

〔1〕《钦定廓尔喀纪略》卷23《三月初九日戊寅福康安奏》。

诗作贺:

擦木玛噶以次举,济咙咫尺弗为遐。
破宵冒雨乘无备,直进分班策肯差。
贼竞抗颜以死敌,师争刃血更雄加。
据其要险鸮失翼,遂克中坚虫洗沙。
报至喜翻成欲泣,念弛怜切讵惟嘉。
复番境已压寇境,阳布摧枯望不赊。[1]

3.1.3 直逼阳布

收复济咙,驱除入侵后藏之敌的清军获得乾隆帝的嘉奖后,全军将士备受鼓舞,士气大振。"素性勇往"的福康安,让部队休整两天后,便于五月十三日率6000名清军冒雨起程,向中廓两国交界处的热索桥挺进。十五日,进入廓尔喀境。福康安挥师南下,越过险峻高山、湍急大河,"深入贼境一百六七十里,未见一贼"。[2]

面对清军大规模进藏反击,廓尔喀被迫集中兵力,重点防守协布噜、东觉等几个战略要点。[3]五月二十二日,福康安声东击西,令惠龄留旺堆正路佯攻,牵制敌人;台斐英阿率部绕至玛尔臧河西岸,攻廓军卡垒。次日黎明,福康安、海兰察率军绕过数道大山,到达玛尔臧河支流上游北岸。傍晚,大雨滂沱,福康安佯退,趁半夜廓军回克堆寨,缚木渡河,然后兵分三路,抢占了有利地形。二十四日黎明,出其不意,发起攻击,直逼协布噜。与此同时,台斐英阿部也翻山越岭,绕至玛尔臧河西到达指定地点,从而形成对协布噜东西面夹攻之势。廓尔喀军见状不妙,仓皇逃跑。清军乘势追击,勇夺协布噜。清军连战5天,共歼敌500余名。上谕称:"福康安等复设法出奇,乘其不意,于夜雨迅速潜渡,将贼匪痛加歼戮,焚烧卡寨,快意已极。而巴图鲁、侍卫、官兵俱争先用命,于峭壁悬崖,深林密箐,人迹不到之区,攀援登涉,至于衣履皆

[1]《钦定廓尔喀纪略》卷首二,《天章二·福康安专攻得济咙贼寨诗以志喜六韵》。

[2]《钦定廓尔喀纪略》卷34《乾隆五十七年六月三十日,福康安、海兰察、惠龄奏》。

[3]有关"东觉之役",参见邓锐龄先生:《乾隆朝第二次廓尔喀之役(1791—1792)》,载《中国藏学》2007年第4期,第43页。

穿，手足胼胝，并未稍形退却，用兵以来，从无似此之难者。"[1]接着，福康安率兵从协布噜向廓尔喀纵深推进。六月初六日，攻克敌军又一防御重点东觉，斩、俘廓军780余人。由于东觉地势险要，重兵把守，廓尔喀军居高临下负隅顽抗，清军也付出了伤亡100余名的沉重代价。其中，索伦佐领多尔济、四川都司伊鲁尔图阵亡，巴图鲁侍卫翁果尔海、哲森保、那丹保、鄂尼保、富永俱受枪伤。

福康安、海兰察统率的主力，还先后攻克雅尔赛拉、博尔东拉、雍鸦等处。奉命"在聂拉木一路牵缀贼势，令其酌量进攻"的成德、岱森保部，五月十二日，占据德沁鼎山梁，攻克头卡、二卡、三卡。下旬，攻克札木铁索桥后，也进入廓尔喀境。[2] 六月上旬，占领多洛卡、陇冈，进抵利底。[3]

六月初九日，福康安鉴于清军在崇山峻岭、雨雪中连续行军作战，人困马乏，伤病员逐渐增多，加之自然环境恶劣，战线过长，兵员和粮饷、弹药等后勤补给不能及时得到援助，甚至口粮即将吃尽，不便组织新的大规模进攻，遂令各路出击的清军返回雍鸦就地休整待援。其时，廓尔喀不断派人向福康安乞降。廓尔喀还将上年抓去的兵丁王刚、第巴塘迈及跟役等4人放回，并呈递国王致大将军及各位官员的书信。不久，又先后送回兵丁卢献麟、冯大成和上年被当人质挟持的噶布伦丹津班珠尔等人。这些书信包括五月二十八日两封、六月初九日三封、十八日一封。其中，廓尔喀国王拉特纳巴都尔在五月二十八日致大将军信中称，之所以入藏闹事，"因为唐古忒不使我们的银钱，彼此不和，又因沙玛尔巴在阳布挑唆主使，就闹起事来……上年有唐古忒之噶布伦到边界上来说话，我们打发了头目同沙玛尔巴去见他。到了聂拉木，沙玛尔巴向众人说，唐古忒不照乾隆五十三年说的话了，带了兵来害我们。众人听见了这些话，才把两个噶布伦、四个汉兵裹进来，就去抢

[1]（清）松筠：《卫藏通志》卷13中《纪略中》，拉萨：西藏人民出版社，1982年，第390—391页。

[2]（清）松筠：《卫藏通志》卷13中《纪略中》，拉萨：西藏人民出版社，1982年，第388、394页。

[3]《钦定廓尔喀纪略》卷37《乾隆五十七年八月初五日辛未福康安、海兰察奏言》。

掠扎什伦布，这全是沙玛尔巴从中挑唆主使，叫我们动的兵，想来是他在藏里被人欺负，以借此报仇的。唐古忒又从没有给我们一个信，说沙玛尔巴是个坏人，我们也不知道”。[1]

五月二十八日另一封致各位官兵的信再次申述，“唐古忒不照着合同行事，我们心里未免抱怨，就是唐古忒因为我们抢了藏里，自然也要抱怨我们的。其实起事的根由，也不是我们有心，也不是唐古忒有心，总是有人挑唆的。大将军统兵前来，原为要治挑唆人的罪，各位官员官兵自然是知道的”。[2] 尽管两信都表现出哀求乞怜之态，承认“如今天朝发大兵来，我们也实在抵敌不住，总求大将军奏明大皇帝：照施与唐古忒的恩典一样，施与廓尔喀。”“如大将军怎么样吩咐，我们怎么样遵依”。但是，拉特纳巴都尔的信，对廓尔喀两次举兵入侵西藏的原因解释是片面的。明明是廓尔喀向西藏大肆倾销劣质银币造成西藏金融混乱，给西藏人民带来灾难，后来又强迫西藏按“一个当两个”的不合理比价使用新钱而遭到西藏地方当局和藏汉民众的拒绝，其中是非曲直，上文已作辨析。何况这本是廓尔喀和西藏地方贸易中出现的问题，完全可以通过谈判协商加以解决。

事实上，西藏方面正在与廓尔喀协商过程中，廓尔喀就发动了第一次武装入侵，这只能说明廓尔喀将银钱问题作为其入侵西藏的借口。廓尔喀国王拉特纳巴都尔的信既不承认其推行扩张主义这一根本原因，也不对其侵略罪行进行反省，面对无法回避的事实，却将责任完全推给沙玛尔巴。

诚然，沙玛尔巴在廓尔喀两次入侵西藏的战争中罪责难逃。但拉特纳巴都尔在五月二十八日的两信中辩称沙玛尔巴是坏人他们并不知道，唐古忒也没有去信告知，甚至说沙玛尔巴“想来是他在藏里被人欺负”了。六月九日三信，虽然承认入侵西藏“如今心里很害怕，又很懊悔，只求大将军如何吩咐，我们无不遵依，我们总遵着大皇帝的王法，

---

〔1〕（清）松筠：《卫藏通志》卷 13 中《纪略中》，拉萨：西藏人民出版社，1982 年，第 398 – 399 页。

〔2〕（清）松筠：《卫藏通志》卷 13 中《纪略中》，拉萨：西藏人民出版社，1982 年，第 402 – 403 页。

再不敢抗拒了”，但对这场战争起因，仍是老调重弹，声称“从前王子纳喇木萨野，与前辈达赖喇嘛相好，如同一家，唐古忒与巴勒布也很相好，后来廓尔喀得了巴勒布的地方，唐古忒买卖上不公道，并行使银钱的事情，就不肯和气了”。[1]

显然，国王拉特纳巴都尔并不是真正悔罪投降，但因清朝大军压境，廓尔喀岌岌可危，遂试探与清军议和，以作缓兵之计。福康安认为，国王既不亲自来请罪，又不派大头人前来，仅让被诱执的王刚、第巴塘迈等送出其禀，毫无诚意。乾隆五十七年六月十五日，大将军福康安在给拉特纳巴都尔的回信中，严正阐明了朝廷的原则立场：

> 六月十五日，大将军檄谕拉特纳巴都尔知悉：尔部落藉端构衅，占据西藏边界，肆掠扎什伦布，背恩反复，获罪天朝。本大将军钦奉大皇帝圣旨，统率劲兵，特申天讨。犹以尔年幼无知，尔叔巴都尔萨野罔识天朝法度，尚可稍从末减，是以两次发檄，宣示大皇帝恩威，晓以利害。令于大兵未到之先，悔罪归诚，亲来吁恳，讵料尔执迷不悟，不即禀覆，所有占据边界，仍未退还，是尔怙终不悛，自取覆灭，必应整旅进征，明正尔罪。……今本大将军仰赖大皇帝如天好生之德，不忍将尔部落全行夷灭，宽其一线，准令归诚，乃尔并不亲来请罪。又不遣大头人前来，仅止将上年诱执之兵丁王刚、第巴塘迈、及跟役等送出，附呈一禀，妄想乞降，可谓愚妄已极。……今尔具禀乞降，仅交上年诱执之人来营呈递，而于诱执诸人内，先遣数人前来尝试，尚不肯全行送出，是尔心存藐忽，愚懵无知，毫无悔惧真诚，断难为尔陈奏。
>
> 仰邀恩准，披阅来禀，一味支吾搪塞，藉为缓兵之计，全非出于至诚……沙玛尔巴居心险诈，敢于勾结外番，作践佛地，其罪固不待言，然尔被其煽惑辄敢藉端侵犯边围，大肆劫掠，自作之孽，百喙奚辞。今尔全诿他人，并不与叔俯首认罪，本大将军声罪致讨，岂肯轻恕尔乎！尔若知沙玛尔巴为罪魁祸首，早应缚献送出，何必待

---

〔1〕(清)松筠:《卫藏通志》卷13中《纪略中》，拉萨:西藏人民出版社，1982年，第402－403页。

其身死，无从究问，始以为诿罪之地。况沙玛尔巴在阳布居住，已阅多年，何以大兵压境之时，适伊身伏冥诛之日，非尔致死灭口，掩饰党（袒）恶情真。即系捏报病亡，现尚私藏他处，本大将军洞烛情伪，岂尔饰词所能欺蔽。尔禀内称与唐古特本属相好，近来微有嫌隙，求本大将军查察等语，可见尔贪愚狡诈之心，至死不悔，实堪痛恨。尔之藉端与唐古特寻衅者，即指不使银钱、不照合同两事，本大将军到藏时，早经查明。藏内虽与尔部落通商互市，行使银钱，但后藏系天朝所属，照尔处钱法行使，唐古特毫无过失，此等交易细故，何致遽构兵端。至丹津班珠尔等所立合同，全系为尔诱胁，私行定议，前檄严加斥驳，所谕甚明。……总之，尔负恩反复，自外生成，罪恶贯盈，擢发难数。本大将军奉命督师进讨，兵力精强，霆击风驰，屡次大捷，从此乘胜直捣巢穴，务将尔廓尔喀痛加歼戮，噍类无遗，断非口舌虚辞，所能支饰。若于大兵未抵阳布之前，率同巴都尔萨野、玛木萨野、沙玛尔巴等亲来请罪，泥首军门，本大将军察尔诚伪，再当奏明大皇帝，或能赦宥前罪逾格施恩，亦未可定。本大将军统率大兵，不能在中途久待，尔宜早定自全之计，速来吁恳，若俟兵临城下，尔部落立就灭亡，虽欲悔罪乞降，亦复噬脐何及耶。……尔部落灭亡即在瞬息，若再游移，本将军定即统兵进剿，不但尔之土地人民，不能保守，即尔与尔之宗族头目，悉当骈首就戮，断不能复邀宽贷。此檄。[1]

福康安上奏清廷后，乾隆给予充分肯定，认为廓尔喀王给福康安和官员官兵禀帖：

竟大奸诈，其意盖欲离间我将军用兵苦官兵，而令官兵欲罢兵懈于战也，可恶之极。其称廓尔喀与唐古忒素相和好，所有诱执兵丁、噶布伦，及抢掠后藏，皆由沙玛尔巴主持唆使……至唐古特不照合同一节，不敢再向福康安禀及，只于呈递官兵禀内，略提一语，以见其侵掠后藏，事出有因，卸罪巧言，实为狡诈。经福康安严行檄谕，逐层指

---

〔1〕（清）松筠：《卫藏通志》卷13中《纪略中》，拉萨：西藏人民出版社，1982年，第400-401页。

驳,绝其妄想,使贼酋贼目等震慑兵威,不敢再存幸免之心,转可坚其归诚之意等语。此次贼匪赍呈禀帖,令裹去兵丁、第巴前来投递,并未专遣大头人来营,而禀内只妄想乞降,尚未自行认罪,实属可恶之极,福康安揭其隐衷,逐层指驳,词严义正,所见皆是。[1]

六月十八日,拉特纳巴都尔不得不派遣大头人普鲁尔邦哩、郎穆几特帮哩、乃尔兴、巴特巴都尔哈斯瓦赴福康安行营,并呈递拉特纳巴都尔禀帖。禀帖承认自己"畏惧不敢前来,又不选差大头人来营面禀、可谓无知已极","上年闹的一切事情,全是我造的罪","情愿磕头投降"。[2] 福康安仍然坚持廓尔喀只有遵守以下条件,才准予投降,即:拉特纳巴都尔及其叔巴都尔萨野亲来大营叩头请罪,将沙玛尔巴焚化后的遗骨送出呈验,交出从前与西藏地方官员喇嘛签订的两份合同,送还从扎什伦布抢掠的财宝,将驻扎在噶勒拉等地各山梁的廓尔喀军全部撤出,等等。他让郎穆几特帮哩、巴特巴都尔哈斯瓦二人带着他给拉特纳巴都尔的檄谕速回阳布,按照上述条件尽快来营,认罪投降,否则即统兵进剿。

由于一直得不到廓尔喀方的答复,福康安遂愤然指挥清军从雍鸦向南推进,对甲尔古拉山、集木集山的守敌发动强大攻击。据福康安讲,他深入廓尔喀境"地方数百里内,大山皆系东西对峙,中夹大河,官兵屡次败贼,皆绕道上至东山之巅,从上压下,势若建瓴。自过雍鸦以南,山势皆南北相向,噶勒拉、堆补木、甲尔古拉、集木集大山,层叠横亘,陡峻异常。而堆补木与甲尔古拉两山之间,又有横河一道",清军"由山北径上,步步皆须仰攻"。[3]

经过一天一夜激战,清军占领噶勒拉、堆补木两山。堆补木山下为东西向的帕朗古河,河南为"甲尔古拉大山与集木集大山,连属山梁,

[1](清)松筠:《卫藏通志》卷13中《纪略中》,拉萨:西藏人民出版社,1982年,第401—402页。

[2](清)松筠:《卫藏通志》卷13中《纪略中》,第405页;《译出贼酋拉特纳巴都尔来禀》,第一历史档案馆藏军机处录副奏折,见《元以来西藏地方与中央政府关系档案史料汇编》(第3册),北京:中国藏学出版社,1994年,第750页。

[3]《钦定廓尔喀纪略》卷39《乾隆五十七年八月二十一日丁亥福康安、海兰察奏言》。

自东至西,横长七八十里,木城碉卡,据险排列,不下数十处,仅西山腿有木栅一道,约长数里,守御极为险固"。[1] 由于"山后即其国都也",[2]翻过山梁,阳布就完全暴露在视野之下,因而这里成了廓尔喀国都北部最重要的屏障。七月初三日,福康安率中路军至帕朗古河北岸,殊死拼搏,攻克桥北敌卡,勇夺帕朗古河大桥。昭梿说,"七月庚子,裹粮再进,历噶勒拉、堆补木、特帕郎古桥、甲尔古拉、集木集等处七百余里,凡六战皆捷,所杀四千余人。至热索桥,福康安以为势如破竹,旦夕可奏功,甚骄满"。[3] 海兰察"欲扼河立营,福康安不可",率部过河,冒雨上山仰攻,凡二十余里,"至斗绝处",廓尔喀兵居高临下,滚木礌石如雨下,隔河隔山之敌三路扑来,清军且战且退,福康安冒死督战指挥,海兰察隔河接应,额勒登保扼桥力战,才击退敌兵疯狂反扑。[4] 此役,持续两日一夜,清军深入雍鸦70余里,夺占帕朗古大桥,攻克木城4座、大小石卡11处,歼敌600名、将官13员。清军"死伤甚众",都统衔护军统领台斐英阿、侍卫英赉等阵亡。

3.1.4 廓尔喀乞降与福康安胜利班师

廓尔喀虽然暂时阻止了清军向阳布推进,但并未从根本解除威胁,眼前的小胜正是议和的难得之机。七月八日,拉特纳巴都尔向福康安再呈禀帖,表示除他不敢亲自来营请罪外,大将军提出的所有条件全部接受。次日,福康安就此问题向朝廷送去奏报。福康安的这份奏报格外值得注意。第一,他如实报告了七月八日拉特纳巴尔都尔禀帖的内容,"禀内语意多系感戴圣恩,自行认罪,凡自称之处,俱改为小的,以见其十分恭顺"。第二,他再次重申"臣等身当巨任,虽贼匪乞哀,断不敢遽存将就了事之见"同时,实事求是地报告了清军面临的困难处境:"官军深入贼境已有七八百里,屡次打仗,绕山涉险,渐行疲乏,贼境水土恶劣,积雨蒸湿,岚瘴甚大,各兵患病日多,后路粮运,设法

[1]《钦定廓尔喀纪略》卷39《乾隆五十七年八月二十一日福康安、海兰察奏》。

[2](清)魏源:《圣武记》卷5,《乾隆征廓尔喀记》,北京:中华书局,1984年,第236页。

[3](清)昭梿:《啸亭杂录》卷6《廓尔喀之降》上册,北京:中华书局,1980年,第175页。

[4](清)魏源:《圣武记》卷5《乾隆征廓尔喀记》上册,北京:中华书局,1984年,第236页。

严催，尚不敷兵丁日食，种种制肘情形，臣等实属万分焦急，前途山愈险峻，贼匪畏惧剿灭，各处纠集，贼众安设木城、石卡甚多。据隅负隅，颇得地势，必须整齐兵力，方可再图进取。"[1]第三，他就廓尔喀与周边邻国对清军反击入侵战争态度做了简要分析和基本估计。本来，福康安在率部入藏反击侵略之初，就曾"晓谕作木朗、哲孟雄、宗木、布鲁克巴及南甲噶尔之披楞，各令发兵协剿，为我先驱"。[2] 但"至贼匪邻近部落，如布鲁克巴、哲孟雄、宗木等处，仅能自守。作木朗曾闻与贼打仗，至今亦无确信。可见外番观望迟疑，未足深恃"。福康安在分析了敌我双方乃至国际形势特别是南亚次大陆区域环境之后表示，"臣等惟有番(审)时度势，计出万全，断不敢坐失时机，亦不轻率前进，总期事完善"。[3]

福康安这份奏折建议清廷应审时度势，抓住有利时机接受廓尔喀投降，尽快结束战争。其实，就在福康安向清廷发出奏报的当天，即八月初九日，乾隆帝已经开始考虑放弃原先的"直趋阳布"、"捣穴擒渠"的战略目标，他命军机大臣传谕福康安等人："藏内气候骤冷，……今岁节气较早，计九月中旬雪霰已在所不免。若非及早蒇事，撤兵回至内地，军需等项无由挽运，设粮运稍有不继，是进不能直捣贼巢，退又为大雪所阻，岂不进退两难，所关匪细！是以早经降旨，令福康安就近筹酌，如实在万难进取，不妨据实奏明，受降完事。"[4]可见，乾隆帝已经看到了清军的困难，希望早日结束这场战争。不久，福康安又明确提出"与其悬军深入，难以计出万全，莫若宣示恩威，尚可永绥边境"，[5]建议接受廓尔喀的乞降。

八月二十二日，福康安、海兰察奏报达于天听。[6] 乾隆帝立即作出决断：对廓尔喀"赦其前罪，准令纳表进贡，悔罪投诚"，"福康安等亦

---

〔1〕《钦定廓尔喀纪略》卷39《乾隆五十七年八月二十二日福康安、海兰察奏》。

〔2〕《钦定廓尔喀纪略》卷25《乾隆五十七年三月二十三日壬辰福康安、惠龄奏》。

〔3〕《钦定廓尔喀纪略》卷39《乾隆五十七年八月二十二日福康安、海兰察奏》。

〔4〕《钦定廓尔喀纪略》卷38《乾隆五十七年八月初九日上谕》。

〔5〕《福康安等密陈军行困阻宜早受降完局折》，载《元以来西藏地方与中央政府关系档案史料汇编》，第756页。

〔6〕《钦定廓尔喀纪略》卷38《乾隆五十七年八月初九日上谕》。

即撤兵回至内地”。[1] 乾隆帝在上谕中昭示了维护国家领土完整的坚定立场,说明了对廓尔喀入侵不得已用兵的苦心和准其投降的条件、方针政策。他说:

廓尔喀竟敢扰至扎什伦布,肆行抢掠,若不声罪致讨,大加惩创,何以安卫藏而靖边疆。因特命福康安等及巴图鲁侍卫带领官兵前往进剿。朕临御五十七年,平定准部、回部、大小两金川,拓土开疆不下二万余里,区区廓尔喀,以后藏边外弹丸,朕岂值利其土地,为穷兵黩武之举。第以卫藏为皇祖皇考戡定之地,僧俗人众沾濡醲化,百有余年,讵容小丑侵扰,置之不问。此朕不得已用兵之苦心,为天下臣民所共知共见者。福康安等自驰抵后藏,即整兵进剿,于擦木、邦杏、连获胜仗。以次收复济咙,攻克热索桥、协布噜、东觉、集木集等处,所向克捷。痛歼贼众深入廓尔喀境数百余里,贼酋拉特纳巴都尔、及伊叔巴都尔萨野自知灭亡在即,畏惧慑服,将去年裹去之噶布伦丹津班珠尔等早行送出。差大头人朗穆几尔帮哩等四名赴营递禀乞降。并以此次扰至后藏边界,皆由误听沙玛尔巴指使,本欲将该喇嘛送出,适先病毙等语。经福康安等严行驳饬,令该贼酋叔侄亲自赴营恳乞,始准投诚。本日据福康安等奏、七月初八日接到拉特纳巴都尔来禀。所有谕令交送扎什伦布什物、并呈献沙玛尔巴骨殖等款俱已一一遵奉。……今既畏惧悔罪,叠次递禀乞降,情词尚为恭顺。朕仰体上天好生之德。廓尔喀民人,犹吾民人也,不忍多事诛夷。况福康安等此次带兵进攻每战必克,贼匪望风胆落。故以畏服之词,为归诚之请……着福康安等即传朕旨,赦其前罪,准令纳表进贡,悔罪投诚。福康安等、亦即彻兵回至内地。此朕始终不欲用兵之苦心。[2]

七月十七日,廓尔喀向福康安呈缴大小合同、沙玛尔巴遗骸等物。七月二十七日,廓尔喀缴出以前抢去的扎什伦布银两等物件,请求“差

---

[1]《清高宗实录》卷1411“乾隆五十七年八月戊子”条。

[2]《钦定廓尔喀纪略》卷39《乾隆五十七年八月二十二日上谕》;《清高宗实录》卷1411“乾隆五十七年八月二十二戊子”条。

办事大头人等进京请罪谢恩,瞻仰大皇帝天颜"。[1] 拉特纳巴都尔在得到准许后,于八月初八日遣办事大头目噶箕第乌达特塔巴等四人到北京朝贡,并由福康安转奏,允诺"廓尔喀永远遵奉约束,不敢丝毫滋事,不但西藏许银之语不敢再提一字,即如济咙向来有给与鹰马之例,亦永远不敢索取","聂拉木边外札木地方……五辈达赖喇嘛时曾归藏内管辖,从前私立合同内所写札木归给廓尔喀之语,实属不知分量,今情愿仍属西藏,亦不敢提及"。[2] 福康安遵奉乾隆帝旨意,接受廓尔喀乞降,第二次廓尔喀战争结束。

身为亲历战争的当事人,丹津班珠尔被廓尔喀挟为人质,受尽折磨,后被送回西藏。在返乡途中,他发出由衷赞叹:

像老鹰盯着兔子盘旋,
像饿狼猛扑羊羔一般;
廓尔喀军被强力驱赶,
索伦金川军真是勇敢。
大喊大笑向对方猛攻,
英雄一口吞没了敌人;
对皇帝的军队的本领,
我内心充满敬佩之情。[3]

八月二十一日,福康安率清军自帕朗古起程返回,九月初四日全部撤至济咙。十月初三日,乾隆帝发廓尔喀敕谕一道,赦其侵犯西藏之罪,准予纳表进贡。十二月二十七日,封拉特纳巴都尔以王爵。至此,清朝反击廓尔喀第二次入侵西藏的战争取得了伟大胜利。

3.2 廓尔喀向英印政府的求援与英国的态度

乾隆五十六年(1791),廓尔喀以西藏地方当局拒付赔款为由发动

[1]《明清史料》庚编第九本,《礼部〈为内阁抄出大学士公福奏〉移会》。按:《钦定廓尔喀纪略》卷41记为"八月二十七日",误。

[2]《钦定廓尔喀纪略》卷42《乾隆五十七年九月十六日福康安、海兰察、惠龄奏》。

[3]丹津班珠尔著,汤池安译,郑堆校:《多仁班智达传——噶锡世家纪实》,北京:中国藏学出版社,1995年,第394页。

了第二次侵藏战争,占据日喀则,抢掠扎什伦布寺,达赖和班禅向清廷告急。清廷派出福康安率兵入藏,一路势如破竹,廓尔喀军队节节败退。发动侵藏战争的尼泊尔摄政巴哈杜尔·沙阿素有"亲英派"之称,随着战争形势对尼泊尔日益不利,巴哈杜尔·沙阿渴望获得英国的军事援助。印度总督康华利早就想控制尼泊尔,以便经由尼泊尔进入西藏,于是,趁机向尼泊尔国王发出密函,以提供武器帮助为诱饵,迫使尼泊尔于1792年3月与东印度公司签订商约,向英国商品敞开大门。[1]尼泊尔为了换取英国的军事援助,被迫同东印度公司驻贝拿勒斯(Benares)代表邓肯(Jonathan Duncan)签订了商约。[2] 这一商约对英国推行以尼泊尔为基地向西藏扩张势力的政策十分有利。

尼泊尔摄政巴哈杜尔·沙阿于当年8、9月间两次向印度总督康华利写信,希望东印度公司兑现诺言,为尼泊尔提供军事援助。在此前不久,康华利也收到过福康安、班禅和达赖要求协助清军的信件。9月15日,他又获悉清军连败廓尔喀、逼近加德满都的最新消息。这时,康华利觉得帮助尼泊尔已没有意义,于是当天给巴哈杜尔·沙阿回信,借口援助尼泊尔不仅违背英国政府的总方针(当时英国正准备派遣马嘎尔尼使团来华),而且也与东印度公司和中国皇帝长期以来所建立的富有成效的关系相矛盾,拒绝了求援。

但是考虑到印藏贸易必须通过尼泊尔,而且帮助中国会得罪尼泊尔,丧失既得利益,又于己不利,因此,康华利采取了斡旋调停的立场,分别致信双方,表示英国愿意调停中尼之战,并故意在致达赖喇嘛的信中透露尼泊尔国王曾向其求援但被拒绝之事,企图以此取悦中方,为日后挟功索赏、从中渔利捞取资本。英国在廓尔喀第二次侵藏战争中扮演了十分活跃的角色。

3.2.1 第一次廓尔喀侵藏战争后的英尼关系

直到普·纳·沙阿在1769年将尼泊尔纳入他的统治之下,尼泊尔地区政府才与英国东印度公司有了贸易和其他关系往来。从1769年

---

〔1〕Alastair Lamb, *Britain and Chinese Central Asia: the Road to Lhasa* op. cit., p.25.

〔2〕Alastair Lamb, *Britain and Chinese Central Asia: the Road to Lhasa* op. cit., p.25. Dorothy Woodman, *Himalayan Frontiers—A Political Review of British, Chinese, Indian and Russian Rivalries*, London, 1969. p.21.

到19世纪中叶，尼泊尔同东印度公司之间的关系都是不稳定的，常常由于误解、敌视和仇恨而遭到破坏。尽管双方存在冲突，仍然继续努力达成妥协。[1]

1770年，随着金洛奇(Kinloch)探险的失败，东印度公司又试图促进同尼泊尔之间的贸易关系，并派出了詹姆斯·洛根(James Logan)去尼泊尔，打探尼泊尔政府有关此问题的态度。不幸的是，洛根卷入了尼泊尔国内政治危机，在加德满都国王马拉反击普·纳·沙阿的斗争中，站在了马拉国王(Malla King)一边。洛根的阴谋还没来得及得逞，纳拉扬就完成了自己对加德满都的完全控制。洛根的贸易使团彻底遭遇失败，历史文献中再也没有出现有关洛根的相关记载。

东印度公司没有能够阻止普·纳·沙阿野心勃勃的扩张活动，黑斯廷斯在1772年4月至1785年2月期间任总督，他成功而明智地采取了不干涉政策(a policy of non - intervention)，[2]因为他很清楚尼泊尔人对英国人怀有的敌对心态。在尼泊尔人看来，国王封闭尼泊尔边界的原因，就是担心一旦和英国人展开了贸易，英国士兵很快就会进入尼泊尔，对其展开渗透。尽管尼泊尔持怀疑态度，黑斯廷斯的政策却确实对尼泊尔国王施加了重要影响，因为尼泊尔不想和拥有先进武器的英国人对抗。

1784年黑斯廷斯给拉纳·巴哈杜尔·沙阿写信，提到以前普·纳·沙阿同东印度公司的友好关系，并表达了希望双方能继续这种友好关系的愿望。

连续四任印度总督沃伦·黑斯廷斯、康华利、肖尔以及韦斯利，都致力于维持同尼泊尔的友好关系及增加尼泊尔同东印度公司的贸易往来。他们每个人都派出过使团赴尼泊尔王国，并且都携带表达友好之意的信函，这种情况一直到中尼战争爆发。战争爆发不久，拉纳·巴哈杜尔·沙阿就致函给东印度公司请求帮助。康华利总督不想拒绝

---

[1] Asad Husain, *British India's Relations With the Kingdom of Nepal*, 1854—1947, *A Diplomatic History of Nepal*, 1970, London, p. 37.

[2] Asad Husain, *British India's Relations With the Kingdom of Nepal*, 1854—1947, *A Diplomatic History of Nepal*, 1970, London, p. 33.

尼泊尔的请求,也不想因为站在尼泊尔这一边而给中英关系带来麻烦,因此,他决定通过调解双方的关系来解决问题,并派出基尔克帕特里克上尉为首的使团赴尼泊尔。[1]

统一尼泊尔的廓尔喀部族首领普·纳·沙阿于1775年去世,其子辛哈(Pratap Simha)统治了短短3年,于1778年(一说1777年)死去。他两岁的幼子拉纳·巴哈杜尔继承王位。实际上则由拉纳·巴哈杜尔之母拉金德拉·拉克希米(Rajendra laxmi)执政。巴哈杜尔·沙阿得知此事后,就从贝提亚返回尼泊尔,并作为拉纳·巴哈杜尔·沙阿国王的摄政,掌管国家行政。

巴哈杜尔·沙阿善于管理国事,使尼泊尔的势力日益增长。东起梅奇西至贾尔瓦的人们听到巴哈杜尔·沙阿这个名字都不寒而栗。但巴哈杜尔·沙阿感到自己孤立无援,便再次离开加德满都,到贝提亚(当时是东印度公司统治的属地)居住,期间同东印度公司建立了联系,为他日后向英国求援奠定了基础。1785年,拉克希米去世,[2]巴哈杜尔·沙阿东山再起,返回加德满都执掌尼泊尔朝廷大权。

第一次侵藏战争后至第二次侵藏战争前,英国和尼泊尔的关系明显拉近了,原因之一就是尼泊尔亲英政府统治阶层的掌权。英国为了贸易的好处自然要与廓尔喀建立良好关系。正因如此,在清朝派出大军征剿廓尔喀之际,摄政巴哈杜尔·沙阿便向英国求援。

3.2.2 廓尔喀向英印政府求援及其回应

廓尔喀摄政巴哈杜尔·沙阿没有料到清政府会从千里之外发兵平息这场战争,当面临大军逼近之时,廓尔喀便无法支撑下去。摄政巴哈杜尔·沙阿开始向英国求援。

8月22日,巴哈杜尔·沙阿向康华利总督写的信抵达加尔各答,他首先回忆了此前写给康华利的信曾提及有关尼泊尔北部正在发生

---

[1] Asad Husain, British India's Relations With the Kingdom of Nepal, 1854—1947, *A Diplomatic History of Nepal*, 1970, London, p.33.

[2] Ludwig F. Stiller, S. J., *The Rise of The House of Gorkha, A Study in the Unification of Nepal* 1768—1816, New Delhi, 1973, p.169.

的事情，不知道康华利总督是否已经（从迈索尔）返回加尔各答，这让他心中焦急万分。他说，他本人和拉萨的王公引发的冲突毫无疑问已经由尼泊尔先前派出的一个使团陈述清楚了，[1]但是形势变得更加严峻了，因为中国皇帝的代表福康安已经来到西藏了。在这种紧急的情况下，巴哈杜尔·沙阿请求康华利总督给他送去10门加农炮，以及相应的军火弹药，再派去10名知道如何使用这些武器的年轻欧洲人。[2]

大约两周以后，第二封来自尼泊尔的信到达了加尔各答。巴哈杜尔·沙阿再一次写信给康华利总督，再次向英国提出请求援助，希望英国送来"十门加农炮和十名欧洲士兵"。除了以上的要求，巴哈杜尔·沙阿还对英国提出，他现在就希望印度总督给英国东印度公司驻第纳普尔（Dinapur）军队的司令长官下达一条命令，命其派出两个营的欧洲士兵和两个营的印度士兵，最好全副武装，带上一定数量的大炮，并许诺所有的费用都由廓尔喀来支付。

康华利勋爵刚刚收到来自廓尔喀的第二封信，巴哈杜尔·沙阿就又给邓肯写了一封信，邓肯是贝拿勒斯的长官，他收到信后立即转寄给了加尔各答的康华利总督。信的开头提到发信人（指廓尔喀王公）已经给写信给他，告知廓尔喀与西藏之间的争端，下面继续说道：

> 在发生一系列事件后，阁下及英方正式与我方有了约定，并作出了努力，基于这方面的考虑，我从来没有怀疑过英国绅士，而且我多次写信求援。我希望您收到这封信后立刻给总督写信，并由廓尔喀使团将信带给总督，以使求援信能够及时的到达（加尔各答）。

凯曼认为，很可能是邓肯给了廓尔喀王公一线希望，即英国可能会出兵援助廓尔喀对抗西藏，并以此换取了邓肯最近费尽心机与尼泊尔达成的商业条约。由于先前的通信无法找到，因此无从得知。[3]

---

[1] Colonel Kirkpatrick, *An Account of the Kingdom of Nepaul*, London, 1811, Introduction, p. Viii

[2] Cammann, *Trade Through the Himalayas*, op. cit., p. 126.

[3] Cammann, *Trade Through the Himalayas*, op. cit., p. 127. 凯曼把英国不出兵援助尼泊尔的责任推到了邓肯身上，认为是邓肯个人对尼泊尔进行了承诺，这显然是错误的。

然而,廓尔喀摄政巴哈杜尔·沙阿多次求援的结果却令他非常失望,从康华利措辞委婉的信中即可知结果(康华利勋爵写给尼泊尔王公的信,1792年9月15日[1]):

很高兴收到您的来信,这些信的内容,表明了现存于您和以中国为靠山的拉萨王公之间的纠纷,这些信让我十分担心,因为,作为东印度公司的朋友,我非常希望你们之间关系能像以前一样的友好、和谐。

您肯定已经发现,东印度公司实际上最希望发生的就是印度地区的所有国家都能友好相处,尤其是那些边界相毗邻的国家;由于他们明白保持友好这一政策的智慧所在,因此小心翼翼地不去破坏友谊至上的原则。即使干预他人的争端,也是以不偏不倚的态度,而且除非是因为自卫需要,或者野蛮的进攻迫使他们这么做。但是,尽管此行为准则是英国政府一贯遵循的政策,与中国皇帝形成的关系使彼此更有遵守这一规定的必要。英国东印度公司多年来始终同中国皇帝进行海上商业往来,并在中国实际上已经建立了代理处。我确信这次的争论如果真如您所愿,我派军助您进攻拉萨,确实会让您满意。但拉萨依靠的是中国皇帝,这样做不仅会破坏英国政府的基本政策,而且,长期以来建立在东印度公司和中国皇帝之间的关系也会遭受破坏。

因此,我仍然希望东印度公司的朋友之间都能够和谐相处,如果我善意地介入能从根本上有助于重建贵国和拉萨之间的友谊,恢复到友好和谐相处的从前,我将非常高兴,并乐意作为你们的朋友和调解者来改善你们的关系。由于当前是雨季,无法使调解有任何进展,我将继续调停,直到雨季结束。届时我会派出我的心腹,他将充分表达我的观点和看法,在他的努力下,我希望贵国与拉萨间能恢复和平,增进友谊。[2]

上面这封写给尼泊尔王的信充分表明了英国的顾虑及对战争的

[1]即乾隆五十七年七月二十九日。廓王子已在二十五日具禀于福康安请求进贡。

[2]Colonel Kirkpatrick, *An Account of the Kingdom of Nepaul*, London, 1811, pp. 349 – 350.

立场:那就是,为了维护英国在中国广东的既得利益,为了不破坏和中国现有的贸易关系,顾全大局,英国对于是否出兵帮助廓尔喀尚在犹豫之中。

没过多久,康华利总督又给廓尔喀国王写了一封信,内容涉及英国和尼泊尔签订的商约,可见英印政府十分重视在尼泊尔的商业利益,信件内容如下(康华利勋爵致尼泊尔国王,1792 年 9 月 30 日[1]):

考虑到您和东印度公司之间的友谊与紧密的联系,考虑到我们之间由于您和邓肯先生之间签订的商业条约而不断增长的密切关系,为了双方政府治下臣民的利益考虑,我始终非常关注您和拉萨喇嘛之间的争端;我很荣幸地给您写信,由于受到重建和平的强烈想法的影响,我很乐意在你们之间进行友善的调解,为此目的,我会委派一名绅士,我的心腹,作为我的代表,努力去实现这个目标,调解作为东印度公司的朋友们之间存在的分歧。

考虑到眼下季节有利于进行此次出访,基尔克帕特里克上尉已经离开我,毫不耽搁地前往您的国度。我希望您能毫无保留地信任他,明白他所说的每个观点都是基于我的想法,都是为了保证您的政府的繁荣,为了增加我们之间的友谊。我相信您会对他所说的话给予一定重视,我希望他出访的结果将是在您和拉萨王公之间重新恢复和平与安宁;希望我们各自领域下的臣民之间能越来越多地建立互惠互利的商业往来。

基尔克帕特里克上尉将会给您带去一些象征友谊的礼物,希望您能够接受。

从康华利的第二封信不难看出,英国对同尼泊尔之间签订的商业条约的期望是很大的,英国非常担心中尼战争会影响到英国同尼泊尔的贸易及通过尼泊尔到达西藏的贸易,英国最关心的始终是贸易问题,无论是同尼泊尔还是同西藏,英国都希望自己的商品能真正打入这些市场,获取最大的商业利益,为了达到此目的,要么动用武力,要么威逼利诱,或者采取各种手段相结合的办法。

[1]即乾隆五十七年八月十五日。6 天后,福康安从边外撤军。

3.2.3 《英尼条约》的签订及其影响

尼泊尔为了获得英国的军事援助,以打开门户与英国通商来换取英国的帮助。条约虽然签订,却是一纸空文。因为英国没有出兵帮助,条约根本无法兑现。虽然英国并没有真正出兵帮助尼泊尔,这一条约的签订却说明英国当时的确有出兵相助廓尔喀之意,只不过如上述原因分析,英国当时忙于战争,无法抽身,客观条件不允许英国出兵;加之当时英国还有点畏惧拉萨背后实力雄厚的中国政府,更动摇了英国原本打算援助廓尔喀的计划。

尼泊尔和英国在 1792 年 3 月 1 日[1]签订了商约,以此来换取英国出兵相助,此约一共十款内容,全文如下:

给巴哈杜尔·沙阿的促进同尼泊尔政府贸易之条约[2]

第一,马哈拉吉恰当地考虑了 1791 年 3 月签订的商业条约[3]:全面地权衡了可能给他自己的国家所带来的好处,以及给英国东印度公司带来的好处,并热切地希望追求所能达到的目标;为了表明他对英国人的尊重,以及发展同英国人之间友谊的愿望,最大程度上提升他的统治权力,努力发展羊毛贸易,尤其是发展那些最容易通过尼泊尔国土进入西藏部分地区的贸易;

第二,为了达到此目的,双方同意以下有利于英国的协定以及相应的附加条款;

第三,尼泊尔向英国保证给所有东印度公司的英国商人提供保护,尽可能保证他们的安全和他们在尼泊尔居留期间的特权;并保证本着尼泊尔政府的根本利益,同意英国商人如下行为,此处提及的商人可能会时常因为商业原因进入尼泊尔国土,他们随身携带的护照通常是从曼杰(Manjie)的海关官员那里获得的;

第四,为了方便上述商人们的商业活动,允诺为他们提供暂时的或者长期的居所(随具体情况而定)或者代理处,地点在指定

---

〔1〕即乾隆五十七年二月九日。福康安在 8 天后离开拉萨前往后藏。

〔2〕Colonel Kirkpatrick, *An Account of the Kingdom of Nepaul*, London, 1811, pp. 378 - 379.

〔3〕1791 年 3 月,廓尔喀同英国签订了一则商业条约。

处，也即尼泊尔与西藏交接的边界处；[1]

第五，采取适当措施保护古马士塔人（Gumashtahs）及其仆人，为他们提供适当的食宿，并为他们的商品提供放置的处所；古马士塔人支付的费用完全与他人相同，且在他们居留期间，在各个方面都完全遵守尼泊尔国王马哈拉吉官员统治下的地方（前面列举过的地方）；

第六，同意允许上述古马士塔人、波帕里人及商人在上面提到的几个地方出售他们的商品，可以毫无限制地同布提亚人、波帕里人及商人进行商品交易，并为了买卖交易其商品恢复上述边防驿站；

第七，保证上述古马士塔人或波帕里人没有义务服从任何种类的边界驿站长官的命令或要求，或者任何尼泊尔政府其他官员的命令或要求；免除1791年3月所签订条约中的税，以及类似的其他附加税，在他们收到上述官员发给的通往加德满都的护照后，在实际销售额中（是否都用金或银来支付，或者其他的物物交换）包括付给上述列举的几个边界地方官员的费用，都应当适当调整；

第八，同意替换上述提及的边界地方进行贸易的场所，或者任何看似有利于商业目的的场所的替换；

第九，同意调整施加在从西藏返回的贸易税，无论是西藏的金、银贸易还是原料或者手工业产品，在公正的原则下，保护商人的利益，尤其是因为令人伤脑筋的延误或是无规律可寻的关税而带来的不便或损失；

第十，最后，为了方便和帮助商人进行贸易，允诺为一名驻地在尼泊尔的英国绅士及其扈从提供住所；监视和控制他们的一举一动，努力扩展商业贸易，促进东印度公司政府与尼泊尔政府之

---

[1] ①At Listee in the Kooti quarter; ②At Dhoalka in the north - east quarter; ③ At Russooah in the Kheeroo and Joongah quarters; ④ At Beenishehr(of Mullibum) in the Luddack and Moostang quarters.

间愉快地开始的友谊及互惠的关系。

仔细阅读此商约的每一条款,不难看出,英国除获取了在尼泊尔的种种商业特权外,还把重点放在了通过尼泊尔前往西藏的贸易。通过《英尼条约》,英国不但获得在尼泊尔的商业利益,而且还可打通前往西藏的贸易通道。

3.2.4 英国的矛盾与取舍的原因

英国在是否帮助尼泊尔方面犹豫不决,毕竟这是一次千载难逢的打入尼泊尔的机会。因此英国决定趁火打劫,答应愿意帮助尼泊尔,但条件是其必须和英国签订一个商约,以保证英国的贸易利益。

尼泊尔在生死存亡的关头已经顾不了那么多了,只好答应并且同英国签约。然而,英国在条约已经签订的情况下却未能履行出兵相助的诺言。究其原因,作者认为英印政府当时主要基于以下几点考虑:

3.2.4.1 担心影响中英关系大局,与英国政府的政策相抵触

康华利在给尼泊尔国王的信中说得一清二楚,英国最担心的就是怕帮助廓尔喀会影响广东的贸易,而且更重要的是,英印政府害怕出兵援助会违反英国政府当局的对华政策——希图通过正式的外交手段建立和中国的联系,因为当时已经在为马嘎尔尼使华做筹备工作了。以马嘎尔尼勋爵为首的英国政府使团正在离开英国前往中国。马嘎尔尼使华的主要任务就是在中国获得一处居留地;为英国商品在华销售开辟市场;争取英国公使长驻北京。英国政府和东印度公司对马嘎尔尼出使中国极为重视,东印度公司承担了此次出使的全部费用。康华利考虑到援助尼泊尔势必激怒清廷,从而影响到马嘎尔尼使团使华的成效,那就得不偿失了。

1756年5月,英国和法国为首的双方开始了著名的“七年战争”。这场战争分为欧陆战场和海外殖民地战场两条战线。战争初期法奥联盟占优势,但由于俄国与普鲁士单独议和,法国最终失败。1763年,法、西与英国签订了《巴黎和约》,法国失去了北美和印度的大部分殖民地,西班牙则将佛罗里达割让给英国。“七年战争”不仅在欧洲进行,也在美洲和印度进行。马嘎尔尼使团使华的国际环境是在英法对

抗争夺霸权,且英国已经取得优势的情况下。此时马嘎尔尼使团来华就是为了获得更多更大"自由贸易"的"权力",妄图进一步扩大中国市场,而绝不仅局限于广州一地通商。当时英国政府的对华策略已经以和谈为主,英印政府不能因为帮助廓尔喀而影响到中英关系的大局。

3.2.4.2 忙于征服迈索尔(Mysore)战争,[1]心有余而力不足

迈索尔是印度南部的一个强大公国,在海德尔·阿里苏丹和蒂布苏丹统治下,曾达到一定的繁荣,苏丹拥有一支由下层百姓组成的强大军队,并在外交上执行联法抗英的政策。急于征服整个印度的英国殖民者把迈索尔视作心腹之患,1767 年英军悍然入侵迈索尔,拉开历时 32 年的迈索尔战争的帷幕。

第一次战争(1767—1769)起于英属东印度公司及其傀儡卡尔纳蒂克公国统治者的军队入侵迈索尔。战争以缔结 1769 年《马德拉斯和约》而告终,双方放弃各自占领的土地。第二次战争(1780—1784)中,迈索尔联合海得拉巴和马拉塔对英作战,然而,迈索尔军队的胜利由于同盟者的叛变而前功尽弃。第三次战争(1790—1792)也是最重要的一次,英国唆使马拉塔公国和海得拉巴公国的军队反对迈索尔。1792 年签订的塞林格伯达姆和约规定,迈索尔公国把一半领土割让给东印度公司及其盟友,并偿付巨额赔款。第四次战争(1799)的起因是英国借口蒂普苏丹(Tipu Sultan)[2]同法国进行了提供武器的谈判。英军在猛烈轰击后,迈索尔沦为东印度公司的附庸国。英国扶植一个

---

[1][美]杰弗里·帕克著,傅景川等译:《剑桥战争史》,长春:吉林人民出版社,1999 年,第 343 页:南印度迈索尔邦和英国东印度公司的新军事力量进行了四次战争。在 1766 - 1769 年的第一次战斗中,海德尔·阿里在与公司军队的战斗中表现得很有战斗力;但在 1780 - 1783 年的第二次战争中就难以招架了,虽然这次还有一支法国海军中队在印度洋中作战助阵。1789 - 1792 年的第三次迈索尔战争是斗争中最重要的一次战争,虽然英国人在对付迈索尔的轻骑兵上遇到了很大的困难,他们仍利用马拉德斯的轻装马取得了胜利。为了买到和平,海德尔·阿里的继承人,蒂布·苏丹——将自己物产最丰饶、人口最稠密的土地割让给了公司,所以在 1799 年的最后一次战争中连有效的抵抗也组织不起来——战死在保卫首都的战斗中。

[2]或译作"提普苏丹"(1750 年 11 月 20 日—1799 年 5 月 4 日),南印度迈索尔土邦(Kingdom of Mysore)苏丹王海达尔·阿里(Hyder Ali)之子。其父阿里去世后成为迈索尔苏丹王(1782 年至 1799 年)。蒂普因以诗作而闻名,为虔诚的穆斯林,对其他宗教很宽容,比如让法国人建起了迈索尔第一座教堂。

王公的后裔充当了殖民傀儡。

迈索尔对英国而言显然是个劲敌,英国先后四次出兵妄图征服,最后得逞。而第二次、第三次英国同迈索尔发生战争期间,正值尼泊尔两次侵藏之际。而在如此严峻的情况下,似乎不允许英国同时进行另一场山地战,因此作者认为英国确实打算帮助廓尔喀,只不过心有余而力不足。

3.2.4.3 慑于清朝中央政府的强大,没有足够把握同中国在陆上较量

英国当时没有完全的把握帮助尼泊尔获得胜利。18 世纪末,虽然中国已处于康乾盛世末期,余威犹在,综合国力仍较强大。而尽管英国的海上力量称霸世界,但还是没有足够的把握在陆上赢得中国。如果此时英国出兵援助尼泊尔,势必遭到清政府的有力抗击。

清朝的康乾盛世在经济方面取得非凡的进展。在 1700 年到 1820 年这段时间,中国人口从一亿三千八百万猛增到三亿八千一百万,其速度几乎是同期日本增长速度的 10 倍,欧洲的两倍,而且如此惊人的人口增长并没有带来生活水平的下降。尽管 18 世纪欧洲的人均收入以 25% 的速率递增,然而中国当时的国内生产总值的增长率仍然超过了欧洲。

清王朝第二点骄人的成绩是为今天中国的版图奠定了基础。1820 年中国的国土面积已经达到了 1200 万平方公里,大约比 1680 年翻了一番。乾隆皇帝的十全武功重中之重就是边疆:准噶尔、西藏、回部、金川。1689 年中俄两国签订了《尼布楚条约》。朝鲜、琉球、缅甸等国纷纷前来称臣纳贡,清王朝感到前所未有的“天下太平”。

但 19 世纪的中国多灾多难,清王朝封建统治走向末路穷途。1890 年的人口降到低于 1820 年的水平,人均收入也有所下降。安格斯·麦迪森的《中国经济的长远未来》中运用大量数据表格分析了当时中国的 GDP。

表 3－1　1700－1995 年中国经济水平与世界其他经济大国的比较[1]

	中国	日本	欧洲	美国	俄罗斯	印度	世界总值
国民生产总值(单位:1990 年的 10 亿"国际"元)(dollars)							
1700 年	82.8	16.2	83.5	0.6	12.6	81.2	359.0
1820 年	228.6	20.9	188.0	12.6	33.8	111.0	706.4
1952 年	305.7	202.9	1758.2	1677.1	512.6	226.6	5916.1
人口总数(单位:百万)							
1700 年	138	25	96	1	21	153	594
1820 年	381	31	167	10	45	209	1049
1952 年	569	86	402	158	186	372	2609
人均国民生产总值(单位:1990 年"国际"元)(dollars)							
1700 年	600	600	870	600	600	531	604
1820 年	600	675	1129	1260	751	531	673
1952 年	537	2351	4374	10645	2928	609	2268

表 3－2　世界国民生产总值分布(1700—1995)(单位:%)[2]

年度 / 国名	1700	1820	1890	1952	1978	1995
中国	23.1	32.4	13.2	5.2	5.0	10.9
印度	22.6	15.7	11.0	3.8	3.4	4.6
日本	4.5	3.0	2.5	3.4	7.7	8.4
欧洲	23.3	26.6	40.3	29.7	27.9	23.8
美国	0.0	1.8	13.8	28.4	21.8	20.9
前苏联	3.2	4.8	6.3	8.7	9.2	2.2

以上表格充分说明了 18、19 世纪前半期中国在世界所处的地位。正如安格斯·麦迪森所说:"19 世纪之前,中国比欧洲或亚洲任何一个

[1] Angus Maddison, *Chinese Economic Performance in the Long Run*, OECD, 1998, p. 40.

[2] Angus Maddison, *Chinese Economic Performance in the Long Run*, OECD, 1998, p. 40.

国家都要强大。从5世纪到14世纪,它较早发展起来的技术和以精英为基础的统治所创造的收入都要高于欧洲的水平。14世纪以后,虽然欧洲的人均收入慢慢地超过了中国,但是中国的人口增长更快。1820年时,中国的GDP比西欧和其衍生国的总和还要高出将近30%。"[1]

鸦片战争前的中国,也就是图表中反复提到的1820年(嘉庆二十五年),是中国最辉煌的时候,但也是一个关键的转折点。当时康乾盛世已是强弩之末,但余威仍在。这充分说明当时清廷虽然已危机四伏,但至少表面上仍然强盛。英国无法在此时保证赢得一场侵略中国的战争,故最终没有对尼泊尔进行军事援助。

当英国在9月30日得知加德满都被攻破后,才彻底放弃了从中干涉的打算,也在这个时候才给达赖喇嘛、尼泊尔摄政回信说不出兵帮助廓尔喀了。

3.3 英印政府与达赖喇嘛的联系

3.3.1 英印政府与达赖喇嘛的通信

1792年春,福康安在拉萨传檄布鲁克巴、哲孟雄和披楞,令其围攻尼泊尔。达赖喇嘛和班禅额尔德尼派出一个叫做苏纳格里的喇嘛与一名西藏翻译携带福康安与达赖的信前往印度,同年8月抵达加尔各答。达赖在信中谴责尼泊尔侵略西藏,全文如下。

3.3.1.1 达赖喇嘛写给康华利的信

全靠上天的眷顾,我的健康状况良好。众生能平平安安是我最大的愿望,愿上天保佑众生!我也祝福您健康长寿。我此次给您写信是为了廓尔喀王公之事。尼泊尔与贵国相邻,廓尔喀王之父及他本人极力征服尼泊尔周边的所有国家,也耗尽了自己的国力;从其迫切的心情来看,他似乎迫不及待地与他人为敌。因此,1789年以及现在(指1792年),他两次向我挑衅。我本无意与他

〔1〕〔英〕安格斯·麦迪森著,伍晓鹰等译:《世界经济千年史》,北京:北京大学出版社,2003年,第109页。

竞争,可是他却心怀恶意,极为敌视地反对我。因而,他攻击了我统治下的几个地方的地主。但是多亏上天眷顾,西藏有清朝皇帝的保护,因此,两位代理人始终在我的保护之下,他们将这里发生的情况写信告诉了皇帝,皇帝派他的将军(笔者:指福康安)率领大军来到尼泊尔。廓尔喀收到此情报后,便撤离了我的领地,逃回了尼泊尔。清朝将军做出决定,消灭廓尔喀王公及其他首领。因此,他们追捕逃亡者,并占领了廓尔喀几处地方。皇帝在其支持的影响下,无疑不久就会占领尼泊尔和廓尔喀。然而,廓尔喀王公为了实现自己的目标,请求贵国的帮助,而且在给您写的信中充满了谎言和诽谤,说皇帝派出大军来镇压他,因此他需要帮助;还说如果您不派兵援助他,皇帝就会紧接着反对贵政府,所以他反对皇帝的所为。请您千万不要听他的曲意奉承而依照他所说的去做,因为皇帝只对廓尔喀怀有敌意;而且皇帝陛下的行为准则是,谁最先引发敌意就对谁采取措施。如果尼泊尔任何头领或王公的同伙落入您的手中,请您务必将其擒拿并送往皇帝处,或者,尽管您不该将其送往皇帝处,也不要允许他们返回尼泊尔。将军们会为您这么做而感激不尽,这也将使皇帝满意。

我本人也希望您能照我写的去做。您是印度百姓的保护者,也是公正的施予者:您治理下的人民生活安逸而幸福,因此老天会眷顾您。盼回复![1]

1792 年 8 月 3 日

达赖喇嘛向康华利表明,清朝皇帝的行为准则是“谁最先引发敌意就对谁采取措施”,“只对廓尔喀怀有敌意”,以此来杜绝英国帮助廓尔喀的任何念头。此外,达赖喇嘛还再三申明,“西藏有清朝皇帝的保护”,表明了维护祖国统一的坚定立场。

3.3.1.2 康华利给达赖喇嘛的回信

康华利收到来自达赖喇嘛和廓尔喀摄政巴哈杜尔·沙阿的来信

[1] Colonel Kirkpatrick, *An Account of the Kingdom of Nepaul*, *London*, 1811, pp. 349 - 350.

后,并不急于回复,而是密切注意廓尔喀侵藏战争的进展,静观其变。1792年9月15日,他从邓肯派驻加德满都的坐探阿不都·卡迪尔·汗(Abdul Kadir Khan)送来的最新情报获悉,中国军队在连续打败尼泊尔军队后,已深入尼泊尔境内,紧逼加德满都,尼泊尔败局已定,向尼泊尔国王提供军事援助已无济于事,这时他才提笔给达赖喇嘛以及廓尔喀摄政巴哈杜尔·沙阿回信,明确表明自己很希望作为中间调停人的身份来调解双方矛盾。

此外,尼泊尔是印度通往中国西藏的主要途径,英国已经和尼泊尔签订了商约,这条进藏的道路有可能畅通无阻,倘若协助清军攻击尼泊尔,导致这条进藏的道路断绝,必将严重影响到英国向西藏扩张计划的实施,不符合英国的国家利益,这也促使康华利决定以调解人的面目出现。

1792年9月15日,也就是在收到阿不都·卡迪尔·汗送来的最新情报的当天,康华利给尼泊尔国王写信,表示英国不能向尼泊尔提供军事援助,理由是英国东印度公司多年来经由海上同中国皇帝的臣民保持着范围广泛的商业联系,并在中国皇帝的领地设有商馆,如果派军援助尼泊尔不仅违反英国政府的总方针,而且也和东印度公司同中国皇帝长期以来所建立的联系相矛盾。[1] 9月25日,他又给达赖喇嘛回信,全文如下:

> 我已经收到多封藏文信件,随信附有一篇波斯语译文,内容谨悉。所送象征友谊的各种礼物均已经收到,这将非常有助于增进我们之间的亲密关系。
>
> 来信言及您同尼泊尔国王之间仍存在争端,使我深为关切,因为你们均系公司的朋友,我十分希望你们之间能消除分歧,和睦相处。
>
> 我只能从随信寄来的波斯文译文中得知这件让我非常关切的事。因此,目前仅能从该译文内容做出答复,但其他藏文信件已经送往贝拿勒斯,希望在那里能找到解释这些藏文信件的人。同

[1] Colonel Kirkpatrick, *An Account of the Kingdom of Nepaul*, London, 1811, p. 350.

时，我认为由于我们之间的友谊和睦邻关系，我有责任立刻就波斯文信件内容向您通报我的意见。

正如来信所料，廓尔喀国王已经就您和他之间长期存在的争端问题写信给我。英国公司除了衷心希望同印度各地政府保持最诚挚和友好的关系外别无所求，意识到这一做法的明智性，他们小心谨慎地不以敌对方式干涉外国之间的争端违犯友好原则，除非自卫需要或遭受野蛮攻击迫使他们采取敌对行动。我已经本着这一精神复函廓尔喀国王。

您当然知道英国人与尼泊尔国王以及清朝皇帝（他向您提供保护）与英国公司之间长期存在的友谊。英国人多年来同清朝皇帝的臣民保持着商务方面的联系，目前在清朝皇帝的领地设有商馆，正因为同清朝皇帝有此关系，获悉您受到皇帝陛下尊崇，并考虑到您希望同英国公司继续保持睦邻友好，我极其希望您的政府继续享有和平，结束这场最终会给我们的人民带来灾难和贫困的战争。有鉴于此，如果我的友好干预能有助于恢复您同尼泊尔国王之间的和睦，我将十分高兴，并将以你们的朋友和调停人的身份进行调解活动。因为目前正值雨季，不宜采取调解步骤，一等雨季结束，我将实行调解计划，届时将派遣一位我能信得过的绅士前往该地区，他会充分传达我的意见。我希望由于他的努力，您同尼泊尔国王之间将会实现和解并增进彼此的亲密和友谊。我所信任的这位绅士将随带少数印度兵组成的卫队，以便保护自己及其仆人。我向您提及此事，旨在防止出现歪曲事实的报告所引起的有害影响。

请允许我借此机会，向您送去薄礼，聊表对您敬重之诚意，我认为这将有助于增进我们之间的友谊。[1]

同日，康华利还写了两封与上述内容相同的信件送交班禅和清廷派往西藏的大臣。

从康华利致达赖的信函看，他不厌其烦地重复英印政府奉行的和

---

〔1〕Colonel Kirkpatrick, *An Account of the Kingdom of Nepaul*, London, 1811, pp. 351 – 352.

平与睦邻政策,并非无的放矢,因为早在波格尔入藏之初,拉萨地方当局就曾致函班禅说"佛林(指英国人——引者)穷兵黩武,常常潜入别的国家引起骚乱,然后就使自己成为这个国家的主人",〔1〕对英国侵略者怀有极大的戒心。康华利认为,要想打开西藏的大门,发展印藏贸易,首先须解除西藏当局的疑虑。他在信中透露尼泊尔国王曾经向他求援被他拒绝,意在表明英国在中尼战争中处于举足轻重的地位,并掩盖其侵略西藏的野心,以此博得达赖喇嘛的好感。

9月30日康华利再次致函尼泊尔国王,声称他已经派出基尔克帕特里克上尉前往尼泊尔执行调停任务,企图以调解中尼战争为名,同尼泊尔政府谈判边界和通商问题,继续推行以尼泊尔为基地向西藏扩张侵略势力的方针。基尔克帕特里克一行在去尼泊尔途中获悉,尼泊尔兵败求和,中尼战争结束,英国调解中尼争端已经没有必要,但其一行仍然继续前进,于1793年2月抵达加德满都。

3.3.2 英印政府对战争的态度

英印政府对中尼战争看似保持中立,实则希望坐收渔翁之利。同时,英国政府对中国可能征服尼泊尔非常担心。"如果中国军队战胜了尼泊尔,那么中国人就会在我们四周永久驻扎下来,在此情况下,可能随时会发生边界纠纷,这或多或少会影响到二者之间的商业关系……因此,此刻最不能轻视的就是中国军队征服廓尔喀,而如何挫败这样一个计划是相当困难且敏感的问题"。〔2〕

基尔克帕特里克上尉认为,尼泊尔政府向英国政府恳求的军事援助,在没有立法机关具体指导、制定政策的情况下是无法提供的;或曰,在英国没有彻底断绝同广东的贸易之际,无法为尼泊尔提供军事援助。因此,这个求助被坚决拒绝了,但应当给予对方的恰当援助也及时提供了,主要包括政府提供的调停活动……派出了基尔克帕特里克上尉率领的使团来进行调解。〔3〕

---

〔1〕Markham, *Narratives*, op. cit., p. 131.

〔2〕Colonel Kirkpatrick, *An Account of the Kingdom of Nepaul*, London, 1811, Preface, p. Vii.

〔3〕Colonel Kirkpatrick, *An Account of the Kingdom of Nepaul*, London, 1811, Preface, p. Vii.

而英国的目的不限于此。在基尔克帕特里克上尉的《尼泊尔王国记》中提到：

> 尽管将廓尔喀人从看似危险的境地中营救出来在某种意义上是对其统治者的尊重，尤其是，一旦英国真的营救廓尔喀，正如当时的一些情报人员所坚信的，如果廓尔喀再能坚持一会儿，就足以使清军（由于疾病和供给不足而遭到的重创使清军和廓尔喀人一样迫不及待地想离开尼泊尔，退出这场战争）主动要求调停，这样他们就能够居功自夸了。[1]

上面一段话表明了英国人真正的居心：英国人很了解当时战争进展的情况，明白清军不想继续这场战争，但帮助廓尔喀的阻碍在于可能会影响英国在广东的既得利益，因此英国政府不愿意冒险帮助廓尔喀，即使要帮助，也要尽量推迟出兵的时间以达到让清军先请和的目的；如此一来，在既不得罪中国也不伤害尼泊尔的前提下，做中间人进行调停，英国似乎可以从中谋取最大的利益：双方可能都会因此而感激英国人的调停，那么，英国通过尼泊尔的对藏贸易可以继续进行，而且还不会影响到英国政府想和位于北京的清政府之间建立外交关系的计划（即马嘎尔尼使团访华）。

3.4　基尔克帕特里克的出使及分析

1792年9月底，基尔克帕特里克上尉（Colonel Kirkpatrick）奉命率领调停团前往尼泊尔，中途获悉尼泊尔已经兵败求和，但因其此行还负有同尼泊尔当局讨论边界与贸易的使命，因此，其继续前往加德满都。[2] 然而，英印当局背信弃义的卑劣行径使廓尔喀人不仅拒绝了英国进一步扩大通商的要求，而且还废除了原先与东印度公司签订的商

---

〔1〕Colonel Kirkpatrick, *An Account of the Kingdom of Nepaul*, London, 1811, Preface, p. ix.

〔2〕Colonel Kirkpatrick, *An Account of the Kingdom of Nepaul*, London, 1811. B. D. Sanwal 认为，基尔克帕特里克上尉尼泊尔之行的目的就是令东印度公司在尼泊尔最困难之际为自己攫取利益。参见 B. D. Sanwal, *Nepal and the East India Company*, Asia Publishing House, London, 1965, p. 82.

约。更令英国人沮丧的是,这种不信任感和防备心理很快蔓延到锡金、不丹等国。同时《钦定藏内善后章程二十九条》明确规定达赖、班禅不得与外国通信联系。从此,通过尼泊尔的印藏交通和贸易完全中断,任何陌生人,甚至连印度人和孟加拉人也被彻底禁止入藏。[1]

3.4.1 基尔克帕特里克受到的冷遇

基尔克帕特里克来到尼泊尔的时候,并不知道尼泊尔已被清军打败,基尔克帕特里克受到了空前冷遇。在写给康华利总督的信中,他提到:“我现在有十足的把握确信,人们并不希望我在这个国家(指尼泊尔)停留。因此,我想,只有继续考虑到底用什么方式才是结束我使命的最明智方式。”[2]

事实上,在基尔克帕特里克行进的过程中,尼泊尔国王就曾经试图阻止过他。在《廓尔喀王朝的崛起——对尼泊尔统一的研究,1768—1816》一书中,路德韦戈·斯蒂勒这样写道:东印度公司总督要派出解决问题的绅士就是基尔克帕特里克上尉,可是直到战争已经完全结束,条约已经签订之后,这位绅士才出发前往尼泊尔。因此,加德满都给英印政府总督写信,因为战争已经友好结束了,廓尔喀和他们北方邻居的友好关系已经恢复,希望不要再派基尔克帕特里克上尉来尼泊尔了。[3] 可是既然总督坚持非要派一名使者来尼泊尔,加德满都政府只好同意派两名代表,巴姆·沙阿(Bam Shah)和蒂纳纳斯·乌帕德亚亚(Dinanath Upadhyaya),前往阿兹马巴德(Azimabad)去见基尔克帕特里克上尉。这里有一封巴姆·沙阿和蒂纳纳斯·乌帕德亚亚于1793年1月11日写给英印政府总督的信,主要内容如下:

> 尼泊尔国王本来希望基尔克帕特里克上尉到了阿兹马巴德就不必继续前行了;因此他派出了两名代表(信的作者)同基尔克帕特里克上尉见面,在阿兹马巴德交换双方政府的意见即可。在

[1] Francis Younghusband, *India and Tibet*, Hongkong, 1985, p.31.

[2] Colonel Kirkpatrick, *An Account of the Kingdom of Nepaul*, London, 1811. p. 365.

[3] Ludwig F. Stiller, S. J., *The Rise of The House of Gorkha, A Study in the Unification of Nepal* 1768—1816, New Delhi, 1973, pp. 212-213.

他们抵达阿兹马巴德并见到基尔克帕特里克上尉之后,他们发现基尔克帕特里克上尉是一名睿智的好人……尼泊尔国王因此改变了主意,又希望基尔克帕特里克上尉来尼泊尔了。[1]

基尔克帕特里克上尉在1793年2月15日抵达巴拉·加西(Bara Garhi),从加尔各答处收到命令,然后前往努瓦克(Nuwakot),并于3月3日抵达努瓦克。基尔克帕特里克在3月4日首次见到了拉纳·巴哈杜尔·沙阿和巴哈杜尔·沙阿,事实表明,在加德满都根本没有任何需要基尔克帕特里克上尉完成的工作,他此行并不受欢迎。因此他在3月14日就离开加德满都,并于4月4日抵达萨高利(Sagauli)。[2]

3.4.2 基尔克帕特里克出使的结果

基尔克帕特里克上尉加德满都之行的主要目的就是代表东印度公司向尼泊尔索取由于战争带来的损失。对此尼泊尔已经和东印度公司签订了一项商约,显然,总督派出基尔克帕特里克上尉是为了执行此商约,扩展两国贸易。基尔克帕特里克上尉提到,在他来加德满都之前的"一年前双方首次签订的商业条约已经打下了坚实的互惠互利的贸易往来基础,但是双方政府除了偶尔的通信外没有更多交流,由于失策的贸易限制导致了双方贸易急剧萎缩,不能不引起双方的注意。"[3]

在加德满都,基尔克帕特里克上尉迫切地提出促进双方贸易往来,廓尔喀人回答说:

> 适合贸易的季节很快过去,届时,加德满都同所有邻国之间的贸易往来都将停止,当然,从商业贸易的角度来看,任何关注其产量的询问都是不切实际的;尼泊尔同不丹和西藏之间的贸易则由于同不丹及中国在近期产生的敌意而完全中止了,在一定时间

[1]Ludwig F. Stiller, S. J., *The Rise of The House of Gorkha, A Study in the Unification of Nepal* 1768—1816, New Delhi, 1973, p. 213.

[2]Ludwig F. Stiller, S. J., *The Rise of The House of Gorkha, A Study in the Unification of Nepal* 1768—1816, New Delhi, 1973, p. 213.

[3]B. D. Sanwal, *Nepal and the East India Company*, Asia Publishing House, London, p. 83.

内不可能恢复,也不可能有任何进展。[1]

廓尔喀拒绝了同东印度公司促进商业贸易往来。东印度公司从基尔克帕特里克上尉那里除了增加对尼泊尔地形测量方面的知识和了解尼泊尔王国历史外,一无所获。尼泊尔同东印度公司在1792年签订的商约并没有执行。

虽然基尔克帕特里克与巴哈杜尔·沙阿的商贸谈判没有获得任何结果,但基尔克帕特里克在停留尼泊尔期间收集了大量有关尼泊尔的气候、道路、工艺、物产等方面的情报,并对通过尼泊尔进入西藏问题做了专门研究,他在向康华利递交的一份备忘录中指出,西藏气候寒冷,当地居民对英国棉毛织品的需求量很大,上层人士乐于购买双色布(一面是红色,另一面是蓝色或者黄色)。为了开辟西藏市场,他主张同尼泊尔另订立新商约,要求尼泊尔对来自印度的所有商人给予保护,在尼藏边界指定里斯提(Listee)、多阿尔卡(Dhoalka)与鲁素阿(Russooah)等尼泊尔边境地区为通商地,英国商民可以携带棉毛织品和其他商品至通商地点交换藏民的沙金、金锭、硼砂和麝香,尼泊尔政府应同意英国官员驻尼泊尔照管其商务。如尼泊尔同意另外订立新的商约,应要求已经抵达中国的马嘎尔尼使团尽力协助,促使该约顺利实施。[2]

下面是从其给总督提交的有关尼泊尔贸易的备忘录全文中节选的重要部分:

> 有充分的理由相信,孟加拉同西藏之间能够开展自由、安全的贸易往来,大不列颠的大批量羊毛产品将会受到西藏人民的欢迎。
>
> 上部西藏和下部西藏都处于极高的地区,因此极度寒冷。然而我们必须看到:上部西藏(upper Tibet),是一个相比库查尔(Kuchar)和下部西藏(lower Tibet)来说都地域广阔、人口众多的地方,并将尼泊尔和高山地区分开,从西藏本部或上部西藏一直延伸到

[1] B. D. Sanwal, *Nepal and the East India Company*, Asia Publishing House, London, p. 83.

[2] Colonel Kirkpatrick, *An Account of the Kingdom of Nepaul*, London, 1811, pp. 377-379.

尼泊尔谷地的东面。

西藏的天气如此寒冷,居民们都需要适当的羊毛质地的衣服……他们的确自己也生产一些粗糙的羊毛制品,比如毯子之类的;但是这些自制的衣服在保暖程度上看起来都无法适应严寒的天气以及任何大批量的生产。[1]

如此情况下,我知道我们的羊毛产品,无论是质量一般还是质量上乘的,无论何时抵达西藏,都将急切地被大量买进。双色布(尤其是那些一面红色,另一面蓝色或者黄色的布)尤其为上层阶级所偏爱,对他们而言,质地更好更细的保暖法兰绒也会极受欢迎。对那些更加贫穷的老百姓而言,最适合不过的莫过于我们的毯子了。

然而,这一贸易从来没有大规模地开展过,即使是很小规模,也极少发生。

主要原因是在我国与西藏之间存在着诸多国家的嫉妒心理,这些小国往往无视真正的自由贸易的原则及其带来的好处。或许还有别的原因,近年来,自从中国人相当公开地、彻底地接管了西藏政府后,他们便(对英国)抱定了不信任的态度。至少看起来,正是因为中国朝廷,黑斯廷斯先生试图打开英国同西藏之间的自由贸易往来的尝试遭受了失败。

但是,孟加拉与前藏(拉萨是前藏的)部分地区之间除了直接贸易往来存在障碍以外,也许还存在其他原因(不那么严重的原因),那就是不丹的德布国王也反对英国在此地的商业野心,而且不丹还将西藏同孟加拉分开,这都构成了极为不利的环境。这些原因部分导致了西藏人的艰难生活;但是,在更为悲惨的专制统治的政策下,我相信,这些施加于贸易上的沉重关税如此之巨,几乎等同于禁止贸易往来。但是,无论是何原因,我确信有一个事实是明白无误的,那些从孟加拉出发的冒险家,都宁愿倾向于选择穿过尼泊尔通往西藏的曲折之路,而不愿意选择更近的、穿过不

[1] Colonel Kirkpatrick, *An Account of the Kingdom of Nepaul*, London, 1811, p. 371.

丹到达西藏的道路。

尽管如此,我们政府同不丹的德布国王或早或晚签订平等互惠的商约依旧是可行的。

然而,签订这样的商约并不意味着我们减少寻找其他通往西藏渠道的尝试,这些渠道都可以运送上述提及的主要商品去往西藏……穿越不丹,仍是我们提供商品供应的最便捷渠道。如果我们希望推进西藏西部的贸易(同东部一样,都能为我们提供良好的市场),那就必须高度关注尼泊尔:不论何时,东部贸易都将带来极大的好处。

基尔克帕特里克上尉在分析穿越尼泊尔通往西藏的贸易之后,提出建议说:

没有必要限制我们的商人去尼泊尔边界进行贸易。尽管的确没有严重的障碍推进他们往西藏内部的贸易之行,我仍然倾向于相信他们会发现,把他们的商品在里斯提、霍阿卡、卢萨阿等地卖给西藏的商人(如果这些西藏商人不受其长官限制)同样有利可图,而且这在很大程度上弥补了他们想在西藏进行贸易的损失。的确,他们可能得不到在西藏市场那样高的价格,但另一方面,他们的冒险越少,回报就越快,安全性(在尼泊尔政府的保护下)也越高。[1]

基尔克帕特里克在建议如何同西藏贸易方面可谓处心积虑。他接着又说:

我们的商人在同西藏商人进行贸易后,会获得西藏人的羊毛、金砂、金锭、硼砂以及麝香等商品……在贸易的初始阶段,不可能去废除所有加在英国生产羊毛的关税,这些羊毛产品无论是否被西藏人使用或消费,都从孟加拉运往尼泊尔。

……如果一方面尼泊尔政府足够明智地意识到,或者足够有

---

〔1〕Colonel Kirkpatrick, *An Account of the Kingdom of Nepaul*, London, 1811, p. 374. 基尔克帕特里克上尉此行的结果还包括:有助于东印度公司增加对尼泊尔地形学和王国历史方面的知识。参见 B. D. Sanwal, *Nepal and the East India Company*, Asia Publishing House, London, p. 83.

效地促进它自身的最佳利益;而另一方面,中国官员如果不再通往西藏的贸易之路上设置障碍,那就不存在什么困难了。也许,少数的尼泊尔人(巴哈杜尔·沙阿本人)并非完全无视其国到西藏贸易的好处,但是大部分人不看好这项贸易的前景,仅仅上层一两个人明白这种重要性并不能抵制那些怀着嫉妒之心的顽固派的影响,在过去的两三年里这些人同我们进行了各种各样的往来,这都是人所共知的……

基尔克帕特里克上尉考察尼泊尔后所写的备忘录几乎有80%的篇幅都围绕着西藏:如何同西藏展开贸易,西藏市场需要哪些商品,中国政府对印藏贸易可能会施加怎样的影响,通往西藏贸易有哪些途径及状况如何等等。从这份重要的历史记载备忘录中,我们不难发现,英印政府此次派基尔克帕特里克上尉出使尼泊尔,虽然名义上是为了调停中尼战争,但英国或许早就料到战争发展的结果,调停不过是个幌子,真正的目的是监督执行英国与尼泊尔签订的商约,以及重点考察尼泊尔、西藏的贸易情况,以便英国政府为下一步对藏战略做好准备。

3.4.3 英国态度的转变及其原因分析

英国对中尼战争始终持有矛盾态度。如果帮助尼泊尔,势必激怒清政府,而分析并权衡了当时的中英贸易情况后,英国实在得罪不起清政府。只有静观其变,表面上谁也不帮助,实际却在盘算如何做到既损失最小又不会影响英国在南亚次大陆的势力。

英印政府在廓尔喀侵藏战争中两面讨好的卑劣伎俩取得了适得其反的结果,不仅使东印度公司遭受了贸易上的损失,而且使喜马拉雅地区各国对它产生了严重的疑惧和戒备心理,清政府对藏统治的进一步加强,最终宣告了英国谋求印藏直接交往的渗透政策的彻底破产。

冈德里对英国在两次廓尔喀战争中的作为评价到:

“贯穿始终,英国的政策是相当软弱无力的。也正如马克汉姆所言,我们本该从一开始就努力控制廓尔喀,这样就能赢得西藏的感激,避免中国军队的远征以及由此导致的英国后来被孤立的状态。可是康华利勋爵却无所作为。面对尼泊尔的求援,他回复说‘我们专注于同中国人的贸易,不可能与中国人为敌’;但他为双方进行了调解,当达赖喇嘛告诉康华利中国军队获胜后,他给达赖喇嘛写了一封回信,提出了同样的建议。他的确派出了基尔克帕特里克上尉去尼泊尔进行调解,但是中国将军(指福康安)用他自己的方式解决了问题;他关闭了西藏通往印度的关口直至今天。机会就那样错失了。”

冈德里对此评价到:“我们失去了所有黑斯廷斯政策下取得的成果,连同达赖喇嘛的友谊;我们招致了中国人的嫉妒和怀疑,还有尼泊尔人的蔑视。”[1]

哈纳拉希米认为,廓尔喀王朝在对尼泊尔的征服及其排外政策,成为18世纪发生在南亚次大陆最重要的事件之一。这对英国在喜马拉雅地区的政治、经济利益影响极大。这种形势由于两个原因而更加剧了。第一,喜马拉雅地区的国家彼此之间都有着复杂的政治、经济、文化、宗教等方面的联系,因此,任何一国发生事变都将波及其他所有国家。廓尔喀政权在尼泊尔的出现打破了这种政治平衡,整个地区变得生机勃勃而又敏感异常。由于英国对这里所有国家都感兴趣,因此他们意识到对一个国家的所作所为必将无可避免地影响到其他国家。第二,所有喜马拉雅地区的国家都直接或者间接地通过中国西藏而和清朝发生联系,在各种不同的层次上,表现出他们对中国皇帝的尊敬。正如伊登指出的:锡金和不丹是西藏的藩属,因此他们间接地臣属于中国。故英国很小心地不去公开挑战中国权威。[2]

哈纳拉希米认为,正是这三种考虑——尼泊尔的军事扩张,地区间的国家关系以及他们同中国的联系,决定了英属印度北部边疆的政策。英国发现,无论他们针对哪个国家采取什么策略,势必要对其余国家的反应进行判断,而且冒着很大的风险——可能会因为中国直接或者间接地卷入而导致喜马拉雅地区危机。在1792年的中尼冲突中,英

---

[1] R. S. Gundry, *China and Her Neighbors France in Indo - China, Russia and China, India and Tibet*, London 1893, pp. 331 - 332.

[2] Ravuri Dhanalaxmi, *British Attitude to Nepal's Relations with Tibet and China*, 1814—1914, 1981, New Delhi, pp. 18 - 19.

国就面临这样一个进退两难的境地。他们不希望尼泊尔被中国打败，因为那样会导致尼泊尔与中国的关系更加紧密；他们也不想帮助尼泊尔，因为那样会影响英国在东亚的商业贸易利益。在这种左右为难的困境下，他们向加德满都派出代表调解双方矛盾。结果，清朝对西藏的影响有所增加，令西藏对英国保持封闭长达一个世纪之久。英国的失败必然导致中国形象在喜马拉雅地区的膨胀，对中国的惧怕束缚了英国的手脚。[1]

兰姆也认为，英国东印度公司明里对双方进行调解，暗地里则通过贝拿勒斯的乔纳森·邓肯对尼泊尔暗示，如果尼泊尔对英国打开贸易的大门，英国就很可能会给尼泊尔提供武装支持。可是当廓尔喀人发现英国除了调停之外并没有提供任何帮助外，他们觉得自己被愚弄了。另一方面，在西藏，几乎所有人都有一个肯定的印象，那就是英国曾派兵帮助过廓尔喀反对清朝和西藏人。东印度公司两面不讨好，在这场战争中什么也没收获到。[2] 但英国确有过帮助廓尔喀的打算。英国曾同廓尔喀签订商约，约定若廓尔喀答应开放市场，并同英国进行贸易，英国就出兵，[3] 而英国最终在权衡利弊之后没有出兵。

英国以谋求直接交往为目的的渗透政策的失败，并没有使它收回伸向西藏的魔爪，只不过改变了侵略策略和手段：先彻底征服印度以巩固后方，再征服尼泊尔、锡金和不丹以拆除护卫西藏的屏障，最后发动侵略西藏的战争。当历史的车轮驶向19世纪末20世纪初中华民族危机空前严重之时，英国殖民者认为侵略我国西藏的时机终于来到，其对藏政策终于由渗透变为赤裸裸的军事侵略。

---

〔1〕Ravuri Dhanalaxmi, *British Attitude to Nepal's Relations with Tibet and China*, 1814—1914, 1981, New Delhi, pp. 18 - 19.

〔2〕Alastair Lamb, *Britain and Chinese Central Asia: the Road to Lhasa* op. cit., p. 26.

〔3〕“一个重大的进展发生了，1792年，当中国军队帮助拉萨打败廓尔喀的时候，中国统治西藏的机会就来了。东印度公司相信，英国原本也可以在廓尔喀人抵抗西藏和中国人的时候坐收渔翁之利，因为，廓尔喀人曾经向英国人请求过援助，西藏人和中国人则要求英国中立。因此，他们主动在两方进行调节，但却秘密地暗示廓尔喀人，如果想要英国人的军事援助，必须要廓尔喀人签订一项对英国人开放的商业条约作为回报。这项政策起到的作用只是同时疏远了两方。”见〔英〕朵罗茜·伍德曼：《喜马拉雅边疆：英、中、印、俄角逐的政治评论》，1969年，第21页。

4　清朝的战后因应对策及对南亚次大陆的认识

廓尔喀入侵西藏之前,清朝在不同阶段对西藏实施了相对应的行政管理,清朝的治藏政策是因时制宜的,但也存在不少弊端,廓尔喀两次入侵西藏令这些弊端暴露无遗。因此,清朝采取积极的应对策略,制定《钦定藏内善后章程二十九条》,实施了一系列战后因应对策,并取得相应效果。然而,通过对"披楞"的认识,却反映出清政府对南亚次大陆形势认识的不足。

4.1　清前期治藏回顾

清朝统治者和西藏地方上层最初的联系始于1639年(明崇祯十二年、清崇德四年)。这一年皇太极派人专程去西藏,致书西藏地方,要求西藏选派高僧前来传播佛教。清统治者深知藏传佛教在蒙古地区有着深刻影响,利用黄教实施对蒙古地区的统治意义重大。在西藏地方,1642年顾实汗灭藏巴汗地方政权,成为西藏的统治者。[1] 顾实汗略定西藏后,尊五世达赖为宗教首领,下令以西藏地方赋税收入"供养"黄教,但是,顾实汗牢牢地掌握着西藏地方的行政权力,他直接任命行政官员,封赐世俗贵族,指挥地方军队,并且自留蒙古军队驻守达木。他旨在借助五世达赖的声威,帮助自己进行统治。顺治二年(1645),顾实汗赠给班禅·罗桑确吉坚赞(即四世班禅)以"班禅博克多"的尊号,让他主持扎什伦布寺。四世班禅是五世达赖之师,在五世达赖年幼时,是黄教寺院集团的决策性人物,在联络顾实汗灭藏巴汗、派遣专人去清朝通好等重大事项上,四世班禅都起过决定性的作用。

〔1〕刘立千译:《续藏史鉴》,成都:华西大学出版社,1945年,第74-75页。

顾实汗在西藏建政后第三年就仿效俺答汗给三世达赖加尊号的做法，抬高班禅的地位，目的是为了削弱五世达赖喇嘛在黄教寺院集团中的独占地位，以巩固其在西藏的统治。

1652 年（清顺治九年），五世达赖喇嘛亲赴北京，受到清朝册封。[1] 西方史学家往往对此大做文章，认为当时的五世达赖喇嘛“受到了可用于任何独立国君应有的一切尊重，而且在中国人写的书上也看不到对他有任何不同的看法”。[2] 对此，国内史学家作出了回应，认为五世达赖喇嘛虽然是卫藏一位地位崇高的宗教首领，但并不是卫藏地方的政治首领，因此清帝同他接触的开始，并未以政治首领来看待他。[3]

关于双方会面的目的，恰白·次旦平措在《西藏通史·松石宝串》中这样分析：“清朝政府与达赖喇嘛建立联系，对清中央政府和西藏地方政府都具有现实及长远的利益。对于西藏而言，地方政府刚刚成立，遭遇失败的藏巴第悉的残存势力不甘屈服，工布地区的盆德林寺等噶举派寺庙及追随噶举派的官员掀起叛乱，火烧真纠寺。后藏的松热林

---

〔1〕《清初五世达赖喇嘛档案史料选编》，第 16－32 页，记载了自敦请五世达赖喇嘛来京至分赐给五世达赖喇嘛、顾实汗金册金印的全过程。

〔2〕以柔克义为代表的西方史家持这种观点，且影响很大。参见柔克义：《拉萨的达赖喇嘛和他们同中国满洲皇帝的关系，1644—1908》（《通报》第 11 卷）（W. W. Rockhill, the Dalai Lamas of Lhasa and their relations with Manchu Emperors of China, 1644—1908, pp. 17－18, Toung Pao, Vol. XI 1910.）。持有类似观点的还有阿哈马德的《17 世纪中国与西藏关系》（Z. Ahmad, Sino－Tibetan Relations in the Seventeenth Century, in: Serie Orientale Roma XL, Roma 1970, pp. 17－18），文中提及“他明白他是以西藏君主（Sovereign）的身份来中国的，虽然他此行是为了宗教事业”。

〔3〕参见王森著：《西藏佛教发展史略》（北京：中国藏学出版社，2002 年）、王辅仁、陈庆英：《蒙藏民族关系史略》（北京：中国社会科学出版社，1985 年）等。王森在其书《西藏佛教发展史略》中这样解释清帝给五世达赖喇嘛的封号：“这个封号实际上只是承认了五世达赖的固有的宗教地位，并没有增加新东西，更没有承认达赖的任何政治上的权力或职位。”“很明显，对达赖，只封他为宗教首领；而对固始汗，则是封他‘作朕屏辅，辑乃封圻’的一位汗王。”王辅仁、陈庆英编著的《蒙藏民族关系史略》第 144 页（北京：中国社会科学出版社，1985 年）也说到：“这样，清朝在顺治十年的一年中，即对西藏的达赖五世和固始汗二人都进行了册封，不过，达赖五世是作为西藏的宗教首领受封的，而固始汗则是被封为西藏的政治首领，二人职权范围分明，互相不得逾越权限。”对此问题研究更为细致充分的是邓锐龄、柳陞祺合著的《清初第五辈达赖喇嘛进京及受封经过》（原载《藏族历史宗教论文集》，北京：中国藏学出版社，1996 年），又见《邓锐龄藏族史论文译文集》第 202－246 页；邓锐龄《关于 1652—1653 年第五辈达赖喇嘛晋京的两个问题》（载《民族研究》1995 年第 3 期）。

等寺庙率军占领了南木林宗,哲玉吉蔡巴率军占领了仁布宗,此外,还占领了山南的一些地方。前后大约进行了两年的反抗。后来虽被顾实汗之子达赖汗率藏蒙双方的军队镇压下去,但是为了巩固新成立不久的西藏地方政权,尚需一种有效的政治力量的支持。对于清政府而言,其政治力量在全国疆域内仅仅是初露头角,若要统治各少数民族地区,特别是蒙藏地区,一个重要的条件就是得利用当时在群众中备受尊崇且享有很高声望的佛教,因而十分需要依靠第五世达赖喇嘛和第四世班禅大师二人。"[1]

关于双方会面的背景:1644 年清朝入主中原,开启了大清帝国时代,与此同时,西藏形势也日趋明朗,顾实汗彻底击败藏巴汗,宣告了格鲁派在西藏的胜利,这为清朝中央政权与西藏地方政权建立稳定的联系提供了基础。与此同时,西藏地方格鲁派虽然与蒙古军事势力结成联盟消灭了敌对势力、建立了甘丹颇章地方政权,但其政权基础十分薄弱,迫切需要得到中央政权的认可和支持,以便加强、巩固其势力。从清朝方面来看,由于刚刚入主中原,虽已初步取得政权,但全国形势很不稳定:南明政权仍在负隅顽抗;南方的三藩拥兵自重,尾大不掉,成为清朝极大的潜在威胁;全国范围的反清运动频频发生;而雄踞北方、西部的喀尔喀、厄鲁特和和硕特蒙古仍持观望乃至敌对立场。在这种情况下,清统治者召五世达赖喇嘛来京以殊礼封号,也正是想借格鲁派达赖喇嘛的名号安定广大蒙藏地区,巩固其统治。因此,双方各自的需求为会面提供了必然条件。

1652 年(顺治九年)正月五世达赖喇嘛在 3000 余名随从陪同下离开拉萨前往内地。按原计划,顺治帝准备在内蒙古代噶地方(今内蒙

[1]恰白·次旦平措、诺章·吴坚、平措次仁著,陈庆英、格桑益西、何宗英、许德存译:《西藏通史·松石宝串》,拉萨:西藏社会科学院、中国西藏杂志社、西藏古籍出版社,1996 年初版,2004 年第 2 版,第 661 页。

古凉城县)会见达赖喇嘛,但后经朝臣一番争论,[1]以"盗贼间发,羽檄时闻,国家重务难以轻置,是以不能亲往"[2]为借口,特派和硕郑亲王济尔哈朗迎接。顺治九年十二月十五日(1653 年 1 月 14 日),顺治帝在北京城南二十华里的南苑一处皇家田猎、阅军苑囿同达赖喇嘛会面。[3]

顺治十年四月二十二日(1653 年 5 月 18 日),清廷颁敕以金册、金印封授,册文、印文已经写就。给达赖喇嘛的册文、印文是用满、汉、藏三种文字写成,印文为"西天大善自在佛所领天下释教普通瓦赤喇怛喇达赖喇嘛之印"。同时,封给顾实汗"遵行文义敏慧顾实汗",命其"作朕屏辅,辑乃封圻"。[4]

细读册文可知,清廷认为达赖喇嘛只是一位释教首领,"臻般若圆通之境,扩慈悲于摄受之门",赞扬他"觉路梯航,禅林山斗",谈及均为宗教事务,明显将其视为宗教首领;而对顾实汗,清廷认为他"尊德乐善,秉义行仁,惠泽克敷,被于一境,殚乃精诚,倾心恭顺",希望他能"作朕屏辅,辑乃封圻",论及均为政务大事,且清帝希望顾实汗能做皇帝的屏辅,这都是对政治首领才使用的表达方式。因此,清朝皇帝很明确地将宗教封号、政治封号分封给五世达赖喇嘛和顾实汗,用意颇深。

大量史料充分证明,顺治帝同五世达赖喇嘛的会面,从本质上讲,是一次中央政府同地方宗教首领的会面:清朝皇帝的目的是利用喇嘛教巩固、加强对蒙藏地区的统治,五世达赖喇嘛的目的则是借用清朝的封号来扩大自己在西藏的地位和提高影响力,而绝非一些外国史学

---

〔1〕顺治帝前后三次降旨,改变见面地点,表明对此事的犹豫态度。分别参见《清世祖实录》卷 67"顺治九年八月戊辰"条:迩因内地西南用兵,羽书来往,皆系军国重务,难以轻置,用是不克出边相见,特遣亲王、大臣前往。俟寇靖无事,便可亲行。此时只于边内近地相迓可耳;《清世祖实录》卷 68"顺治九年九月庚辰"条谕达赖喇嘛曰:尔奏边内多疾疫,边外相见为便,今朕至边外代噶地方俟尔可也;《清世祖实录》卷 69"顺治九年十月庚戌"条:命和硕承泽亲王硕塞等往迎达赖喇嘛。并谕达赖喇嘛曰:前者朕降谕欲亲往迎迓。近以盗贼间发,羽檄时闻,国家重务难以轻置,是以不能亲往。特遣和硕承泽亲王及内大臣代迎,当悉朕不能亲迎之意。故谕。

〔2〕《清世祖实录》卷 69"顺治九年十月庚戌"条。

〔3〕《清世祖实录》卷 70"顺治九年十二月癸丑"条。

〔4〕《元以来西藏地方与中央政府关系档案史料汇编》(2),北京:中国藏学出版社,1994 年,第 235 页。

家所说,五世达赖喇嘛是“独立国家的君主”,两者之间的会面是两个独立国家首领的平等会面。

清朝在册封五世达赖和顾实汗前,就已经确定了西藏实行“政教分离”的政策:政权由早已归顺了清朝的蒙古和硕特部首领代行,宗教方面则是极力扶植实力凌驾于藏传佛教其他教派之上的黄教,并正式册封其首领人物五世达赖,明确其为宗教首领。在清朝统治者心中,二者之间界限分明,不容逾越。

康熙四十四年(1705),西藏地方出现内讧,第巴桑结嘉措图谋杀害统治西藏的和硕特部拉藏汗,后因事泄被杀。拉藏汗向清朝奏报了事件经过,同时还奏请废黜第巴桑结嘉措所立的六世达赖喇嘛仓央嘉措。康熙根据清朝对西藏的既定政策,肯定了拉藏汗的做法,废六世达赖,还封拉藏汗为“翊法恭顺汗”,[1]赐给金印一颗。但康熙也感觉到“西藏事务不便令拉藏独理”,康熙四十八年(1709),派侍郎赫寿到西藏“协同拉藏办理事务”,[2]这是清朝向西藏直接派遣办事官员的开端。此后不久,康熙担心六世达赖被废会引起西藏地方人心浮动,便于康熙五十二年(1713),特地派遣官员到西藏,谕令“班禅胡土克图,为人安静,熟谙经典,勤修贡职,初终不倦,甚属可嘉。著照达赖喇嘛之例,给以印册,封为班禅额尔德尼”。[3] 自1645年顾实汗赠四世班禅以“班禅博克多”的尊号后,黄教寺院又建立了班禅系统。

1721年春,清朝任命配合清军反击准部有功的后藏地区贵族康济鼐·索南杰布为首席噶伦,其余3名噶伦由地方贵族担任。雍正元年(1723),清朝又提升与康济鼐联合抗击准部的江孜地区贵族颇罗鼐为噶伦,[4]噶伦人数增至5人。清廷提高了噶伦的地位,让其直接掌管西藏地方政权。由于噶伦是清朝直接任命的官员,这样清朝中央和西

[1]《清圣祖实录》卷227“康熙四十五年十二月丁亥”条。

[2]《清圣祖实录》卷236“康熙四十八年正月己亥”条。

[3]《清圣祖实录》卷253“康熙五十二年正月戊申”条;刘家驹:《班禅大师全集》,北京:全国图书馆文献缩微中心,(北京:国家图书馆,2007)第9-10页。

[4]多卡夏仲·策仁旺杰著,汤池安译:《颇罗鼐传》,拉萨:西藏人民出版社,2002年,第215页。

藏地方的关系,比原来隔着一层和硕特部汗王自然更近了一步。但清朝任命的几名噶伦分别由各地区的贵族和七世达赖的代表共同组成,清廷利用这种关系,使他们相互牵制,从而避免了个人擅权。为了继续安定西藏社会秩序,保证新建立的地方政权行使职权,清朝在西藏暂时留驻了蒙古、川、滇兵共4000人。清朝在此次地方政权的改动中,仍然坚持顾实汗以来的"政教分离"的原则。

雍正五年(1727),西藏发生了噶伦阿尔布巴联合隆布鼐、札尔鼐两噶伦,杀死首席噶伦康济鼐的事件。[1] 清朝遂改革西藏地方体制,封颇罗鼐为郡王,管理地方事务。雍正六年(1728),清朝还下令把理塘、巴塘(Batang)等地划归四川;中甸、维西等划归云南。[2] 经过此次行政区划的划定,明确了西藏地方的辖区范围。乾隆十五年(1750),继承郡王之位的颇罗鼐子珠尔墨特那木札勒发动叛乱,被驻藏大臣傅清、拉布敦定计诱杀,傅、拉二人也遭珠尔墨特党羽杀害。[3] 因此,自乾隆十六年(1751)起,清朝对西藏地方行政做了一次重大改革,措施如下:

(1)废除在西藏封授郡王的制度,正式建立委员制的噶厦,噶厦设噶伦四人,由一僧官和三俗官组成。噶伦间地位平等,在驻藏大臣和达赖喇嘛的领导下共同处理地方政务。[4]

(2)在达赖喇嘛系统下,设立全由僧官主管的译仓,[5] 噶厦的政令、公文必须经过译仓的审核,钤盖译仓保管的达赖喇嘛印信,方能生效。

(3)乾隆十六年(1751),授予七世达赖喇嘛管理西藏行政事务权力,建立"政教合一"的噶厦地方政府。

(4)扩大驻藏大臣权力,增补驻藏兵员,将达木八旗(今当雄)和藏

---

[1]《卫藏通志》卷13上《纪略上》。

[2]《清史稿》,《藩部》8;余庆远:《维西见闻记》,上海:商务印书馆,1915(民国4年),铅印本。

[3]《卫藏通志》卷6《寺庙》。

[4]《清高宗实录》卷386"乾隆十六年四月戊寅"条。

[5]"议仓"设大秘书4人,均为僧官。它负责处理一切印信文书,负责僧官任用事宜,协调寺庙与政府的关系。

北39族(今丁青、索县一带)划归驻藏大臣直辖。[1] 清朝对西藏行政区划的划定以及对西藏辖区内土地所有权的调整,证明清朝对西藏拥有完全的主权。

(5)乾隆二十二年(1757),七世达赖喇嘛圆寂,确立了西藏地方的摄政制度。[2]

4.2 《钦定藏内善后章程二十九条》与应对外来势力的威胁

廓尔喀两次入侵,西藏政府官吏"妄增税课"既事发于前,"许银赎地"的屈辱又事出于后,廓尔喀连抢济咙、聂拉木等处,犹入无人之境,充分暴露了西藏地方政府软弱无能、各种体制机制存在严重缺陷。早在廓尔喀第一次侵藏战争之初,乾隆帝就发现其中的问题,战争尚未结束,他就开始思考如何改变这种状况,向受命主持西藏军务的成都将军鄂辉、四川提督成德不断发出谕旨,要求他们"酌定章程,妥议具奏",[3]筹议善后事宜。福康安自率清军进藏以来,就"随事随时留心咨访,体察番情",[4]在鄂辉所拟并经朝廷议复钦定的西藏善后事宜19条的基础上,遵照乾隆谕旨,结合西藏实际,反复斟酌,进一步拟订了许多条款。

在取得反击廓尔喀侵略战争胜利、主动撤兵返回西藏之后,福康安和驻藏大臣和琳等人,开始对先后会奏的上百款条例加以整合,并倾听达赖喇嘛、七世班禅对西藏章程的意见,于乾隆五十七年底至五十八年初,相继拟订了"涉及添设汛防、训练番兵、鼓铸银钱、稽查贸易、综核商上收支、酌名番众赋纳,以及设立金本巴瓶指定呼毕勒罕等事"的"卫藏善后章程"6条、涉及"达赖喇嘛、班禅额尔德尼与外番通信,应告驻藏大臣"、"各边境设鄂博"、"选边界营官,视内地边俸例推

---

〔1〕《卫藏通志》卷13上《纪略上》。

〔2〕《清高宗实录》卷535"乾隆二十二年三月壬子"条。

〔3〕《清高宗实录》卷1313"乾隆五十三年九月戊寅"条。

〔4〕《钦定廓尔喀纪略》卷49《乾隆五十八年正月十七日辛亥福康安奏言》。

升”等内容的“酌筹藏内善后章程”18 条等。

乾隆五十八年正月，福康安等再次将善后章程加以整合裁并，合成 29 条，与文渊阁大学士、礼部尚书孙士毅、四川总督惠龄、驻藏大臣、工部尚书和琳一起奏报朝廷。奏称：“藏番赋性愚懦，向来毫无制度，屡蒙圣明谆谆训示，昭垂经制，使之永远遵守，共享升平。臣等钦遵圣训，体察番情，明定科条，徐移锢习，更张不致烦扰，立法惟在可行。”[1]经军机大臣会同内阁大学士九卿议覆，乾隆帝旨准颁行，这就是著名的《钦定藏内善后章程二十九条》。《钦定藏内善后章程二十九条》内容极其丰富，涉及西藏政治、军事、边防、外交、财政经济、对外贸易、宗教等各个方面，它是清朝中央政府为西藏制定的一部具有划时代意义、影响深远的基本法律。

4.2.1 《钦定藏内善后章程二十九条》的形成与实施

4.2.1.1 形成背景

清朝驱逐廓军入侵的战斗虽然取得了胜利，但是，此次事件暴露了西藏地方事务中所存在的诸多问题。

(1)西藏地方军事力量薄弱。首先，西藏防务空虚。廓尔喀军两次侵藏，很少遇到强有力的抵抗，除了都司徐南鹏在日喀则宗城堡固守以外，廓军一路畅通，直抵萨迦和扎什伦布，劫掠大量财宝。正如乾隆帝所言：“看此情形，皆因唐古特人等庸懦，安逸日久，未经军务之事，故贼匪一至，即不能抵御。”[2]其次，藏军战斗力差。面对强悍的廓尔喀军队，藏军毫无抵抗能力。乾隆五十三年(1788)廓尔喀第一次入侵西藏时，“惟是唐古特兵丁甚实无能，贼匪一至，并不奋发攻打，即纷纷逃避。噶布伦札什端珠卜、戴琫江结等在协噶尔地方带有千名兵丁，见二百有余贼匪到来，即移营在春堆地方驻扎，尤属不堪。”[3]第三，军

[1]《元以来西藏地方与中央政府关系档案史料汇编》，第三册，北京：中国藏学出版社，1994年，第 821 页。

[2]《元以来西藏地方与中央政府关系档案史料汇编》，第二册，北京：中国藏学出版社，1994年，第 625 页。

[3]《元以来西藏地方与中央政府关系档案史料汇编》，第二册，北京：中国藏学出版社，1994年，第 626 页。

事指挥不当,贻误战机。在廓尔喀第二次入侵西藏期间,遵旨率兵入藏的军事大员鄂辉、成德竟“每日只行一站,并不趱程进发”,坐失良机,使驱敌之行虎头蛇尾。而庆麟在大敌当前之时,指挥失当,遭到了乾隆帝的严厉斥责:“庆林(即庆麟)自当严饬守御,以状〔壮〕其气,乃反道贼势可疑,不知有何诡计,是先启其畏惧之心。此等贼匪有何诡计,不过抢夺什物,且贼人将宗喀抢后,即由巴桂塘趋赴协噶尔,会合伊伙,想来并未占守宗喀。唐古特兵丁自当仍赴宗喀,乘贼之后路攻打,纵不能将贼匪扑灭,亦可恢复宗喀,并可将协噶尔之贼稍分其势。庆林何不以此教派,反以恐吓之言引诱,庆林之祖班第甚属有为而且晓事,何以有此无用之孙!”〔1〕

(2)西藏地方政治体制存在弊端。首先,驻藏大臣无能。从廓军第一次侵藏时担任驻藏大臣、御敌无方的庆麟、雅满泰,到第二次侵藏时仓皇失措的保泰、雅满泰(第二次任职),莫不如此,这就使西藏地方的抵抗活动处于紊乱状态。此外,负责办事官员办事不力,不奉命行事。受命查办藏事的理藩院侍郎巴忠,竟违逆圣旨,默许沙玛尔巴说和,同意噶伦丹津班珠尔等人与廓方私立字据,致使朝廷两度调兵入藏,耗费巨资与民力。乾隆帝对雅满泰、庆麟如是评价:“雅满泰、庆麟糊涂见识,一闻说和之信,亦以为即可完事,故听从伊等之言。即使欲行说和,亦当将贼人头目等传到讲议,今反听从贼人指定日期,遣人前往,可乎?若如此办理,则是贼人是主,我辈反为宾矣。似此失却自己身份,倒逆而行,有是理乎?”其次,噶厦政府内部贪污腐败、问题颇多。达赖喇嘛不能约束其弟,使其弟罗布藏根敦扎克巴贪污商上财物,占人地亩,为所欲为。而噶伦们也借达赖喇嘛专心宗教、不问政务之机,擅权妄为,竟然向廓方私许赔偿,并从商上支取,目无法纪。

(3)宗教上层内部矛盾重重。萨迦寺喇嘛堪布等,在廓军入侵时,屈从压力,献上哈达,而扎什伦布寺的仲巴呼图克图,在敌至之前携资

〔1〕《元以来西藏地方与中央政府关系档案史料汇编》第二册,北京:中国藏学出版社,1994年,第626-627页。此处“庆林”应作“庆麟”。《卫藏通志》卷9乾隆十五年到五十九年间的驻藏大臣名表正作“庆麟”。

逃窜；该寺的降神喇嘛竟占卜惑众，散乱人心。更有甚者，沙玛尔巴身为呼图克图，竟以未分得财物之怨，即行引狼入室，怂恿廓尔喀侵藏并抢劫扎什伦布寺财物，可见宗教上层中存在着不少问题。

乾隆皇帝针对西藏地方业已出现的问题，一经查明，即予以严肃处理。乾隆五十三年(1788)十月，以驻藏大臣庆麟听任萨迦呼图克图及达赖喇嘛之言，私与巴勒布(即廓尔喀)讲和，诏革其公爵，降为蓝翎侍卫。十二月，将其革职，枷号3年，仍留西藏效力。次年二月，又以其抵藏后任意修饰房屋，怠于公务，并听信索诺木旺扎勒(尔)之言，隐匿巴勒布呈进表文不奏，将其解赴打箭炉枷号3年，令往来西藏的大臣官员触目惊心，足昭炯戒。[1]

乾隆五十四年(1789)二月，将雅满泰贬阿克苏领队大臣。次年五月，因舒濂办事不协，雅满泰再度出任驻藏大臣。五十六年(1791)廓军侵藏，督办不力，先被革职枷号，后被拿解至京。驻藏大臣普福被革去侍郎，在三等侍卫上行走；保泰被革职留藏效力；巴忠则在其所办诸事被揭发后畏罪自杀；鄂辉、成德等钦命大臣，几乎无一例外地受到降职处分。[2]

对于自杀的噶伦索诺木旺扎尔和红教喇嘛沙马尔巴(Shamarpa)，均被革去名号，抄没家产，收归达赖喇嘛商上公用。前者子孙不准承袭，后者活佛系统不准"转世"，且由红教(噶玛派)改宗黄教(格鲁派)。将祷验龙单、妖言惑众的降神喇嘛，为首者(罗布藏丹巴)剥黄正法；其余4人，遵旨解京。对于临阵逃跑的仲巴呼图克图，念其系前世班禅之兄，姑从宽典，拿解至京。[3]

乾隆皇帝大刀阔斧整肃，使西藏地方局面获得新的转机。为了革除积弊，从根本上实现西藏地方的长治久安，清朝中央政府结合西藏地方实际，因地制宜，制定出办理藏内事务的纲领性文件：《钦定藏内

---

〔1〕《清高宗实录》卷1319"乾隆五十三年十二月癸丑"条；卷1232"乾隆五十四年二月巳西"条。

〔2〕(清)松筠：《卫藏通志》，卷13上，见《西藏志·卫藏通志》，359－360页，拉萨：西藏人民出版社，1982年。

〔3〕《清高宗实录》卷1386"乾隆五十六年九月丁亥"条。

善后章程二十九条》。

4.2.1.2　形成过程

《钦定藏内善后章程二十九条》是清代中期以后清中央政府治藏政策方面的一个纲领性文件,也是一份细密具体的地方性法规。它的出现标志着清朝中央政府治理西藏基本政策的最后形成。这一章程直接指导了清朝中期以后中央政府在西藏地方的施政活动,并维护了西藏地方以政教合一为特色的封建农奴制的统治制度,其意义和影响十分巨大,现将29条的形成过程述论如下。

(1)基础:《钦定藏内善后章程十三条》

《钦定藏内善后章程二十九条》是依据成例并吸收自清初以来百余年治藏方面的成功经验而形成,绝非一蹴而就。乾隆十五年(1750),负责西藏地方军政事务的郡王珠尔默特那木扎勒叛乱失败,乾隆皇帝派四川总督策楞入藏,处理善后事务,并明确指出:西藏经此番举动,正措置转关一大机会,若办理得当,则可保永远宁谧。如其稍有渗漏,则数十年后又滋事端。朕前传谕班第,以西藏事必当众建而分其势,目今乘此兵威易于办理。唯在相度机势,计虑久远,方为万全。[1] 最后便形成了清代中央管理西藏地方事务的第一个较系统的重要文件:《钦定藏内善后章程十三条》。[2]

《钦定藏内善后章程十三条》的贯彻和执行是成功的,有利于西藏地方的安定与发展,为《钦定藏内善后章程二十九条》的形成奠定了良好的基础。

(2)雏形:《藏地善后事宜十九条》

廓尔喀第一次侵藏事件发生后,乾隆皇帝即针对当时边防空虚的状况,在乾隆五十三年(1788)十月十三日,谕内阁,着巴忠传旨申饬驻藏大臣庆麟,"此事完结之后,交界地方如何安置唐古特兵丁防守,如何操练及一切应办事件,着交巴忠于办理善后时,务与鄂辉尽心商办,

---

〔1〕《清高宗实录》卷377"乾隆十五年十一月丙辰"条。

〔2〕《元以来西藏地方与中央政府关系档案史料汇编》,第二册,北京:中国藏学出版社,1994年,第551-555页。

以期永远奉行,实有裨益”。[1]

乾隆五十四年(1789)二月十七日,廓军撤出后藏后,乾隆帝又谕令成都将军鄂辉:“兹虽事竣,撤兵后藏内诸务,倘不订立章程,复有贼匪入侵,无所防备,又需大张办理,藏众亦不得长享安全。以前补放藏地噶伦、戴本、第巴,均由达赖喇嘛专办,驻藏大臣竟不与闻。倘达赖喇嘛明理,择优补放,于事犹有裨益。现在达赖喇嘛朴实无能,不能掌事,仅仗近侍喇嘛办事,凡有噶伦、戴本、第巴缺出,未免轻听属下人等情面补放,譬如噶伦索诺木札勒、第巴桑干等,即为明证也。……专责驻藏大臣拣选藏地噶伦、戴本、第巴拣选请补,方为于事有益。并着驻藏大臣等,平素先将众噶伦、戴本、第巴,或优或劣,悉心查察,俟缺出拟补时,更自有主见,不为属众所惑,而于偶遇紧急事件差遣,亦可期得力。驻藏大臣内或有不肖者,每年达赖喇嘛、班禅额尔德尼遣使呈进丹书,顺便将驻藏大臣错谬之处据实陈奏,亦无不可,朕即重治其罪,决不宽恕。”[2]乾隆帝不仅提出了订立章程,解决西藏地方官员选择任用权和驻藏大臣的地位问题,同时还对练兵、驻防及确定军需供应等提出具体的要求。[3]

依据这一要求,成都将军鄂辉、参赞大臣成德、御前侍卫侍郎副都统巴忠和驻藏大臣舒濂等,提出了《藏地善后事宜十九条》,[4]在乾隆五十四年(1789)六月二十七日,经由军机处大臣和珅等商议后,上奏乾隆皇帝。通过其内容可知,《藏地善后事宜十九条》的重点虽然在于

[1]《谕内阁听从沙玛尔巴与廓尔喀私和甚属错谬著巴忠传旨申饬庆林等》,乾隆五十三年(1788)十月十三日,内阁杂册,载《元以来西藏地方与中央政府关系档案史料汇编》,第二册,北京:中国藏学出版社,1994 年,第 634 页。

[2]《谕鄂辉等事竣之后应订立章程》,乾隆五十四年(1789)二月十七日,军机处满文巴勒布档,载《元以来西藏地方与中央政府关系档案史料汇编》,第二册,北京:中国藏学出版社,1994 年,第 637 - 638 页。

[3]《谕鄂辉等事竣之后应订立章程》,乾隆五十四年(1789)二月十七日,军机处满文巴勒布档,载《元以来西藏地方与中央政府关系档案史料汇编》,第二册,北京:中国藏学出版社,1994 年,第 638 - 639 页。

[4]《和珅等遵旨议复藏地善后事宜十九条折》,乾隆五十四年(1789)六月二十七日,载《元以来西藏地方与中央政府关系档案史料汇编》,北京:中国藏学出版社,1994 年,第二册,第 641 - 654 页;《清高宗实录》卷 1362“乾隆五十五年九月乙酉”条。又见邓锐龄先生:《1789—1790 年鄂辉等西藏事宜章程》,载《中国藏学》,2008 年第 3 期。

针对廓尔喀第一次入侵西藏引发的西藏军事整顿，但其对于后来《钦定藏内善后章程二十九条》中涉及驻兵、驻藏大臣的权限、对外贸易的管理等方面的重要条款都作出了明确规定，可以说是《钦定藏内善后章程二十九条》的雏形。

（3）完善：《钦定藏内善后章程二十九条》

廓尔喀第二次侵藏后，善后应办事宜急剧增多。乾隆皇帝先后处理了办事不力或失职的在藏大员和札寺占卜惑众的喇嘛、仲巴呼图克图等，命令福康安率军入藏驱敌并办理善后事宜。乾隆五十七年（1792）正月，福康安抵达拉萨后，即面告达赖喇嘛、班禅额尔德尼："将来剿平贼匪后，一切善后事宜，必须另立章程，逐一筹办，务使边圉谧宁，永除后患。"达赖和班禅均表示当晓谕僧俗人众，一一奉行，永远遵奉。[1]

同时，乾隆帝又颁布圣旨，认为"卫藏一切事务，由达赖喇嘛与噶布伦商同办理，不复关白驻藏大臣，相沿已非一日。但达赖喇嘛系出世之人，岂复经理俗务？噶布伦等因达赖喇嘛不复措意，遂尔从中舞弊，以至屡次滋衅。鄂辉办理藏务，仍事事令噶布伦干预，积习相沿，不可不大为整顿。嗣后遇有应办事件，驻藏大臣与达赖喇嘛商同办理，噶布伦等应与在藏章京会办，不得稍有专擅。或驻藏大臣办事偏私，达赖喇嘛原可据实参奏，朕必当严行惩治。若达赖喇嘛虑及参劾驻藏大臣，派出审办大臣不免袒护，此尤事之必无。朕办理庶务，一秉至公，达赖喇嘛更可毋庸过虑。"[2]福康安接到谕旨，即遵令告知达赖喇嘛，达赖喇嘛及摄政济咙呼图克图等，均表示积极拥护。

廓尔喀入侵军被彻底驱逐出西藏以后，班师回藏的大将军福康安先后会见班禅与达赖，并再次提到善后章程等事。至拉萨后，即受命与

---

［1］《福康安奏报抵藏后达赖喇嘛班禅面宣谕旨情形折》，乾隆五十七年（1792）正月二十二日，载《元以来西藏地方与中央政府关系档案史料汇编》，第二册，北京：中国藏学出版社，1994年，第706页。

［2］《福康安奏达赖喇嘛遵旨嗣后藏务由驻藏大臣与伊酌商妥办不许噶伦专擅折》，乾隆五十七年（1792）正月二十六日，载《元以来西藏地方与中央政府关系档案史料汇编》，第二册，北京：中国藏学出版社，1994年，第713－714页。

四川总督孙士毅、驻藏大臣惠龄、和琳等"公同详酌","另立章程,务期经久无弊,一劳永逸。"乾隆皇帝还为其提出了7条改革内容,其要点包括:①改革活佛转世方法,防止出现活佛"世职"现象,"嗣后应令拉穆吹忠四人认真作法,降神指出,务寻实在根基呼毕勒罕姓名若干,将其生年月日各写一签,贮于由京发去金奔巴瓶内,令达赖喇嘛等会同驻藏大臣公同念经,对众拈定具奏,作为呼毕勒罕。"②驻藏大臣不仅拣放商卓特巴、噶伦、第巴、戴本等官出缺,而且要综核商上收支。但又不能挪用商上钱财,也不能限制达赖喇嘛、班禅额尔德尼例需各项开支。③此后商上若有羡余,达赖喇嘛、班禅额尔德尼不可视为已有,且不得专给喇嘛,必须普及民众,使僧俗联为一体,同心保卫西藏地方。④撤兵后查明藏内边界,一一设立鄂博,不许私立越界。驻藏大臣按四季两人轮流亲往济咙、聂拉木、宗喀等边地稽查。[1]

以上各条虽不完善,但足以表现出乾隆皇帝和清朝中央政府对改革西藏地方管理制度及加强驻藏大臣督办藏内一切事务的主要意图。福康安在接到乾隆皇帝的谕旨后,与孙士毅、惠龄、和琳等人征求达赖喇嘛和班禅额尔德尼的意见,结合当时西藏地方的实际情况,积极工作,连续呈上奏折并获得乾隆皇帝的细密批示,最后终于形成了《钦定藏内善后章程二十九条》的全部内容。

乾隆五十七年(1792)十月二十三日,福康安等奏,拟将送来的钦颁金瓶供奉拉萨大昭寺内,并奏周边国家商人在藏交往贸易必须立法稽查折。[2] 十一月初二日,奏酌定稽查商上收支,并劝谕达赖喇嘛蠲免租赋,减轻人民负担折,同日奏复酌定额设藏兵及训练事宜六条折。二十一日,奏"拟卫藏善后章程六款"折。十二月十一日,奏"尚有应行

---

〔1〕《谕军机大臣传知福康安等所指各条著详酌妥办》,乾隆五十七年(1792)八月二十七日,载《元以来西藏地方与中央政府关系档案史料汇编》,第三册,北京:中国藏学出版社,1994年,第763-766页。

〔2〕《福康安等拟将钦颁金瓶在大昭寺内供奉事折》,《福康安等奏周边国家商人在西藏贸易交往须立法稽查折》,以上均为乾隆五十七年(1792)十月二十三日,载《元以来西藏地方与中央政府关系档案史料汇编》,第三册,北京:中国藏学出版社,1994年,第776-777页。

办理章程十八条”折。[1] 从而完成钦定藏内善后章程的制定工作。

《钦定藏内善后章程二十九条》包括几方面内容:①关于驻藏大臣的地位及其与达赖、班禅的关系,噶厦官员的任免、升降等问题。②用金瓶掣签确定达赖喇嘛、班禅额尔德尼及其他主要活佛的转世,以及寺庙管理、堪布任免,蒙古信众迎请西藏活佛的手续问题。③货币改革、地方政府税收、乌拉差役及减免负担、旧欠赋税等问题。④建立正规额设藏军问题。⑤关于外事、外侨及外贸管理等问题。

《钦定藏内善后章程二十九条》[2] 的主要内容都是依照福康安等所报奏折,经过皇帝钦定批准后逐渐决定下来的。对于究竟是否存在汉文本的《钦定藏内善后章程二十九条》,有学者认为:《钦定藏内善后章程二十九条》是福康安等人将先后各次奏折经皇帝批准后,直接译成藏文本,并形成 29 条的,并没有由奏折组成一个汉文本的《钦定藏内善后章程二十九条》。因而,所谓的《钦定藏内善后章程二十九条》的汉文本也许并不存在。[3]

《钦定藏内善后章程二十九条》译成藏文后,上奏朝廷批准,整个西藏展开了一场声势浩大的普法活动。福康安在《奏藏事章程已定阖藏欢欣遵奉折》中表示“臣等钦遵圣训,体察番情,明定科条,徐移锢习,更张不致烦扰,立法唯在可行”,表明了其将《钦定藏内善后章程二十九条》贯彻到底的决心以及应当采取的方法。在具体执行过程中,福康安等亲自向达赖喇嘛及主要僧俗官员对《钦定藏内善后章程二十九条》逐条讲解,提高他们对章程的理解和贯彻积极性。乾隆五十八

---

[1]《福康安等奏藏内善后条款除遵旨议复者外尚有应行办理章程十八条折》,乾隆五十七年(1792)十二月十一日,载《元以来西藏地方与中央政府关系档案史料汇编》,第三册,北京:中国藏学出版社,1994 年,第 795 - 803 页;张其勤:《清代藏事辑要》,拉萨:西藏人民出版社,1983 年,第 332 - 341 页。

[2]参阅牙含章编著:《达赖喇嘛传》,北京:人民出版社,1984 年,第 62 - 72 页。《钦定藏内善后章程二十九条》是西藏档案馆所存《水牛年文书》中辑出的藏文件,藏文件系笔贴士由汉文译成,而《钦定藏内善后章程二十九条》的中文版一直未见,此处引用的是牙含章在《达赖喇嘛传》中翻译的 29 条。《元以来西藏地方与中央政府关系档案史料汇编》第三册,第 825 - 834 页也对此藏文件进行了翻译。又可见扎西旺都主编、王玉平译:《西藏历史档案公文选·水晶明鉴》(北京:中国藏学出版社,2006 年),第 190 - 197 页。

[3]张云:《钦定藏内善后章程二十九条的形成与版本问题》,载《民族研究》1997 年第 5 期。

年二月二十四日,福康安等上奏称:

昨臣等将订立章程翻出唐古特字,同至布达拉面见达赖喇嘛,与之逐条详细讲论,并传集各呼图克图、大喇嘛等,及噶布伦以下番目,谕以大皇帝振兴黄教,保护卫藏,焦劳宵旰,上廑圣怀,总期边境无事,达赖喇嘛等得以奉教安禅,僧俗人等咸资乐利,是以屡奉谕旨,将藏内一切章程详细训示。我等现已遵旨查明藏地情形,逐条熟筹,妥议具奏。达赖喇嘛等当知感激圣恩,遵依办理,方于藏地有益,不可狃于积习,日久懈弛。……我统辖卫藏,不能自行办理,上烦大皇帝天心,又劳各位中堂大人代为筹议,我与僧俗人等,均受恩慈,难名顶感,从此谨守章程,事事与驻藏大人会商办理。我惟有习静修持,虔诵万寿经典,仰报大皇帝高厚鸿恩,断不致稍为格碍。等语。其余各呼图克图、大喇嘛、后藏岁琫堪布及噶布伦等大小番目,俱情愿一一遵奉,并无异词。[1]

随后,福康安等又再次将章程咨送达赖喇嘛和济咙呼图克图,咨称:"目前本大将军等会奏西藏善后章程二十九条已咨送在案。因恐诸条或日久遗失,复致日后遵行不便,故今再次咨送。达赖喇嘛、济咙呼图克图,务须依章程条款,立即晓谕各噶伦、代本、宗豁,咸使周知,永远遵行。如仍有照旧违抗者,定予严惩不贷。特此奉达。附善后章程二十九条"。[2]

此外,驻藏大臣衙门将《钦定藏内善后章程二十九条》在全西藏各处张贴公布,务使家喻户晓,妇孺皆知。对此,福康安等上奏称:"应俟臣等节次奏折奉到训谕后,由驻藏大臣衙门翻写番字,刊刻出示,在前后藏各处张挂,晓谕穷乡僻壤,咸使周知,以仰副圣主卫法定制、爱育番黎至意。所有从前五十四年、五十五年鄂辉等两次所议章程,今已另加更改,应照现定条款遵行,以昭划一。"[3]

《钦定藏内善后章程二十九条》向达赖喇嘛和班禅额尔德尼宣讲

[1]《元以来西藏地方与中央政府关系档案史料汇编》,第三册,第821-822页。

[2]《水牛年文书》藏文文件之译文,转引自廖祖桂、李永昌、李鹏年著:《〈钦定藏内善后章程二十九条〉版本考略》,北京:中国藏学出版社,2006年,第10页。

[3]《元以来西藏地方与中央政府关系档案史料汇编》,第三册,第822页。

以后,反应强烈。福康安等离藏返京,达赖喇嘛、班禅额尔德尼为之送行,明确表示感谢圣恩,竭诚拥护和实力奉行《钦定藏内善后章程二十九条》各条,一切事务均按驻藏大臣的指示办理。乾隆五十八年三月十三日,福康安奏称:

达赖喇嘛听闻之下,口称大皇帝恩德如天,体恤至于此极,实为从古所无,感激之私,难喻万一,并因臣将次起身,颇形依恋,察其情形,几至堕泪。复将佛像送臣,以其出于至诚,不便辞却,亦遗赠银、缎而别。臣于二十五日自藏起程,至十余里外,达赖喇嘛已先期下山,率同济咙呼图克图及各大呼图克图、噶布伦、堪布,并阖藏僧俗人等,在彼恭设方幄,(朱批:好事。)预备恭请圣安。并据告称:我蒙大皇帝保护卫藏,糜饷劳师,上烦天心,时劳筹划,廓尔喀畏惧投诚,从此藏地永远安静,又将藏中诸事立定规条,使僧俗永沾利益,共乐升平,感颂恩慈,难名钦服,惟有督率噶布伦、堪布喇嘛等,谨遵善后各条,事事实力奉行,一切事务悉由驻藏大臣指示办理,藏地大有裨益,黄教更可振兴。我惟有虔诵万寿经典,恭祝圣躬强固,稍报鸿恩。上年虽已专差喇嘛赴京,进表谢恩,然感戴之忱,尚未尽达。今大将军自藏回京,必应下山亲自跪谢圣恩,不敢仅照寻常礼数。惟求到京瞻觐大皇帝时,将我万分铭感未能形诸言语情形,代为面奏叩谢等语。言已竟至泣下。(朱批:可怜可嘉!)因即特行跪礼,呈递哈达,恭请圣安。[1]

总之,《钦定藏内善后章程二十九条》把清朝中央政府在西藏地方行使主权的政府行为条理化、法律化、制度化,成为清朝中央政府在西藏地方行使主权的施政纲领和行为规范,是清朝中央政府总结元以来历代王朝对西藏治理的经验,为行使对西藏的完全主权而制定的一个重要的法律文献。它标志着清政府在西藏的施政方略达到较为成熟完备的阶段。《钦定藏内善后章程二十九条》的制定和实施,对于加强和发展中央与西藏地方的关系,密切祖国各民族之间的联系,巩固西南边防,防御外敌入侵,安定社会秩序,发展生产以及改善藏族人民的

〔1〕《元以来西藏地方与中央政府关系档案史料汇编》,第三册,第823页。

基本生活条件等，都起到了良好的作用。

4.2.2 对外来势力威胁的因应对策

《钦定藏内善后章程二十九条》中的政策措施，主要是为了防止廓尔喀再次觊觎西藏，但也可以理解为清朝面对18世纪末英国利用东印度公司作桥头堡向南亚次大陆不断渗透侵略的严峻国际环境所提出的因应对策。我们不能将这些对策仅仅理解为是针对廓尔喀一国而定，更大程度上是针对南亚次大陆以及清朝认识不足的英属印度政府，对于后来的中英关系的发展演变具有积极意义。

4.2.2.1 完善西藏的行政管理体制

清初，清廷主要利用蒙古和硕特部顾实汗来代行对西藏地方的行政管理。康熙六十年(1721)，废除原来和硕特部在西藏建立的地方政权，结束了其对西藏的临时监管，改而实行四名噶伦联合掌政，并设首席噶伦。噶伦是由清政府直接任命的官员，清政府在此继续执行政教分离的政策。6年后，西藏发生了袭杀首席噶伦康济鼐事件，平叛以后，清朝政府任命了颇罗鼐总理西藏政务。雍正六年(1728)，清政府正式在西藏设立驻藏大臣办事衙门，直接派驻驻藏大臣两名，协助西藏地方政权处理政务。乾隆十六年(1751)，清政府废除在西藏封授郡王制度，正式建立三俗一僧的噶厦委员制，授权达赖兼掌政教。其时，清朝政府在西藏实行的是驻藏大臣和达赖喇嘛共同主持藏政的行政管理体制。但事实上，"卫藏一切事务，自康熙、雍正年间，大率由达赖喇嘛与噶布伦商同办理，不复关白驻藏大臣，相沿已非一日。达赖喇嘛系清修梵行，惟知葆真养性离尘出世之人，岂复经理俗务，自必委于噶布伦。而噶不伦等遂尔从中舞弊，诸事并不令驻藏大臣与闻，又滋生事端，始行禀白，吁求大臣为之经理，迨至事过，仍复诸事擅行，以致屡滋衅，成何事体……积习相沿，不可不大为整顿。向来驻藏大臣，往往以在藏驻扎，视为苦差，诸事因循，惟思年期届满，幸免完事"。[1]"前往居住，不过迁延岁月，冀图班满回京，是以藏中诸事任听达赖喇嘛及噶布

---

〔1〕《钦定廓尔喀纪略》卷14《乾隆五十六年十二月二十六日丙寅上谕》。

伦等率意径行,大臣等不但不能照管,亦并不与闻,是驻藏大臣竟成虚设"。福康安甚至说:"惟藏中事务,向来毫无制度,达赖喇嘛惟知坐静安禅,不能深知外事;噶布伦等平时任意舞弊,有事又不能抵御。"[1]在廓尔喀第一次入侵西藏的战争中,一个地方政府的噶布伦官员,竟然背着清廷,背着中央政府代表驻藏大臣,并置达赖喇嘛反对于不顾,擅自签下丧权屈辱的"许银赎地"协议。这从一个反面充分证明,没有一个认真贯彻执行中央政府方针政策、清正廉洁的强有力的西藏地方政府,不足以应对来自南亚次大陆的狡猾敌人的入侵。

正因为如此,廓尔喀战争之后,清朝中央政府提高了驻藏大臣的权力,由其主持、总揽藏政。举凡达赖、班禅转世灵童的寻认与坐床,各级军政、僧俗官员的任免,以及行政、财政、军事、涉外事宜等重大事务,均由驻藏大臣统筹办理,"驻藏大臣督办藏内事务,应与达赖喇嘛、班禅额尔德尼平等。自噶布伦以下番目及管事喇嘛分系属员,事无大小,均应禀命驻藏大臣办理,以肃纪纲。至扎什伦布诸务,现因班禅额尔德尼年幼,系岁琫堪布代管,凡遇一切公事,亦令一体禀知驻藏大臣"。"嗣后藏中诸事,皆当隶驻藏大臣管束料理。如遇出有噶布伦、商卓忒巴、第巴、戴绷等缺,皆归驻藏大臣秉公拣选奏补"。[2] 由于《钦定藏内善后章程二十九条》的颁行,法定了驻藏大臣钦差兼西藏地方最高行政长官的政治地位和总揽藏政的行政管理体制。外交是内政的继续。完善的行政管理体制的建立,不仅有利于加强西藏行政管理、社会安定,民族和睦,而且,对于清朝中央政府在西藏地方行使主权、有力抵御外来侵略、维护多民族国家的统一都起到了积极的作用。

值得注意的是,战后一项重大改革措施是规定了确定达赖、班禅以及各地黄教呼图克图转世的方式——金瓶掣签。这个制度的实施,不仅堵塞了世俗王公贵族插手寺院窃取财产权利的漏洞,也确保了中央政府对达赖喇嘛、班禅额尔德尼和蒙古各地大活佛取得合法身份的掌控权。如果联系英属印度政府总督在实施陆路战略中,力图与达赖

[1]中国第一历史档案馆藏朱批奏折,《乾隆五十七年十月十六日福康安惠龄奏折》。

[2]《钦定廓尔喀纪略》卷40《乾隆五十七年八月二十七日癸巳上谕》。

喇嘛和班禅拉关系的做法，金瓶掣签制度的建立也是清朝中央政府防止内外势力借灵童转世插手西藏事务的因应措施。

4.2.2.2 应对外来势力的主要措施

清朝是一个高度集权的封建专制主义国家，其内政外交均由皇帝乾纲独断，而对外关系大权更是牢牢掌握在中央政府手中，事前要请示，事后必奏闻，没有皇帝的直接授权，地方不得办理任何涉外事务。西藏作为祖国的边陲要地，更不能例外。在两次反击廓尔喀入侵的战争中，西藏地方政府和达赖、班禅都不同程度上违反了这一规定。前面我们已经提到，仲巴呼图克图背着驻藏大臣给英属印度政府总督写信求援，又如第一次廓尔喀战争结束以后，清朝政府加封廓尔喀王子拉特纳巴都尔为王爵后，乾隆五十五年，廓尔喀"遣大头目苏必达多喇拉木等来称，'拉特纳巴都尔等业经封王，请赏俸禄、地方'。经普福饬驳，并晓示天朝特封王爵，并优加赏赉，已属格外施恩，且现在纳贡之国甚多，从无赏给地土、俸禄之例，……此等关系外藩之事，应据实奏闻。乃当时既未入告，及陛见时又未面陈，实属错谬，不便稍为宽宥。着博兴驰往库抡代理事务，传旨将普福革职，拏送刑部治罪"。[1] 事后查明，"询系普福任内之事，经普福严行斥回。普福告知雅满泰，雅满泰又告知俘习浑（指保泰）。普福到京后，并未奏闻，亦未告知军机大臣，殊不可解。已派博兴驰往库抡办事，即传旨将普福革职拏问，解交刑部治罪。至俘习浑、雅满泰既经闻知此事，亦并未奏及，其昏聩糊涂更不可解。俘习浑、雅满泰着孙士毅监看重责四十板，以示惩儆。"[2]

乾隆皇帝严正指出：

> 昨据孙士毅奏："廓尔喀于五十五年秋间差人来藏，恳求赏给俸禄、地方一节，其时系普福任内之事，经普福严行斥驳。普福告之雅满泰，雅满泰又告之俘习浑"等语。此事前据福康安等奏到时，朕以若系俘习浑、雅满泰匿不具奏，其罪竟无可逭。今据孙士毅讯明，其时驻藏大臣尚系普福。当经降旨将普福革职拏问，解交

〔1〕《清高宗实录》卷1410"乾隆五十七年八月庚辰"条。

〔2〕《清高宗实录》卷1410"乾隆五十七年八月庚辰"条。

刑部治罪。保习浑、雅满泰知情不举,其罪尚居其次,降旨令孙士毅监看,再各重责四十板,以示惩儆。五十五年秋间廓尔喀差人来藏恳赏俸禄、地方,事关抚驭边徼,最为紧要。普福既经斥回,若即以据实入告,朕必嘉其得体,而于廓尔喀亦必留心另有所办。乃普福竟隐饰不奏,其到京召见时亦未面陈,殊不可解。我国家纲纪肃清,朕临御以来,凡遇大小臣工陈奏事件,无不躬亲综理,随时核办,内而大学士、九卿,外而督、抚及新疆驻扎大臣,设有纵恣贻误,一被指参,无不立时惩究,谁敢匿不上闻。凡边隘重情,尤当巨细毕陈,候朕裁夺。乃普福首先隐匿,保习浑、雅满泰亦知而不举,此而不分别严惩,何以肃政治而儆官常。著将此案办理缘由,通谕中外,嗣后各直省督、抚及新疆、驻藏大臣,遇有地方及边隘事情,均宜据实奏闻。如有隐匿不行陈奏者,一经发觉,必当重治其罪,普福等即其前车之鉴也。并着将此旨令督、抚及新疆大臣各录一通,入于交代,俾各触目惊心,毋蹈覆辙,负朕谆切诰诫之意。[1]

西藏善后章程明确规定,外事权力集于中央,一切对外交涉事宜,统归驻藏大臣负责处理。外国写给达赖、班禅的所有外来信件必须报给驻藏大臣查验,由驻藏大臣酌定复函。至于西藏政府的地方官员,更不准擅自与外国通信。其相关规定如下:

达赖喇嘛、班禅额尔德尼与外番通信,应告知驻藏大臣,详细商酌也。

查西藏地方与外番之廓尔喀、布鲁克巴、哲孟雄、宗木等处部落皆系接壤,向来外番人等,或系来藏布施,或系讲论事务,达赖喇嘛发给书信,原无禁例,但立言不能得体,易为外番所轻。即如廓尔喀上次滋事之前,曾寄信与达赖喇嘛讲论银钱,办理不能妥协,致使藉词寻衅。今廓尔喀业已悔罪归诚,将来遇有禀请之事,均应由驻藏大臣主持,与达赖喇嘛等商同妥办。即将来廓尔喀部长欲专人来藏于达赖喇嘛、班禅额尔德尼前呈送土物谢过,亦应令驻藏大臣代为酌定回谕,方可发给,以昭体制。平日如有关系地方事

〔1〕《清高宗实录》卷1410"乾隆五十七年八月辛巳"条。

件,俱应听驻藏大臣办理。其余通问布施、书信,亦应报明驻藏大臣查验。又,布鲁克巴曾受天朝封号,该部落素信红教,每年遣人来藏向达赖喇嘛等呈递布施。哲孟雄、宗木、洛敏达等小部落,半属外番,半属藏内羁縻。各外番部落差人赴藏至达赖喇嘛、班禅额尔德尼处布施通问,虽不必概为禁绝,仍应立法稽查。嗣后各外番部落差人来藏者,由边界营官查明人数,禀报驻藏大臣,验放进口,并令江孜、定日驻扎备弁实力稽查。到藏瞻礼后,所有各该部落禀达驻藏大臣者,由驻藏大臣给谕。其呈达赖喇嘛等禀帖,俱应呈送驻藏大臣译出查验,由驻藏大臣与达赖喇嘛将谕帖酌定发给,查点人数,再行遣回。至噶布伦系达赖喇嘛管事之人,不准与各部落私行通信。即各部落有寄信噶布伦者,亦呈送驻藏大臣与达赖喇嘛商同给谕。噶布伦等不准私行发信,庶内外之防益昭严密。[1]

4.2.2.3 加强边防,完善军事体制

廓尔喀两次入侵西藏,都没有遇到太大的抵抗。究其原因,主要有两点:一则后藏兵力太薄弱,防守空虚。二则西藏有限的兵力平时不训练,不谙战阵。雍正八年(1730),西藏开始驻有绿营兵1500人。[2] 另设有唐古忒番兵5165人。这些番兵数目虽然不少,但"兵民不分,系按各寨番民定以兵数目,并非额设番兵可比。戴琫、番目等平时无兵可管。遇事调遣,只在各寨抽派,与乌拉人夫无异。充数应名,不能使用军器,以猝然调集之番民,责令打仗御贼,无怪其全无纪律,怯懦不堪"。[3] 松筠也说,"唐古忒番兵,向来分派各寨农民,有事则调集为伍,既无统率,又少操娴,虽有数万之名,仅为虚设"。[4]

其实,早在廓尔喀入侵西藏之初,乾隆皇帝就觉察到"唐古忒兵徒有其名,平日并不操演,又不防守边境,皆系分散居住。贼匪猝来侵犯,

[1]《钦定廓尔喀纪略》卷49《乾隆五十八年正月十七日福康安等奏》。

[2]《西藏志·边防》,拉萨:西藏人民出版社,1982年,第35页。

[3]《钦定廓尔喀纪略》卷47《乾隆五十六年十二月初六日庚午福康安、孙士毅、惠龄、和琳等奏》。

[4](清)松筠:《卫藏通志》卷8《兵制》。

征调不能齐集。且因未操之兵不谙战阵,以致聂拉木等处被贼抢占”。[1] 他在找出症结的同时,就指示时任驻藏大臣的巴忠办理善后事宜时,着手加强前后藏的驻守兵力和平素如何操防等方面酌定章程。福康安历任云贵、闽浙、两广总督,多年的封疆之任都和海防、边防相关联。作为一名多年在疆场厮杀且为第二次远征廓尔喀的统帅,他对西藏战略地位和现行军事防御体制存在的问题十分清楚。如何适应防御和抵抗外来侵略,加强国防,成了善后章程的重要内容,改革西藏旧有的边防体制也自然成了在西藏实施改革的一大着力点。古往今来,在边疆地区保持一定规模的国防军事力量,屯驻足够兵力,是巩固边防的必要条件。“镇以重臣,屯以劲旅”,[2] 是清代治边的主要原则。《钦定藏内善后章程二十九条》有关加强边防、完善军事制度方面主要包括以下内容:

建立正规军队,额定3000名。前后藏各驻1000人。江孜、定日各驻500人,并确定了相应的编制;额设番兵3000人,其中前后藏各驻1000人,江孜、定日各500人。配备50%的火器鸟枪,30%的弓箭、20%的刀矛。番兵由达赖喇嘛发给执照,免一家充当乌拉徭役。“与官兵无异”,按期训练操演。福康安认为,“从前训练章程,只系托诸空言,并未详定规制”,他的目的性十分明确:“今廓尔喀经官兵大加惩创之后,革心革面,悔罪投诚,断不虑再有反复。臣等查看情形,公同酌议,现在定日、江孜为各边界来藏要路,已于各该处酌设备弁兵丁,稽查出入,又于每处各额设唐古忒兵共五百名,随同操演,果能实力奉行,数年之后,渐成劲旅,自足慑服番夷。”[3]

此外,章程就国家经制兵和地方兵的巡逻、粮饷、军政等作了规定。福康安十分强调在各关卡要隘、交通枢纽、重要城镇以及川边至拉萨的台站,派兵驻防,计约3000名。他说:“藏地向来设有汛防,其外番人等,往来自便,毫无稽查。实属不成事体。现在扼要总路,共有两处:一

[1]《清高宗实录》卷1313“乾隆五十三年九月戊寅”条。

[2](清)西清:《黑龙江外记》卷1,哈尔滨:黑龙江人民出版社,1984年,第1页。

[3](清)松筠:《卫藏通志》卷8《兵制》。

系江孜地方，与定结、帕克哩、噶尔达相通，为布鲁克巴、哲孟雄、宗木等处部落来藏要路，且自江孜至萨迦沟行走，又可绕往聂拉木一带边界；一系定日地方，为聂拉木、济咙、绒辖要路，又可通往萨喀等处。"[1]他强调定日、江孜为各部落来藏咽喉，应设汛防。

《钦定藏内善后章程二十九条》还规定：

> 西藏边界如济咙、聂拉木、绒辖等处，向无界址，各该处均与廓尔喀道路相通。臣福康安等于济咙外之热索桥、聂拉木外之铁索桥，及绒辖边界，均已设立鄂博，厘定疆域。将来巴勒布贸易之人，及边界唐古忒番民零星负贩，现已奏明立法稽查，不许私相往来，应交与驻藏大臣于巡视之便，认真查察所立鄂博，随时派人堆砌石块，不得日久懈弛，致有偷越。[2]

乾隆五十九年(1794)，驻藏大臣和琳认为"藏界西南通外番地方，如萨喀、定结、帕克里等处，均未定有鄂博，难保日久不无事端"，因而派熟悉边务的游击张志林，"会同各营官，自萨喀起，酌于紧要处所，将应立鄂博地方，绘图贴说"，在前次划界的基础上，进行了补充划界。同年五月，和琳向乾隆皇帝奏报这次划界结果，"携带噶厦底案"，率同边境地方营官，"悉心讲求，查对底册"，"将旧有玛尼堆(鄂博)者，加高添砌；其全无形迹者，一律堆设整齐。所有唐古忒西南，与外番布鲁克巴、哲孟雄、作木朗、洛敏汤、廓尔喀各交界(处)，均已画然清楚"。[3]经过两次划界，西藏地方与廓尔喀等地边界划分清楚，并有鄂博作为界标，形成了我国与尼泊尔等国家的传统边界线，这对于维护我国西藏地方与周边国家的睦邻友好关系，维护国家的主权与领土完整，都有着重要的历史意义。

乾隆皇帝反复讲："夫开边黩武，朕所不为，而祖宗所有疆宇不敢少亏尺寸。"[4]福康安在边防条款上用力颇多，章程在这些方面的规定，都充分反映了应对可能来自包括披楞在内的南亚次大陆新威胁而

[1](清)松筠:《卫藏通志》卷8《兵制》。

[2](清)松筠:《卫藏通志》卷12。

[3](清)松筠:《卫藏通志》卷12。

[4]《清高宗实录》卷377"乾隆十五年十一月乙卯"条。

作出的因应对策。

4.2.2.4　加强对外贸易管理

廓尔喀入侵使清廷意识到:自成德入藏后西藏地方自铸币仅为权宜之计,若要彻底解决,必须在藏设局铸币。因西藏情况特殊,清廷不拘旧制,破例允准宝藏局铸行银钱。银钱贸易最终导致了乾隆宝藏币[1]的诞生。乾隆五十六年(1791),乾隆帝谕:“我国家中外一统,同轨同文,官铸制钱通行无滞,区区藏地何必转用外番币货。况伊将所铸之钱易回银两,又复掺铜铸钱向藏内交易,源源换给,是卫藏银两转被廓尔喀逐渐易换,尤属不成事体……莫若于西藏地方照内地之例安设炉座,拨派官匠,即在彼鼓铸。驻藏大臣督同员役监制经理,自可不虞缺乏。”[2]同年十二月,乾隆帝另谕:“其将来在藏安设炉座官铸钱文之处,统俟福康安于事竣后归入善后事宜内办理。”[3]

在此,不妨回忆廓尔喀入侵西藏的“借口”——银钱贸易问题,这对我们加深了解清政府为何竭力收回铸币权有着重大的启示作用。乾隆三十四年(1769),廓尔喀王朝建立之后,鉴于铸造银币有利可图,立即恢复了与西藏的贸易,并承袭了马拉王朝与西藏所签订的涉及银钱交易协定。当时廓尔喀与西藏的银钱贸易,不但规模大,而且带有官方性质。它并不是一般的民间银钱交换,善·纳·沙阿铸造并销往西藏的银币既得到西藏地方当局的同意,又得到了清廷的允许。乾隆五十七年(1792),廓尔喀国王拉特纳巴都尔(拉纳·巴哈杜尔·沙阿)给统帅清军反击廓尔喀二次入侵西藏的大将军福康安的信就提到:“从前我祖父与达赖喇嘛相好,常寄信与我们,又发银子来,令我们制造

---

[1]清朝乾隆统治时期铸造。公元1792年,清朝中央政府在西藏拉萨设立宝藏局铸银币。乾隆帝考虑到西藏不产铜,如从云南采购,运输艰难,固特许宝藏局铸银币。不久,福康安将军呈进钱模,正面铸“乾隆通宝”四字,背面铸“宝藏”二字,俱用藏文。乾隆帝阅后认为不合“同文规制”。次年,宝藏局遵照清廷户部颁布钱式,铸成三种银币:大样重一钱五分,中样重一钱,小样重五分,正面铸汉字“乾隆宝藏”四字,背面铸藏文“唐古忒乾隆宝藏”,边廓注明年份。“乾隆宝藏”银币成色好,中外商民“悉皆称便”。

[2]《清高宗实录》卷1387“乾隆五十六年九月庚子”条。

[3]《清高宗实录》卷1392“乾隆五十六年十二月丁未”条。

银钱。”[1]

而在尼瓦尔三土邦并立时期，它们所铸的银币上大都没有国王的名字，只有佛像和宗教的标志，而普·纳·沙阿铸造的大批银币却刻上了他自己的名字。由于这种银币不符合西藏人民的风俗习惯和宗教信仰，当他派代表带着新币来到西藏时，理所当然地遭到西藏人民的反对和拒绝使用。廓尔喀为了非法牟取暴利，在币材上做手脚，铸币时大量搀铜等合金。乾隆四十年至四十二年(1775—1777)，廓尔喀销往西藏的劣质银币，成色之低劣，仅为2/3或1/2，连廓尔喀政府都明令禁止流通，西藏当然拒收，普·纳·沙阿只好将其熔化改铸成新币。虽然“所铸新钱成色较高”，[2]但廓尔喀却乘机大肆哄抬币值，并让新旧币同时流通，铁、铜、铅等私铸伪币和以铜为底表面的涂银假币，更是充斥市场，极大地扰乱了西藏的金融市场。藏汉商民人等，面对这些劣质币、伪币、假币所造成的物价上涨，不得不挑剔使用。自然，双方的商业贸易因此大受影响，商人的利益也受到威胁。

廓尔喀通过银钱贸易大量获取白银，在经济上获得巨额利润。福康安等指出，廓尔喀“铸造银钱，向系令巴勒布商人自藏带回元宝，掺杂铜铅铸钱，复将所铸之钱来藏易换银两，往来换兑，从中取巧重利，是卫藏银两被外番逐渐赚去”，[3]银钱贸易已成为该国的重要经济支柱，廓尔喀政府竭力维护他们的经济利益是必然的。

西藏方面要求廓尔喀用新币收回全部旧币，以保证纯银新章佳(章噶)正常流通。可是，廓尔喀却乘机“居奇抬价，欲以一圆当做两圆行使”，[4]向西藏地方当局提出两个两件：第一，新旧币比价定为1:2，即一个新币当两个旧钱使。第二，废除多年来一直实行的银币和白银等量易换法，[5]改为白银一两易新钱六枚。否则，廓尔喀王国将拒绝

[1](清)松筠:《卫藏通志》卷13《纪略上》。

[2]《钦定廓尔喀纪略》卷47《福康安、惠龄、和琳奏言》，“乾隆五十七年十二月初六庚午”条。

[3]《钦定廓尔喀纪略》卷25《乾隆五十七年三月二十三日壬辰福康安、惠龄奏》。

[4]《钦定廓尔喀纪略》卷47《福康安、惠龄、和琳奏言》，“乾隆五十七年十二月初六庚午”条。

[5]指传统上同等重量的银币换同等重量的白银的易换方法。

收回旧币。虽经双方多次交涉,都因廓尔喀要价太高而未果。直到乾隆五十二年(1787)十二月一日,驻藏大臣庆麟、雅满泰还重申纯银章佳继续通行使用,铁、铜、铅伪币和涂银假币一律禁止通行,原有章佳不许挑剔使用,并令噶厦在拉萨张贴布告,晓谕藏汉商民人等。后来,成都将军鄂辉、四川提督成德等,在向清廷报告廓尔喀滋事缘奏折中都说:"向来西藏所用银钱,俱巴勒布部落所铸。旧铸银钱多掺杂铜斤,每个重一钱五分,九个银钱共一两三钱五分,始换得银一两。今巴勒布所铸新银钱用好银铸造,并不搀铜。巴勒布等屡向噶布伦寄书,欲专用新钱,将所有旧银钱全行停用。噶布伦等不以为事,是以前年始在边界滋扰。臣(指鄂辉)前次在藏时,即饬令噶布伦等以巴勒布新铸银钱价值增昂,则旧银钱价应核减,向巴勒布等会同商定。噶布伦等随与巴勒布头目议定,新银钱六个零换银一两。旧银钱十二个换银一两。其后,巴勒布将新铸银钱运至藏地"。[1] "西藏地方汉番交易,向系使用银铸番钱,每钱一圆重一钱五分。从前以纹银一两随时价之低昂,可换八九圆至十圆不等,无论大小买卖,均以番钱议价交使,此钱俱系廓尔喀所铸,该处铸钱运藏,易银而回,再为铸钱之用"。成德还说,他抵达西藏之后,"询问知(每银一两)仅易六圆,尚有居奇之势"。[2]

对于藏尼银钱贸易纠纷,清朝最高统治者的态度是明确的。乾隆帝说:"廓尔喀所铸钱文,向卫藏行使,原为贪图利息起见,后又欲将旧钱停止,专用新钱,每银一两只肯易钱六个,固属贪得无厌。而噶布伦番众人等,与彼交易,亦不免图占便宜,彼此唯利是图,各不相下,以致复滋事端。但卫藏地方行使廓尔喀钱文,总缘唐古忒人等向与廓尔喀交易买卖,是以不得不从其便。"[3]

但廓尔喀不但不对伪劣假章佳采取行动,反而一味指责西藏方面,把自己说成受害者。乾隆皇帝曾经作过这样的反驳:"以尔等系边外小番,何胆敢侵扰天朝藏界?如因不用尔等新钱,必系所铸之钱银色

[1]《钦定廓尔喀纪略》卷3《乾隆五十六年九月二十八日庚子鄂辉奏》。

[2]《钦定廓尔喀纪略》卷11《乾隆五十六年十二月初七日丁未成德奏》。

[3]《钦定廓尔喀纪略》卷3《乾隆五十六年九月二十八日鄂辉奏并上谕》。

低潮，故藏内人不愿使用。试思，尔等常在藏内交易，设唐古忒等将丑恶货物高抬价值，或于银内熔化铜、铅，转相售给尔等，亦岂甘承受？”“至加增税额一事，尔等亦可遣人告知噶布伦令其查明究办，何遽妄自兴兵。想索诺木旺札尔平日向贸易人等苛求勒索已非一日。聂拉木第巴桑干又复加税，不止尔等欲奉表进贡”。[1]

清朝大臣奉旨在西藏立钱法、设宝藏局，禁用尼泊尔银钱，于乾隆五十六年(1791)断绝银钱贸易，“旧存廓尔喀钱文概行销作银两，一律使用官钱”。[2] 乾隆五十八年(1793)，宝藏局按钱法和部颁样钱鼓铸一钱五分、一钱、五分宝藏币。从此以后，西藏与尼泊尔两地商人皆用本国银钱，临行易银而往，两处银钱彼此皆不出境。[3]

铸造钱币涉及国家主权。廓尔喀入侵前，西藏没有自己的货币，尼泊尔货币充斥了整个西藏金融流通市场，给西藏人民的生活带来严重影响。如果清政府在战后不及时设铸局制造自己的钱币，那么英国在1816年吞并尼泊尔后，西藏金融市场势必为英国控制，这将带来不堪设想的后果。因此改革西藏的钱法，建立特有的银币制度具有积极意义。

《钦定藏内善后章程二十九年》在解决了铸币问题的同时，还对西藏的对外贸易进行了严格的规定：

在藏居住贸易之巴勒布、克什米尔等，准其常川兴贩。查明该番回商头等名数若干，造具清册，交驻藏大臣衙门存案备查；

巴勒布每年准贸易三次，克什米尔每年准贸易一次，于前赴外番营贩货物时，该商头呈明驻藏大臣，由何路行走，发给执照，以便稽查出入；

凡在藏贸易之外番商民，请领驻藏大臣照票出口，过江孜、定日，由该备弁查验明确，始准放行；其自外番来藏者，亦由该备弁查明人数，报明驻藏大臣，一体按名注册，以备查考；

---

〔1〕《钦定廓尔喀纪略》卷16《乾隆五十四年正月十三日庚午上谕》。

〔2〕《清高宗实录》卷1387“乾隆五十六年九月庚子”条。

〔3〕西藏自治区钱币学会：《中国西藏钱币》，北京：中华书局，2002年，第15页。

唐古忒边界番民,与接壤居住之巴勒布番民,就近易换盐米,饬令各该管地方备弁营官,就近约束稽查,毋许私越;

济咙、聂拉木两处抽收米石盐斤,及货物到藏后按包纳税,俱照旧例办理,毋得稍有加增;

在藏商民等,或有争占便宜,不安本分等事,听驻藏大臣随时查办。如驻藏大臣衙门及各文武员弁衙门书吏通事人等,有借端需索等弊,一经查出,即行从严参究惩治;

江孜、定日驻防备弁,如有藉端需索外番,及扰累商民,并或得钱纵容出入等弊,一经查出,立即从严参革治罪。[1]

上述规定表明,清政府对于凡涉及"外番"贸易的规定都极为严格,对于贸易年限均有规定,尤其对出入西藏的商人进行登记造册,严防居心叵测的外番来西藏贸易。"自1792年后,要想获得有关西藏以及喜马拉雅诸国的准确情报变得难之又难。一方面,像普南吉这样经商的托钵僧被西藏人坚决看做是英国东印度公司的代理人,从而被西藏当局严格规定禁止入藏。"[2]

《钦定藏内善后章程二十九年》有关对外贸易的规定,对今后西藏同英属印度的贸易产生了很大的影响。可以说,英属印度因为清政府的严格规定,在印藏贸易方面损失惨重,英国从此将目标转向尼泊尔,加紧了对尼泊尔经济政治上的渗透,但同时英国并没有彻底放弃对藏贸易,英属印度的对华陆上策略由此转为迂回,试图通过撤除西藏周边的藩篱来渗透西藏,此举在1816年英国吞并尼泊尔后逐渐得以实现。

总之,如果从一个崭新的角度分析,可以说《钦定藏内善后章程二十九条》不啻是清朝中央政府为西藏制定的一部影响深远的基本法。善后章程所宣示的政策措施,恰恰是在18世纪末,清朝面临英国不断向南亚次大陆渗透的国际形势所提出的因应对策,从某种程度上有效

---

〔1〕(清)松筠:《卫藏通志》卷12。

〔2〕Alastair Lamb., *Britain and Chinese Central Asia: the Road to Lhasa* 1767 *to* 1905, London: Routledge and Kegan Paul, 1960, p.30.

地抗击了英国对西藏的渗透蚕食。连英国人都不得不承认:“廓尔喀两次侵藏导致了中国在西藏的势力大为加强,这对黑斯廷斯及其继任者执行的任何类型的战略而言都是致命的打击。”[1]

4.3 清朝对南亚次大陆形势的认识:以“披楞”为中心[2]

经过反击廓尔喀侵藏战争,清朝统治集团对南亚次大陆的形势有了基本了解。尤其对位于廓尔喀西南的“披楞”部落,清朝统治者对其认识也经历了一个从陌生到熟悉以至警觉的过程。

4.3.1 “披楞”问题的由来

我国西南边陲西藏与南亚次大陆相连。乾隆中期以来,该区域政治格局不断变化。一方面,英国不但向南印度武力扩张,也不断向喜马拉雅山地区渗透,试图打开我国西藏大门;另一方面,廓尔喀迅速崛起,成为一个强国。尤其是在巴哈杜尔·沙阿统治期间,廓尔喀王国扩张主义急剧膨胀,大肆扩张,极大地破坏了南亚次大陆的原有秩序。它不断对周边的布鲁克巴(不丹)、哲孟雄(锡金)等国及其他更小部落进行侵略,甚至威胁到了英属印度的某些地区,和英国殖民者发生矛盾。

廓尔喀对我国西藏一直怀有领土野心。乾隆五十三年(1788),它趁后藏空虚,武装入侵西藏。未能达到目的后,又于乾隆五十六年

---

[1]Alastair Lamb., *Britain and Chinese Central Asia*: *the Road to Lhasa* 1767 *to* 1905, London: Routledge and Kegan Paul, 1960, p.30.

[2]“披楞”是18世纪末以来清朝政府对英属印度殖民政府的指称。在乾隆年间大部分时间里,清政府并不了解南亚次大陆的实际情况,连所谓“披楞”究竟位于何处都不知道,更对它实为英属印度政府及其侵略扩张本质懵然不知,以为它只是位于西藏近邻廓尔喀(今尼泊尔)西南的一个部落。2005年,作者在写作博士论文《18世纪晚期廓尔喀入侵西藏前后的中英关系研究》时发现,以乾隆皇帝、大将军福康安为代表的清统治集团对作为南亚一种政治势力的“披楞”的认识,曾经历过从陌生到熟悉以至警觉的过程。清朝第二次反击廓尔喀入侵西藏之中和之后,开始对南亚次大陆的形势有了一定了解。奇怪的是,到了嘉庆乃至道光二十年前,清最高统治者对“披楞”的认识却又模糊起来,甚至达到无知的程度。在作者看来,清朝最高统治者有关“披楞”的认知,是他们对世界特别是南亚次大陆区域形势认识程度的一面镜子。作者所见最早提及“披楞”字源的是柳陞祺先生、邓锐龄先生合著的《第六辈班禅额尔德尼·洛桑贝丹意希生平事迹述评》一文,见《柳陞祺藏学文集》(上),第195页。

(1791)武装侵藏,疯狂洗劫扎什伦布寺,西藏人民再次遭受巨大灾难。为此,乾隆帝毅然命两广总督、一等嘉勇公福康安为将军,领兵入藏进行反击,驱逐廓尔喀侵略者。

福康安不辱使命,五十七年(1792)正月下旬至二月上旬,在拉萨认真听取有关敌情汇报,对廓尔喀周邻的鲁克巴、哲孟雄、披楞[1]等的地理位置以及它们的相互关系做了初步了解之后,决定充分利用它们与廓尔喀的矛盾和欲图报仇雪恨的心态,于二月十三日,在兵进前线和受封大将军之前,向包括披楞即英属印度政府在内的南亚诸国发布檄谕,展开地缘政治外交攻势,号召廓尔喀周边国家及部落一起出兵,"更励外疆先进剿"。[2]

这篇檄谕内容,见于乾隆五十七年二月福康安等奏折。它第一次提到了所谓"披楞",也是"披楞"一词在清代文献中的最早记录。福康安奏折有关檄谕内容作了如下记载:

> 贼境四至地方,东西极宽,南北稍狭,东与哲孟雄、宗木、布鲁克巴接界,西与作木朗接界,南距南甲噶尔,北面即连后藏边境。臣已经檄谕哲孟雄、宗木、布鲁克巴、作木朗及南甲噶尔之披楞等处,协力堵截,并派副将达音泰亲至布鲁克巴部落,督令发兵击贼,为我先驱。哲孟雄、宗木两处业已打仗杀贼,攻取地方。复据补仁营官洞牒布禀报,探得作木朗现在纠约拉保等五处部落进攻贼匪边界,如布鲁克巴、披楞等处亦遵奉檄谕,拼力夹攻,则廓尔喀东西南三路皆有番兵截杀,我兵从聂拉木、济咙进剿,贼匪四面受敌,势

---

[1]"披楞"在学术界有不同解释。柳陞祺先生、邓锐龄先生合著的《第六辈班禅额尔德尼·洛桑贝丹意希生平事迹述评》一文中提到,"披楞"见于清代文牍,字源有种种说法,似藏语 phyi gling 的音译,指西方人,特别是英国人。邓锐龄先生《第一次廓藏战争(1788—1789)中的议和潜流》文中认为,"披楞(pho-reng, phying-gling),藏文汉译,指西方人尤其是在印度的英国人"。然而,笔者在《多仁班智达传》(藏文)书中第 626 所见"披楞"的藏文拼写并非"phyi-gling"(笔者尚未在藏文史料中发现这一拼法),而是"pho-reng"。"pho"在藏文中意为"雄性","reng"(应为 rengs)则有"僵化、冻结、固执"等义,联系《乾隆朝上谕档》中曾记载"披楞并非部落名号,其地名为噶里噶达,其人最为强横暴虐,人皆怨恨,称为披楞,犹言恶人"似相符合,故作者以为"pho-reng(s)"一说较"phyi-gling"更为恰当。

[2]《钦定廓尔喀纪略》卷首,"福康安折奏进兵一切情形诗以志事",北京:中国藏学出版社,2006 年,第 12 页。

必难支，即使当穷蹙之时，已杜其窜逸之路。臣现在拟设法招致巴勒布三部落，并贼匪占据之记拉部落，拉木宗等二十四部落番众，各令报复私仇，悉为我用。今奉谕旨，即当敬谨宣示，剀切晓谕，使巴勒布等部落闻知，衔结施恩，亦当感激奋兴，共思灭贼，于剿捕机宜，实有裨益。[1]

可是，乾隆帝却认为"于大兵未经齐集之前，即檄谕各部落前往剿杀廓尔喀，此举实属失之太早"。[2] 的确，福康安檄谕发布之后，受廓尔喀欺凌或与其有矛盾的南亚诸国政府没有立刻出兵。即使他把反击战争推进到廓尔喀境内之后，也没有作出积极响应，大多持观望态度。之所以出现这种情况，实因当时诸小国对于南亚形势的估计很悲观，尤其对清政府能否赢得战争胜利尚存怀疑。同时，他们也慑于廓尔喀近年来四处扩张的势头。所有这些因素，都导致南亚小国采取观望的立场。对此，福康安做了这样的解释：

各部落素畏贼匪强横，尚在互相观望。前经臣福康安檄谕哲孟雄、宗木、作木朗、布鲁克巴、披楞等处，令其发兵击贼，为我先驱，至今尚未有发兵之信，大抵总恐廓尔喀将来报复，莫敢先发，尚非被贼匪煽惑，狼狈为奸。将来大兵进剿巢穴，贼匪穷蹙之时，各部落自必争先效命藉报私仇，亦不致彼此助恶容留隐匿。臣等揣度情形，大兵未到贼境之前，各处番兵恐不能恃以集事。[3]

对于各国持观望态度的原因，乾隆帝有如下分析：

计自福康安檄谕各部落后阅时已久，并未见各部落遵谕协剿，可见各部落因大兵未抵贼境，心存疑惑，先行发兵与贼打仗，而大兵不为接应，必受贼匪荼毒，是以观望不前，不出朕之所料。福康安细思，此时尚在后藏驻候，则前此之檄各部落，岂非失之太早乎？[4]

南亚次大陆当时的形势可谓复杂多变。诸小国基于自身实力和

[1]《钦定廓尔喀纪略》卷24《乾隆五十七年三月十五日甲申福康安奏》。

[2]《钦定廓尔喀纪略》卷23。

[3]《钦定廓尔喀纪略》卷26。

[4]《钦定廓尔喀纪略》卷27。

本国利益及地缘政治关系,对形势有自己的判断,对檄文作出不同反应也很自然。后驻藏大臣和琳在向清廷发出的有关哲孟雄请求添兵讨赏的报告奏称:“哲孟雄因闻大兵深入,禀称春间收复之各寨落,现今拿卡把守贼人亦复相拒,若欲进兵,祈请多派兵丁、糌粑赏需前来等语……臣想福康安未曾深入之先,曾檄谕该处及布噜克巴进兵,以分其势,彼时皆以不服水土为辞,退守边界。今哲孟雄禀请添兵,讨要赏项,其无能贪得之意,已可概见。况大兵连获胜仗,探闻已距阳布不远,贼匪丧胆,势如破竹,当亦不藉此项兵力牵制贼势,且需添派官兵相助,不但官兵不能另有分拨,与其多添一路,不如并力直捣贼巢。臣随酌量赏彼处头人银牌、缎匹、茶叶等项,谕令严兵坚守。所得寨落,勿得轻进,并探听阳布危急,贼人必然惊慌失措,那时再当鼓勇立前,可获利益。”乾隆帝认为:“和琳所见甚当,此显系该部落意存观望,以此试探,如官兵荡平贼境,伊即可以居功,否则借口兵少,预为推诿地步。今哲孟雄已经和琳严词饬谕,此等伎俩,不特哲孟雄为然,想各该部落亦俱不免。”乾隆帝还让传谕福康安等,如该部落有似哲孟雄之请兵讨赏者,“亦当照和琳所办,严词拒绝,酌赏缎匹、茶叶等物。仍谕以现在大兵乘势剿贼,贼匪闻风胆落,无难一鼓歼擒,原不藉尔等之力。如尔等自揣兵力不敷,只需各边界分路堵截,遇有贼匪逃至尔境者,即行擒献,即尔之功,将来荡平贼境,仍当将尔等被廓尔喀侵占土地,给还尔等,必不因尔等未经出兵助剿,不给尔地。尔等惟当严密堵御,静候天朝将廓尔喀土地给还分赏,更不得以非尔旧有土地,稍事争侵。如此严行饬谕,庶可杜其观望试探之心,而伊等知有得地利益,亦必出力堵御,实为两便”。[1]

应当承认,清军对廓尔喀入侵我国神圣领土西藏所展开的英勇反击,给深受廓尔喀侵略的周边国家奋起反抗以极大鼓舞,也为他们收复失地提供了绝好时机。而他们在本国打击廓尔喀侵略势力,确实起到了牵制敌人、支援清军的作用。

福康安发布檄谕之举,是否如乾隆皇帝所说“失之过早”,“于进剿

---

〔1〕(清)松筠:《卫藏通志》卷13《纪略中》。

机宜殊为失算”？这是值得进一步探讨的军事策略问题。古往今来，正义之师在发动进攻之前发布檄文，实为惯例。廓尔喀之战，本是清朝保卫自己神圣领土所进行的反对外国侵略的战争。在福康安看来，“廓尔喀贼匪在边外地方滋横已久，附近各部落大半为其占据，凡被荼毒之处，自无不心怀怨恨，今闻大兵进剿，谅必人人称快”。[1] 他认为，如果受廓尔喀欺凌而结下仇怨的部落能够出兵相助清军，让廓尔喀四面受敌，“疲于奔命，贼势既分，大兵乘势进剿，直捣巢穴，即贼匪拼力抗拒，亦无暇抄截我兵后路”。[2] 而且，他还说，“前此发檄晓谕，不过间中布置，藉以解散贼党，堵拿逸匪，原不必待各部落遣人前来，始行大举”。[3] 他并不指望廓尔喀宿敌先行出兵之后清军才大举进攻。檄谕是他对南亚次大陆形势有了初步了解之后产生的。作为清军前敌统帅，福康安高明之处在于，发起大规模反击前夕，通过发布檄谕的方式最大限度地孤立敌人。他把地缘政治艺术灵活运用于深受廓尔喀侵略的邻国及地区，军事斗争与外交争取并用，不能不说这是一招妙棋。

事实上，福康安此时发布檄谕，首先从气势上就压倒了敌人，争取到了外交主动权；而且也起到了阻止哲孟雄、宗木、作木朗、布鲁克巴、披楞等倒向廓尔喀一边，不至助纣为虐的效果。何况后来哲孟雄、布鲁克巴等终究多少配合了清军行动。此处关注的重点是清朝统治者当时对南亚次大陆的认识程度究竟如何。无论福康安的檄谕，或是乾隆皇帝就檄谕等发出的相关上谕，都把“披楞”称为与哲孟雄、宗木、作木朗、布鲁克巴等一样的部落，甚至以大国口吻号召它出兵助清，这是十分荒谬的。岂知，廓尔喀在发动第二次大规模入侵西藏战争前5个月，为了获得英国的军事援助，便和“披楞”（即英属印度政府）签订了《英尼条约》。尽管乾隆五十七年春，西藏两位政教首领派人向“披楞”送去了福康安的檄谕。但是，达赖喇嘛和班禅额尔德尼给印度总督的信，也不过是希望英国保持中立。魏源称：“方是时，其国境南邻印度之地

〔1〕《钦定廓尔喀纪略》卷26。

〔2〕《钦定廓尔喀纪略》卷29《乾隆五十七年闰四月十六日甲申福康安、海兰察、惠龄奏》。

〔3〕《钦定廓尔喀纪略》卷26。

曰披楞者,久为英吉利属国,与廓夷积衅。福康安兵进时,曾檄近廓夷东南之哲孟雄、宗木、布鲁克,西面之巴作木郎,南面之甲噶尔、披楞等部同时进攻,许事平分裂其地。及是,廓夷南告急于披楞,披楞佯以兵船赴援,实阴逼其边鄙”。[1] 这个记载于史无证,不足为信。

4.3.2 乾隆末年清廷对“披楞”的认知

廓尔喀侵藏战争让清廷有机会了解了“披楞”,其中以福康安和乾隆的认识最具代表性。福康安(1754—1796),满洲镶黄旗人,其父是乾隆朝保和殿大学士、首席军机大臣傅恒。福康安参加过平定大小金川、镇压甘肃回民、台湾林爽文起义等重大战役,深受乾隆帝的器重宠信。他不仅是一位军事统帅,也是具有远见卓识的政治家。这一点在他率清军反击廓尔喀入侵和处理善后、承旨制定西藏章程中都得到很好证明。

福康安原以为廓尔喀乃一帮乌合之众,用不了多大力气即能平定。殊不知,在乾隆五十七年七月初二日争夺廓尔喀王国国都北部屏障甲尔古拉山、集木集山梁之战中,包括都统衔护军统领台斐英阿,侍卫墨尔根保、图尔岱、英贵、索多尔海,参将张占魁,都司魏玉龙等大批清军将领相继阵亡,[2] 战争之惨烈,大出他的预料。清军付出如此惨重代价,除不利仰攻的险峻地形和敌军碉卡坚固、据险死守外,另一个重要原因是廓尔喀兵武器装备精良。事实证明,廓尔喀经常向“披楞”即噶哩噶达亦即英属印度购买较为先进的火器,因而在死守阳布北部屏障的战斗中发挥出了巨大的威力。廓尔喀借助英属印度提供的强有力火器,给清军造成重大伤亡,也加深了福康安的疑虑。

在反击廓尔喀侵略战争刚刚开始之际,包括福康安在内的清统治集团并不清楚所谓的“披楞”部落具体位于何处,对“披楞”的政治、军事、经济、社会等等情况一无所知。虽然福康安曾致信孟加拉总督要求立刻遵照他的指示出兵进攻廓尔喀,但是,他并不清楚英吉利国与“披

---

[1] (清)魏源:《圣武记》卷5《外藩·乾隆征廓尔喀记》(上册),北京:中华书局,1984年,上册,第236页。

[2] 《钦定廓尔喀纪略》卷39。

楞”是什么关系。乾隆五十八年(1893)正月十三日,由于达齐格哩喇嘛从披楞回到西藏,福康安等终于获得了有关披楞的重要信息。

原来,乾隆五十七年二月十三日檄文发布同时,鉴于“披楞道路遥远,更在廓尔喀之外”,西藏两位政教首领便派阿杂拉喇嘛苏纳格哩并一名翻译,带着大将军福康安檄文和达赖喇嘛、班禅额尔德尼谕帖前往披楞。苏纳格哩一行,三月从帕克哩出国,取道布鲁克巴等国,一路艰难行进。因道路险远,直到六月中才抵达加尔各答(噶哩噶达),并会见了印度总督康华利。由于翻译中途病故,苏纳格哩生病,在披楞调理一两月仍不能行动,他怕滞留日久误事,便让他的侄子达齐格哩喇嘛带着印度总督致福康安信等文件于八月从披楞返回西藏。达齐格哩回藏后,向福康安等转呈了印度总督禀信等文件,详细报告了苏纳格哩一行的经过及与总督康华利相见的情形,以及他本人知道的披楞信息。这时,福康安正准备离开拉萨回朝复命履新任,达齐格哩的到来,可谓令他喜出望外。他与大学士孙士毅、驻藏大臣和琳等立即联名向朝廷奏报了上述最新信息,并提出了他对披楞的认识。福康安等的奏折系满文书写,中国第一历史档案馆将其分类在满文录副奏折中,并题名《军机处奏将印度噶里噶达部头目因尼泊尔侵藏事致福康安等人文书翻译呈览片》。《钦定廓尔喀纪略》曾将这份奏折编了进去。然而迄今为止,这件奏折也没有引起足够重视。中国社会科学院的李晨升先生在其文章中只是节录了《钦定廓尔喀纪略》部分文字。[1] 有鉴于此,作者将《钦定廓尔喀纪略》所载这份珍贵奏折全文转录如下:

> 福康安、孙士毅、和琳、惠龄又奏言,去年二月间,臣福康安曾檄谕廓尔喀接壤各部落,各令发兵协剿。所有布鲁克巴、哲孟雄、宗木等处,多称天气炎热,兵力单弱,不能进攻,而作木朗久被廓尔喀强占,远遁至西哩木噜地方,不能振作,节经奏蒙圣鉴。惟披楞道路遥远,更在廓尔喀之外,达赖喇嘛、班禅额尔德尼派阿杂拉喇嘛苏纳格哩一名,唐古忒通事一名,赍臣福康安檄文及达赖喇嘛、

---

〔1〕李晨升:《披楞考》,选自罗贤佑主编:《历史与民族——中国边疆的政治、社会和文化》,北京:社会科学出版社,2005年,第260—276页。

班禅额尔德尼谕帖前往,几及一载,尚无信息。昨据苏纳格哩等差伊侄喇嘛达齐格哩自披楞前来,于本年(即乾隆五十八年,作者注)正月十三日到藏。据称唐古忒通事中途病故,苏纳格哩因病留于披楞调养,不能行走,另差我赍送禀帖前来。臣等详细询问达齐格哩,言语甚为明晰。据称,苏纳格哩等于上年三月自帕克哩出界,取道布鲁克巴等处部落,道路险远,于六月中始至噶哩噶达,即系披楞部落,为第哩巴察所属。该处自称为噶哩噶达,其别部落人称为披楞。该处番民信奉回教,部长果尔那尔,系第里巴察所放,另为一教,不信佛法。惟阿杂拉喇嘛有佛庙一座,距部长官寨不远,每日令喇嘛一名在官寨值日,通译文书。藏内所差苏纳格哩等未到之前,廓尔喀闻知大兵已到前藏,于上年五月间,预行差人赴该部落求救。那时,我(值日喇嘛自称)正在官寨值日,闻得该部长果尔那尔向廓尔喀来人告称,唐古忒服属天朝,就是天朝的地方,你们不知分量,与唐古忒闹事,就是得罪天朝。我这里的人,常在广东做买卖,大皇帝恩典甚重,我岂有不效顺天朝转帮助你们的道理?我与唐古忒不是一教,尚且不敢闹事,何况你们住的巴勒布地方,本有经典,为什么倒去滋扰藏地?那时,廓尔喀头人回称,闻得天朝兵来的多,我廓尔喀抵挡不住,就要灭了。既然不肯帮助,务必替我们转求大将军饶恕前罪,准令投降。噶哩噶达部长说,你们既如此恳求,这还使得,我就写禀帖去。嗣后,你们总要安分,常常在天朝进贡,必得好处,随即写了回书。发还一月之后,藏内所差之苏纳格哩到彼,该部长当即与之相见,告称你来得甚好,前月廓尔喀差人来求救,我因噶哩噶达的人由海道往来,常到天朝广东地方贸易,久受大皇帝天恩,断不敢得罪天朝帮助别国。天朝声威力量,我是知道的,我亦不肯自己惹事,我已经寄信廓尔喀,叫他安静守法,若是他不敢闹事,还求大将军饶恕他这一次,现在雨水甚大,不能差人前来,冬天还要来藏代为乞恩,并劝唐古忒与廓尔喀和好,今先交你带去禀信,共三件,你先替我在大将军前请安代禀。正在起程之时,因苏纳格哩染患病症,调理一两个月尚不能行动,恐怕迟误,是以差我于八月内起程来藏,赍禀投送等语。[1] 臣等将该部长禀信译出阅看,与达齐格哩所言符合。伏查第哩巴察在甲噶尔各部落中土宇较广,所属最多。噶哩噶达为第哩巴察属部中之大部落,与廓尔喀南界毗连,为边外极边之地。该处番民既在广东贸易,想来即系西洋相近地方。臣福康安、臣孙士毅在粤时,未知有噶哩噶达部落,或系称名偶异,亦未可定。臣福康安于上年檄谕该部长,令其发兵协剿,原不过欲稍分廓尔喀之势,非专赖外番兵力。今该部长接到臣福康安前檄,十分恭顺,仰见我皇上声威远播,海宇向风之盛。据称,该部落在粤东贸易,素受天朝恩德,唐古忒久属天朝,廓尔喀即不应与之寻衅,所言甚属有理。至该部长欲差人前来代为调处,劝令唐古忒与廓尔喀释嫌修好,固不出番夷讲和,故自然其禀内叙述该部落曾通声教,深知感畏圣主恩威,辞意极为诚恳,即其戒饬廓尔喀之语,亦颇能知大体。计算披楞发禀之时,尚未知廓尔喀悔罪投诚信息,故有差人前来之语。臣福康安现已发给檄谕,宣示圣主威德,并谕以官兵收复藏界,深入廓尔喀境内,连战克捷,拉特纳巴都尔等十分畏惧,屡次哀恳,遣大头人赴京进表及象马等贡物,仰蒙大皇帝好生之德,俯念该部落生灵,不忍概行诛灭,恩准投降,赦原前罪,已于八月内撤兵。从此,廓尔喀恭顺天朝,断不敢侵犯唐古忒境界,毋庸尔部落遣人前来,徒劳跋涉,如此明白宣谕,使知我皇上恩威并用,讨叛舍服至意荒徼,番夷自必益加敬服。至所递达赖喇嘛及班禅额尔德尼商卓忒巴信件,辞意均属相同。查后藏商卓忒巴即系岁琫堪布,伊系班禅额尔德尼管事之人,未便令其与外番通信。现令达赖喇

[1]英属印度政府总督康华利有意给中国方面透露廓尔喀曾经向他求援的细节,试图赢得中方的好感,这与康华利与达赖喇嘛信件的英文版本完全吻合,再一次印证了英国"中立"表面下的叵测居心。

嘛与班禅额尔德尼共拟写回信一封,由臣等酌改发去,均奏入。[1]

上述福康安奏折提到的"果尔那尔",当为"Governor"(总督)之音译,也就是英属印度总督康华利。第哩巴察是当时廓尔喀人和西藏方面对英国的一种叫法,噶哩噶达即加尔各答,甲噶尔为孟加拉。福康安把印度总督(奏折称部长果尔那尔)给他来信翻译出来阅看,发现与达齐格哩所讲的披楞情况符合。乾隆年间,广州是清朝主要的对外贸易窗口,中英贸易主要在广州进行。福康安在乾隆五十六年奉命率军反击廓尔喀侵藏战争前,担任两广总督。他的前任,正是孙士毅,二人都同英国人打过交道。现在确知,"噶哩噶达即系披楞,为第哩巴察所属。该处自称为噶哩噶达,其别部落人称为披楞"。"部长果尔那尔,系第里巴察所放",即英国所任命。而"第哩巴察在甲噶尔各部落中土宇较广,所属最多。噶哩噶达为第哩巴察属部中之大部落,与廓尔喀南界毗连",他们"常到天朝广东地方贸易",可是,他和孙士毅从不知道"有噶哩噶达部落"。于是,福康安作出推断,"或系称名偶异,亦未可定",即说不定是称呼不同。尽管这是一种不确定的推测用语,但这时,福康安似乎已猜到所谓"披楞部落",与在广东贸易的"英夷"来自同一个国家。

福康安返回北京不久,乾隆五十八年五月,和琳得到廓尔喀国王的一封信,其中汇报了噶哩噶达来廓尔喀祝贺其归顺清朝的情况。为此,和琳给噶哩噶达发布了檄谕。《钦定廓尔喀纪略》作了如下记载:

五月二十六日丁巳和琳、成德奏言,据聂拉木营官送到廓尔喀部长拉特纳巴都尔禀帖一封,译出阅看。内称,从前接奉檄谕嘱

[1]《钦定廓尔喀纪略》卷51"三月初八日"条。对于文中提到的多处地名的解释,可以参考光绪年间的黄沛翘:《西藏图考》卷8《外夷附考》:布鲁克巴之南,有英人新辟之地名亚山,一曰阿赛密……亚山之西南有孟加拉,一作孟加腊,前明称榜葛剌,即东印度,英谣称曰罗威儿博罗运司,译言东方之他省也。广袤一千五百里,所辖十八郡,平坦膏腴,又港繁多,会城曰卡呢格达,一称甲儿古他,为印度大帅所居也。哲孟雄一名西金,介于布鲁克巴、廓尔喀之间……其北境有白木戎、作木朗诸小部落……《西輶日记》藏地称英人曰披楞,称孟加拉曰甲噶尔……《西輶日记》廓部之西,地名披楞,其人自称为噶哩噶达,即东印度,中国所称第哩巴察者,即英吉利也。巴尔底萨杂尔,其地西通廓尔喀,东接布鲁克巴,即噶哩噶达所属小部落。噶哩噶达在甲噶尔各部中为最大之部落,其北界连廓尔喀,当即今之印度是也。此注释对于廓清如此之多的地名极为有用。

令各守境土，爱惜百姓，和睦邻封，俱一一遵奉教导，断不敢分外滋事。又称，噶哩噶达听闻廓尔喀投顺天朝，已蒙大皇帝恩准，特差头人来至仰慕贺喜，递送礼物，并有连界之拉卡纳窝各处部落俱差人前来与伊送礼贺喜等语。仰见皇上天威远播，海宇响风之盛。臣等檄谕拉特纳巴都尔，现在边外极边各番俱倾心向化，以尔廓尔喀得受大皇帝恩典为荣，纷纷差人致贺，心生羡慕尔等归顺天朝，得为属国，何等荣显！从此益当感激天恩，恪遵谕旨，与邻封各部落和睦修好，共享太平之福，来受大皇帝恩眷，并将檄谕噶哩噶达部长谕贴，即著拉特纳巴都尔派人持送，以示嘉奖。[1]

乾隆皇帝对和琳这样处理外事大为赞赏，说“和琳奏接到拉特纳巴都尔禀称，噶哩噶达及拉卡纳窝各处部落，听闻廓尔喀投顺天朝，俱差人至阳布贺喜递送礼物，经和琳给发檄谕一折，所办甚好。其与哲孟雄、作木朗等部落旧嫌未释，系番目常情，自可付之不问”。[2]

清朝最终取得了反击廓尔喀入侵西藏的胜利，驻藏大臣也沉浸在廓尔喀邻国纷纷祝贺归顺清朝的道喜之中。不过，福康安对披楞即英属印度政府是心存疑虑的，他怀疑披楞曾暗中支持廓尔喀与清军作战，福康安的怀疑和警觉在清朝统治上层也有所反映。[3] 是年秋天，福康安来到承德避暑山庄，目睹英特使及其荷枪卫队，参观英王所贡的毛瑟枪、连珠枪、刀剑等武器之后，更增加了他对“披楞”（噶哩噶达）的怀疑。尽管他并不清楚英吉利已经是一个正在向世界各地大规模殖民扩张的资本主义头号强国，所谓“披楞”就是效忠于英国国王的英属印度政府。但事实令这位曾在广州与英吉利打过交道的大将军更

---

〔1〕《钦定廓尔喀纪略》，卷53。

〔2〕《钦定廓尔喀纪略》，卷53。

〔3〕据参与马噶尔尼使团的斯当东回忆：“后来我们的翻译从中国官员的漫谈中流露出来的片断字句，发现北京王朝近来对英国抱有不满情绪。经过小心谨慎同他们谈话，我们探询出来，原因是这样的：在西藏地区的战争中，中国军队曾遭到敌方预料之外的顽强抗拒，遭受到预料之外的损失。中国官员马上认为，一定有欧洲军队支援敌方，或者他们的军队受过欧洲的训练所致，他们从敌方发现了帽子和头巾，而他们认为帽子只能是英国人的……中国政府既然怀疑英国帮助了敌人，当然它对英国政府不会有好感也不会加以信任了。”见斯当东著，叶笃义译：《英使谒见乾隆纪实》，上海书店出版社，2005年，第261页。

加感觉到英吉利与“披楞”之间存在着联系,以致他在承德避暑山庄与英国使团见面时不给情面,给英国使团留下了不好的印象。[1]

其实,福康安先前有关“披楞”的奏报,对清朝的最高统治者产生了重大影响。九月十四日,军机处遵照乾隆谕旨,就曾询问过廓尔喀俘虏岗噶勒塔则西,噶勒塔则西对披楞的有关问题做了交代。对此,乾隆朝上谕档有如下记载:

> 乾隆帝命查问英吉利是否即系披楞部落。初,大将军福康安率军入藏,反击廓尔喀入侵,师次后藏,曾檄邻近廓尔喀之哲孟雄、布鲁克巴、披楞等部同时进攻,事未果。此事经福康安奏及,披楞有劝令廓尔喀投顺之语。至是,有旨令军机大臣询问在京安插之廓尔喀头目岗噶勒塔则西[2]“英吉利是否即系披楞”?岗噶勒塔则西回称,披楞并非部落名号,其地名为噶哩噶达,其人最为强横暴虐,人皆怨恨,称为披楞,犹言恶人。该部长居住之地西北界与廓尔喀相接,其交界地方距阳布(今尼泊尔加德满都)约三十余日路程,南界哲布萨,北界布鲁克巴,俱约行二十余日,西界第哩巴察,也有一月多路程。廓尔喀与噶哩噶达并非服属,噶哩噶达要买廓尔喀木材,廓尔喀常到噶哩噶达置买鸟枪、腰刀、火镰等项。廓尔喀王子亦因噶哩噶达强悍,常遣人往彼馈送物件。据岗噶勒塔则西判断,此次进贡之英吉利人状貌、服饰与噶哩噶达相似,大约噶哩噶达即系英吉利。至该处距广东澳门远近,岗噶勒塔则西亦不知其详。[3]

---

〔1〕根据斯当东的回忆:“陪同客人游览的所有主人都很亲切客气,唯独那位进军西藏的将军始终表示傲慢不逊的态度。他丝毫不掩饰他的憎恨英国人的情绪。他曾任两广总督,在广东领教过英国人的勇敢冒险精神,体会到英国人的富强甚至可以同中国较量,这可能是使他恼怒的原因。”见斯当东著,叶笃义译:《英使谒见乾隆纪实》,上海书店出版社,2005年,第354页。“特使本来可以乘此机会向和中堂试谈使节团来此的重大使命事项。但非常不幸,那位进兵西藏的将军也同在一起。他好像特地在此预防特使同中堂接近,阻止特使同中堂谈西藏战争的真相。”同上书,第352页。又据《多仁班智达传》记载,廓尔喀第一次侵藏后许银赎地议和签约时,廓尔喀头人玛木·萨野“身着披楞装”。参见《多仁班智达传》汉译本第280页,另参见下文。

〔2〕岗噶勒塔则西原系廓尔喀头目,被清军所获,在军营颇为出力。后奉旨送京安插于健锐营降番佐领,并令教习廓尔喀文,以备通译(《清高宗实录》卷1414)。

〔3〕《乾隆朝上谕档》第17册,北京:中国档案出版社,2001年,第560－561页。

至此,清统治集团终于明白,“此次进贡之英吉利人状貌、服饰与噶哩噶达相似,大约噶哩噶达即系英吉利”。虽然乾隆帝当时依然对噶哩噶达(加尔各答)与英国之间的本质关系不甚明了,但毕竟明白了披楞并非部落名号,实因与廓尔喀相邻的噶哩噶达人“最为强横暴虐,人皆怨恨,称为披楞”。而“噶哩噶达即系英吉利”,意识到英吉利不仅从海上来到中国,而且它的势力已经伸到了西藏近邻廓尔喀的西南。这不啻是一大进步。

乾隆皇帝在给英王复信中明确指出:“天朝尺土俱归版籍,疆址森然,即岛屿沙洲,亦必画界分疆,各有专属。”[1]福康安去热河避暑山庄,显然也向乾隆帝汇报了平定廓尔喀战争经过及其披楞问题。乾隆帝在接见英国使臣20余天后,发出上述谕旨,下令查问披楞与英吉利关系,并得到基本肯定的回答,也是清朝最高统治者在“披楞”问题认识上的进步,遂对英国在南亚次大陆的存在产生了警觉。

诚然,无论是乾隆帝,还是福康安,他们“对当时印度次大陆的政治局势的了解相当有限”,而且还存在相当多的问题。首先,他们依然坚持一种错误的世界观,以“天朝上国”自居,把披楞看成同周边邻国一样的朝贡国。乾隆六十年(1795)十二月二十五日,乾隆帝致英国国王信中还称“尔国王能知大义,恭顺天朝,深堪嘉尚”。[2]其次,清朝统治集团,特别是最高决策者乾隆帝对英吉利在南亚次大陆的代表“披楞”即英属印度政府的真面目并没看清楚,没有认识到它是个远比廓尔喀更狡猾危险的潜在对手,早就对我国西藏有所图谋,从而需要加倍提高警惕。英国本不愿意看见清朝在南亚次大陆势力及影响的扩大,但鉴于清朝余威尚存,在南亚其他诸小国都纷纷前往廓尔喀祝贺归顺清朝之际,不得不假心假意地派出使团前去表示庆祝,实属无奈之举。

4.3.3 英国对廓尔喀第二次侵藏的态度与马嘎尔尼使团访华

马嘎尔尼使团来华前,英国曾经派出卡斯卡特使团来华,但由于

[1]《清高宗实录》卷1435“乾隆五十八年八月己卯”条。

[2]《乾隆朝上谕档》,第18册。

卡斯卡特在前往中国的路上突然死去,其任务未能完成。1792 年,马嘎尔尼使团继续完成这个任务。英国派出使团的直接目的是改善在广东的贸易条件。此外,英国当局对马嘎尔尼暗示,回程可以考虑通过西藏线路返回。在给马嘎尔尼的谕令中,正如在给卡斯卡特谕令中说的那样,邓达斯(Henry Dundas,英国的外交大臣,正是他任命马嘎尔尼来华)认为英国大使不应该选择穿越西藏之路。与卡斯卡特使团一样,马嘎尔尼认真地考虑了通过东印度公司与北京之间沟通从而打开通往西藏商路的可能性,他苦苦地思索如何通往中国之路。当他在苏门答腊海面上航行之际,就写信给邓达斯,说他刚刚向康华利提出建议,"除了应通过广东与我联系外,还应通过西藏与我联系;我建议尝试那条从北京到西藏的路线,以便让您了解到,如果可能,我越早到达中国首都,到西藏成功的可能性就越大。"[1]

当马嘎尔尼写这封信的时候,他还不知道在喜马拉雅地区形势已发生变化,打通西藏路线已不可能。马嘎尔尼了解黑斯廷斯的对藏政策,但是通信的迟滞令马嘎尔尼对南亚次大陆形势一无所知。当马嘎尔尼于 1793 年在热河遇见福康安时,遭到了极为冷淡的待遇。福康安认为英国人曾经帮助过廓尔喀,中国官员曾就此问题诘问过英使。据马嘎尔尼的日记载,某日他和中国负责接待使团的钦差徵瑞、天津道员乔人杰、通州协副将王文雄三位官员闲谈,"其中一人忽然谈到英国在孟加拉的情形,他很肯定地说,今日驻孟加拉的英军,曾予西藏叛军以援助",马嘎尔尼为之愕然,但立即辩解道:"这种事情是绝对不可能的,我可以保证此说必非事实。那位大人说,不,这确是事实。当中国官军和叛军在西陲开战时,初时以为叛军不过是些乌合之众,官军一到,便可一举而扫平之,但交锋之后,才知道叛军也有作战能力,并非乌合,因此就怀疑到叛军中一定有欧洲人援助,否则不会善战至此。后来在某一次交战时,见叛军中有几个欧洲人为其指挥。而他们所戴的帽

[1] Alastair Lamb, *Britain and Chinese Central Asia: the Road to Lhasa*, 1767 *to* 1905, Routledge and Kegan Paul, London, 1960, p. 22.

子,则和我们英军的相同,所以怀疑他们是英军。”[1]

马嘎尔尼当时还不知道孟加拉和中国之间的接触情况及英国对中、尼战争所持的立场,他是从北京返回广州时接到英国和加尔各答的信件后才知情的。据乔治·斯当东(George Thomas Staunton)而言,有可能有些印度逃兵穿着英军军装参加了战斗。[2] 但马嘎尔尼感到此事颇关重要,如不明白解释,容易引起国际间的恶感,但他又拿不定主意,不知是否中国方面故作此言以试探英国有无觊觎中国边疆的野心,所以他极力申辩绝无此事,理由是从地理上看孟加拉和西藏距离很远,西藏有事,驻孟加拉的英军不仅不能参加,就连消息也未必得到。马嘎尔尼的申辩看来歪打正着,第二天那位官员表示相信马嘎尔尼的话,但又问,不知孟加拉英军是否也可以帮助中国军队讨平叛军吗?马嘎尔尼回答:“不。以地理来说,我们英军既然不能帮助叛军,就真有心助中国官军,也限于距离,有鞭长莫及之苦。”这一回答既否认了英军参与廓尔喀同中国战争的可能性,又给英方未响应中国的号召会剿廓尔喀找了一个理由,在不知情的情况下马嘎尔尼的回答可谓圆滑。关于此事,斯当东的《英使谒见乾隆纪实》一书中有详细记载。

马嘎尔尼来华后,于1793年9月11日在热河与和珅的谈话中,曾就英国占领印度后的情况做了如下叙述:“印度莫卧尔王朝发生了内乱,印度沿海几个省份的郡主们请求英国出兵保护,英国答应了他们的请求。英国出兵保护了他们,但这些王公们仍然保留着他们原来的一切荣誉地位。除此而外,英国绝不干预其他邻国的事务。”在这次谈话中,和珅只字未提英国人帮助西藏战争的传说。[3]

英国学者兰姆认为,马嘎尔尼使华碰巧与廓尔喀侵藏发生在同一个时间,但是马嘎尔尼一直到1793年12月到达广东开始往回走的时

---

〔1〕见《英使谒见乾隆纪实》,第285页。

〔2〕〔英〕乔治·斯当东著,秦仲龢译:《英使谒见乾隆纪实》,上海:商务印书馆,1963年,第48页。

〔3〕原文见斯当东著,叶笃义译:《英使谒见乾隆纪实》,上海:商务印书馆出版,1963年,转自斯当东著、秦仲龢译:《英使谒见乾隆纪实》,载沈云龙主编:《近代中国史料丛刊》871,第140-141页。

候才得知这个消息,当时他的出使已经结束了。正如他在日记中记载,在1793年8月16日,“我听到这个消息的时候非常震惊,但是我立刻告诉他们,此事绝对不可能,我以最坚决的态度就此事进行反驳”。马嘎尔尼紧接着认为,英国出兵援助廓尔喀之事很可能“只是一个用来考验我的编造的虚假事实,以此来证实我们的军队已经距离他们的边疆很近了”。几天后,他的这个猜测得到了证实,当时中国官员问他“孟加拉的英国人是否会帮助中国皇帝反击这些地方的叛乱”,马嘎尔尼只能说英国不会帮助中国人了。然而,没过多久,马嘎尔尼不得不承认,北京的中国政府真正相信英国人在最近的战争中反对过中国,也许是因为福康安的故意曲解,马嘎尔尼说,福康安曾经在他广东任职期间与英国人发生过冲突,[1]现在找到报复的机会了。当马嘎尔尼遇见刚从战场返回的福康安时,千方百计想讨好他,但福康安的态度极为冷漠。

马嘎尔尼深信,中国相信英国在喜马拉雅危机中扮演的角色而产生的误解,是他出使失败的主要原因。曾经和马嘎尔尼一同出使中国的斯当东,撰写了此次出使的实录,他认为卡斯卡特使团没有到达目的地是个悲剧。因为,如果卡斯卡特使团成功抵达目的地,在北京设立了英国办事处,那么在廓尔喀侵略西藏问题上,皇帝肯定会寻求英国出兵帮助保卫西藏,而不是依靠自己的军事武装平息战争(他认为中国军队的战斗力近年来有所下降)。如果英国能出兵相助(西藏),则在外交上又会赢得不少好处。[2]

马嘎尔尼认为有必要派出第二次使团去北京,澄清误会,不仅仅因为只有中国解除了对英国的怀疑后才可能在中英关系方面有所进展,还因为这种怀疑的存在对英国东印度公司在其领地的每个边界都形成了一种威胁的态势。此外,一旦中国人不再怀疑,英国人或许可以从最近喜马拉雅发生的一连串事件中获得好处。马嘎尔尼在1794年

〔1〕Alastair Lamb, *Britain and Chinese Central Asia: the Road to Lhasa*, 1767 *to* 1905, Routledge and Kegan Paul, London, 1960, p. 27.

〔2〕Alastair Lamb, *Britain and Chinese Central Asia: the Road to Lhasa*, 1767 *to* 1905, Routledge and Kegan Paul, London, 1960, p. 28.

2月3日给约翰爵士的信中清楚地暗示了一点,中国人已经得知英国人在邻近中国边疆的势力极大。"我们在孟加拉的政治地位,对我们在整个中华帝国的贸易扩张帮助甚大。"[1]

然而马嘎尔尼提议的第二次使团并没有立即派出,英国对西藏尼泊尔战争产生的误解十分重视,伦敦于1795年给北京写信,专门提到此事。1796年,在致乔治三世的信中,乾隆皇帝以居高临下的姿态说道,英国的调停来得太晚,对战争的过程没有产生任何影响,因此,中国没有必要对英国心存感激。

谕旨原文如下:

皇帝敕谕英吉利国王,知悉尔国远隔重洋,上年遣使恭赍表贡航海祝寿,朕鉴尔国王忱悃,令使臣等瞻觐预宴锡赉骈蕃,颁发敕谕回国,并赐尔国王文绮珍玩,用示怀柔,兹尔国王复备具表文、土物由夷船寄粤呈具见恭顺之诚,天朝抚有万国,琛赆来庭不贵其物,惟重其诚。已敕谕疆臣将贡物进收,俾伸虔敬。至天朝从前征剿廓尔喀时,大将军统领大兵深入,连得要隘,廓尔喀震慑兵威,匍匐乞降,大将军始据情入奏,天朝仁慈广被,中外一体,不忍该处生灵咸就歼除,是以允准投诚,彼时曾据大将军奏及尔国王遣使前赴卫藏投禀劝令廓尔喀投顺之语,其时大功业已告成,并未烦尔国兵力,今尔国王表文内,以此事在从前贡使起身之后,未及奏明,想未详悉始末。[2]

兰姆认为,马嘎尔尼使团并没有给中英关系带来任何重大转机,1795—1796年的通信也毫无结果。失败的原因主要在于中国对外交关系观念本质的理解上,而远远不是因英国在1788—1792年中尼战争中扮演的角色所产生的任何误解;对中国人而言,外国的使团只是来向北京朝贡并承认天子绝对权威的。在这种情况下,英国国王派出任何使团到中国,也不会取得比马嘎尔尼使团更大的成果。除了像波格

[1] Alastair Lamb, *Britain and Chinese Central Asia: the Road to Lhasa*, 1767 *to* 1905, Routledge and Kegan Paul, London, 1960, p.28.

[2]《乾隆朝上谕档》第18册,北京:中国档案出版社,1998年,第974-975页。

尔或者黑斯廷斯那样类型的使团,投机性、灵活性更大,他们时刻准备牺牲尊严来换取商业贸易好处,很有可能获得成功。西藏和喜马拉雅事件对英国使团第一次来华的失败根本没有多大影响。[1]

由此可见,清廷对于英国介入廓尔喀侵藏一事非常敏感,高度警觉,从福康安到乾隆都是如此。战争发生不久英使马嘎尔尼便来华,清政府开始注意这个海上强国,一方面来自东部沿海的威胁,一方面来自中国西南边陲西藏的威胁。然而,即便统治集团感觉到了这种威胁,仍旧未能改弦更张,顺应时代潮流,而是固守传统,故步自封。另一方面,我们似应改变以前对于清帝笼统的"夜郎自大"及类似的评价,具体问题具体分析。清朝在当时的确是东亚第一强国,且周围没有对手与之抗衡。但随着西方殖民者不断接近并且隐隐威胁到了中国周边沿海地区的时候,中国统治者并非麻木不仁。其实早在康熙时代晚期,作为最高统治者的康熙就已经意识到了"西洋"可能对中国造成的威胁。[2] 雍正帝更是小心翼翼,尤其关注未能前来朝贡的日本国。[3] 乾隆时代,这种危机感加深加重了。

4.3.4 嘉道以来清政府对"披楞"认识的变化

清政府成功平定了廓尔喀侵藏战争后,制定颁布了《钦定藏内善后章程二十九条》,完善了西藏的行政管理体制,特别是加强了西藏边防和外贸管理,给藏印之间的商业活动予以沉重打击,英国既定的对华陆路战略也因此受阻。19 世纪以来,南亚次大陆政治形势变得更加复杂。如何认识这种区域局势,采取正确的因应对策,直接关系到作为我国西南边陲西藏的安全。乾隆皇帝的继任者们面临着新的考验和挑战。

---

〔1〕Alastair Lamb, *Britain and Chinese Central Asia: the Road to Lhasa*, 1767 *to* 1905, Routledge and Kegan Paul, London, 1960, p. 29.

〔2〕康熙原话如下:海外如西洋等国,千百年后中国恐受其累,此朕逆料之言……国家承平日久,务须安不忘危。《清圣祖实录》,卷 270。

〔3〕雍正三年,雍正帝将李卫从云南布政使升迁到浙江这个对日贸易的要地任巡抚,不久又增设浙江总督一职,再次提擢李卫。李卫精明干练,深得雍正帝宠信。李卫在任上汇报了大量有关日本和赴日贸易商人的情报。雍正对日本疑虑甚重,但并未阻止与日本的贸易。

不幸的是，嘉庆、道光皇帝并没有认真继承他们先辈在对外关系方面的优秀遗产，没有也不可能改变祖宗代代相传下来的“天朝上国”观念。特别是嘉庆帝对南亚次大陆形势的认识，对“披楞”的警惕，不但没有进步，反而倒退了。

由于历史和地缘关系，进入19世纪之后，廓尔喀、哲孟雄、布鲁克巴等，继续和清朝特别是西藏地方政府保持着密切关系，它们和所谓“披楞”即英属印度政府之间的纷争和重大变故，无一不向驻藏大臣报告，而驻藏大臣也无一例外地将其奏报朝廷。因此，清政府经常获得有关南亚次大陆的信息。皇帝上谕和驻藏大臣等相关奏折文书档案，都反映出清朝政府对南亚次大陆政治形势的关注和认识。

嘉庆五年(1800)，廓尔喀王国发生内乱，国王拉特纳巴都尔逃往印度。次年秋，哲孟雄给清朝驻藏大臣去信，报告“廓尔喀喇特纳巴都尔与噶箕不和，借披楞之兵与廓尔喀打仗”的信息，并向驻藏大臣请求援助军火，以便乘机从廓尔喀手中夺回其被霸占的土地。清廷认为“此系伊等(指哲孟雄、廓尔喀)家事，原可置之不问。至哲孟雄系边外小部落，从前曾被廓尔喀侵占地方，今见伊境内彼此构衅，欲乘间借端复夺侵地，故以通好为名探听消息。并恐该处不令入境，希冀倚仗天朝声威，檄谕廓尔喀，以遂其诡计。至火药系内地操演兵丁之用，尤不应擅行请给”。[1]

嘉庆七年(1802)十月，清廷“风闻披楞之兵已将廓尔喀部落侵夺六处”，谕令驻藏大臣英善等，“此等蛮触相争竟可不必过问”。[2] 不久，两国休兵和好，清朝统治者指示西藏地方“廓尔喀一带边防本应随时严密查察，即该部落素属安静，亦不可稍涉大意”，“严饬卡隘各员慎重边防”。[3]

嘉庆九年，披楞“与甲噶尔部落争斗”兵败，担心廓尔喀发兵夹攻，便对流亡印度的拉特纳巴都尔国王大献殷勤，然后送回国去。老国王

[1]《清仁宗实录》卷89“嘉庆六年十月丙寅”条。
[2]《清仁宗实录》卷104“嘉庆七年十月壬戌”条。
[3]《清仁宗实录》卷119“嘉庆八年八月戊寅”条。

回到阳布(加德满都),把小王子监禁的玛木萨野等开释,将仇敌噶箕达木达尔帮里全家锁拿,同时放出噶箕4人,并让噶箕为其办事。由于披楞插手,尼泊尔王国政局再次发生变化。一些追随小王子的大臣纷纷逃走。拉特纳巴都尔将南北两路封锁,下令必须请照方准放行。噶箕因不愿效力国王,与差人逃到藏尼边界,将实情告知西藏驻守边界营官,"意欲携家逃入唐古忒境内"。二月十八日,驻藏大臣英善、福宁具奏朝廷。清廷对披楞插手尼泊尔内乱十分关注,明示驻藏大臣:"明白告知尔乃首领,办事之人如能尽心办事,即系廓尔喀出力之人,王子自必照旧相待;若背叛私逃,即系获罪之人。天朝规矩,断不收留逃叛之人,二位大人亦断不准尔入。况屡奉大皇帝谕旨,边外之人不得擅行越境,我等亦断不肯放尔入界,自取咎戾"。[1]

由于英国为征服印度南部迈索尔大公国而发动的长达32年之久的迈索尔战争胜利结束,英国殖民者不但将法国殖民势力逐出印度大陆,而且,在征服整个印度的殖民主义扩张中取得了重大进展。"披楞"即英属印度政府及东印度公司更加紧了对我国西藏周边邻国的渗透蚕食。其中,扼印藏重要商道的尼泊尔及锡金首当其冲。它们不断向宗主国清朝控告"披楞"的侵略,要求给予援助。清政府都毫无例外地一次又一次严加拒绝驳饬。嘉庆十九年(1814),"披楞"即英属印度政府首先利用锡金与尼泊尔边界纠纷,开始将锡金纳入英国保护之下。接着,把目标集中对准廓尔喀。廓尔喀感到严重威胁,国王向驻藏大臣再次请求声援。值得注意的是,尼泊尔国王的禀报还提到,"披楞"不仅仅是与尼泊尔争斗,还会进一步"与唐古忒构衅"。驻藏大臣瑚图礼、喜明、珂实克奏折做了这样的记载:

闻得披楞王子派人探听道路,欲将唐古忒扫除,霸占地方,然后再往内地闹事,该王派人将路径阻挡,披楞之人目下即不前来,冬间定必争闹,恳求赏给该王金银各物以资争战等语。

---

[1]四库未收书辑刊编纂委员会编:《四库未收书辑刊·叁辑·捌拾册·廓尔喀案不分卷》,北京:北京出版社,2000年,第687-688页。下引此书资料,只注书名、辑数、册数、页码,省去编者、出版时间。

清朝最高统治者如何看待这样一个直接涉及“披楞”图谋自己国家版图的重要报告呢？嘉庆十九年九月初八日上谕说：

> 披楞在廓尔喀西南，与唐古忒不通闻问，素无仇隙，岂有越境远来与唐古忒构衅之理？自缘廓尔喀与披楞连年争斗，求助天朝屡干驳斥，是以妄言耸听，希图赏赐金银，遂其私愿，所言实不可信。瑚图礼等缮檄驳斥，所办甚是。廓尔喀接到檄谕，如不再渎禀则已，如果再来尝试，喜明等当严加驳谕，以天朝一视同仁，从无因外藩被兵赏赐金银之事。即使以金银赏助，仍须尔国自为备御。如备御不力，非但赏去金银被其抢夺，即尔国自有财物亦难保守。尔国疆土界在披楞及唐古忒之间，披楞欲至唐古忒闹事必先将尔国抢占，断不能越境而来，尔为天朝固守藩篱，即所以自固藩篱，无庸多为冒渎。如此明白饬谕，该国王自当畏服凛遵，不敢再行渎禀。且廓尔喀此次禀内既有披楞欲将唐古忒霸占，再往内地闹事之语，边疆紧要不可不加意备防。喜明等仍当密为留神，随时侦探，以杜窥伺而靖边陲，将此谕令知之。[1]

1814 年 11 月，“披楞”即英属印度政府借边界纠纷正式向尼泊尔宣战，战争爆发。这场战争前后持续一年之久。最后以廓尔喀失败求和，签订包括割让土地等内容的《塞哥里条约》结束。从此，英国势力正式进入尼泊尔。1814 年披楞廓尔喀战争，集中反映了嘉庆朝统治者对南亚次大陆区域形势的基本认识及其因应对策。

首先，清朝始终以“天朝上国”的心态观察南亚次大陆的形势，俨然以宗主国自居，甚至将“披楞”也视为同尼泊尔、锡金等一样的属国或外藩，居高临下，动辄声称“天朝抚驭外藩”，“大皇帝抚驭万邦”。

第二，嘉庆皇帝认为，这场战争是“廓尔喀自不安分，招怨邻邦，连年争斗不息”[2]的结果。凡“外藩”之间的争斗，非大清帝国内部之事，只能采取不介入的态度，不偏袒任何一方。故对廓尔喀、哲孟雄求粮求饷，一概拒绝。清廷再三强调，“廓尔喀与披楞彼此争斗，既在边

[1]《四库未收书辑刊 · 叁辑 · 捌拾册 · 廓尔喀案不分卷》，第 690 页。

[2]《四库未收书辑刊 · 叁辑 · 捌拾册 · 廓尔喀案不分卷》，第 695 页。

境之外,总当置之不问”。[1] 战争爆发前夕和之中,尼泊尔多次要求赏银给饷,给予帮助。清廷回答:“天朝抚驭外藩,从无赏给饷银令与邻国构兵之理,即如缅甸与暹罗同为天朝属国,伊两国从前累有争战之事,彼时大皇帝从未偏助,今尔等彼此相争,事同一律,若此时帮助尔国,岂披楞前来求助亦帮助披楞乎?如此明白晓谕该国王不能再行渎请”。[2]“大皇帝抚驭万邦,一视同仁,总欲外藩永享升平之福”。[3]对于披楞与廓尔喀之间的战争,清朝推行“或战或和,一概不问,求赏求兵,一概不准”[4]的十六字方针。

第三,关心事态发展,严守边界,防止祸端蔓延到国内,危及自身安全。廓尔喀和披楞战争爆发后,清朝就让西藏边防官兵探听战争情形,密切注意事态发展,指示驻藏大臣喜明等“督率边界营汛加意训练,留心防范,并派明干将弁,在彼时常侦探。如披楞与廓尔喀只在边外构衅,总当置之不问;倘披楞之兵竟敢闯入边界,则当示以兵威,痛加剿杀,立时驱逐出境,勿稍松懈”。当战争形势变得严峻后,嘉庆帝谕军机大臣等,“披楞势颇披猖,廓尔喀兵败地蹙,将来披楞或竟将廓尔喀国土并吞,并将其王子戮害”。他担心一旦“披楞”得手,廓尔喀难逃厄运。但他坚持只要披楞“于边境无犯,则总系外夷之事,蛮触相争,得失俱可不问,断不能因廓尔喀之故,向披楞兴师问罪”。同时,嘉庆帝命将军赛冲阿为钦差大臣,带兵进藏,“严防边界”,并交代“断勿协助廓尔喀。若披楞扰及藏地边界,必应痛剿驱逐,切勿贪功穷追。若廓尔喀王子情急,本身来投,亦可收留,妥为安插,严堵披楞,勿令阑入。若两处讲和罢兵,汝即回成都可也”。[5]

但是赛冲阿进藏之后,不请示朝廷,自作主张,竟向交战双方发布檄文。嘉庆帝获悉,大为震怒,严厉斥责“所奏实属妄诞纰缪之至。此次令赛冲阿带兵赴藏,原为严防边界,并令该将军到藏以奉旨询问达

---

[1]《清仁宗实录》卷305“嘉庆二十年四月丙子”条。

[2]《四库未收书辑刊·叁辑·捌拾册·廓尔喀案不分卷》,第696页。

[3]《四库未收书辑刊·叁辑·捌拾册·廓尔喀案不分卷》,第716页。

[4]《四库未收书辑刊·叁辑·捌拾册·廓尔喀案不分卷》,第750页。

[5]《清仁宗实录》卷317“嘉庆二十一年三月戊申”条。

赖喇嘛呼毕勒罕为名，不可稍露风声。乃赛冲阿竟不钦遵办理，辄首先出名，将让路阻贡之词分驰二檄诘责廓尔喀、披楞。其诘责廓尔喀之词已属糊涂无理，至诘责披楞则谬妄更出情理之外。如披楞接到檄谕，该国王以让路阻贡之言系廓尔喀捏禀恳请天朝发兵，其将何以应之？若恃其险远，竟承认伊向廓尔喀曾有此言，又岂能因此一言即大兴师旅穷兵黩武乎？至廓尔喀屡次投禀请兵、请赏，今接到檄文，即回禀以前此屡禀驻藏大臣，未蒙转奏，今闻大皇帝特差将军带兵前来感恩欢喜。其让路阻贡之言实系披楞所说，恳请天朝发兵，万里远征，国家何所为而出此？若如赛冲阿等檄谕所言，我兵两路进捣阳布，檄饬披楞攻其南面，则廓尔喀臣顺多年，不恤其难，转率同外夷夹攻其地，堂堂天朝大体安在？赛冲阿此举，首鼠两端，进退无据，朕惟自恨误用无能奴才之咎，曷胜愤懑。看来伊因朕派令赴藏，即妄起贪功之心，欲构成边衅，以邀爵赏，而置国家大局于不顾，是诚何心，太不度德量力矣！况如此重大军情，不待奏闻，先行驰檄，其专擅之咎亦无可辞”。[1]

嘉道以来，清朝“盛世”早已结束，经过川、楚、陕、豫、甘五省白莲教大起义的打击，清朝已由盛转衰，国库开始捉襟见肘，更何况嘉庆十八年京师刚刚发生天理教紫禁城之变，鉴于严重内患局面，再也不能添外忧了。嘉庆帝最怕赛冲阿檄文在披楞方面引起强烈反应，导致中国与披楞冲突，从而带来严重后果。所以，他愤然将赛冲阿拔去双眼花翎，将其降为二品顶戴。喜明、珂什克并不阻止，随同会衔，俱着降为三品顶戴，喜明并拔去花翎。[2] 幸好，廓尔喀在首都阳布尚未失守之前速成和局，披楞获得最大利益自然满意，赛冲阿没有受到惩罚。不仅如此，他反而因为促成“两国讲和、边界宁谧”，令皇上“欣慰”而受嘉奖。[3] 清廷上下，对尼泊尔以割让土地为代价，成为“披楞”推行其陆路战略的桥头堡而给西藏造成的威胁则浑然不觉。

但有一点很明确：如果“披楞”兵进西藏，危害国家最高利益，清政

〔1〕《清仁宗实录》卷318“嘉庆二十一年五月戊戌”条。

〔2〕《清仁宗实录》卷318“嘉庆二十一年五月戊戌”条。

〔3〕《清仁宗实录》卷318“嘉庆二十一年九月丁卯”条。

府定会断然采取强硬手段。嘉庆帝谕令“披楞于侵夺廓尔喀后”,“竟敢恃强不戢,扰及唐古忒边境,则必当痛加剿杀,示以兵威”。[1] 在维护国家主权、安全问题上,嘉庆帝同康、雍、乾三帝的态度基本一致。

第四,对“披楞”缺乏认识,特别是对“披楞”即英属印度政府图谋西藏的本质没有一点认识,完全丧失应有的警惕。如前所述,披楞和廓尔喀争端刚刚开始,廓尔喀国王给驻藏大臣来禀,内称:“闻得披楞王子派人探听道路,欲将唐古忒扫除,霸占地方,然后再往内地闹事,该王派人将路径阻挡,披楞之人目下即不前来,冬间定必争闹,恳求赏给该王金银各物以资争战等语。”可是,清朝方面却认为“披楞地方在廓尔喀西南,并无仇隙,该国之人亦从未到过藏地,岂有无故越境远来与唐古忒构衅之理?所言殊不可信”。[2] 作为驻藏大臣,瑚图礼、喜明等人不应该忘记,其前任及西藏达赖、班禅同“披楞”早有联系,西藏地方当局也派人到过披楞,更不用说福康安还给披楞发过檄文。怎能说披楞“素与唐古忒不通闻问”。瑚图礼、喜明等奉旨调查,曰“查披楞与唐古忒素无仇隙,该国之人亦从未到过藏地,今无故探听道路,欲侵扰唐古忒地方,想来并无此事”,[3]完全是信口开河。

诚然,不排除廓尔喀王所禀有为自身安全考虑从而怂恿清廷出兵相助的危言耸听成分,但客观地讲,在那种时刻,本应宁信其有,勿信其无。后来,廓尔喀国王多次致信说“倘若将廓尔喀占去,披楞势必来侵占唐古忒,此话是一定的”。“今我们将廓尔喀地方保守得住,唐古忒方才清吉,若披楞大兵前来,如无钱粮怎能与他打仗,若没了廓尔喀,唐古忒也难以保守,若披楞来至唐古忒地方,又与内地不便,要晓得这样不如廓尔喀与唐古忒合同一心诛灭敌人就不难了”。[4]

然而清政府却认为:“披楞欲至唐古忒闹事,必先将尔国(即廓尔喀)抢占,断不能越境而来。况披楞与唐古忒素无仇隙,尔王惟当自固

---

〔1〕《四库未收书辑刊·叁辑·捌拾册·廓尔喀案不分卷》,第724页。

〔2〕《四库未收书辑刊·叁辑·捌拾册·廓尔喀案不分卷》,第687－688页。

〔3〕《四库未收书辑刊·叁辑·捌拾册·廓尔喀案不分卷》,第690页。

〔4〕《四库未收书辑刊·叁辑·捌拾册·廓尔喀案不分卷》,第699页。

藩篱，毋庸多为”。[1]

清朝将殖民地遍及全世界的英国视为“幺么小国”，可谓无知，自然无法了解英国的对华陆路战略。事实上，廓尔喀王不止一次提醒清政府：“披楞之人，心怀不善，名与我国争战，实意欲想唐古忒，若将唐古忒灭了，必有想北京之意”。[2] 不料，嘉庆皇帝听后大为震怒，认为这番话“极为悖谬”：

> 以唐古忒地方自圣祖仁皇帝开拓以来，为喇嘛焚修之所，派有驻藏大臣，带有重兵镇守，屯戍相望。披楞以徼外幺么部落，何敢生心窥伺？若果披楞竟敢扰及唐古忒边界，大皇帝发兵剿办，必将披楞立即殄除，至北京系大皇帝都会，距边疆万余里之遥，廓尔喀噶箕人等瞻观来京往来行走，俱所稔悉，披楞岂能逾越山川，自取败灭？看来披楞之人虽极愚昧无知，亦万无是想，此语竟系尔国捏造，异图动听以为求助之地，不知造此狂悖之语即已自干重戾，若奏知大皇帝，决不宽恕，必先治国王之罪。至披楞令尔王投诚一节，尔等两国相争，投诚与否，天朝俱不过问，况闻知尔国已有人前往披楞说和。现在并未打仗，有待至七八月之议，尔国何得张大其词，屡次渎禀，如此饬谕，方为得体。[3]

廓尔喀争辩说：

> 我想廓尔喀系投诚天朝之人，怎与披楞相比？披楞之人，心怀不善，自南方海边起，已占至北方，山边所有各处王子俱已吞并。今名与我国争战，其实想要唐古忒，若将唐古忒灭了，必有想北京之意，披楞所惧的是廓尔喀现系投诚天朝之人，恐怕天朝多将金银帮助廓尔喀，披楞就难以抵敌，其实不知我国只系尽我部落所有的钱粮与他争战，今我国业已空虚，饿兵岂能打仗，无奈备表恳求。[4]

廓尔喀打比喻道：

---

[1]《四库未收书辑刊·叁辑·捌拾册·廓尔喀案不分卷》，第702页。

[2]《四库未收书辑刊·叁辑·捌拾册·廓尔喀案不分卷》，第706页。

[3]《四库未收书辑刊·叁辑·捌拾册·廓尔喀案不分卷》，第706－707页。

[4]《四库未收书辑刊·叁辑·捌拾册·廓尔喀案不分卷》，第707－708页。

若(廓尔喀)投诚披楞,就不能容我与天朝进贡,只得遵奉披楞吩示,叫我投诚两处实在为难。廓尔喀好比唐古忒南方铁门,如将铁门打破,唐古忒也难保。〔1〕

廓尔喀所言,字字句句铿锵有力,但清统治者仍闭目塞听。面对廓尔喀不断向清廷写信求援,英属印度政府也展开了外交活动,"披楞部长"不断通过驻藏大臣给清廷"呈禀",极力将战争责任推给廓尔喀,把自己装成受害者。披楞部长声称"所诘让路阻贡之语,实系廓尔喀捏造。蒙大皇帝洞鉴,感激欢喜,披楞因受廓尔喀欺凌,与兵报复,今已和息,彼此交质,较前更为和睦"。驻藏大臣认为披楞来禀"情词极为恭顺,又自称为披楞头人,不敢以番酋自居,尤足征天朝之意,谨将译出。披楞两次递来夷禀三封并奴才等覆谕另封恭呈御览。披楞部长头人恭顺可嘉"。〔2〕"披楞"写给驻藏大臣并转交给清朝皇帝的信,可谓情词恳切,打动人心,也满足了清帝的天朝心态。英国正是这样蒙骗清朝统治者的:

仰蒙大皇帝不信廓尔喀言语,特派大将军前来查办等因,由哲孟雄送交然布头人萨野巴,转送我处,接奉之下,甚为欢悦。想我披楞以受天朝恩典,断无叫廓尔喀、哲孟雄让路之事。况我披楞素非奸诈之人,这是大皇帝洞鉴的。我们部落贸易之人,常在天朝地方往来,万不能妄想天朝地方。今将我们情由据实禀明,廓尔喀曾已数年招惹我们披楞,我们披楞系好生之人,以好意并未理会,心想与他同到两下界址,查明所争地方应归谁家管理,是以我们两家各差人到所争地方,查明实系我们披楞所管,我们两家前已言明,此地方系谁家管的就归谁家管理,乃廓尔喀不依所议,前来侵占。我们无奈,只得派兵前去把守,随便征收该处钱粮。又吩谕该处兵丁等,若有廓尔喀之人即行逐出。该兵丁等到彼将廓尔喀之人逐出,后来廓尔喀带领许多兵丁于夜间前来偷营,将我们兵丁杀死大半,并伤的人很多,又将我们带兵头人捉去折磨至死,其

〔1〕《四库未收书辑刊·叁辑·捌拾册·廓尔喀案不分卷》,第712页。

〔2〕《四库未收书辑刊·叁辑·捌拾册·廓尔喀案不分卷》,第758页。

余兵丁逐回本处。这样丧尽天良糟蹋我们,我们面上羞愧,才派兵前去报仇,与他打仗。因一蒙苍天保佑,二来我们有理,三仗我们兵势武艺,故此得胜。[1]

"尔部落之人曾在天朝地方贸易,素通声教"。[2] 清朝认为披楞不过是"部落之人",摸不清英属印度政府的底细。18至19世纪,英国资产阶级为了掠夺殖民地和开辟商品市场,惯用花言巧语把自己伪装起来,掩盖其种种罪恶。如果说乾隆帝和福康安对"披楞"这个陌生客人多少有些警觉和忧患意识的话,那么,嘉庆皇帝对正一步步向西藏逼近的"披楞"则丧失了警觉。对拥有全世界1/4殖民地的"日不落"帝国,认为其不过是"幺么小国,何能为患"。清帝国连自己现在世界上处于什么位置都不清楚,虚骄到极点。

英尼战争后,南亚次大陆政治格局更不利于清朝。披楞因与廓尔喀签署了《塞哥里条约》而正式进入尼泊尔后,通过培植亲英势力,挑拨离间,使昔日的亲华势力大为削弱。与此同时,英属印度政府和东印度公司加紧向西藏渗透,派遣间谍,搜集情报。道光十年(1830),西藏就抓获了为披楞搜集情报的克什米尔人阿玛阿哩,他"时常探问西藏及内地情形,查出记事簿三本,并有披楞书信及该番寄复信底"。据阿玛阿哩交代:"从前为披楞经管税务等事,披楞头人曾有给赀生理嘱探情形之议。"这本是个重要信号,可是驻藏大臣奉旨:"以披楞素来恭顺,远在廓尔喀、哲孟雄、布鲁克巴之外,从前头人业经身故,与现在头人尚无干涉。且该番坚称,此来并非披楞所使。若遽绳以法律,恐生疑畏。"最后以"该番不识天朝例禁"而将其释放。[3] 直到道光二十年(1840)英国侵略中国的鸦片战争爆发,"披楞"宿敌廓尔喀国王给驻藏大臣孟保写信,清廷才知道"披楞"乃英国所属。

道光二十一年(1841)春,上谕军机大臣等:"据驻藏大臣孟保等奏:'廓尔喀国王禀称,披楞与京属汉人争战,被京属烧毁洋船,情愿去

---

〔1〕《四库未收书辑刊·叁辑·捌拾册·廓尔喀案不分卷》,第763－764页。
〔2〕《四库未收书辑刊·叁辑·捌拾册·廓尔喀案不分卷》,第764页。
〔3〕《清宣宗实录》卷179"道光十年十一月丙寅"条。

打披楞等语。经该大臣等驳饬,旋查得披楞为英吉利所属,该国人常在广东贸易。其与京属打仗,据称在聂噶金那地方,因在外洋,不能指实界址。惟知披楞之东系噶哩噶达地方,直达广东。又称第哩巴察为西南一大国,噶哩噶达及披楞皆其所属。而该夷向呼英吉利为第哩'等语。究竟披楞是否即英人所属,与广东相去远近若何,并着祁贡查访具奏。"[1]两广总督遵旨旋即查明复奏:"查加尔格打系孟加拉地方之内城,为英吉利属国,因夷人呼加为噶,呼尔为哩,故亦名噶哩噶达,其地计水程二十余日可到广东。披楞在噶哩噶达之西,亦英吉利所属,英人呼官长为第哩,未闻有第哩巴察之名,聂噶金那即聂噶钗那,例译作在中国海岸五字。"[2]上引文献中的"京属"指广东。至此,清统治者才如梦初醒。原来,南亚次大陆政治舞台上的"披楞"同正在广东侵略大清帝国者竟是一国,即英吉利。

此后,随着英国侵略势力扩大到喜马拉雅山地诸国及印北地区,披楞加紧了染指我国西藏的活动。道光二十六年(1846),"有披楞人投递夷禀,欲向唐古特交易",要求"于后藏定界通商"。这时,清统治者已经认清"披楞即英吉利国",[3]两广总督耆英对英国侵略者企图打开西藏大门的要求断然拒绝。道光帝也明谕军机大臣等:"该督仍遵前旨,申明条约,毋任狡执。俾知成约坚明,五口通商之外不得再生枝节,是为至要。"还称"西藏本有定界,毋庸再勘,通商系原约所无,不得违背","惟英人诡谲异常,自应训练兵丁豫为防范"。[4]同治二年(1863),川边瞻对土司头目工布郎杰父子再度叛乱。清廷在给川督下达加紧平叛的谕令中,再次提醒:"至藏地西南两面及西北界外各部落,已多归附披楞,廓尔喀又屡为披楞助兵,侵占各处土地,所有抚绥番众以广招徕,毋令再为披楞诱惑之处。"[5]

---

〔1〕《清宣宗实录》卷384"道光二十一年三月癸巳"条。

〔2〕《清代藏事辑要》张其勤原稿,吴丰培增辑,拉萨:西藏人民出版社,1983年,第404-405页。

〔3〕《清宣宗实录》卷437"道光二十六年十二月丁丑"条。

〔4〕《清宣宗实录》卷437"道光二十六年十二月丁丑"条。

〔5〕《清穆宗实录》卷58"同治二年二月丙申"条。

与此同时,法国传教士也已深入四川藏区进行阴谋活动,有了警觉的清廷下令追查,并怀疑法国传教士罗勒拏、肖法日等利用发茶包形式,在巴、里一带"散给汉兵,要结人心,并捏造谣言,诱惑巴塘正副土司投赴瞻逆",罗勒拏等答曰,"景纹奉有谕旨,将前藏所属之擦瓦博木噶地方,赏交伊等永远管理。凡有天主教之人进藏者,不准阻止等语"。清廷认为,"如果属实,是该教士假传诏旨,殊属可恶。除谕令总理衙门向法国住京公使据理驳斥外,着崇实、骆秉章严饬沿边各属认真查察。如有内地传教之人潜赴藏地者,概行截回,毋令乘闲偷越。披楞因法国有入藏传教之信,亦欲来藏通商,其意实属叵测"。[1]

英国的炮舰政策,惊醒了国人,一些知识精英开始反思,睁眼看世界,纷纷撰文著书,介绍"披楞"的有关情况。而相继遭受两次鸦片战争打击的清统治者,终于开始认识到披楞侵夺西藏南方屏蔽哲孟雄、布鲁克巴,给西藏安全带来的威胁。同治四年(1865),针对驻藏大臣满庆有关"披楞声言借路赴藏,与布鲁克巴构兵"奏报,同治帝下谕,"披楞欲假道布鲁克巴赴藏贸易传教,已将布属之甲昔、巴桑、卡栋桑等处地方占夺","惟哲孟雄、布鲁克巴皆为西藏南方屏蔽。布鲁克巴既有与披楞构兵之事,藏属边防必须豫筹布置。满庆等已责成江孜戴琫并附近边界各营官,以派兵赴瞻对为名,调集土兵操练。即着认真训练,严密布防,不可稍涉张惶,致动外夷猜忌"。上谕还强调,"披楞即系英国,虽与中国相安,而唐古特番众又不愿彼国之人至藏贸易传教"。[2],务必细心斟酌,妥筹至善处理

光绪二年(1876),英国通过《中英烟台条约》,强迫清政府同意从次年开始,英国人可申请到西藏游历,总理衙门不但要发给护照,而且应知会驻藏大臣"妥为照料"。[3] 急于打开西藏门户的英国侵略者加紧在哲孟雄修路,为入藏作准备。清廷获悉"披楞头人现向布鲁克巴部长租地修路,意欲来藏通商",立即指示驻藏大臣,不仅要对披楞租

[1]《清穆宗实录》卷82"同治二年二月甲申"条。

[2]《清穆宗实录》卷138"同治四年五月辛丑"条。

[3]王铁崖:《中外旧约章汇编》,三联书店1957年,第1册,第350页。

地通商设法禁阻,而且强调"哲孟雄既已认租修路,难保不暗中勾结引进。着松溎妥慎筹办,相机开导,务令申明旧章,各守疆界;并饬周溱等剀切劝谕,勿任往来勾结,遂其诡谋"。[1]

如果说乾隆帝和福康安等对西藏近邻"披楞"多少还有些警觉的话,那么,在以后近半个世纪里,清统治者对"披楞"的认识反而在倒退。面对世界资本主义全球化的浪潮,清帝依然用陈旧的藩属观念去看待不断变化的世界,墨守成规,不思进取,陶醉于"天朝上国"的迷梦之中。

〔1〕《清德宗实录》卷29"光绪二年四月癸酉"条。

5 撤除西藏的藩篱：英国侵藏的准备阶段

清朝在取得反击廓尔喀入侵战争的胜利后，对西藏地方的边防和对外来往采取了一系列的措施，颁布了具有基本法性质的《钦定藏内善后章程二十九条》，令英国企图渗透、直接染指西藏的道路受阻。但英国并没有停止侵略的步伐，其对华陆路战略决定了英国继续渗透、控制尼泊尔、锡金和不丹，撤除西藏的藩篱，为下一步武装进攻西藏创造条件。

在撤除中国西藏南部周边藩篱的同时，英国并没有中断对我国西藏的“考察”，并将目标首先对准了西藏西部阿里地区的拉达克，并利用查谟地区的多格拉族（亦称道格拉）入侵拉达克而控制了中国西藏地方的拉达克地区。由此可知，英国侵略西藏前的准备阶段是全方位的，内容不仅涉及尼泊尔、锡金、不丹，而且首先将其魔爪伸到了我国西藏阿里地区的拉达克。

5.1 英国人在西藏的“探险考察”[1]

英国两次妄图在廓尔喀入侵西藏的战争中渔翁得利的企图失败后，并没有放弃向西藏的渗透和扩张。自乔治·波格尔和塞缪尔·特纳作为最初来到西藏的英国人之后，英国人仍不间断地在整个19世纪对西藏进行“探险考察”。1802年，英国陆军上校克拉菲尔德（C. Crowford）、1808年中尉韦伯（L. Webb）、上尉雷珀（C. Raper）、赫森（Hearsay），还有科尔帕特克上校（C. Kirpatrick）等，他们秘密测绘了一

〔1〕此处并未涉及英国传教士，如安妮·泰勒等人。

些西藏南部及尼泊尔一带的地形,但未能深入到西藏腹地。[1] 然而,随着托玛斯·曼宁、威廉·穆尔克罗夫特、亨利·斯特里奇等人陆续来到拉萨等地,英国对西藏的了解日渐加深。

这些英国人游历于西藏的各个地区,不畏艰辛,返回后都撰写了报告或日记,为英国政府、英印政府在整个19世纪南亚次大陆及西藏的政策制定、军事活动提供了重要的参考。尤其是印度测量局专门培训的英国间谍,正如《西藏探险编年史》一书作者约翰·麦克雷格(John Macgregor)所说,"都是英国人使用的长距离探险间谍中的佼佼者,但绝不是独一无二的。印度勘测局不断完善的技术与班智达们的技巧及不可思议的耐力相结合,产生了西藏高原迄今为止尚未绘制成图之荒原的大量材料"。[2] 这些英国间谍,不仅测绘能力强,而且具备超常耐力,能够做到不惜牺牲生命也要完成测量局交给的任务,可谓对英国政府"忠心耿耿"。英国间谍的总数虽然无法统计,但其造成的影响和后果却不容忽视,他们绘制成的西藏各地地图都成了以后英军入侵西藏的第一手参考资料。

5.1.1 托玛斯·曼宁

托玛斯·曼宁(Thomas Manning,1772—1840,汉籍记载为马吝)是第一个进入西藏拉萨的英国人。曼宁出生于诺福克(Norfolk),他曾在剑桥大学学习数学,但未毕业。由于热爱中国语言文化,他于1800—1803年去巴黎学习药学和汉语,并渴望能去中国。1807年,他到了广东,1810年到了加尔各答。后来,曼宁在一位中国仆人赵金秀的陪同下,未经任何官方许可,便来到朗布尔(Rangpur)。

1811年10月29日,曼宁来到西藏边界上的帕里(帕克里,Parijong),并在此地停留了一个月左右。他通过行医结交西藏僧俗上层,

---

〔1〕G. 桑德伯格《西藏的探险(1626—1904)》,伦敦,1904年,第111-112页,参见周伟洲:《19世纪西方探险家、传教士在我国藏区的活动》,载《唐代吐蕃与近代西藏史论稿》,北京:中国藏学出版社,2006年,第175-176页。

〔2〕John Macgregor, *Tibet: A Chronicle of Exploration*, *Routledge & Kegan Paul*, 1970, p. 266;〔美〕约翰·麦格雷格著,向红笳译:《西藏探险》,拉萨:西藏人民出版社,1997年第2版,第258页。

并因此来到拉萨。他在拉萨停留了几个月。1811 年 12 月,曼宁见到了年仅 7 岁的九世达赖喇嘛。

曼宁在拉萨居住了近 5 个月,他自称是加尔各答人,是来拉萨朝圣的,并参观了各大寺院。他也曾试图用自己携带的六分仪及计时表进行测量。曼宁在拉萨的出现引起了驻藏大臣阳春、庆惠的怀疑。阳春等人上报清廷:"噶里噶达部落夷人马吝带同通事汉人赵金秀到藏朝佛",马吝"面貌光景与西洋人相似,恐其素习天主教,假借朝佛之名,希图暗中传教"。1812 年 1 月 27 日,嘉庆帝颁布谕旨,肯定马吝"显系托名朝佛潜来窥伺,或有隙可乘,即渐图传教惑众,断不可任其久留藏中"。[1]

驻藏大臣传讯曼宁,不久便将他驱逐出境。1817 年,作为英国阿美士德代表团的中文翻译之一,曼宁又一次来到中国。但代表团并没有受到嘉庆皇帝的接见,他们不久便被迫离开了北京。回到英国后,他在圣赫勒拿岛上遇到了拿破仑。1840 年,曼宁死于家乡附近的达特福德。

曼宁的拉萨之行,尽管他本人的动机"就是要通过学习中国人的语言和习俗,使他自己能适于在这个国家探险",[2]但他的经历"足以使他位列英国一流旅行家的行列了"。[3] 曼宁是个特立独行的人,"以自己独特而怪异的方式做一切事情",[4]甚至让人误认为他是个疯子。但他在旅途中的日记经马克汉姆在 1876 年编辑出版后,在英印政府官员中十分流传。曼宁证实了从不丹到西藏的道路不适于野战炮队的通行,记录了西藏地方政权与清王朝之间的矛盾,西藏地方政府内部的派别斗争与争权夺利,这些对于英属印度政府制定对藏政策是有用的。[5]

---

〔1〕《清仁宗实录》卷 251"嘉庆十六年十二月戊午"条。

〔2〕Markham, *Narratives*, op. cit., p. clxi, biographical sketch of Thomas Manning.

〔3〕Markham, *Narratives*, op. cit., p. clxii, biographical sketch of Thomas Manning.

〔4〕Markham, *Narratives*, op. cit., p. clxiv, biographical sketch of Thomas Manning.

〔5〕吕昭义:《英属印度与中国西南边疆(1774—1911 年)》,北京:中国社会科学出版社,1996 年,第 134 页。

5.1.2 威廉·穆尔克罗夫特

威廉·穆尔克罗夫特[1](William Moorcroft,1767—1825)是又一名在没有官方支持下自行在西藏探险的英国人。[2] 穆尔克罗夫特出生于英国兰开夏(Lancashire),是当地农民女儿安·穆尔克罗夫特(Ann Moorcroft)的私生子。受雇于东印度公司后,他开始在喜马拉雅区、西藏和中亚进行广泛游历,并最终到达了布哈拉(Bukhara,今乌兹别克斯坦)。

威廉·穆尔克罗夫特是一名兽医,1808 年在孟加拉政府供职,不久便成为帕特纳附近的东印度公司农场负责人。1812 年,为了令印度同中亚建立商贸关系,威廉·穆尔克罗夫特同威廉·赫尔塞上尉(Captain William Hearsey)一起装扮成印度托钵僧,他们带着大量商品,穿越喜马拉雅山脚下,来到恒河上游。他们沿着达力山谷(valley of the Dauli),于 7 月 1 日来到尼提关口(The frontier pass of niti)并遇到拉瓦特人(Rawats)[3],这些拉瓦特人严格服从来自西藏的命令,禁止外国人入内。凭借穆尔克罗夫特的个人能力,并许诺为拉瓦特人提供粮食和医疗用品,穆尔克罗夫特和两个很有影响的拉瓦特人成了朋友,即德布·辛哈(Deb Singh)和其弟弟比尔·辛哈(Bir Singh)。到了大坝镇(Daba),他们获准继续向噶大克(Gartok)前行。西藏噶本还同意卖给他们克什米尔羊毛披肩,并允许他们在圣湖玛纳萨洛瓦尔(The sacred lake of Manasarowar)边游历。经由萨特累季河(Sutlej)返回时,他被尼泊尔的廓尔喀人拘留了一段时间,但最终在 11 月返回加尔各答。由于未能找到马,他遭受了公司严厉地惩罚,且公司对羊毛披肩或者西藏圣湖都不感兴趣。威廉·穆尔克罗夫特和赫尔塞成了看到神圣的

---

〔1〕〔美〕约翰·麦格雷格在其著作《西藏探险》(向红笳译,拉萨:西藏人民出版社,1997 年)中将威廉·穆尔克罗夫特记作“托玛斯·穆尔克罗夫特”,作者疑似有误,应为威廉·穆尔克罗夫特。参见约翰·麦格雷格一书汉译本第 242 页;John Macgregor, *Tibet: A Chronicle of Exploration*, Routledge & Kegan Paul , 1970, p. 251.

〔2〕Alastair Lamb, *Britain and Chinese Central Asia : the Road to Lhasa* 1767 *to* 1905, London : Routledge and Kegan Paul, 1960, p. 38.

〔3〕尼泊尔廓尔喀人的一支。

冈底斯山、玛法木错湖及兰嘎错圣湖的第一批英国人。[1] 穆尔克罗夫特通过此行得到了测绘印度河、象泉河上游盆地和玛法木错湖南岸一幅地图的机会。[2]

1819 年,穆尔克罗夫特已经着手准备第二次远行——前往布哈拉(Bukhara)。他准备了近 1 年,招募了波斯人米尔伊扎特汗(Mir Izzat Khan)和 19 岁的乔治·特勒贝克(George Trebeck),整个远征队人数达到 300 余人,包括 12 名廓尔喀人组成的护卫队,16 匹马骡,价值 4000 英镑的商品货物以及医疗设备和装备。1820 年 5 月,他从锡克国统治者兰吉特·辛格(Ranjit Singh)那里获取了在其国度旅游的许可,8 月,与特勒贝克等远征队其余成员在库鲁山谷(Kulu valley)碰头。自此,商队开始艰苦卓绝的旅行。他们翻越了 13300 英尺的洛唐关口(Rohtang Pass)后,来到拉合尔山谷(Lahul valley)和列城(Leh),佛教王国拉达克的首府。9 月 24 日抵达列城后,停留了几个月对列城进行探险考察。穆尔克罗夫特还同拉达克政府签订了商业协定。通过这一协定,换取了英国的保护,整个中亚都对英国敞开了贸易大门。后来,对于穆尔克罗夫特又一次的越权行事(同拉达克签订协定),英印政府对其严厉批评,并停发其薪水。

在整整两年时间里,他停留在拉达克等待来自中国叶尔羌(Yarkand)的允许,以便继续前行。穆尔克罗夫特和特勒贝克共同花了 5 年时间探索了拉达克及拉达克西北部的巴尔蒂斯坦(Baltistan)。他们在探察喀喇昆仑山方面成绩卓著。喀喇昆仑山口与拉达克及东土耳其斯坦相连的发现也应归功于他们。瑞士学者、《发现西藏》的作者米歇尔·泰勒(Michael Taylor)认为,穆尔克罗夫特的第二次考察"有某种理由可以认定,他也秘密地受命获得有关西藏西部、拉达克、

[1] John Macgregor, *Tibet: A Chronicle of Exploration*, Routledge & Kegan Paul, 1970, p. 252;〔美〕约翰·麦格雷格著:《西藏探险》,向红笳译,拉萨:西藏人民出版社,1997 年第二版,第 242 页。

[2]〔瑞士〕米歇尔·泰勒著,耿昇译:《发现西藏》,北京:中国藏学出版社,2005 年,第 123 页。

克什米尔和阿富汗的政治及军事形势的资料”。[1] 他没有直达布哈拉,而是在4年间穿梭往来于斯利那加和列城之间,与克什米尔地区的头人建立了关系,甚至与其缔结政治协议,这些都表明,穆尔克罗夫特可能不是单纯的探险考察,而是负有一定使命的英国人[2]。

在拉达克探险的过程中,威廉·穆尔克罗夫特偶尔遇见了匈牙利文献学家亚历山大·乔玛(Alexander Csoma de Körös)。乔玛当时一贫如洗,正在寻找藏语文和匈牙利语的渊源关系。穆尔克罗夫特将他自己的藏语文词典送给乔玛。乔玛并没有能够证明自己的理论,但穆尔克罗夫特建议他定居在拉达克并在那里编写一部藏英辞典。乔玛接受了这一建议。因此,乔玛陪同穆尔克罗夫特一起旅行,在列城,穆尔克罗夫特说服拉达克王的一名大臣,帮助他为其旅伴寻找一名藏文老师。一周后,该大臣给乔玛找到了一位格西(格西:藏传佛教格鲁派寺院的学位。格西有不同级别的具体称谓,拉然巴格西为级别最高的学衔,其下又有措然巴、林赛格西等),叫做桑结朋措。乔玛在1823年6月20日抵达羊拉寺(Yangla),并在那里度过了16个月。乔玛后来被学界公认为藏学(Tibetology)的奠基人。正是穆尔克罗夫特指引乔玛为东印度公司编纂了第一本藏英辞典和语法书。

穆尔克罗夫特继续自己的旅程,1822年11月3日,抵达克什米尔(Kashmir);1824年6月4日抵达贾拉巴德(Jalalabad);6月20日抵达喀布尔(Kabul);1825年2月25日抵达布哈拉(Bokhara)。在阿富汗土耳其斯坦(西土耳其斯坦),穆尔克罗夫特发烧了,死于1825年8月27日。[3] 特勒贝克也在几天后去世了。但根据胡克神父(Abbé Huc)

---

〔1〕〔瑞士〕米歇尔·泰勒著,耿昇译:《发现西藏》,北京:中国藏学出版社,2005年,第123页。

〔2〕联系后来道格拉侵占拉达克,继而成为英国附庸的事实,不能不怀疑穆尔克罗夫特一系列行为的背景。

〔3〕约翰·迈克格雷格的《西藏探险编年史》中写道:1825年,穆耳科洛夫在博卡拉以南大约二百英里的地方神秘遇难……很可能,命运多舛的穆尔克罗夫特遭到了当地部落人的劫掠和杀害。参见 John Macgregor, *Tibet: A Chronicle of Exploration*, Routledge & Kegan Paul , 1970, p. 252; 向红笳译《西藏探险》第243页(1997年)。米歇尔·泰勒认为,穆尔克罗夫特可能在1825年于阿富汗边境附近的安德胡伊死于疟疾。参见米歇尔·泰勒著,耿昇译:《发现西藏》,中国藏学出版社,2005年,第127页。

的说法，穆尔克罗夫特在 1826 年抵达拉萨（Lhasa），并在拉萨居住了 12 年，在 1838 年返回印度的途中被暗杀。[1]

5.1.3 亨利·斯特里奇兄弟等

孟加拉地方兵团第 66 军团的亨利·斯特里奇中尉（Lieutenant Henry Strachey）或许是跟随穆尔克罗夫特对西藏西部进行探险的最著名的一名英国军官。同穆尔克罗夫特一样，斯特里奇也对玛法木错湖和冈底斯山产生了浓厚的兴趣。这些独特的圣地也同样吸引着印度教和佛教的朝圣者。1846 年 10 月，他第一次目睹了冈底斯山的雄姿，他形容这座积雪盖顶的亚洲奥林匹斯山"因其深蓝紫色的多岩石表面而令人注目"。1845 年，理查德·斯特里奇（Richard Strachey）同其兄弟亨利一样，执行这一地区的防卫工作。在 J·E·温特伯特姆的陪同下，理查德·斯特里奇前去解决在玛法木错湖与兰嘎错湖之间是否有一条水路这一地形学的争端。穆尔克罗夫特因为在河床干涸的干旱期抵达两湖，所以错误地认为兰嘎错湖是萨特累季河的真正源头。而亨利·斯特里奇认为，在大部分时间里，两湖的水位升高，可以形成在两湖间流淌的河。他曾亲眼目睹了"一条一百英尺宽，三英尺深的河流从东向西迅速地穿过了范围业已确定的河床"。理查德证实了他兄弟的发现是正确的。

亨利·斯特里奇还同旁遮普喜马拉雅特别官员亚历山大·坎宁安密切合作，视察了英国控制区与查谟（Jammu）多格拉头人古拉·辛格统治区之间的边界。正是在这些探险中，亨利·斯特里奇在喀喇昆仑山发现了塞钦河（Siachen）。除此之外，他对积累大量的地形学资料做出了极有价值的贡献。印度勘测局的克什米尔分部就以此为依据。[2]

1848—1851 年，英国间谍呼德尔（J. Hooder）侦察了哲孟雄与西藏

〔1〕Huc, Evariste, *Travels in Tartary, Thibet, and China*, 1844—1846. New York: Dover Publications, 1987. 胡克的说法似不可信。学界大都认为穆尔克罗夫特死于 1825 年。

〔2〕John Macgregor, *Tibet: A Chronicle of Exploration*, Routledge & Kegan Paul, 1970, pp. 253－254;〔美〕约翰·麦格雷格著:《西藏探险》，向红笳译，拉萨：西藏人民出版社，1997 年第二版，第 244－245 页。

交界的喜马拉雅山一带的地形、道路等,并绘制了详细的地图。呼德尔是第一个记述从印度到西藏拉萨最近的通道——春丕地区的英国间谍。[1]

5.1.4 印度勘测局及“班智达计划”

印度勘测局(The Survey of India)是印度重要的工程学机构(Central engineering agency),主要负责绘制地图和测量。它成立于1767年(乾隆三十二年),目的是为了巩固英国东印度公司的领土。印度勘测局作为印度政府最古老的工程学部门之一,因其在威廉·兰普顿(William Lambton)和乔治·埃佛勒斯特(George Everest)领导下实行的大三角法测量(Great Trigonometric Survey)而在历史上赫赫有名。

乔治·埃佛勒斯特(George Everest,1790—1866)是著名的地理学家,1806年在印度开始了他在炮兵军校的生活。1823年,他成了勘测局的监督。1830年,他成为印度的测量总监(Surveyor-General of India)。他设计了一种沿子午线弧进行定位测量的方法。他从印度最南端的科摩林角一直标到尼泊尔遥远的喜马拉雅巴若测点。埃佛勒斯特的方法适用于喜马拉雅地区,因为那里所有的主峰精确高度都是经过准确测定的。1862年底,印度勘测局完成了世界最高峰的勘测,29028英尺的山峰被命名为埃佛勒斯峰(Mount Everest),以纪念乔治·埃佛勒斯特。[2]

孟加拉军队的机械师蒙哥马利(T. G. Montgamerie)受命对克什米尔进行勘察。他亲自进行了大量艰苦的勘察工作,他的勘察使印度勘测局能够对克什米尔、拉达克边界地区喀喇昆仑山脉大约32座山峰定位和测量。其中19座超过25000英尺,其中包括可与埃佛勒斯峰匹敌的K-Z峰,其测量高度为28250英尺。

“班智达计划”的由来:1864年底,尼泊尔西部边界的勘察业已完

[1]G. 桑德伯格《西藏的探险(1626—1904)》,伦敦,1904年,第141-142页,转引自周伟洲:《19世纪西方探险家、传教士在我国藏区的活动》,《唐代吐蕃与近代西藏史论稿》,北京:中国藏学出版社,2006年,第177页。

[2]埃佛勒斯峰即我国的珠穆朗玛峰。

成。然而,西藏对英国人来说却是个谜。蒙哥马利找到了进入西藏的办法。在J·T·沃克将军的密切配合下,蒙哥马利于1868年着手创办了一所特殊学校以训练当地的探险家进行秘密测量(一所间谍学校)。当地探险家通常被称为"班智达",他们计划让这些天资聪颖的间谍在训练期满后,成为喜马拉雅山一侧帝国的耳目。1863年,蒙哥马利挑选了第一批学生,即菩提亚人纳恩·辛格(Nain Singh,又名南辛格)及马尼·辛格。这两人的父亲在穆尔克罗夫特1812年库马翁(Kumaon)探险中曾给予其极大的帮助。他们在西姆拉附近的台拉登避暑地开始了训练课程。台拉登是英国情报机构设在西姆拉的秘密训练基地。训练时间长达两年之久,内容包罗万象。学生们学习使用六分仪和罗盘,接受天文导航及海拔高度测量技术的训练。他们的使命是保密的,教授也以保密方式进行。他们的随身行李都有秘密夹层,衣服都有暗袋。西藏的嘛呢轮里装满了可以记录晦涩难解笔记的一卷卷白纸。他们学会了把笔记转写成韵文,这样可以边行走边像背诵经文一样将其背诵下来。念珠充当计数器,拨过一粒珠子代替旅程中多少步。他们的步子要保持不变,保持均匀跨度,这样就可以测量出距离。他们经受了严格的训练,以适应其行贩商人或虔诚朝圣者的伪装身份。为了让他们真正的身份隐而不露,谈到他们的时候也要使用化名。蒙哥马利通常用他们名字的两个起首字母作为他们的化名。就这样,英印政府精心培养了间谍去西藏刺探信息。

纳恩·辛格(Nain Singh)于1865年3月开始了第一次使命。他途经尼泊尔,但在西藏边境吉隆受到怀疑,被赶了回来。回到加德满都后,他再次化装成一名拉达克商人,还梳着辫子。这次,他成功地穿过了吉隆,随着商队来到达都姆(Tadum)寺。在这里,他遇到一位真正的拉达克商人,二人结伴而行来到日喀则。他们在日喀则参观了班禅的驻地扎什伦布寺。当时年仅11岁的班禅接见了化了装的班智达,谁也没有想到受到班禅接见的竟然是一位英国间谍。纳恩·辛格在1866年1月抵达拉萨。他马上着手进行秘密的勘察工作。在拉萨的两周内,他每天晚上要记下16次观测的读数,要进行20次太阳及星星的观测。这使他能够在历史上第一次确定出拉萨的准确方位。通过记录水的沸点,他测定了拉萨的海拔高度为11699英尺(1英尺等于0.3048米,故相当于3565米),这与现在我们所知的拉萨海拔3658米仅误差93米,这在当时已经是相当准确的了。

纳恩·辛格顺利地返回了印度,蒙哥马利的毕业生首次行动就获得成功,这极大地刺激了英国侵略者的野心。此行全部行程1200英里,勘测了加德满都和达都姆之间的线路,并对通往噶大克主要东西线路即从拉萨到玛法木错湖的线路进行了勘察。除此之外,从藏布江的源头到拉萨附近吉楚河支流的汇合处都已记入图中。班智达的发现还令蒙哥马利断定雅鲁藏布江和布拉马普特拉河是同一条河。此外,纳恩·辛格还对西藏西部及深入内陆的印度河流域进行了勘测,标出了西藏最大的西部城市噶大克的方位。最大的成就是探明了西藏西部日土以东托加隆这个传说中的西藏采金地。英国对西藏黄金的兴趣由来已久。1775年六世班禅送给沃伦·黑斯廷斯一块金块作为礼物,曾令黑斯廷斯心急火燎。西藏的黄金不仅有助于印度贸易平衡,而且具有很大的战略意义。为此,纳恩·辛格在1867年5月前往托加隆,逗留了很长时间,带回了完整实用的有关采金地的报告。纳恩带回的报告令东印度公司对西藏矿业财富所抱的梦想兴奋不已。

第二位重要的班智达是基申·辛格(Kishan Singh),代号A-K,化名克里什纳(Krishna)。1872年秋天,基申·辛格和4名装扮成赶牲口的仆人动身了。他们一路向北而行,边走边测量,直至抵达青海湖附近。他们在腾格里湖遭到袭击和抢劫,不得不返回拉萨重新装备。1873年3月9日,他们抵达拉萨。养精蓄锐之后,他们返回了印度。基申·辛格在1878年再次对拉萨子午线以东的北部、中部、南部地区进行探察,并最终绘制了第一幅详尽的拉萨地图。9月5日,他抵达拉萨。他准备花费1年的时间学会蒙古语,这样便能在蒙古旅行。拉萨的生活趣味无穷,西藏人的风俗习惯等深深吸引了他。他记录了大传昭法会和小传昭法会。1879年9月,基申一行离开拉萨。他们小心谨慎地向北而行,途中还打败了强盗的袭击。1880年春季,班智达抵达了柴达木地区的叶姆比(Yembi)蒙古人营地。他的行李及贵重物资被仆人抢走,本人也被当地官员怀疑是间谍,7个月后才获准离去。到了康区的巴塘,基申被法国传教士收留。在此,他得到了物资补充,继续南行,翻越了阿塔克冈拉山脉(AtakGangla),沿着萨尔温江上游的南部流域向西推进。绕过拉萨之后,基申沿着藏布江抵达了冈巴山口,并在冈巴山口南转而行,进入印度。1882年初,在动身4年后,基申·辛格返回了设在台拉登的大本营。他带回的大量新情报及开拓性的成就表明,蒙哥马利培养的这些"班智达"绝非等闲之辈。基申·辛格(似乎克里什纳这个名字知名度更高)最大的贡献就是绘制了一幅详尽的拉萨地图,还对西藏东部(包括西康省)做了详尽的报道。

第三位要提及的英国重要间谍是锡金人金塔普(Kinthup)。他在印度勘测局报告中被秘密提及,代号为K·P,其性格特点是"极强的毅力及对职责狗一般的忠诚"。金塔普在1880年开始了他非凡的冒险旅行。他的使命是要探察藏布江,以证实人们的怀疑,即藏布江是布拉马普特拉河之源。在当时,穿越喜马拉雅深谷,沿藏布江而行是不可能的。金塔普备有一把钻子及一些小小的金属管。他将遵从命令在一根根原木上打上记号,沿藏布江漂放原木,期望它们以后会出现在布拉马普特拉河上,以此证实这两条河是同一条河。金塔普和一个蒙古喇嘛结伴而行。他们成功地抵达了西藏的嘉拉,藏布江的一支支流流经那里。他们继续前行,但在白玛郭琼寺受阻:蒙古喇嘛逃跑了,还把金塔普卖给了当地的一位上层人物为奴隶。命运多舛的金塔普在主人家辛苦劳作了7个月后,才找到机会脱身。金塔普对其使命极为忠诚,放弃了几次返回印度的机会,再次出发沿藏布江顺流而下。在几次动身之后,他成功来到多吉玉宗。然而,他主人的探子在玛尔蚌赶上了他,并将他拘留起来。

金塔普凭借"足智多谋",找到了与玛尔蚌主持见面的机会,他对其解释说自己不过是一名谦卑的朝圣者,被其旅伴卖为奴隶。主持出于怜悯,用50卢比买下了金塔普,让他做自己的奴隶,期限是4个月。主持允许他沿河去圣山朝圣。金塔普利用这一机会在50根原木上打上记号,并为将其推下而做好准备。金塔普意识到在将这些原木送上漫漫征途之前首先应当通知印度勘测局对它们进行密切观察。他恳请主人允许他参拜印度的圣地。只有返回拉萨,才能将消息送到印度。金塔普又返回其主人处,当了9个多月的奴隶。他有很多机会可以从拉萨逃往印度,但他抵制了诱惑。为了完成使命,他冒着终身为奴的危险又回到玛尔蚌寺。金塔普表面上十分恭顺,主持对此印象很深,给了金塔普自由。在开始使命的4年后,他在1884年抵达印度。他一返回印度,就发现印度根本没有收到他从拉萨发出的消息,勘测局很多人还对他的冒险经历十分怀疑。直到后来,金塔普的"丰功伟绩"才得到"应有的赞扬"。[1]

蒙哥马利在1876年返回英国,1877年就去世了。蒙哥马利开启了"班智达"间谍计划,随着人们对西藏地理知识的增长,对西藏的好奇心也在不断增长,英国希望更多地了解西藏。萨拉特·钱德拉·达斯(Sarat Chandra Das)就是其中最著名的印度高级文化间谍。

萨拉特·钱德拉·达斯于1849年出生于东孟加拉一个印度教家庭。在加尔各答管理学院学习时,他认识了孟加拉公共教育局局长艾尔弗雷德爵士,该局长执导其学习,并将他推荐给英属印度政府。故此,1874年,达斯被任命为大吉岭菩提亚寄宿学校的校长。对居住在大吉岭锡金边界地区的藏族或半藏族儿童施教的目的显而易见是在教育上进行独特的实验。孟加拉政府意识到,从菩提亚学校里挑选最优秀的学生,送到台拉登受训成为班智达,是一个非常好的主意。这种办法可以保证不断提高勘测人员的质量,他们必须和同人种的藏族人不被人觉察地混在一起。达斯本人也曾到台拉登接受秘密间谍训练。陪同达斯进藏的邬金嘉措就是这些英国间谍中的一员。他来自锡金,是一名颇受尊敬的白马央孜寺喇嘛。1873年,邬金嘉措作为锡金王的随从来到了大吉岭,不久就给菩提亚学生讲授藏语、文学及宗教经典,

---

〔1〕John Macgregor, *Tibet: A Chronicle of Exploration*, Routledge & Kegan Paul, 1970, pp. 257-265;〔美〕约翰·麦格雷格著:《西藏探险》,向红笳译,拉萨:西藏人民出版社,1997年第二版,第245-258页。

并在期间接受了间谍训练。

达斯对西藏的研究“十分投入”，西藏北部文明吸引了他。1878年，他公开请求班禅允许他参观扎什伦布寺，也恳请达赖喇嘛摄政同意他访问拉萨。达斯和邬金嘉措为旅行做了精心准备。达斯的注意力集中在当时西藏的社会、宗教、经济和政治等方面。邬金嘉措负责对线路进行地理学方面的勘察。除此之外，在旅途中，他还承担着科学研究的重任。尽管他们依然受雇于孟加拉教育部，但为了便于训练，他们都暂时隶属于印度勘测局。纳恩·辛格对达斯进行秘密训练，邬金嘉措则由勘测局的坦纳上校进行广泛的勘测技术培训。

这两名旅行者在扎什伦布寺逗留了6个月。期间，班禅接见了他们。这次接见时，达斯获得了浏览罕见的寺院经库的极好机会，他带走了一套价值连城的藏文经籍。他和堪布建立起亲密的私人关系，正因为这种关系，文化强盗达斯盗走了无比宝贵的藏文宗教经典。事后，他还对班禅接见一事进行了描述。

受到第一次访问成功的鼓舞，达斯决定第二次到西藏去。他们制定计划，花了一年多时间进行学习和研究。1881年11月，达斯和邬金嘉措再次动身前往扎什伦布寺。12月9日凌晨，他们见到了江孜城堡。尽管印度勘测局对邬金嘉措极其艰巨的技术性勘测给予极高的评价，但达斯带回的对西藏生活广泛、草草的描述及政治情报同样显示出极高的价值。自特纳以来，印度政府还没有一名观测者从那里得到如此大的益惠。达斯口齿伶俐，思维敏捷，很有学识，备受印度政府欣赏。达斯到了扎什伦布寺后，和一位密教喇嘛住在一起，他对驻藏大臣的浮华铺张及态度进行了描述。达斯认识了一位藏族协摆[1]的妻子拉查姆，在达斯生病期间拉查姆来照料他。拉查姆为达斯去萨丁寺写了推荐信。5月30日，达斯终于抵达了拉萨。他获准进入大昭寺，并不顾拉萨城流行天花的危险，走遍了拉萨的每个角落，积累了大量资料，详细地记载了相关情况。拉查姆还为他安排了与达赖喇嘛的会面，达斯详细地描述了会面的整个过程。达斯仔细地观察了驻藏大臣

[1]协摆，僧官噶伦之尊称，又敬称“萨旺”，官阶三品。

后,认为“他们是西藏人极为憎恶的人,西藏人从心底憎恨他们”,并谴责驻藏大臣在西藏人中播下对英国人及俄国人怀疑的种子。

达斯第二次西藏之行探测了桑耶、泽当、萨迦等地,“所到之处都以他一贯的一丝不苟的工作作风收集当地有价值的信息”。他第二次入藏停留了14个月才返回印度。达斯第二次西藏之旅的笔记,“印度政府作为绝密材料保存”,[1]他窃取的情报无疑为英印当局提供了重要资料。该笔记于1902年由英国皇家地理学会在伦敦正式出版,名为《拉萨及西藏中部旅行记》。美国藏学家柔克义(William W. Rockhill)被地理学会选中,作为此书的编辑,撰写了“导论”,并为此书做了大量的注释。达斯回到印度后不久,他在西藏的秘密使命被公开宣扬,这引起了西藏人民的极大愤怒,他们严惩了那些曾经帮助过达斯的人。[2]

19世纪中叶,印度测量局训练的这批本地勘测技术人员实质上都是英属印度政府派往拉萨及西藏其他地区的间谍,他们大多是印度人和锡金人,经受过严格的专业训练。他们被伪装成商人、香客和喇嘛,跨过喜马拉雅山口,进入西藏的各个地方进行探察、测绘、测量工作,盗取了大量有利于英国侵略者的宝贵情报和资料。这些情报提供的情况为英国逐渐蚕食鲸吞周边南亚小国,如尼泊尔、不丹等打下了坚实的基础,更为1888年英国武装入侵西藏做了铺垫。

5.2　英国控制拉达克

19世纪40年代,英国东印度公司将势力扩展到印度西北地区,扶植小邦道格拉(Dogra)王室取得对克什米尔的统治,并置之于自己的监护之下,英国的侵略矛头也随之深入到拉达克和喜马拉雅山的西段。

---

〔1〕萨拉特·钱德拉·达斯著,柔克义编,陈观胜、李培茱译:《拉萨及西藏中部旅行记》,北京:中国藏学出版社,2006年,“导论”第8－12页。

〔2〕John Macgregor, *Tibet: A Chronicle of Exploration*, Routledge & Kegan Paul, 1970, PP. 277;〔美〕约翰·麦格雷格著,向红笳译:《西藏探险》,拉萨:西藏人民出版社,1997年第二版,第259－269页。Shramana Ekai Kawaguchi, *Three Years in Tibet*, with the Original Japanese Illustrations, Book Faith India, first Indian Edition, 1995, pp. 15－18.

5.2.1 拉达克历史回顾

拉达克(ladwags),即今西藏阿里以西,以列城(Leh)为中心的地区。此地原本就是西藏阿里的一部分。

公元7世纪,吐蕃王朝期间,松赞干布的父亲囊日松赞(Gnam ri srong btsan)即与象雄(zhang zhung)王联姻,并征服了象雄。囊日松赞死后,象雄叛离,松赞干布再次征服象雄,并将自己的妹妹赛玛噶(Sad mar kar)嫁给象雄王李聂秀(Leg myi rhya)。后来松赞干布派军攻打李聂秀,并征服了象雄,[1]直到9世纪40年代吐蕃王朝瓦解。

公元841年,吐蕃赞普朗达玛(Glang dorma)死后,统一的吐蕃政权瓦解。吐蕃王室朗达玛孙吉德尼玛衮(skyi - lde - nyi - ma - mgon)逃到象雄的布让(又译作乍布郎、普兰,今西藏普兰),娶象雄王室女没庐氏,将象雄各部收归治下,总称为阿里(mngar - ris)。他有三子,故将阿里分成三部分,玛域、古格和布让。其中,长子日巴衮所领有的"玛域"(mar yul),即大致与近代的拉达克地相当;次子扎西德衮掌管布让地方;三子德祖衮掌管象雄古格。[2]

元朝时,中央在今西藏地方设置"乌思、藏、纳里速古鲁孙等三路宣慰使司都元帅府",下属"纳里速古儿孙元帅府",设元帅二员。[3]纳里速古儿孙,即藏文"阿里三围"的译音,包括玛域、古格和布让,大致相当于吉德尼玛衮三子所封之地。元朝在包括今拉达克地区的"阿里三围"设官置守,清查户口,修建驿站,行使管辖,今拉达克(玛域)是元朝领土的一部分。[4]

明朝洪武八年(1375),明廷在阿里三围设立"俄力思军民元帅府"等行政机构,对阿里进行了有效的管理。[5] 至明末,西藏阿里玛域(拉

---

〔1〕王尧、陈践译注:《敦煌本吐蕃历史文书》(增订本),北京:民族出版社,1992年,第145页:松赞干布时将"象雄一切部众咸归于辖下,收为编氓"。象雄即包括拉达克在内的西藏阿里地区,也即汉籍中的"羊同"。

〔2〕陈庆英等译:《汉藏史集》,拉萨:西藏人民出版社,1986年,第128-129页。

〔3〕《元史》卷87《百官志三》。

〔4〕《汉藏史集》,拉萨:西藏人民出版社,1986年,第186-187页。

〔5〕《明实录》卷96《太祖实录》"洪武八年正月"条。

达克)受到印度西北信奉伊斯兰教的莫卧儿帝国(Moghul)的侵扰,一度成为其藩属。1643年,信奉主巴噶举的西藏藩属布鲁克巴(不丹),拒绝向西藏贡米,与西藏发生了战争。此时,同样信奉主巴噶举的拉达克王德雷南杰(bde - legs - rnam - rgyal,约1675—1705年在位)声称支援布鲁克巴,派兵攻占了阿里的古格、日土等地。

1665年,莫卧儿帝国又以武力相威胁迫使拉达克屈从。[1] 1679年,西藏甘丹颇章政府派出一支蒙藏联军,经过3年战争收复日土、古格等失地,双方达成协议,规定拉达克每年向西藏进贡,拉达克重新成为西藏的藩属。此时的莫卧儿帝国日趋衰弱,其对拉达克的控制也逐渐削弱,直至最终消失。[2]

18世纪,清朝中央政府加强了对西藏地方的管理,1720年驱逐准噶尔侵扰西藏后,[3] 命康济鼐管理前藏,颇罗鼐管理后藏。1727年阿尔布巴叛乱后,西藏地方政府加强了对拉达克的管理,使之重新纳入中国西藏的版图。直到19世纪初,清廷仍在拉达克地区行使有效管辖。1828年(道光八年),拉达克部长还奉驻藏大臣松廷密令,缉拿由新疆南部逃至拉达克的张格尔余众。为此,道光皇帝赏给拉达克部长五品顶戴花翎。[4] 驻藏大臣惠显上报清廷的奏折中明确说:"以西藏沿边各部落而论,如布鲁克巴、哲孟雄(今锡金)之类,虽非唐古特(西藏)所属,番子(拉达克)实归驻藏大臣管辖。"[5] 总之,拉达克一直是中国西藏的一部分。直到19世纪30年代前,拉达克都置于清朝中央

[1] Luciano Petech, *The Kingdom of Ladakh*, 950 - 1842 AD, 1977, Rome, pp. 63 - 64.

[2] 周伟洲:《19世纪前后西藏与拉达克的关系及其划界问题》,载《唐代吐蕃与近代西藏史论稿》,北京:中国藏学出版社,2006年,第155页。

[3] 多喀尔·夏仲策仁旺杰著,周秋有译,常凤玄校:《噶伦传》,拉萨:西藏人民出版社,1986年,第6 - 8页。

[4] 吴丰培增辑:《清代藏事辑要》,拉萨:西藏人民出版社,1983年,第398页。

[5]《道光八年七月十三日驻藏办事大臣惠显、广庆奏为遵旨查明依博特系拉达克由》,明清档案馆录副奏折,民族类藏族项第970卷第7号。

政府的一定管辖之下。[1]

5.2.2 道格拉[2]入侵拉达克及西藏

西藏地方与喜马拉雅山外的克什米尔等地区有着传统的经贸往来关系。但到了19世纪前后,克什米尔地区的形势发生了变化。18世纪60年代,克什米尔西南部印度旁遮普(Punjab)邦锡克(Sikh)人脱离了莫卧儿帝国的统治,建立了国家,首都在拉合尔(Lahore)。当时,克什米尔处于阿富汗杜兰尼族的统治之下。1819年锡克统治者兰吉特·辛格(Ranjit Singh)利用统一阿富汗国家的机会,夺取了克什米尔等地。在这次征服战争中,因克什米尔南部查谟(Jammo,Jammu,藏文作 vjam bo)地区的道格拉族(又作多格拉族,藏人称之为"森巴"[3])首领古拉伯·辛格(Gulab Singh)帮助了锡克统治者兰吉特·辛格,故古拉伯·辛格当上了查谟土邦总督,附属于锡克王国。道格拉查谟总督古拉伯·辛格一心想扩张领土,觊觎西藏西部的拉达克,甚至入侵中国西藏和新疆叶尔羌等地,以控制喜马拉雅西北地区的贸易。[4]

1834年7月,古拉伯·辛格派克什瓦尔地方长官瓦希尔·俄拉

[1]对此英国学者兰姆持有不同观点,在其《克什米尔危机》一书中,他提到:"1834年,古拉伯·辛哈征服了拉达克。拉达克王国曾经一度是西藏的一部分,但在17世纪,无论从哪点来看,拉达克都是在国王统治下的一个独立王国,其首都在列城。"参见 Alastair Lamb, *Crisis in Kashmir*, 1947—1966, Routledge and Kegan Paul, London, 1966, p. 24.

[2]陆水林认为,道格拉(Dogra)本义指道加(Doga),即查谟地区之居民,均为印度教徒。参见[巴基斯坦]穆罕默德·尤素夫·侯赛因阿巴迪、穆罕默德·哈桑·哈斯拉特著,陆水林译:《巴尔蒂斯坦(小西藏)的历史与文化》,北京:中国藏学出版社,2011年,第144页。

[3]参见周伟洲教授《关于19世纪西藏与森巴战争的几个问题》(载《中国边疆史地研究》2008年第3期)一文:中国汉文史籍的"然吉森"系锡克王国统治者兰吉特·辛格名之异译,指当时印度锡克王国;"谷朗森"为锡克王国所属之查谟土邦统治者道格拉人古拉伯·辛格名之异译,指查谟道格拉人;"索热森"则为"佐尔阿弗尔·辛格"之异译,指查谟古拉伯·辛格所属基希德瓦尔等地所设省区。而西藏所称之"森巴",则是因上述三地统治者姓名最后"辛格"(森),"巴"(pa)藏语"人"之意。

[4]古拉伯·辛哈对拉达克的主要兴趣在于,他认为拉达克在交通上是一条非常重要的路线,可以将西部西藏的羊毛披肩运往克什米尔的 Vale 贩卖。1841年,古拉伯·辛哈又进一步想直接占领生产羊毛制品的西部西藏,故此,发动森巴战争。参见 Alastair Lamb, *Crisis in Kashmir*, 1947—1966, Routledge and Kegan Paul, London, 1966, p. 24.

瓦·辛格(Wazir Zorawar Singh)[1]率兵5000多名,从克什瓦尔越过马努(Maryum)山口,突然侵入拉达克领地。拉达克人猝不及防,没有任何抵抗。直到8月中旬,拉达克大臣才率领5000武装人员与道格拉军队激战。但因为武器装备落后,被道格拉击败。道格拉军队继续向北深入,占领了一些要塞和地区。后因俄拉瓦·辛格误以为东印度公司要其停止进攻,便停止了对拉达克的军事行动。他照会拉达克王,若交出15000卢比赔偿金,道格拉军队立即撤回。1835年4月,拉达克与道格拉在浪卡孜(lang ka tse)附近展开了决战,结果拉达克军溃败,自此一蹶不振,双方开始和谈。拉达克成为锡克王国属下查谟土邦总督古拉伯·辛格控制下的一个附属国。拉达克王每年向道格拉支付两万卢比贡金,并支付战争赔款5万卢比,道格拉代表常驻列城。

此后,拉达克人民分别在1835年、1836年、1837年和1839年4次掀起了反抗道格拉入侵者的斗争,迫使俄拉瓦·辛格先后4次率军对拉达克进行血腥镇压。道格拉族入侵中国西藏拉达克后,拉达克王曾派人到拉萨求援,但是当时的驻藏大臣却“拒之弗纳”,[2]致使拉达克落入强敌道格拉之手。道格拉统治者古拉伯·辛格派兵占领拉达克后,又于1840年用武力占领了拉达克西北的巴尔蒂斯坦(Baltistan,又称小西藏)。[3] 到1841年,开始入侵中国西藏的阿里地区。

道光二十一年五月(1841年6月),俄拉瓦·辛格率入侵军队约6000人(其中道格拉查谟兵士约3000人,其余是拉达克和司丕提人),分三路入侵,很快占领了西藏西部杂仁、补人、茹妥、达坝噶尔、堆噶尔等五地。驻藏大臣孟保及西藏地方政府派遣代本比喜及噶伦索康·策垫夺吉等率藏军反击。清驻藏大臣孟保在6月得知拉达克头人勾结森巴入侵西藏后,派遣前藏代本比喜赴噶尔本“防范查办”。西藏地方

[1]瓦希尔(Wazir)是伊斯兰国家重要大臣名号,1823年古拉伯·辛格将此号赐与俄拉瓦·辛格。清代译作“俄斯尔”或“倭色尔”,又作“索热森”,参见周伟洲教授《关于19世纪西藏与森巴战争的几个问题》一文。

[2](清)黄沛翘:《西藏图考》卷66“藏事续考”。

[3]有关道格拉人对巴尔蒂斯坦占领的最新研究成果,请参见[巴基斯坦]穆罕默德·尤素夫·侯赛因阿巴迪、穆罕默德·哈桑·哈斯拉特著、陆水林译:《巴尔蒂斯坦(小西藏)的历史与文化》,北京:中国藏学出版社,2011年,第145-153页。

军队对道格拉入侵进行了顽强抵抗。1841 年 12 月 11 日至 14 日,双方在多玉(rdo - khyu,在今阿里玛法木错南)一带进行决战,俄拉瓦·辛格被藏兵用长矛刺死,道格拉军队全面崩溃。1842 年 3 月,藏军先后收复了被道格拉侵占的所有地区,并一直进军到拉达克首府列城。

被道格拉征服的拉达克、巴尔蒂斯坦等地人民也开始反抗道格拉,并得到了西藏地方政府的支持。1842 年 4 月,比喜率领西藏军队来到列城,和起义的拉达克军队联合起来围攻列城,但未获成功。此时,在克什米尔的古拉伯·辛格得知俄拉瓦·辛格的死讯,立即派遣了一支 5000 名装备精良的部队向拉达克进军。锡克王国又有几千援军相继开往拉达克。5 月,道格拉援军到达列城,西藏军队后撤到距离列城 40 英里的车里(Chinri)附近。双方很快展开激战,结果藏军败退至班公湖。道格拉军队分兵血腥镇压了拉达克、巴尔蒂斯坦等各地的起义之后,集中力量对付藏军。双方打了几仗,互有胜负。最后,藏军营地驻扎在一条狭窄的河谷低处,道格拉军队拦住河的上游,放水下来淹没藏军营地,藏军溃败。据印度、拉达克方面的资料,藏军首领噶伦索康、代本比喜等人被俘,大部分藏军被杀。[1]

1842 年 9 月 17 日,以西藏噶伦索康、代本比喜为一方,和道格拉代表在列城进行谈判,最后签订了停战协议。这个协议完全是一个停战后双方保证互不侵犯和维持旧有的边界和贸易的换文,而签字的双方代表仅仅代表各自国家的地方当局,都未经过各自中央政府的批准。[2] 因此,这不是一个关于划定边界的条约,因协议中只提到维持双方的旧界,即传统习惯线,故只是一个双方表示互不侵犯的停战协定。1841—1842 年道格拉与西藏的战争(又称森巴战争)是中国西藏人民抗击道格拉侵略的正义战争。但清廷对道格拉长期侵占拉达克

---

〔1〕《拉达克王统纪》(藏文),拉萨:西藏人民出版社,1987 年,第 76 - 77 页,参见恰白·次旦平措等著:《西藏通史——松石宝串》汉译本,西藏古籍出版社,2004 年第 2 版,第 884 页。对于森巴战争的胜负,中外史料的记载不尽相同。此处作者赞同周伟洲教授的分析,西藏军队在开始取得了一些胜利,但后来藏军军营遭遇水淹,大大受挫。交战双方基于各自的原因急于停战,故签署停战协议。参见周伟洲教授《关于 19 世纪西藏与森巴战争的几个问题》一文。

〔2〕Alastair Lamb, *The China - India Border: The Origins of the Disputed Boundaries*, Oxford University Press, London, 1964, pp. 68 - 69.

却没有清醒意识,这无疑纵容了后来英国对拉达克的蚕食鲸吞。

5.2.3 英国蚕食鲸吞拉达克

英国一直图谋吞并当时属于中国西藏的拉达克,进而进一步侵略西藏。1843年,英国派兵侵吞了印度河下游的信德。此时,锡克邦国国内封建领主和藩属势力之间斗争不断,有些藩属相继独立。而查谟土邦总督古拉伯·辛格在1841年4月控制了克什米尔,"公然企图在旁遮普北方边境把查谟和克什米尔,以及他所征服的伊斯卡德罗和拉达克组成一个统一的领地"。[1] 这就为英国征服锡克邦国制造了借口。

1845年底至1846年,英国发动了第一次对锡克邦国的战争,锡克人战败。1846年3月9日,英国与锡克人签订了《拉合尔条约》(The Treaty of Lahore),从而控制了锡克邦国。英国为了奖励古拉伯·辛格在战争中的所谓"中立",允其以一千万卢比"购买"印度河东部和拉维河西部,包括查巴直到拉胡尔地区(Lahul)。后来,英国将其中的库鲁和曼德置于自己的管理之下,免除了古拉伯·辛格(Gulab Singh)所付一千万卢比的1/4。至此,道格拉古拉伯·辛格已摆脱了锡克邦国的控制,并在英国的扶持下成了查谟(Jammu)、蓬奇(Poonch)、拉达克(Ladakh)和巴尔蒂斯坦(Baltistan)的统治者。一周后签订的《阿姆利则条约》,令古拉伯·辛格完全接受了英国的最高权威。[2]

1846年3月16日,英国与古拉伯·辛格签订了《阿姆利则条约》(The Treaty of Amritsar),其中规定"古拉伯·辛格在没有得到英国允许之前,不得随意变更他的边界线",[3] 并明确提出要组织划界委员会(Boundary Commission)划定与西藏的边界线等。这也就是英国要求与

〔1〕[前苏联]安东诺娃等主编,北京编译社译:《印度近代史》,北京:三联书店,1978年,第351页。

〔2〕Alastair Lamb, *Crisis in Kashmir*, 1947 - 1966, Routledge and Kegan Paul, London, 1966, p.25; Alastair Lamb, *The China - India Border: The Origins of the Disputed Boundaries*, Oxford University Press, London, 1964, p.73.

〔3〕陈家琎主编:《西藏森巴战争》,北京:中国藏学出版社,2000年,第132页。原文为:The limits of territories of Maharajah Gulab Singh shall not be at any time changed without concurrence of the British Government.

中国清政府划定拉达克与西藏边界的起因。条约的第五条还规定,"当古拉伯·辛格遇到他自己同拉合尔政府或者其他任何邻国之间的纷争时,都须求助英国政府的仲裁,并将尊重英国政府的决定"。古拉伯·辛格的王国彻底沦为英国附庸。对此,《清实录》中记载道:"披楞即英咭唎国,现经战胜森巴,并森巴所属之拉达克,克什米尔地方,俱已归披楞管辖。向来唐古忒交易,由拉达克转卖。今披楞欲觌面交易,复私定章程……"[1]

英国希望划定拉达克和西藏的边界,并以此为借口造成拉达克事实上的独立。英国认为划界应由英国、中国和克什米尔三方派委员一起进行。1846 年 8 月印度总督哈定(A. Hardinge)经英国香港总督德庇时(S. J. Davis),向清朝两广总督耆英转呈了要求划定拉达克和西藏边界,以及修改 1842 年道拉格与西藏停战协议中有关条文的要求。英印政府又通过所属巴沙赫山邦一名官员,将印度总督哈定同样内容的信件交给西藏噶大克噶本,并转呈驻藏大臣。信中希望西藏地方当局派遣官员,一起划定英国所属克什米尔与西藏边界,取消 1842 年西藏地方与道格拉政府协议中的某些条款。两广总督耆英给德庇时复函称:克什米尔与西藏,"既有相沿界址可循","毋庸再行勘定"。[2] 驻藏大臣琦善接到哈定信后,代噶大克营官拟了一封给库鲁部长的回信,以早已与森巴定约为由,拒绝了英国提议修改 1842 年英印全部商品经由拉达克转卖的条款。[3]

清政府对耆英、琦善的处理均表同意,并要求他们继续调查、了解情况,严密防范。1847 年初,耆英又接德庇时来文,其中称:"定界一

---

[1]《清宣宗皇帝实录》,卷 437"道光二十六年十二月(1846 年)"条。

[2](清)文庆:《筹办夷务始末》卷 77《耆英道光二十六年十二月辛未奏折》。

[3]1842 年 9 月 17 日,西藏地方政府噶伦(总办西藏行政事务,受驻藏大臣及达赖喇嘛管辖)索康、藏军代本比喜与道格拉代表在列城达成停战协议。协议要点为:1. 双方停战,各自维持旧有边界,承诺不使用武力改变;2. 双方按战前办法进行贸易;3. 拉达克王的王后和两个王兄弟从西藏回到拉达克,拉达克照旧向西藏朝贡。这一协议令西藏地方政府未能将道格拉人逐出拉达克,失去了对拉达克的实际控制,仅维持了拉达克照旧"年贡"的虚名,为以后英国直接侵略拉达克留下可乘之机。但西藏地方政府也未正式承认拉达克归道格拉管辖。需要指出的是,该协议签字的双方代表仅是各自国家地方当局的代表,而且没有得到各自中央政府的批准,因此,它只是表示互不侵犯的停战协定,而不是划分边界的条约。

事,只欲指明旧界,并非另定新界,亦无须委员往堪。"[1]同年8月7日(六月二十六日)和次年(1848年)1月5日(道光二十七年十一月二十八日),耆英两次收到德庇时转给哈定来文,声称该国已派委员到克什米尔边界查勘,请中国委员立即前往等。但来文中"其所派夷目何人,何时前往西藏,文内并未明晰声叙"。[2] 在此情况下,清政府谕令驻藏大臣斌良、穆腾额和已升任四川总督的琦善,"商派委员,前往访查。如该夷实有夷目来至后藏,即跟同确查加治弥耳(按:克什米尔)向与西藏通商旧界,详慎办理"。[3]

1848年6月10日(五月初十日)穆腾额复派噶伦诺依金彭到噶大克查访,并未见英国划界委员。原来,英国未等中国清政府的答复并派出代表,便于1846年夏组织了第一届划界委员会,由克宁汉(Captain Alexander Cunningham)和阿格纽(Vans Agnew)任委员,在没有中国委员参加的情况下,于8月2日从西姆拉出发,用了几个月时间划定并绘制了拉胡儿(Lahul)—司丕提(Spiti)与古拉伯·辛格领地之间的边界线。同年,英国又组织了由克宁汉、斯特拉彻(Lieutenant Henry Strachey)和汤姆逊博士(Dr. Thomson)为委员的新一届划界委员会,并从拉胡儿—司丕提(Lahul - Spiti)到班公湖这一段西藏与拉达克的边界上确定了若干点。清政府代表没有参与此次划界,古拉伯·辛格所遣克什米尔代表也采取了不合作的态度,划界工作无法正常进行。历史事实证明,英国于1846—1847年单方面划定的拉达克和西藏边界是非法的、无效的。拉达克与西藏一直维护着旧有的传统习惯线,双方的贸易亦照常进行,甚至拉达克每年派往拉萨年贡使团及双方官员贸易使团也仍然继续着。[4]

在1834年道格拉入侵拉达克之前,拉达克始终是中国西藏的一部分。英国利用《阿姆利则条约》中的相关规定,迫使清政府同其划定克

---

〔1〕《筹办夷务始末》卷77《耆英道光二十六年十二月辛未奏折》。

〔2〕《筹办夷务始末》卷77《耆英道光二十六年十二月辛未奏折》。

〔3〕《筹办夷务始末》卷77《耆英道光二十六年十二月辛未奏折》。

〔4〕周伟洲:《19世纪前后西藏与拉达克的关系及其划界问题》,载《唐代吐蕃与近代西藏史论稿》,北京:中国藏学出版社,2006年,第173页。

什米尔东部和西藏边界,并在没有清朝正式回复和代表参与的情况下单方面两次组织划界,这完全是非法无效的。由于拉达克和西藏都是中国领土的一部分,自古以来便遵循传统习惯线,英国侵略者妄图将拉达克从中国分离出去的野心昭然若揭。1846 年签订的《拉合尔条约》和《阿姆利则条约》令道格拉统治者古拉伯·辛格彻底沦为英国附庸,而其治下的拉达克自然落入英国手中。

5.3 英国吞并尼泊尔

邻近我国西藏的喜马拉雅山区各国,多年来和西藏地方有着十分密切的关系。英国利用这些国家的内部弱点,施展阴谋诡计,逐渐加以控制,尼泊尔首当其冲。

5.3.1 英国东印度公司对尼泊尔的渗透

自廓尔喀纳拉扬统一尼泊尔后,禁止欧洲人入境,不许和英国通商,也不允许英货输入尼泊尔。1792 年,趁中国和廓尔喀战争之际,英国人与尼泊尔签订了一个商约,但并未真正贯彻执行。英、尼之间关系处在停顿状态。

纳拉扬死后,其子辛哈·普拉特普(Pratap Singh Shah)、孙拉纳·巴哈杜尔·钟(Bahadur, Rana Jung)相继在位。巴哈杜尔在 1795 年杀死他的摄政叔父,自己当权。后因其残暴不仁,又于 1800 年被迫退休,居住在贝拿勒斯(Benares),让位给他的幼子吉冯·约德·比克拉姆(Girvan Jodh Bikran)。比克拉姆为拉纳·巴哈杜尔的次妻潘特(Damodor Panre)所生,因其年龄尚小,故潘特后成为摄政。

拉纳·巴哈杜尔退休住在贝拿勒斯时,英国东印度公司的势力已侵入该地,并指定诺克斯队长(Captain Knox)为与拉纳·巴哈杜尔联系的政治代理人。拉纳·巴哈杜尔在贝拿勒斯备受英国人的优待,其所需花费均由英国人支出。

东印度公司为何费尽心机想要控制尼泊尔?一个重要的原因就是希望能够通过尼泊尔直接同西藏进行贸易。根据往返于尼藏之间的穆斯林商人阿不都·卡迪尔汗(Abdul Kadir Khan)的估计,如果英国的细平布(绒面呢,broadcloth)在拉萨出售的话,每匹能够赚10卢比,诸如贝壳、镜子和刀子等,每支出1卢比的成本,就能赚取1卢比的利润。而贪婪的廓尔喀人拦腰截断了东印度公司获取这笔财富的机会。"东印度公司迫切地想找到消除廓尔喀中间商的办法,直接同西藏人进行贸易。果能如此,将会有极大的利润等着他们。"[1]

因此,东印度公司想利用拉纳·巴哈杜尔同尼泊尔建立关系,并乘此机会进入尼泊尔,以安排巴哈杜尔及其他问题为借口和尼泊尔谈判;尼方亦担忧英国利用巴哈杜尔捣乱,便与东印度公司签订了1801年条约,准许诺克斯作为英国代表常驻加德满都。诺克斯在1801年即被任命为东印度公司驻尼泊尔的第一任代办,[2]并受到摄政王的礼遇。诺克斯驻尼泊尔的任务是:开拓公司所辖的省份直接与不丹和西藏贸易的途径,或通过尼泊尔商人间接与其通商;尤其重视不丹和西藏盛产金银矿,鼓励他们将金银矿与印度和英国生产的商品交换。[3]

但就在此时,陪同巴哈杜尔住在贝拿勒斯的大妻塔帕皇后突然带着比姆·逊·塔帕(Bhim sen Thapa)返回加德满都,推翻了潘特后摄政;又把巴哈杜尔接回尼泊尔,担任摄政。塔帕后因英国人和潘特后关系很好,改变了对1801年条约的态度,诺克斯在加德满都受到了冷遇和憎恶。1803年,东印度公司和廓尔喀人的关系十分紧张,诺克斯不得不离开尼泊尔。[4]

5.3.2 英尼战争与《塞哥里条约》

巴哈杜尔当摄政不久,即被潘特后派人杀死,比姆·逊又组织人报复暗杀潘特后,自己当了首相,废除了尼王,立拉金德拉·比克拉

[1]Alastair. Lamb: *Britain and Chinese Central Asia*, *the Road to Lhasa* 1767 *to* 1905, London, 1960, p.34.

[2]Alastair. Lamb: *Britain and Chinese Central Asia*, *the Road to Lhasa* 1767 *to* 1905, London, 1960, p.35

[3]Alastair. Lamb: *Britain and Chinese Central Asia*, *the Road to Lhasa* 1767 *to* 1905, London, 1960, p.35.

[4]Alastair. Lamb: *Britain and Chinese Central Asia*, *the Road to Lhasa* 1767 *to* 1905, London, 1960, p.36.

姆·沙阿(Rajendra Biknamu shah)为尼王,在尼宫廷内为争权而发生的相互暗杀中,比姆·逊之弟埜纳毕各咙逃至西藏要求援助。嘉庆十一年(1806),身为驻藏大臣的玉宁,认为"廓尔喀国王拉特巴都尔被戕……不必差人往探","并驱逐廓尔喀叛逆埜纳毕各咙出境"。[1] 清廷不想陷入尼泊尔国内的斗争中,但又怕因此引起边境纷争。沙阿年纪太小,比姆·逊大权独揽,国王成了傀儡。在比姆的强力专制下,尼泊尔全境得到统一,领土有所扩张,由卡利河以西到萨特累季河(Sutlej),向东扩张到了锡金,在这个区域内所有山区的土邦、部落都被其征服。当比姆·逊在向西扩充时被锡克族阻止后,他便向南部的印度平原发展。到 1812 年,尼泊尔占领了南部的低地区(Terai)。尼泊尔的扩张给英国造成日益严重的威胁,甚至连总督摩拉(Lord Moira)都认为:"廓尔喀和英国之间似乎永远不会有真正的和平,除非我们将恒河以北的省份都让给廓尔喀,令恒河成为两国之间的分界线。"[2]

东印度公司在诺克斯遭受冷遇后,计划以武力吞并尼泊尔的摩兰(Morung)及泰莱(Terai)地区,[3]但此时泰莱已经被尼泊尔所占,故总督摩拉勋爵(Lord Moira)决定于 11 月出兵攻尼。

在战争第一阶段,英军出动两万多人,在英属领土与尼泊尔接壤的 600 英里长的地带全面展开攻击。在这一阶段,尼泊尔军英勇善战,勇猛杀敌,在尼拉伯拉战役中重创敌军,使英军指挥官智勒斯比少将丧生,200 多名官兵伤亡,此后又令英 500 多名官兵伤亡。英军的其他几个纵队也损失惨重。尼泊尔军队获得了第一阶段的初步胜利。英军为了挽回损失,从印度调派了大量增援部队,特别是将大炮等重型武器运到前线。尼泊尔军队虽然奋力抵抗,但毕竟力量相差悬殊,最终失败。

在英尼发生战争后,嘉庆十九年(1814),尼泊尔国王向驻藏大臣再次请求声援。值得注意的是,尼泊尔国王的禀报还提到,"披楞"不

---

[1]王先谦:《东华续录》,卷 22。

[2]Alastair. Lamb: *Britain and Chinese Central Asia*, *the Road to Lhasa* 1767 *to* 1905, London, 1960, p.37.

[3]摩兰地区出产造船用的木材,而泰莱则是低地,土地肥沃,每年可收取大笔赋税。

仅仅是与尼泊尔争斗,还会进一步“与唐古忒构衅”。而清朝最高统治者嘉庆在十九年九月初八日上谕将“披楞”(即英属印度)也视为同尼泊尔、锡金等一样的属国或外藩。清朝一厢情愿地将英国视为其藩属,完全不了解瞬息万变的国际形势;相反,作为清朝藩属的尼泊尔,对英国侵略的野心却有相当清醒的认识:“廓尔喀好比唐古忒南方铁门,如将铁门打破,唐古忒也难保。”[1]

由于清朝坐视不管,加速了尼泊尔失败的进程。1815 年 5 月,尼泊尔派遣古鲁·古贾拉贾·密萨尔与英国政治代理布拉德肖少校(Major Bradshaw)和谈。英国提出 4 个条件:(1)永久割让卡利河(R. Kali)以西英军在此次战争中取得的土地;(2)永久割让整个泰莱地区;(3)放弃尼泊尔占领哲孟雄(锡金)的领土,交出纳里和纳加尔科特两个塞堡;(4)尼泊尔须接受带卫队的英驻扎官员常驻加德满都。无英政府特别准许,尼泊尔不得雇佣欧洲人。

古鲁·古贾拉贾·密萨尔认为,他并没有获得授权签署割地条款,必须返回加德满都进行请示。尼泊尔政府大多数官员都坚决反对第二条和第四条。英军见目的无法达到,于 1816 年 2 月重新向尼泊尔发起进攻,再次打败尼泊尔军队。尼泊尔政府最后被迫重新派使节和谈,签订了《塞哥里条约》(The Treaty of Sagauli)。条约的主要内容有:

甲. 英国割占尼泊尔所有的平原土地;(1)卡利河和拉普蒂河(Rapti)间的全部低地,(2)拉普蒂河和贡达克(Gunduck)间除布特华尔、卡斯外的全部低地,(3)在贡达克和库莎赫(Coosah)间的全部低地,(4)所有麦乞河和梯斯塔河间全部低地,(5)所有麦乞河以东山区的土地等。

乙. 尼泊尔未经英国允许不得留用任何英国、欧洲及美国人;

丙. 双方互派使节;

丁. 尼泊尔放弃对卡利河以西土邦的一切权力或联系,并不得与之发生任何关系(这一条巩固了英国对印度北方各土邦的统治);

[1]《四库未收书辑刊·叁辑·捌拾册·廓尔喀案不分卷》,第 712 页。

戊.条约对尼泊尔和哲孟雄的关系做了新的规定。尼泊尔国王约定永不干涉或扰乱锡金(英国人称哲孟雄为锡金)国王和占有他的领土。但在尼泊尔国和锡金国间,或任何一国的臣民发生纠纷时,同意这些纠纷由英国政府仲裁,而尼泊尔国王约定须遵守其判决。[1]

《塞哥里条约》令英国第一次真正控制了尼泊尔,英国势力终于正式进入尼泊尔。[2] 英、尼间签订条约毫无理由地将哲孟雄(锡金)包括在内,规定由英国仲裁尼、哲间的纠纷,却并未取得哲孟雄的同意,英国侵略者的野心由此可见一斑。根据这个条约,英国不但控制了尼泊尔,而且无形中把哲孟雄也放在它的保护之下了。同时,尼泊尔之前占领的哲孟雄的土地(麦乞河以东山地及麦乞河与梯斯塔河间的泰莱区)割给英国;英国即以退还这些土地给哲孟雄为借口,乘势侵入了哲孟雄。东印度公司还正式派加纳(Gardner)为代办驻加德满都,为英国人干预尼泊尔的内政提供了机会。

5.3.3 亲英政府的建立与英国控制尼泊尔

1816年之后的尼泊尔对外关系是复杂的。英国军官凭借对中尼关系的了解,对尼泊尔试图在中国和英属印度这两个大国之间巧妙地平衡各种关系的意图及措施了如指掌。赫尔塞(M. Y. Hearsay)上校在给政治秘书亚当斯(J. Adams)的信中指出:尼泊尔长久以来对中国政府形成一种威胁,却假装成为我们(指英国)政府的一部分,让他们的士兵穿上红色的军服,[3]全副武装带着步枪……但在同英国的战争中,尼泊尔人却斗志昂扬,效仿中国人的装束,希望反复给英国人灌输这样的思想:他们是中国的朝贡国。[4]

---

[1]杨公素:《中国反对外国侵略干涉西藏地方斗争史》,北京:中国藏学出版社,1992年,第40页。

[2]Ravuri Dhanalaxmi, *British Attitude to Nepal's Relations With Tibet and China* 1814—1914, pp. 15 - 31, Chapter 2, British Reaction to Gurkha Militarism, 1767—1816.

[3]指东印度公司的服装,当时尼泊尔军队以东印度公司军队为模板。

[4]Ravuri Dhanalaxmi, *British Attitude to Nepal's Relations With Tibet and China* 1814—1914, p. 33. 此处反映出尼泊尔仍希望清政府能干涉英尼战争。

英国希望进一步恢复英尼1792年签订的商约,要求和尼泊尔谈判,未果。1836年,东印度公司想和尼泊尔谈判签订新商约,亦未果。1837年,英、尼在关于引渡凶手、匪徒的问题上取得了协议。尽管如此,英尼关系并未有多大进展,东印度公司在加德满都的代办受到了不友好的待遇。

随后,尼泊尔王室内部发生了争斗。比姆·逊的权力一天天的扩大,塔帕家族几乎控制了整个尼泊尔国家。至1832年,被他陷害的潘特家族又逐渐抬头,他们拥护当傀儡的尼王来反对塔帕族。尼王拉金德拉·比克拉姆·沙阿已长大,也极想摆脱首相比姆·逊的控制,恢复王权。恰好在1837年,王的幼子突然死去,潘特族说是比姆·逊毒死的,于是就将比姆·逊及其侄子玛塔巴尔·辛格(Matabar Singh)逮捕下狱。虽然不久后即释放,但比姆·逊被迫退休,其侄子逃到印度旁遮普避难。尼泊尔大权就由潘特族的纳里·钟(Rani Jong)当首相掌握。1839年,纳里·钟扣押比姆·逊,令其在狱中受到各种折磨,最后自杀。比姆·逊统治尼泊尔近30年,完成了尼泊尔内部山地的统一,扩充了尼泊尔的土地,基本奠定了现在尼泊尔的领土界限;但在和英国人的斗争中失败了,英国开始控制尼泊尔。[1]

潘特派的纳里·钟掌握了政权后,对英人极不友好,并企图报复英国人。除了暗中联合印度各土邦如约德普尔(Jodpur)、格华利奥(Gwalion)、海德拉巴(Hyorabad)和纳格普尔(Nagpur)、拉合尔(Lahore)等并在哲孟雄、不丹等地极力进行反英活动外,同时又出兵占领若纳古尔(Rarrmagur)100多个村庄,和英国发生了冲突。此时东印度公司驻尼代办是贺德逊(Hodgson),他向尼提出要退还所占的村庄;潘特王后便发起了一个反英运动,大批群众游行示威,包围英代办驻地。东印度公司向尼发出了最后通牒,并积极在尼边境屯兵。尼泊尔国王害怕了,解散了潘特派的政府,平息了运动。英国人在1839年和尼泊尔签订了停止反英活动的条约,这个条约规定:

---

〔1〕〔尼泊尔〕阿里亚尔等著:《新编尼泊尔史》(中译本),成都:四川人民出版社,1973年,第180-187页。

(1)尼泊尔应完全停止任何一切通过信使或书信的秘密阴谋；

(2)尼泊尔政府约定与东印度公司在恒河彼岸的附属土邦不得再有任何交往，非经(英)代办允许并持有他的护照，禁止和该土邦等交往；

(3)在平原上英国臣民的行为因其有专门的诉讼手续，其民事案件不得强迫至尼泊尔法庭申诉等。[1]

1844年(道光二十四年)，廓尔喀国内统治集团又发生变乱。潘特后于1841年死去，塔帕后派又复当权，并召回在印度避难的玛塔巴尔·辛格(Mathbar Simba Thapa)当首相。他当首相不久，即被塔帕后的宠幸加甘·辛格唆使他的侄子刺杀，大权又落在加甘·辛格(Gagan Simha)手中。随后潘特后的遗子和塔帕后的儿子为了争夺王位，宫廷内又发生了斗争，结果潘特后的遗子被杀死。拉纳·钟·巴哈杜尔(Rana Jung Bahadur)在英人帮助下，乘此机会召募了约三个团的兵力，包围正在讨论解决宫廷斗争问题的王室贵族议会并进行了大屠杀。1846年9月14日，钟·巴哈杜尔发起了尼泊尔历史上有名的“科特(kot)大屠杀”。塔帕后被迫承认了钟·巴哈杜尔当首相并兼总司令。从此拉纳家族(Rana Family)掌握了尼泊尔大权。

钟·巴哈杜尔在英国人的支持下取得了尼泊尔首相的地位。他上台后即杀死加甘·辛格，潘特家族的人都受到处罚，家产被没收。1846年，他带兵进入王宫，把尼泊尔王、坦帕后等一起放逐到贝拿勒斯，废除尼王拉金德拉，立其长子苏伦德拉·比克拉姆·沙阿为尼王。

钟·巴哈杜尔当权后，积极施行亲英政策。1857年，印度爆发了历史上最大一次的反英起义，钟·巴哈杜尔主动派兵协助英国人镇压起义。由于他的军队在帮助英国镇压印度人民起义的过程中立下了汗马功劳，英国人随即与其在1860年签订条约，将1816年《塞哥里条约》规定的英割占卡利河和拉普蒂河之间的泰莱交还给尼泊尔。

[1] C. V. Aitchison: *A Collection of Treaties, Engagement and Sanads Relating to India and Neighbouring Countries*, vol. XII, Calcutta, 1929-31, p.24.

至此,英国加强了对尼泊尔的控制,并将尼泊尔作为入侵西藏的通道与基地。而尼泊尔则在英国的影响下,又一次发动了侵略我国西藏的战争。

5.3.4 廓尔喀第三次入侵西藏

1815—1816年英国东印度公司强迫廓尔喀签订了不平等的《塞哥里条约》后,英国在加德满都设置了公司代办官邸,并侵占了廓尔喀南部几乎所有平原的土地。自此,尼泊尔沦为英国的附庸。而钟·巴哈杜尔掌权后,奉行对外依附英国的政策。1849年,钟·巴哈杜尔访问了英国。返回时又去了法国、埃及等地访问。在国内,他进一步扩充军备,军事力量逐渐增强。于是,他寻找时机,准备向中国西藏扩张势力。

1852年,廓尔喀在西藏聂拉木南边境漳木铁索桥一带制造边界冲突,强行索要铁索桥附近扎木曲河外记尔巴及甲玉两地。时驻藏大臣穆腾额等鉴于国内形势(太平天国起义)而不敢据理力争。奏请"将此二处地方嗣后归廓尔喀管理,以息事端"。[1] 这次边界事件因清朝的妥协而未酿成直接冲突。

1854年(咸丰四年)初,廓尔喀国王向清廷呈递表文,提出派兵协助清朝攻打太平军(1850年中国爆发了太平天国运动,1853年太平军攻占南京,建立太平天国,定都南京)。但由于驻藏大臣谆龄迟至4月才将表文上奏,后接到清廷拒绝廓尔喀派军"助剿"上谕后,又因病延搁,未迅速檄谕廓尔喀。为此,清廷将其"交部议处"。[2] 而此时廓尔喀却接着来禀,声称:本国已动用军队"助剿",军费无所出,"要唐古忒代赔";又指责西藏营官"不遵旧章征收税课,及欺负抢劫、伤毙该国民人等事"。次年2月,清廷谕令中指出:"该国欲派兵助剿,本与唐古忒无干,况尚未有旨允准,何得借口兵费!"至于不遵旧章收税、欺负抢劫,伤毙该国民人等事,则应"秉公查办,照旧贸易,不准例外浮收,任意欺压。被抢案件宜应彻底根究,勿得偏袒,致该国有所借口。"[3] 可

[1]《清文宗实录》卷116"咸丰三年十二月丁酉"条。

[2]《清文宗实录》卷155"咸丰四年十二月丁巳"条。

[3]《清文宗实录》卷155"咸丰四年十二月丁巳"条。

见,廓尔喀侵略西藏的野心始终未泯。

同年3月,廓尔喀在西藏吉隆等地私署官吏,接管当地行政事务,多方寻衅。至3月23日、4月8日,钟·巴哈杜尔派遣博姆·巴哈杜尔(Bom Bahadur)和迪尔·苏姆·谢尔(Dhir Shum Sher)将军率军数千侵入西藏。由于藏军防御兵力单薄,致使吉隆和聂拉木两地为其占领。清廷急谕令新上任驻藏大臣赫特贺亲往后藏边境,察看动静,令廓尔喀撤兵。4月29日,廓尔喀军又侵占了宗喀(今西藏吉隆),清朝所调昌都、类乌齐等处兵士还未齐集,又急调四川屯兵三千入藏。5月初,钟·巴哈杜尔到了宗喀,提出和谈,遵檄止兵,听候剖断。然而,当赫特贺到达协噶尔(今西藏定日)时,闻听廓尔喀继续进兵,相继攻占了补仁(今西藏普兰)和绒辖(今西藏定结)两地。赫特贺严词指责,廓尔喀领兵官则以"尚未接到止兵知会为词"进行狡辩。随后,赫特贺与廓尔喀官员虽然进行了"剖断",但廓尔喀始终不肯退回所占5处西藏地方。

清廷见多次妥协退让均不能令廓尔喀统治者放弃侵占的中国西藏领土,决定抽调四川、湖北等处军队赴藏。然而,四川湖北二省的清军均与太平军对峙,难以抽调兵力入藏。如此,抵抗廓尔喀侵略的重担就落在西藏地方军民身上。同年10月4日,在噶伦的率领下,西藏军民经过激战,从廓尔喀手中夺回了聂拉木附近的帕嘉岭,歼敌数百。同年底,藏军收复聂拉木,并攻破宗喀外城,廓尔喀军队遭遇重创。

1856年初(咸丰六年),钟·巴哈杜尔又派遣军队分两路进攻聂拉木和宗喀,聂拉木再度被廓尔喀占据。清廷又调派前藏僧俗官兵2000名赴通拉山策垫军营,并命驻藏帮办大臣满庆速为筹备,使之克日启程。[1] 至此,由于西藏军民奋起抗击侵略,清廷又陆续增兵,再加天气严寒,廓尔喀统治者见继续作战对己不利,故遣人呈送禀帖,要求和谈。清军也因太平天国运动而希望早日结束战争。时逢十一世达赖喇嘛圆寂,西藏僧俗百姓也不愿继续作战。在这种形势下,驻藏大臣派遣西藏地方官员和廓尔喀议和。同年3月24日,西藏地方官员与廓尔喀官

〔1〕《清文宗实录》卷186"咸丰五年十二月辛丑"条。

员在廓尔喀之塔帕塔利(Thapathali)签订了和约。[1]

西藏、廓尔喀条约共10款,内容如下:

(1)西藏年付廓尔喀赎金一万卢比。

(2)廓尔喀、西藏历来礼敬大皇帝。西藏境内寺院满布,众多修行独居,虔奉教规;廓尔喀允,嗣后西藏如遇外侮,廓尔喀尽力护助。

(3)嗣后,廓尔喀商民,西藏不抽商税、路税及他项税捐。

(4)西藏允将以前所捕之锡克兵丁及战争中俘获之廓尔喀兵丁、官员、夫役、妇女、炮位归还廓尔喀。廓尔喀亦允将西藏军队、军火、牦牛及吉隆、聂拉木、宗喀、布朗、绒辖各地西藏民人遗下一切物品归还西藏。

(5)廓尔喀嗣后派高级官员一员,驻在拉萨,但不得派尼瓦尔人。

(6)廓尔喀准在拉萨开设店铺,任便售买珠宝、衣着、粮食及其他各种物品。

(7)拉萨商民如有争执,不容廓尔喀官员审讯;拉萨辖区内廓尔喀商民或加德满都回民如有争执,亦不容西藏官员审讯。西藏民人与廓尔喀民人如有争执,两方官员会同审讯。西藏民人罚款,归西藏官员,廓尔喀商民及回民罚款,归廓尔喀官员。

(8)廓尔喀人因杀人犯法逃往西藏者,西藏交出,送廓尔喀。西藏人因杀人犯法逃往廓尔喀,廓尔喀交出,送西藏。

(9)西藏民人劫夺廓尔喀商民财产,西藏官员应予查究,责令归还原主。倘该犯不能归还原物,廓尔喀官员应令其立下甘结,限期偿还。

(10)条约既经订立,两方均不得对附和廓尔喀之藏人身家、财产或附和西藏之廓人身家、财产施行报复。

[1]〔尼泊尔〕阿里亚尔等著:《新编尼泊尔史》,第210页。

火龙年二月十八日。[1]

据以上内容可知,廓尔喀虽退回所侵占的西藏领土,然而西藏需“年付廓尔喀赎金一万卢比”,而且廓尔喀商民在西藏“不抽商税、路税及他项税捐”,“在拉萨开设店铺,任便售卖珠宝、衣着、粮食及其他各种物品”,这对我国西藏而言显然是不平等的,尤其每年都要支付一万卢比的高额费用,是极为沉重的负担。通过条约第四条,“西藏允将以前所捕之锡克兵丁及战争中俘获之廓尔喀兵丁、官员、夫役、妇女、炮位归还廓尔喀”,可知廓尔喀侵藏背后有英国的支持。条约还规定西藏对尼泊尔商人免税,由于尼泊尔是当时西藏地方通往英印的主要通道,所以这实际是对英印商品的入口免税,为东印度公司进行资本主义商品侵略扫清了道路,充分可见英国从中获得的利益。

通过这次战争,中尼两国的关系渐行渐远,同时也将尼泊尔进一步推向英国怀中,为英国最终发动侵略西藏的战争打下基础。

5.4 英国蚕食锡金

在喜马拉雅山区各国中,尼泊尔势力最强,英国侵略者经过几十年的努力控制了尼泊尔后,即转向哲孟雄(今印度锡金[2])进攻。锡金地理位置极为重要,波格尔(1774)、特纳(1783)和曼宁(1811)都是从锡金到达帕里宗从而进入西藏的。[3]

锡金曾是我国西藏的藩属。17世纪初,顾实汗征服西藏,拥五世达赖喇嘛建立噶丹颇章王朝后,喇嘛教的格鲁派成为西藏的统治教派,原来统治后藏的红教、白教逃往不丹、哲孟雄。其中有拉萨喇嘛来到哲孟雄,劝居民信仰红教,习藏语,并推藏人彭错南嘉为第一任哲孟雄土王;从此哲孟雄才逐渐有了政治组织和宗教,由散居的村落形成

[1]王铁崖编:《中外旧约章汇编》第1册,北京:三联书店,1982年第2版,第84-85页;牙含章:《达赖喇嘛传》,北京:人民出版社,1984年,第83-84页。

[2]2003年,中国正式承认锡金是印度治下的一个邦。

[3]Col. M. N. Gulati (Retd), *Tibetan Wars through Sikkim, Bhutan and Nepal*, Manas Publications, 2003, p. 57.

一个政治集体。第一任土王和拉萨贵族女结婚,此后,哲孟雄王室世代与西藏贵族通婚。在第三代土王嘉多南嘉时(约 1700 年左右),不丹侵入哲孟雄,嘉多向西藏求救,西藏赶走不丹人,嘉多为了酬报西藏,修建了哲孟雄最大的寺庙白木格齐(Pemiongtchi),并向西藏朝贡,正式成为西藏地方的藩属,清代称其为哲孟雄。[1]

在哲孟雄第六代土王顿怎朗吉(Tsugphud Namgyal)时,廓尔喀兴起,并在 1788—1789 年间侵入哲孟雄,占领了大部分土地,哲孟雄只保存了日尼杵及刚多两地。顿怎朗吉逃入西藏境内避难,西藏令其在春丕居住。1792 年清兵打败廓尔喀后,哲孟雄提出要收复廓尔喀侵占的土地,西藏噶厦也要求恢复哲孟雄原有的疆界,但当时清廷拒绝了这个要求。嘉庆六年十月二十三日(1801 年 11 月 28 日),又禀"至哲孟雄系边外小部落,从前曾被廓尔喀侵占地方今见伊境内彼此构衅,欲乘闲借端复夺侵地,故以通好为名探听消息,并恐该处不令入境。希冀倚仗天朝声威檄谕廓尔喀,以遂其诡计,至火药系内地操演兵丁之用,尤不应擅行请给,英善等接到来禀即严切饬驳"。[2] 清廷拒绝向廓尔喀施压,为哲孟雄索要以前被廓侵占的土地,这令锡金王室十分失望,他们认为清朝政府已不再保护锡金了,便转而投向英国寻求援助。

英国抓住并利用了这个机会,在打败尼泊尔并订立的 1815 年的《塞哥里条约》中,将尼泊尔占哲孟雄的泰莱和莫兰西区割占,接着即在 1817 年和哲孟雄订立了《梯塔利亚条约》(The Treaty of Titalya),将上述两区交还给哲孟雄,并重新规定尼、哲间发生纠纷由英国仲裁。如此一来,英国借口仲裁尼哲纠纷从而进入了哲孟雄。

5.4.1 英国租借大吉岭

1826 年,英国派遣洛德上尉(Captain Lloyd)和格兰特(G. W. Grant)去调查列普查人(Lepcha)首领被暗杀一事(列普查人是锡金原住民,其首领被暗杀后,列普查人纷纷逃往尼泊尔)。洛德上尉和格兰特此行发现了锡金大吉岭(Darjeeling)这个气候宜人的村庄,建议东印

---

〔1〕藏语为 Vbras—Ljongs,清季史料译为哲孟雄。

〔2〕《清仁宗实录》卷 89。

度公司租借此地。英人租借大吉岭理由如下：

(1)作孟加拉政府官员和军队官兵避暑疗养的地方；

(2)大吉岭位于锡金边境，近尼泊尔，可以监视列普查人和尼泊尔人，如此便从地理上遏制尼泊尔和锡金二国；

(3)开通大路，进而侵略中国的西藏和蒙古。

格兰特还认为，不仅可以修筑从印度到大吉岭的道路，将来还可修筑从孟加拉到中国蒙古的交通要道。[1] 他们的建议得到了威廉·本汀克勋爵(Lord William Bentinck)的支持。

1829 年，洛德和格兰特奉命再访锡金，提出租借大吉岭。起初，锡金王不愿租借大吉岭，但最后因清廷和驻藏大臣多次拒绝锡金请求清廷敦促廓尔喀归还其先前侵占锡金领土的请求，这令锡金王最终决定在 1835 年将面积约 145 平方英里的大吉岭租给了东印度公司。

英人租借大吉岭的租金起初只有 3000 卢比，后来增加到 6000 卢比。如此，英国侵略者便在喜马拉雅山拥有了根据地。大吉岭居民不过两千来人，每年税收不超过 20 盾卢比，但在英国经营以后，到 1848 年大吉岭地区就增加到一万人左右，税收也增加了。

5.4.2 “1849 年事件”

1849 年，英国管理大吉岭的总监(Superintendent)坎贝尔(A. Campbell)和探险家、植物学家胡克(Hooker)未经锡金方面批准，擅自穿越锡金领土去见居住在西藏春丕的锡金王，要求准许他们在锡金自由旅行，并能采集喜马拉雅地区的植物标本。

锡金王当时住在春丕，拒绝不见。锡金首相(哲语为德旺)朗吉(Nangyal)对坎贝尔十分不满，因为坎贝尔不准锡金人到大吉岭经商。锡金人便得到了报复的机会。1849 年 11 月 7 日，锡金士兵用竹绳将坎贝尔和胡克捆起来，还对其进行拷打，要他在一份限制英国势力涉入锡金的条约上签字。坎贝尔拒绝签字。在被押送回锡金首府通朗的路上，坎贝尔双手与骡子尾巴捆在一起，可谓受尽折磨。锡金人对胡克

[1] Alastair Lamb, *Britain and Chinese Central Asia: the Road to Lhasa*, p. 88.

倒宽大处理,准许其在锡金土地上自由采集植物标本,却将坎贝尔押送到通朗(Tumlong)关押起来。锡金首相在锡金王返回之后,释放了坎贝尔,并声明锡金首相与此事无关,乃手下所为,并亲自护送坎贝尔一行回到大吉岭。[1]

坎贝尔于1849年12月24日返回大吉岭。受到此番奇耻大辱之后,他立即报复锡金,在1850年2月派出一支部队跨越兰吉特河(Ranjit River),企图征服锡金。但英国政府认为,此事错在坎贝尔,是他擅自闯入中国西藏领土,违犯中国规定,酿成了新的中英冲突,因此受到了英国政府的指责。于是,此次派出的部队也草草收兵。

1860年,坎贝尔利用锡金派人到大吉岭抓捕那些躲藏的锡金人之事作为报复借口,扬言英国不能再容忍这种"绑架"事件,提出要归还被抓之人,但遭到锡金拒绝。东印度公司借故出兵威胁,并因此把大吉岭和过去退还给哲孟雄的尼占地约640余平方英里全部收为公司所有,称为"英属锡金"。

5.4.3 英锡《通朗条约》

锡金坚决反抗英国人的无耻行径,1860年11月27日,朗吉首相指挥一支军队攻击英军,令其撤退。英军撤退时,道路遭到破坏,又遭到锡金军埋伏,英军四散而逃,损失惨重。

后来,英国人增兵,经过几次激战,锡金军队遭到失败,英军进入首府通朗。锡金王从春丕返回首府与英国和谈。1861年3月29日,英国特使伊登(Ashley Eden)同锡金王之子西康朗吉(Sidkeong Namgyal)签订了丧权失地的《通朗条约》(The 1861 Treaty)。《通朗条约》共有23条内容,取消了先前锡金同英国签订的一切条约。[2] 涉及范围十分广泛,包括锡金的内政、外交、贸易和赔款等。主要内容如下:

(1)归还坎贝尔1860年从"独立锡金"仁钦蚌(Rinchin Pung)

〔1〕A. K. J. Singh, *Himalayan Triangle, A Historical Survey of British India's Relations with Tibet, Sikkim and Bhutan* 1767—1950, British Library, 1988, pp. 186-187.

〔2〕A. K. J. Singh, *Himalayan Triangle, A Historical Survey of British India's Relations with Tibet, Sikkim and Bhutan* 1767—1950, British Library, 1988, p. 194.

撤离时英印的所有财产,英国亦将归还英军占领的锡金土地。

(2)锡金分3次支付给英国7000卢比赔款。若发现锡金不履行条约,则英国占领的锡金南门河(Ramman)以南、兰吉特河以东,以及从兰吉特河到辛加莱拉山(Singaleila Mt.)一线以北包括3个寺院在内的锡金领土,直至赔款付清为止。

(3)锡金当局交出逃到锡金的"罪犯、骗子和其他犯法者"。

(4)锡金必须取消对旅行者的限制和对英国领土与锡金的贸易的垄断,要尽力保护英商;取消英国商品进出口锡金的关税,只同意锡金对输入西藏、不丹和尼泊尔的货物征5%的一般税(这方面的规定,实际上令英国商品倾销锡金——作者注)。

(5)锡金须同意,不准朗吉首相及其亲属再返回锡金,不准锡金王及其亲属常住西藏,不准锡金议会在西藏举行会议,锡金王每年须有9个月住在锡金本土,在春丕不得超过3个月。锡金政府须允许锡金人民有出入锡金国土的自由,须允许其他国家的臣民(只要不是罪犯和骗子)在锡金有避难的权利。

(6)锡金政府和邻国的一切纷争须交由英印政府处理。锡金政府未经英国事先批准,不得割让和租借锡金的任何领土给他国。[1]

通过《通朗条约》,英国不仅控制了锡金的内政、外交,还垄断了锡金的贸易,而且不允许他国插手锡金事务,锡金由此完全沦为英国的殖民地。但英国之所以没有明目张胆地吞并锡金,可能是由于时机还不甚成熟。而清廷对英国这些举动并未生戒心,也未采取任何措施。但西藏噶厦方面不但了解情况,而且有所警惕,已命令藏军积极在隆吐山(Lingtu)设防,防止英人进一步向西藏侵略。

5.5 英国侵略不丹

最早了解到不丹的英国人可能是拉尔夫·费奇(Ralph Fitch)。他

[1] C. V. Aitchison: *A Collection of Treaties, Engagement and Sanads Relating to India and Neighbouring Countries*, vol. XII, pp. 61–66.

于1585年在游历印度东北部的时候曾经记录过:"不丹距离库赤大约行走4天的距离。"而东印度公司中最早提及不丹的人是孟加拉测绘局长詹姆斯·雷奈尔(James Rennell),他被公司派去调查同孟加拉接壤的国家,并简要地记载了不丹的情况,不久便发现自己卷入了东印度公司和不丹王国之间的冲突。[1] 1774年,不丹被迫同英国签订条约,丧失了属地库赤·贝哈尔。[2]

5.5.1 英国蚕食不丹山口

东印度公司吞并库赤·贝哈尔后,就和不丹管辖的喜马拉雅山南麓靠近印度平原的地区时常发生纠纷。后来,东印度公司又向印度东北扩张,与缅甸发生战争,并在1826年正式割占阿萨姆(Assam)等地,这是采纳了波格尔在1772年要求武力吞并阿萨姆的建议。东印度公司占领阿萨姆后,就同不丹管理的山口发生冲突。

1803年,东印度公司与廓尔喀关系十分紧张。次年,东印度公司大举出兵侵略尼泊尔。摩拉勋爵害怕清朝政府出兵援助尼泊尔,也害怕不丹政府给尼泊尔军队提供出入不丹境内的方便,故在1814年11月29日致函不丹德布王乔勒·土尔库·叶希·加尔增,威胁他不准反对英军在不丹边境对尼泊尔作战,也不准让尼泊尔军队通过不丹领土,否则就要攻打不丹。1815年,英国东印度公司派人试图经过不丹进入拉萨,但未果。英国为了拉拢不丹,决定将先前割给库赤·贝哈尔的10多个不丹村庄和市场还给不丹。

英尼战争结束后,东印度公司对不丹的政策完全改变。战争期间,英国害怕不丹支持尼泊尔,故采取软硬兼施的政策;战争结束后,英国继续征服库马翁(Kumaon)和加瓦尔(Garhwal),因为此时,不丹不再是东印度公司打开西藏的唯一通道。同时,东印度公司侵略尼泊尔的时候,清政府对藩属不闻不问、漠不关心的态度,助长了东印度公司对喜马拉雅诸西藏藩属的侵略,因为英国明白,清廷不会出兵援助任何

---

[1] A. K. J. Singh, *Himalayan Triangle, A Historical Survey of British India's Relations with Tibet, Sikkim and Bhutan* 1767—1950, British Library, 1988, p. 291.

[2] 本书2.2对相关内容有所涉及。

藩属。

从1826年起，东印度公司利用和不丹接壤的10多个山口，制造矛盾，挑起纠纷，进而霸占其中一些山口。从东部阿萨姆的丹西里河(Dhansiri River)至西部的梯斯塔河(Tista River)即大吉岭地区一带，共有18个山口。这些山口一般地宽10至30英里，山口北部大半是山区，森林覆盖，有各种野兽如野象等；山口的南部则是平原，多是肥沃的土地，盛产大米、棉花、烟草等。这些山口气候好、物产丰富，也是不丹收入的主要来源。

从不丹属梯斯塔河起到东面阿萨姆的丹西里河止的18个山口，其中和东印度公司所属的孟加拉交界的有11个，即：

(1)达林哥提(Dhalimkoto)；(2)买那古里(Mynagoorie 或 Zumerkote)；(3)查莫切(Chamoorche 或 Sumchee)；(4)洛奇(Luckee)；(5)布华(Buxa 或 Passaka)；(6)布尔卡(Bhulka)；(7)波拉(Bora)；(8)哥马梯(Goomat)；(9)里波(Reepo)；(10)齐斯旺(Chesrung)；(11)巴格(Bagh)。

在东面不丹所属山口和东印度公司所占阿萨姆交界的有7个：(1)布里(Boore)；(2)古马(Goomah)；(3)卡林(Kalling)(以上靠近杜旺区 Durrung)；(4)沙尔可拉(Shurkolla)；(5)莫斯卡(Bauska)；(6)查巴古里(Chappagcorle)；(7)得旺格里(Dewangire)。[1]

不丹在上述每一个山口都设有宗本管理。在靠近孟加拉的11个山口全部为不丹所统治，而在阿萨姆边界的7个山口也归不丹管辖，但每年不丹要向阿萨姆土王供给4785盾卢比(Rupees)的货物(如牦牛尾、麝香、金砂、马、毯子和刀等)，同时在杜旺区的两个山口每年的7月到10月由阿萨姆土王派人管理；其余各月仍由不丹管理。东印度公司占领阿萨姆后，不断制造纠纷，称不丹所交物品折价不够。1841年5月1日，伦敦东印度公司董事会正式批准使用武力占领靠近阿萨姆的7个山口，并妄图通过以每年1万卢比作为占领7个山口的代价。对

〔1〕A. K. J. Singh, *Himalayan Triangle, A Historical Survey of British India's Relations with Tibet, Sikkim and Bhutan* 1767—1950, British Library, 1988, pp. 300 - 301.

此,不丹德布王多尔吉·诺布坚决反对,要求英方派代表认真讨论这个问题,但遭到拒绝。

5.5.2 1838 年彭伯顿使团不丹之行

1834 年,英印东北边疆代理托玛斯·罗伯逊(Thomas Robertson)提出,为同不丹正式建立直接的官方联系,应当派代表团前往不丹。1836 年 6 月 27 日,罗伯逊同意由彭伯顿上校(Captain Pemberton)负责带领使团前往不丹,任务即寻求不丹方面或直接寻求拉萨方面的同意,令其前往西藏。

彭伯顿使团之行的目的有四方面:首先,他希望同不丹政府建立外交关系;其次,为了减少这一地区长久以来的冲突,需调整给杜尔(Duars)[1]的赔偿金,直至其可以接受;第三,劝阻不丹人转让对阿萨姆杜尔的经营管理权,代之以年付;最后,尽管英不之间已经签署 1774 年条约,但实际上并未执行,因此此行目的还是为了解决商贸条件等问题。彭伯顿希望不丹政府打消疑虑,并懂得孟加拉政府的主要目的是想要促进双方政府的关系,而非简单地从割让杜尔获取经济利益。[2]

1837 年 12 月 21 日,彭伯顿在著名植物学家威廉·格里夫茨(William Griffiths)陪同下,由 25 名士兵护送前往不丹。一路上,彭伯顿并没有按照不丹方面规定的路线,而是自己选择路线,克服了不丹人为其设置的重重障碍,终于在 1838 年 1 月 23 日前往不丹的冬都普那卡(Punakha)。恶劣的气候以及不丹人的不合作,令彭伯顿整整用了 3 个月才最终抵达普那卡。4 月 25 日,彭伯顿给德布王递交了一份草拟的条约。

彭伯顿所拟草约的主要内容大致是希望英不双方臣民可以自由往来;引渡罪犯,主要是孟加拉政府所通缉的在阿萨姆杜尔战争中犯罪的罪犯,包括不丹人和印度人;如果不丹官员无法逮捕这些犯人,印

---

〔1〕不丹人、阿萨姆人对喜马拉雅山南麓的一片低地的称谓,即 terai。

〔2〕A. K. J. Singh, *Himalayan Triangle, A Historical Survey of British India's Relations with Tibet, Sikkim and Bhutan* 1767—1950, British Library, 1988, p. 302.

度警方有进入杜尔搜查罪犯的权利,等等。最后,英印还打算在不丹留驻两名常驻代表,一名在阿萨姆,一名在孟加拉的兰普尔(Rangpur)。[1]

对于英国的无理要求,不丹王立即给予彻底拒绝。彭伯顿发现自己根本没有达到任何预期目的,更不用说得到机会前往拉萨。彭伯顿别无选择,只得于1838年5月9日返回英印。虽然英印没有达到政治目的,但彭伯顿此行获取了从不丹到达拉萨路线的宝贵信息,更多地了解了不丹和西藏及清朝之间的关系,这为英国武装控制不丹奠定了基础。

5.5.3 英不《新曲拉条约》

1863年,英国通过《通朗条约》完全控制了锡金,并在残酷镇压印度民族大起义后,加强了对喜马拉雅山诸国的侵略。后来,英国以锡金王逃往不丹避难为借口,派遣伊登(Ashley Eden)于1863年8月率一个卫队进入不丹,要求不丹交出前来避难的"罪犯",特别是锡金王和库赤·贝哈尔王。伊登使团于1863年11月抵达大吉岭。

1864年3月20日,德布王会见伊登,要求伊登归还英国吞并的阿萨姆所有山口,并在条约上签字。此条约主要有3条规定:(1)英东印度公司占领不丹的山口及土地一律退还不丹;(2)今后互不侵犯;(3)不丹、锡金、库赤·贝哈尔和东印度公司相约,若有其中一方侵犯任何一方时,其他三方则可占领侵犯者的土地等。狡猾的伊登最后在条约上写了"被迫签字"。

伊登返回后,受到英印政府总督约翰·劳伦斯(Sir John Lowrence)及其他许多高级官员的批评。劳伦斯认为该条约是"被迫签字",不予承认,并宣布要采取报复政策,立即组织对不丹的进攻,强占4个具有战略意义的山口,以便进攻不丹内地。

英军在1864年9月8日出发,11月28日开始向4个山口发动攻击。不丹军队以少胜多,重创英军,获得大胜。英军失败后,又增派军

[1] A. K. J. Singh, *Himalayan Triangle, A Historical Survey of British India's Relations with Tibet, Sikkim and Bhutan* 1767—1950, British Library, 1988, pp. 302 - 306.

队,并运来许多重型武器,自1865年3月15日起重新进攻不丹。面对人数众多、武器精良的英军,不丹军队失利。半年后,孟加拉段所有山口均被英军占领。德布王宗杜·佩卡尔于1865年11月11日被迫宣布接受英国人的《新曲拉条约》(The Treaty of Sinchula)。[1]《新曲拉条约》共有10条。其中主要内容包括:

(1)英国占领所有18个山口和梯斯塔左岸的山地。

(2)不丹释放扣留的英属锡金、库赤·贝哈尔臣民。

(3)不丹向英政府道歉。

(4)引渡罪犯。

(5)不丹、锡金和库赤·贝哈尔发生任何纠纷时,要服从英国的仲裁。

(6)为了补偿上述占地的损失,英国每年给不丹5万卢比,但规定在不丹执行本条约时开始给25000卢比,执行后第二年给35000卢比,第三年给45000卢比,以后每年给5万卢比。同时英国有权由于不丹的过失停发或减发上述款项。[2]

这样,不丹不仅丧失了大批土地,而且降为同英国属地库赤·贝哈尔一样的待遇。同时,这样一种付款的办法不但表现了英国的狡猾,也是极其无理的。根据这个条约,英国就割占了长约250英里、宽22英里的广大土地,今天藏、印间交通贸易的重镇噶伦堡(Kalingpong)也在内。

英国人虽然使用武力、金钱,但仍不能完全征服不丹。直到利用不丹内部矛盾、支持汤沙总管取得不丹统治权后,英国才真正控制了不丹。1869年,不丹爆发内战,汤沙宗和帕罗宗联合普纳卡宗总管叛乱,反对德布王和另一个宗。双方均向英国求助。英国不敢贸然支持某一方,以恐将来于己不利。后来冲突再度发生,汤沙宗总管乌金旺曲战胜对手,控制了不丹大权。英国人便用金钱拉拢乌金旺曲,结果乌金旺曲

[1] A. K. J. Singh, *Himalayan Triangle, A Historical Survey of British India's Relations with Tibet, Sikkim and Bhutan* 1767—1950, British Library, 1988, p.323.

[2] A. K. J. Singh, *Himalayan Triangle, A Historical Survey of British India's Relations with Tibet, Sikkim and Bhutan* 1767—1950, British Library, 1988, pp.323-324.

积极投靠英国人。在后来武装侵略西藏的斗争中,英国人充分利用不丹乌金旺曲为其进攻西藏服务。1904 年,乌金旺曲在荣赫鹏进攻拉萨时为英军作了不少工作。

此外,英国还抓紧修建通过不丹靠近西藏的铁路。据 1876 年松溎奏折曰:“据布鲁克巴部长禀称,去年秋间披楞头人纳尔萨海寄来夷信数封,内公带领从人在噶勒噶达夺结岭地方约会小部长至巴桑卡尔面商事件,小部长因披布两家向无面晤之条,若不照来信前往恐披楞人众行至我境难以接应,且乘间窜入藏地为害不浅。小部长无奈于去年十月内前往巴桑卡尔晤面。据披楞头人云,噶尔萨岭一带地方离藏尚近,就便欲往西藏通商贸易,你们若能开修道路纵要若干工价赏需并应用器具概能付给。除前议每年例给地租钱五十千元外,再加增银钱三十千元,务要依允,修路通商,不得推诿等语。小部长当即回复:布属地方窄狭、人民稀少、素无胆量,兼之各处寺院时有水火灾异,你处纵能发给工资赏需器具等项,我们实不敢认承修路。披楞头人云,尔属若果不便开修,我们自有人修理……天朝百姓又与唐古忒同教,自应尽心帮助,无奈地方褊小,不能抵敌……”[1]通过修铁路,英国日益逼近我国西藏。

5.5.4 清廷“自撤藩篱”

清廷虽知布鲁克巴是西藏的“南方屏蔽”,但却未采取任何应对措施。雍正八年(1730),布鲁克巴内讧,经颇罗鼐用兵压服,布鲁克巴人贡于清。然而,清廷仅是消极地在西藏严加防范,而未能给予不丹以积极援助,眼睁睁地看着藩属被英侵占,却没有意识到这些事件的重要性。同治帝认为英国霸占不丹山口仅仅是“披楞欲假道布鲁克巴赴藏贸易传教”,[2]其认识可谓天真且肤浅。

然而清朝封疆大吏中却不乏有识之士,非常了解英国人的野心。

---

〔1〕西藏社会科学院西藏学汉文文献编辑室编辑:《西藏学汉文文献汇刻》第二辑,《松溎桂丰奏稿·筹瞻奏稿·有泰驻藏日记·清代喇嘛教碑文》四种合刊,全国图书馆文献缩微复制中心1991 年印刷出版,松溎桂丰奏稿第 5 页。

〔2〕《清穆宗实录》,卷 138“同治四年五月辛丑”条。

1877年10月,四川总督丁宝桢就有英人用意狡谲修好布鲁克巴的奏折,内容如下:

> 英既占东、南、中三印度之半,窥伺后藏久矣。从前为布鲁克巴、廓尔喀之中界哲孟雄部大山所阻,山极险峻,中通一线。道光年间,哲孟雄属于英,此山已为英所据。前二十余年,海道未甚通,印洋烟入川,即由此路。彼若此时将山开凿,即可长驱入藏,幸尚有布鲁克巴、廓尔喀界连前后藏,足为我藩篱……廓尔喀兵力颇强,前此英人并吞印度,未能侵其寸土,至今惮之。现在英人通藏,必由此道,此二国足与为难。若将该两国极力羁縻,绝英人近交之计,则西藏不失要隘,我得自固其藩篱。……今若不将布、廓两国极力笼络,英人必设法相与连合,则西藏一无屏蔽,而川省门户遂失,……所关非浅。……今廓尔喀本遵例入贡,臣服惟虔。惟布鲁克巴久未贡献。……密饬驻藏大臣设法修好于布鲁克巴,阴为外助,则自可以伐英人入藏之谋,此必然之势。[1]

丁宝桢的奏折被总理各国事务衙门评为"深谋远虑,亦目前之要策"。[2] 驻藏大臣对待英国侵略尼泊尔、锡金、不丹的态度和对策均相同。早在同治年间英人侵犯不丹时,驻藏大臣满庆于同治四年(1856)曾"调派西藏士兵,严为防范,并暗助布鲁克巴焉"。[3] 在不丹被迫签订《新曲拉条约》后,驻藏大臣景纹虽也曾"亲赴边地帕克里等处相机筹办,以备不虞",[4]但却无帮助不丹的任何积极措施。及至同治十一年(1872),"布鲁克巴部长禀请达赖喇嘛助给银两,赏给僧官廉俸",而驻藏大臣恩麟以其文内有"毗连披楞",认为"隐约其词,意存挟制",[5]竟置之不理。这些都是在丁宝桢奏折以前,英人侵略不丹正紧张的时候,驻藏大臣唯恐避之不及,最多也只是消极"以备不虞"而已。

---

〔1〕《清季筹藏奏牍》,第1册,《丁宝桢奏牍》,第3-4页,吴丰培辑,北京:全国图书馆文献缩微中心,2004(北京:国家图书馆,2004)。

〔2〕《清季筹藏奏牍》,第1册,《丁宝桢奏牍》,第3-5页。北京:全国图书馆文献缩微中心,2004(北京:国家图书馆,2004)。

〔3〕丁实存著:《清代驻藏大臣考》,满庆,蒙藏委员会印行,1943年第1版,第114页。

〔4〕丁实存著:《清代驻藏大臣考》,景纹,蒙藏委员会印行,1943年第1版,第119页。

〔5〕丁实存著:《清代驻藏大臣考》,景纹,蒙藏委员会印行,1943年第1版,第121页。

在丁宝桢奏折后，也即清廷认识到修好不丹的重要性后，对于不丹内部汤沙总管（乌金旺曲）和扎西曲宗之间斗争的处理仍然十分消极。当不丹德布王派人向驻藏大臣求救，并说"伏念小部落与西藏同奉佛教，全赖大皇帝及达赖喇嘛保护，别无所依。今小的事在危急，务望做主，拣派汉番大员，前来查办，以救性命"[1]时，驻藏大臣色楞额采取了消极措施，除了将"避难布番男女百余人，带牛马帐房"，"妥为抚恤，勿令流离失所，亦勿使滋生事端"外，只派了一个粮员刘文同噶伦扎喜达洁去帕里"查明起衅缘由"。如此，不仅未能修好不丹，反而将其推出门外，单独应对英国。

清廷对不丹如此，对哲孟雄也是一样。当哲孟雄受英国侵略向驻藏大臣求救时，色楞额也只派了个洋务委员住江孜，"就近探查该处番情，随时随事稽查弹压，如该番别有阴谋，即可设法预为解散，俾不致暗中愚弄，或可弭患未萌"。[2]

清廷对于受人侵略多年的藩属，不是"自固藩篱"，而是拒之门外，拱手相让，自撤藩篱。主观方面，清朝完全可以给予这3个藩属力所能及的支援，帮助其共同抵抗英国，使英国威逼利诱的政策不能实现，陷其于孤立，这是可能且可行的。但清廷并没有这样做，反而漠然处之，自以为明哲保身。殊不知西藏藩篱一旦被英国撤除，就日益暴露在虎视眈眈的英国人眼中，成为其砧板上的鱼肉。

客观来看，19世纪60年代末，日益腐朽的清政府在经历鸦片战争及随后一系列不平等条约和巨额赔款后已无暇自顾，怎会有精力去关注千里之外的边疆藩属？乾隆之后的清帝已丧失进取之心，"持盈保泰"都难以做到；嘉、道、咸、同、光等帝因循守旧，鼠目寸光，致使尼泊尔、锡金、不丹等藩属一一陷落。英国由此便直接迈向其对华陆路战略的下一步：武装入侵西藏。

[1]丁实存著：《清代驻藏大臣考》，色楞额，蒙藏委员会印行，1943年第1版，第130页。

[2]《清季筹藏奏牍》，第1册，《丁宝桢奏牍》，第11页。

6　英国第一次入侵西藏

鸦片战争后,为了扩大对中国的侵略,并加强与法国争夺中国西南地区的势力范围,英国准备修筑一条连接云南和缅甸的公路。在考察探测的过程中,英国驻上海领事馆翻译马嘉理(A. R. Margary)于1875年在边境被杀。1876年夏,英国公使威妥玛(T. Wade)即以"马嘉理案"为借口,与清廷谈判,逼迫清政府与之签订了《烟台条约》(Chefoo Convention),英国由此强迫清朝打开了西藏门户,规定从1877年起,英国人可向总理衙门申请护照,入藏游历,历届总理衙门应行文知会驻藏大臣,妥为照应。〔1〕

英国多年来对西藏及喜马拉雅山麓诸国的侵略,激发了西藏人民的仇英心理。1886年西藏地方政府采取积极防范措施,在藏锡边境的隆吐山(Lingtu)上筑起堡垒炮台,派兵日夜守护。英国十分不满,照会清政府,妄称隆吐山位于其控制的锡金领土之内,要清政府下令西藏军队在限期之内退兵撤卡,拆毁炮台,否则就要采取军事行动。

威逼未果,英国便于1888年悍然发动了对隆吐山的武装进攻。驻守隆吐山的藏军仅靠火绳枪、弓箭、刀矛等十分落后的武器,同武器精良的侵略者展开了英勇斗争。但是,由于武器装备落后、前线藏军得不到有力支援,藏军失败,并导致签订了《中英会议藏印条约》(Convention between Great Britain and China Relating to Sikkim and Tibet,1890)与《中英会议藏印续约》(Regulations of 1893 Regarding Trade, Communication, and Pasturage to be Appended to the Sikkim - Tibet Convention

〔1〕《烟台条约》另议专条全文为:现因英国酌议,约在明年派员由中国京师启行,前往遍历甘肃、青海一带地方,或由内地四川等处入藏,以抵印度。为探访路程之意,所有应发护照、并知会各处地方大吏暨驻藏大臣公文,届时当由总理衙门察酌情形妥为办给。倘若所派之员不由此路行走,另由印度与西藏交界地方派员前往,俟中国接准英国大臣知会后,即行文驻藏大臣查度情形,派员妥为照料,并由总理衙门发给护照,以免阻碍。(参见汪毅等编《光绪条约》卷1,外务部图书处铅印本,1916年,第12-17页)。

of 1890),相继将锡金拱手让给英国,并开埠亚东,准许外国人前往贸易。

6.1 英国1888年入侵西藏的原因

6.1.1 国际背景:英俄争霸中亚

贯穿整个19世纪,英俄在中亚展开了激烈的争夺,史称"维多利亚时期的冷战"(Victoria Cold War),这也正是英国入侵西藏的国际背景。

截至19世纪中期,英国建立起对澳大利亚、新西兰的殖民统治,扩大了在非洲南部的势力,完全吞并了印度,并向其周边国家扩张和渗透。英国一向把阿富汗视为印度西北的门户,以阿富汗为屏障阻止俄国南下印度洋;同时,也因为占领阿富汗就有了与俄国争夺中亚各汗国的基地。1839年8月,英军开入喀布尔(Kabul),在阿富汗建立殖民统治。但阿富汗人民并没有屈服于英国的军事占领,抗击游击队在全国各地广泛开展。最终,在1838至1842年英国侵略阿富汗的战争中,英国损失兵力三万余人,耗费军费1.5亿英镑,以失败告终。[1]

1843年,信德邦并入东印度公司领土。1849年,旁遮普成了英国的一个省。马克思在评价这一事件时指出:"在同锡克教徒的战争和同阿富汗人的战争中,英国用武力并吞了旁遮普和信德,这样,从人种边界、政治边界和军事边界上看,就在东印度大陆全境最终建立了不列颠的统治,占有了旁遮普和信德,就可以击退来自中亚细亚的任何侵犯,对抗正向波斯边境扩张的俄国了。"[2]

19世纪30年代,英国政府为更好地统治印度殖民地,结合当时中

[1]〔英〕伯西·塞克斯著,张家麟译:《阿富汗史》卷2,上册,北京:商务印书馆,1972年,第340页。

[2]《马克思恩格斯全集》第九卷,北京:人民出版社,1962年,第197页。

亚的形势,制定了对中亚政策,即“精明无为”政策(Masterly Inactivity)。[1] 它的出台,意味着英帝国的亚洲殖民战略开始由印度本土逐渐向周边地区延伸的转变,由此引发英俄在中亚长达一个世纪的“大角逐”(Great Game),使该地局势发生了根本变化。[2]

“精明无为”政策提倡在中亚外交上保持与俄国交好,不主张向中亚大规模推进。具体而言,即军事上压服与印度接壤的小国,外交上频繁向中亚派遣外交官、考察团、传教士收集情报,并交好俄国,理顺英俄在中亚的关系,减少摩擦,消除隔阂。由于当时中亚还不为英国所熟知,认为其不过是不毛之地,对印度安全构不成太大威胁;而俄国又地处欧洲,远离印度,与英国在中亚无直接利害冲突。最重要的是,当时俄国关注的焦点不是中亚,而是巴尔干半岛和近东,故英国在制定“精明无为”政策的过程中,充分考虑了英国在印度的处境,对中亚问题谨慎从事,尽量避免过多卷入中亚事务,对俄始终保持友好的关系。

当英国向海外扩张到世界各地的同时,俄国人正在陆地上进行横贯欧亚大陆的扩张。18世纪上半叶,随着俄国不断向东推进,俄势力开始分两路向高加索和中亚地区渗透。俄国采用堡垒线的方法,以奥伦堡、彼得罗巴甫洛夫斯克、鄂木斯克、塞米巴拉金斯克、乌斯季卡缅诺戈尔斯克为基地,建立了一条从里海到阿尔泰山的军事堡垒线。之后将其目标指向哈萨克草原区。18世纪初,哈萨克三玉兹的牧地进一步

---

[1]参见朱新光博士论文:《英国对中亚的政策研究:1873—1924年》,第1页。自1837—1873年,英国对中亚实行“精明无为”政策(Masterly Inactivity);1873—1881年,“前进”政策(Activity);1881—1917年,“势力均衡”政策(Equilibrium of Influence);1917—1924年,“干涉”政策(Intervention)。

[2]朱新光著:《英帝国对中亚外交史研究》,南京:江苏人民出版社,2002年,第15页。

缩小。[1] 俄国哥萨克军队从各个军事堡垒出发，向牧区深处推进。1822 年，俄国颁布了《西西伯利亚吉尔吉斯条约》，废除了中帐的汗帐制度。1824 年，小帐的汗帐制度也被废黜。至此，哈萨克"草原被划分为州，州由拥有治安和司法权力的州厅治理"。[2] 俄国还不断以"科学考察"为名，向中亚派出军事人员和使节，所有这些行动成为俄征服中亚的先兆。

1839 年 5 月，奥伦堡总督彼罗夫斯基率领一支 5000 多人的军队远征希瓦，但未能成功。至 1853 年，俄在希瓦河岸有了 5 个要塞：阿拉尔斯克、一号炮台、二号炮台、彼罗夫斯克、三号炮台，这些要塞组成了锡尔河要塞线。[3] 1867 年，沙皇亚历山大二世下令建立突厥斯坦总督区，由考夫曼（Konstantin Petrovich von Kaufman，1818—1882）担任第一任总督。总督区划分为两省：锡尔河省和七河省。考夫曼被授予政治上的全权，被人们称为"亚雷姆·帕夏"，意思即"半个沙皇"。

随着俄国在中亚的迅速推进，英国政府十分恐慌。1869 年初，英国外交大臣克拉伦敦勋爵（The Earl of Clarendon）和俄国大使布伦诺夫就英俄在中亚划分势力范围举行谈判，但没有取得任何成果。同年秋，英国印度副王的代表弗尔塞特在彼得堡与沙俄政府达成三点协议：(1)应认为阿富汗埃米尔舍尔·阿里汗现在所占有土地为阿富汗的领土；(2)阿富汗埃米尔将不试图通过侵占布哈拉的土地来扩大其领地，

---

〔1〕关于哈萨克汗国的建国年代：①《哈萨克共和国通史》第 2 卷第 258 页（1979 年阿拉木图版）认为是 1456 年建国；②〔俄〕克勒亚什托尔内著：《哈萨克千年编年史》第 240 页（1992 年阿拉木图版）称汗国建于 1470 年；③〔哈〕穆赫塔尔·麻哈维因著：《哈萨克汗国史》（哈文）第 198 页称汗国建于 1456 年，巩固于 1470 年（1995 年阿拉木图）；④《哈萨克族简史》第 144 页作 1456 年（1987 年新疆人民出版社）；⑤马大正、杨廉主编：《西域考察与研究续编》（1998 年新疆人民出版社）载厉声撰《哈萨克民族历史发展中的几个问题》称"1480 年（克烈汗的儿子）巴兰都黑称汗，可以看成是哈萨克汗国的确立，即哈萨克汗国建立时间应为 1480 年"。这是一个复杂的问题：克烈汗（1456—1470）、贾尼别克汗（1471—1480）为白帐汗国巴拉克汗之子，克烈汗为巴拉克汗之侄，巴兰都黑汗为克烈汗之子，也译作穆伦德克汗。作者之意仍应以克烈汗始。1730 年哈萨克汗国分为三玉兹。

〔2〕〔俄〕捷连季耶夫著：《征服中亚史》，武汉大学外文系汉译第一卷，北京：商务印书馆，1980 年，第 105 页。

〔3〕〔俄〕捷连季耶夫著：《征服中亚史》，武汉大学外文系汉译第一卷，北京：商务印书馆，1980 年，第 274 页。

而英国政府将劝告他不作此类尝试;(3)俄国政府将不允许布哈拉埃米尔破坏阿富汗领土完整。[1]

英俄在中亚的争夺并未因此协议而缓和,而沙俄却加快了彻底征服中亚的步伐。1873 年 6 月 10 日,沙俄攻陷希瓦汗国(Khanate of Khiva)的首府。8 月,考夫曼和希瓦汗签订了条约。至此,俄国已征服了浩罕、布哈拉和希瓦三汗国。中亚南部三汗国相继沦为俄国的附庸后,沙俄势力已直达阿富汗北界的阿姆河畔,对阿富汗虎视眈眈。

俄国征服中亚,从外交上形成随时南下威胁英属印度殖民地的有利形势,发挥了牵制英帝国的作用,使英帝国在中亚的生存受到了损害。恩格斯曾指出:"自从俄军这样深入中亚以后,从北方进攻印度的计划,已经不再是模糊不定的意图,而是具有相当明确的轮廓了。"[2]

到了 19 世纪末 20 世纪初,英俄对亚洲的争夺更加针锋相对,互不相让,焦点集中到中国西藏。驻藏大臣文硕曾说:"洋人进藏之谋,蓄志已久,前此英俄诸国,叠次前往试探","一隅藏地,两国并争","俄国毗连北徼,向由库伦等处往来已久","是洋人进藏之隐忧,俄国更有甚于他国者"。[3]

英国对西藏的"考察"早于俄国。早在 18 世纪晚期到 19 世纪上半期,先后有波格尔、特纳、曼宁、穆尔克罗夫特等人入藏,搜集了大量情报。俄国则起步稍晚。1845 年,为了适应俄国资本对外扩张的需要,帝俄地理学会成立;并在 1870 至 1909 年间,先后派遣了十几支"西藏考察队",在西藏北部、东北部和东部搜集了大量情报。帝俄地理学会为沙俄推行扩张政策,兼并他国领土,立下了汗马功劳。卡林采夫在给"西藏考察队"创始人普尔热瓦尔斯基立传时写道:"要占领,首先要研究这些国家,了解在其中生活的人们,……地理学会就是这样的机关。"可谓一语道破天机,揭示了帝俄地理学会存在的真正目的。

1876 年 3 月 4 日,俄国外交大臣吉尔斯在给帝俄地理学会副主席

[1][前苏联]弗·彼·波将金主编:《外交史》第一卷(下),北京:三联书店,1979 年,第 1043 页。

[2]《马克思恩格斯全集》第 12 卷,北京:人民出版社,1962 年,第 641 页。

[3]吴丰培辑:《清季筹藏奏牍》,第 1 册,《文硕奏牍》,第 1 卷,第 17-18 页。

谢苗诺夫的信中写道:“我们感兴趣的是了解这些地区所处的政治状态,西藏作为喇嘛教的中心,对俄国具有重要意义……所以,这个地区在完全没有准确资料情况下,外交部不能不特别赞许普尔热瓦尔斯基先生进入拉萨的决心,迫切希望他用更多的时间研究当地独特的制度。”〔1〕

当时西方舆论也特别关注俄国考察西藏的政治目的。如比利时布鲁塞尔的一家报纸《独立比利时人》,在1887年9月8日写道:“普尔热瓦尔斯基刚刚离开俄国前往西藏……打算深入到西藏首府拉萨。普尔热瓦尔斯基将军所进行的旅行……引起了英国政府要员们的强烈不安,因为它与英国用兵锡金一事恰好发生在同一时间,所以英国政界认为普尔热瓦尔斯基将军的探险队具有政治意义,而且甚至可能具有军事意义;并且认为该探险队此行的目的在于给英国制造困难”;“在伦敦人们确信,俄国将军进抵拉萨之后,肯定要同达赖喇嘛缔结秘密条约。这一点尤其使英国感到忧虑。”〔2〕

英国方面,英印总督寇松(Lord Curzon)反应最为强烈。他在谈到普尔热瓦尔斯基率领俄国的“考察队”去西藏考察时指出:“政治可以轻而易举地在科学外衣下得到伪装和找到托词。明智的人们不怀疑,普尔热瓦尔斯基将军一旦进入拉萨,他衣袋里不装进某种条约,是肯定不会离开拉萨的。”〔3〕

除了在“考察”西藏方面发生的争夺之外,英俄还在争夺新疆方面陷入白热化状态。自从阿古柏侵入新疆以后,于1867年建立哲德沙尔政权,并同英国关系密切。沙俄也打算利用阿古柏作为侵占新疆的工具。阿古柏为了保住自己非法窃据的中国领土,亦同沙俄进行过一系列勾结。但是,英阿关系的发展引起了沙俄的嫉妒。1871年5月,俄国为了扩大自己在新疆的侵略利益,同时也对阿古柏施加更大的压

〔1〕〔俄〕杜布罗温:《普尔热瓦尔斯基传》,1890年彼得堡版,第208页。转引自王远大:《近代俄国与中国西藏》,北京:三联出版社,1993年,第33页。

〔2〕〔俄〕杜布罗温:《普尔热瓦尔斯基传》,1890年彼得堡版,第441－442页。转引自王远大:《近代俄国与中国西藏》,北京:三联出版社,1993年,第33－34页。

〔3〕〔英〕寇松:《1889年俄国在中亚,英俄问题》,1889年伦敦版,第250－251页。

力,使其完全投靠自己,悍然出兵侵占了中国领土伊犁。

俄国此举对英国产生了巨大的刺激。正如彼得·弗莱明在《刺刀指向拉萨》一文中所言:“俄国已经在70年代占据了伊犁河谷,而且仍然控制着那里一个有利的桥头堡。在喀什噶尔,俄国的总领事由耀武扬威的哥萨克卫队扈从,享有比英国代表马继业(Macartney)[1]更高的威望。”“寇松担任总督时,新疆仍然处于中国的控制下,印度的北部边境与俄国之间就被两个缓冲区隔开着。从地图上看,它们一个在另一个的上面。但为数不多的曾经研究这一问题的专家们一致认为,如果新疆被俄国吞并,英国即使不是必须,也会需要维护她在西藏的某些影响。没有人真正担心俄国会越过荒凉的羌塘高原入侵印度。但也没有人欢迎由俄国来建立对于佛教世界(包括蒙古全部)精神中心的控制。就像一名英国军事探险队员巴沃所指出的‘二百人加两门山炮就能拿下拉萨,而只要有几个俄国人在那里,就足以使加尔各答的居民不安’。军事情报部主任约翰·阿达夫爵士说过:除非我们能确保拉萨的归属,否则我们会发现俄国人将先于我们抵达那里。”[2]

由此可见,英俄在中亚争夺日益加剧,尤其是英国注意到俄国日益密集地派往西藏的“考察队”,并占领新疆伊犁、扩张其在新疆的势力,这令英国人感到英属印度北部边疆所面临的威胁,从而对后来激烈主张出兵西藏的英印官员产生了不可低估的影响。

6.1.2 对华陆路战略:“名为通商,实为侵夺”

英国的对华海上战略和陆路战略是相互配合的。1787年,英国政府派出卡斯卡特中校率领英国政府使团第一次前往中国,因卡斯卡特中校在1788年6月病逝,故英国派使赴华的计划不得不暂时搁置。1791年,英国政府派出马嘎尔尼勋爵担任使团大使,前往中国。由于礼仪之争及马嘎尔尼提出的一系列无理要求,此次访华以失败告终。

---

[1]马继业,本名乔治·马嘎尔尼(George Macartney,1867—1945),原英国驻喀什噶尔总领事。

[2][英]彼德·费莱明著,向红笳、胡岩译:《刺刀指向拉萨》,拉萨:西藏人民出版社,1997年,第11-12页。

1816 年，英国政府第三次派出阿美士德勋爵(Lord Amherst)为首的使团出使清廷，但面对清朝厉行的闭关政策，此行同样遭遇失败。英国接连派出 3 个使团，均打着通商的幌子，希望同清朝建立官方联系。在一系列出使失败之后，英国就在 1840 年发动鸦片战争，用大炮轰开了中国大门。1856 年，第二次鸦片战争爆发。在此后的中英关系中，英国始终占有先机，而清廷则危机四伏，穷于应对。

在英国对华海上战略顺利进展的同时，仍希望打开中国西部的大门和市场，从而将其变为英国殖民地和商品倾销市场。英国在新疆大力扶植阿古柏政权，同时更加迫切地希望能打开西藏的大门，获取经济利益，并对抗日益南下威胁印度的俄国。

英国自 1792 年试图插手中尼战争未果后，一直采取撤除西藏藩篱的政策。待西藏藩篱尽失之际，便是英国武装入侵西藏之时。随着英国侵略尼泊尔、不丹和锡金日益得手，英加紧利用这些小国作为其侵藏的基地。《新曲拉条约》签订后，为进一步侵略西藏，英国建成了由大吉岭至西藏边境的马路和从西里古里至大吉岭的窄轨铁路。这样，从印度加尔各答用不了几天就能抵达西藏边境春丕。接着，英印政府决定派财政秘书马科蕾(Colman Macaulay)进入西藏，并希望马科蕾使团在拉萨召开达赖喇嘛和驻藏大臣参加的会议，扩大英国在中亚的影响。马科蕾计划如无法获准去拉萨，则去后藏扎什伦布。因为 1879—1882 年，英印间谍萨拉特·钱德拉·达斯曾两次窜入后藏刺探情报，盗走大量珍贵藏文古籍和手稿，并结识了班禅和一些官员。现在马科蕾也想拉拢班禅，离间后藏和前藏的关系，以对抗清朝中央政府。马科蕾毫不掩饰地说："使团的商业利益相对来说是没有意义的。"[1] 这一点最能说明英国对外宣扬所谓的通商只不过是侵略西藏的借口。

为了达到进藏的目的，马科蕾和达斯来到北京，通过英国驻华代办欧康纳(O'Conor)，以 1876 年《烟台条约》的《另议专条》为名，逼迫总理衙门给马科蕾一行发放了进藏护照。1886 年初，马科蕾在印度着手进藏准备工作，组成达斯等人参加的共 3000 人卫队的所谓"谈判使

---

〔1〕Alastaor Lamb, *Britain and Chinese Central Asia: the Road to Lhasa*, pp. 174 - 175.

团”,筹办了大量用来拉拢、收买前后藏高僧等的礼品,并计划于3月启程。

四川总督丁宝桢充分意识到英国所谓“通商”的虚伪性,他说:“臣谓英人之与西藏通商,是乃外洋多年故智,而用心阴鸷,即露端倪……是洋人阳借通商之美名,实阴以肆侵夺之秘计。”[1]

及至1888年,英国对华陆路战略业已成熟,对周边小国的吞并与控制基本完成,现在只等用武力打开西藏大门,直接同西藏进行交涉。所谓“通商”之名,完全是侵略的幌子。

6.1.3 与西藏直接打交道的图谋

1876年,《中英烟台条约另立专条》签订,英国成功地令清政府开放西藏,允许外人入藏探险。然而,这项条款在执行的时候并不如英人想象般顺利。条约签订后,清廷对申请入藏游历的外国人十分猜疑,地方官员甚至多方阻挠,不让正式申请入藏的外国人顺利成行。这导致英国的不满情绪日积月累,并最终以武装入侵的方式进入西藏。

在地方大员中,四川总督丁宝桢对西藏及周边地缘政治的认识颇为深刻,对英人的侵略野心更是认识透彻。丁宝桢认为,英国由海路入侵中国已有20多年,如今东南各省均已经营就绪,所剩下的只有与海路不通的四川、云南、贵州、湖南、广西、甘肃、陕西、山西、河南等省,因此英国转移目标,指向西南,由印度入藏转侵四川,若得四川,则云南、贵州等地,尽可归其囊中。[2]

丁宝桢意识到尼泊尔、不丹、锡金是对我国意义重大的藩篱,必须修好周边小国,强调固藩的重要性:

> 欲图内地之安,则境外藩篱必先自固。蜀之门户在西藏,西藏之藩篱在布鲁克巴、廓尔喀。今廓尔喀本遵例入贡,臣服维虔,惟布鲁克巴久未贡献,此时若将廓尔喀厚为羁縻,密饬驻藏大臣设

---

[1]吴丰培辑:《清季筹藏奏牍》,第1卷,《丁宝桢奏牍》,卷1,第51页。

[2]《清季外交史料》第1册,卷12《川督丁宝桢奏英人入藏探路用意狡谲请密饬驻藏大臣修好于布鲁克巴以固藩篱片》。

法修好于布鲁克巴，阴为外助，则可以伐英人入藏之谋。[1]

对于如何阻拦洋人于西藏门外，丁宝桢认为，既然西藏人痛恨英国人，不愿其入境，就应当利用这一点，让洋人知难而退。1885 年 10 月，英属印度财政秘书马科蕾（Colman Macaulay）到达北京。总理衙门见马科蕾此番入藏决心坚定，便给丁宝桢做工作，让其了解外交形势，在电令中开导丁：

英人蓄志已久，前欲由川入藏游历，即为通商地步，今该国专派使臣来京商议通商之事，必应先事绸缪，详加区画。西藏众番仗喇嘛为长城，视洋人如深仇，若不商议妥协，贸然前往，必至开衅生事，然番族恃众好胜，只有阻遏之心，并无坚拒之力，设彼持强逞凶，藏番无以抵御，后患何可胜言，殊于时势大有关系。向来通商之地，不至遽起兵端，是以经营商务，未始不收保护之益。[2]

丁宝桢对总理衙门此番惧怕洋人的态度虽未公开抗拒，但坚持认为，英国是借通商之名阴谋侵略西藏，并认为西藏和上海、香港等地不同，解释了为何上海、香港等地也在通商，却未被英人侵夺的原因在于藏族人和汉人的文化背景不同，英国人明为通商，实则暗中潜移默化，谋夺西藏。[3]

1886 年，丁宝桢死于四川总督任上，他对英国的野心认识极为透彻，是清晚期少有的有识之士。丁宝桢对英国人采取的强硬抵抗政策受到当今某些学者的诟病，[4]然而不可否认的是，他对西藏周边地缘政治以及英国侵藏野心的认识是当时朝廷中较为清醒的一位。

诚然，鸦片战争后日益衰败腐朽的清政府，在同外来势力打交道时变得越来越畏首畏尾，为了求得暂时的“和平”，让洋人满意，竟不惜牺牲西藏地方利益，完全无视英国通商伪装下侵吞西藏的野心。而英

[1]《清季外交史料》第 1 册，卷 12《川督丁宝桢奏英人入藏探路用意狡谲请密饬驻藏大臣修好于布鲁克巴以固藩篱片》。

[2]《清季外交史料》第 2 册，卷 61《谕丁宝桢等英使来议印藏通商着派员开导藏番电》。

[3]《清季外交史料》，第 2 册，卷 62《川督丁宝桢奏西藏与英人通商请慎之于始折》。

[4]冯明珠：《中英西藏交涉与川藏边情，1774—1925》（北京：中国藏学出版社，2007 年，第 113 页）持有此种观点。笔者持有不同观点。英国侵藏具有一贯野心，是一项长期战略，非个人所能阻挡，亦非打开西藏大门一切问题便迎刃而解。

国恰恰利用了清朝政府和西藏地方政府之间以及西藏地方政府内部的矛盾,挑拨离间,从中获利,以此损害中国在西藏的主权。英国通过清廷逼迫西藏打开大门,令西藏人民十分不满;英国还派出两名密探,在前后藏掀起一场严重的风波,企图制造西藏内部矛盾。[1] 清朝晚期腐朽衰落,对边疆管辖远不及康雍乾时期有力。即便如此,西藏也始终是中国领土不可分割的一部分,任何居心叵测的阴谋分裂活动都不能成为英帝国主义武装入侵我国的借口。

6.1.4 导火索:隆吐山撤卡之争

马科蕾进藏遭到西藏地方政府和人民的强烈反对,英国此时正忙于吞并缅甸,为防止清廷干涉其吞并缅甸,英国决定暂停马科蕾使团入藏,以换取清廷承认英国侵吞缅甸。

西藏地方当局对英国日益警惕,1886 年春夏之交,在西藏热纳地方的隆吐山建卡设防,派军驻守,并向驻藏大臣呈递公禀,表示坚决反对英人入藏游历。据西藏扩大会议命令载:“宗教之敌——英国,对我西藏佛教圣地图谋颠覆之企图,有增无减,对此,现应有准备,在本土隆吐(lung - thur)地区,要建立新的防卫哨所,自守其地,现已差遣边界办事员孜本江坚赛到彼地。对于敌人猖狂进攻造成的混乱,实难忍受,不得不派神兵队伍去驱逐他们。已派遣的卫藏汉式营官兵和工布兵、差徭兵等及文武总管、大臣及工作人员等已先行,今后将继续增派。”[2]“为阻止外国邪见者英吉利侵犯西藏佛教圣地,拟在政府、贵族、寺庙属民中挑选兵丁。按照铁猪年文告中决定,政府所属的六户马岗地,每一马岗出兵一人。并根据公告指示:武器刀、枪、矛三种备齐,筹备三个月的膳食及帐篷、灶具等。不得违背此令。”[3]

英国却借口隆吐山原属哲孟雄,哲孟雄已经归属英国保护,因此

---

[1]中国少数民族简史丛书、藏族简史编写组:《藏族简史》,拉萨:西藏人民出版社,1985 年,第 298 页。

[2]中国社会科学院民族研究所、西藏自治区档案馆合编,陆莲蒂、王玉平等译:《西藏社会历史藏文档案资料译文集》,北京:中国藏学出版社,1997 年,第 219 页。

[3]中国社会科学院民族研究所、西藏自治区档案馆合编,陆莲蒂、王玉平等译:《西藏社会历史藏文档案资料译文集》,北京:中国藏学出版社,1997 年,第 222 页。

西藏地方当局在隆吐山设卡驻守是所谓"越境边防",侵犯了英印领土。1887 年 12 月,英国驻华公使华尔身(Sir John Walsham)照会总理衙门,说:"印度大臣以藏兵越界守西金,中国如不饬令退回,即调兵驱逐。"[1]

总理衙门获阅照会,首先对"西金"一词大惑不解,他们向四川总督刘秉璋和驻藏大臣文硕去电询问:"西金地方向归何属? 译音系属何字?"[2] 刘秉璋回电说"西金或是隆吐山附近城地名",[3] 而文硕则回电说"西金名未闻,无从查考"。[4] 后来总算弄清"西金"就是哲孟雄,但对隆吐山是否属于哲孟雄,西藏地方当局用确切的档案材料驳斥了英方谎言,他们在给文硕的公禀中指出:

> 隆吐山实是藏治本境,在日纳,即热纳宗营官寨以内,此乾隆五十九年前藏帅和琳和大臣派游击张志林与噶布伦丹津拉木结等与各该部长立定之界,曾经奏明有案,不能虚捏。又,嘉庆初年,第八辈达赖喇嘛因彼时哲孟雄部长人极恭顺,遵从黄教,赏准将热纳宗草场一段拨给该部民通融往牧,并令该部长代办热纳宗营官事。该部长领有商上印照为执,地虽赏准通融往牧,仍是藏中之地,而隆吐山更在此地迤北,是为藏地确切不移凭据。[5]

文硕在给清廷的奏折中亦云他曾详查西藏地方政府所绘界址"证以往昔书籍,所谓未曾越界直说,殊觉可信"。[6] 清总理衙门却担心英国发动战争,强迫西藏地方政府从隆吐山撤军,李鸿章未对藏哲边界进行调查便下断言"英人考究地界甚精,必不妄称",[7] 媚外之态毕现。清朝的错误决定遭到西藏官民的一致抵制,他们坚持认为"隆吐山实

[1]《清季外交史料》,第 2 册,卷 73《总署致李鸿章英使照称西藏驻兵西金请咨驻藏大臣撤回电》。

[2]《清季外交史料》,第 2 册,卷 73《总署致李鸿章英使照称西藏驻兵西金请咨驻藏大臣撤回电》。

[3]《清季外交史料》,第 2 册,卷 73《直督李鸿章致总署言西金或是隆吐山附近地名电》。

[4]《清季外交史料》,第 2 册,卷 74《驻藏大臣文硕致总督署商上复称卡房距英界甚远电》。

[5]《西藏地方历史资料选辑》,北京:三联书店,1963 年,第 166－167 页。

[6]《西藏地方历史资料选辑》,北京:三联书店,1963 年,第 166－167 页。

[7]顾廷龙、叶亚廉主编:《李鸿章全集》(一)"电稿",上海:上海人民出版社,1985 年,第 904 页。

在藏境”，藏军驻守隆吐山是“自守疆域，并未越界滋事”，[1]表示决不从隆吐山撤军。这成为英国侵藏的一个借口。

6.2 英国第一次侵藏的过程

6.2.1 清廷命令隆吐山撤卡与文硕的抗争

文硕对于英国侵略中国以及西藏的野心十分警惕，他在一次上奏中引第穆呼图克图的申诉说：

溯查英吉利自占印度地方，即已垂涎藏境，以便东窥四川、云南，北窃西宁、青海，水陆交冲，蚕食我大清边境。蓄志虽久，愿总未偿。光绪三年适云南有杀马嘉哩一案，烟台议和，乘机窜入来藏通商一款。其时钦差大臣李既未身经藏地，又未先查有无室碍情形，仓猝允许。奏明之后，节奉历任驻藏大臣札饬，以钦奉谕旨，饬令与彼通商。卑唐古特大众僧俗，以英吉利人性阴鸷，教道不同，且见其与他处部落，并闻其与缅甸诸国，皆是先以甘言利诱，到手蹂躏不堪，屡鉴前车，恐蹈覆辙，致妨佛门黄教，并误大皇帝屏翰边疆，是以缕述下情，屡请转奏大皇帝圣鉴，暨咨总理各国事务衙门查核。[2]

在1887年十二月初五日，文硕上奏清廷，系统汇报隆吐山情况，他说：

商上绘图呈验，盖为质明疆界，俾以登复英人。奴才详查所绘界址，证以往昔书籍，所谓未曾越界之说，殊觉可信。况西藏之与印度，中隔哲孟雄、布鲁克巴两部落地，初非土壤相接，而该二部落向为西藏附庸，同一风俗文字。今核唐古特建卡之隆图山，更在该二部落以内，是为藏境东路门户。而英使数数阻挠建卡，殊属无理渎陈。夫以英使无理之托词，而欲威胁藏番以撤卡，藏番安肯心服

[1]顾廷龙、叶亚廉主编：《李鸿章全集》（一）“电稿”，上海：上海人民出版社，1985年，第926页。

[2]《元以来西藏地方与中央政府关系档案史料汇编》，第3册，北京：中国藏学出版社，1994年，第1124页，《文硕奏藏兵建卡驻守隆吐山并未越界无从撤出折》。

就范？甚或铤而走险，岂非敌情未洽，边患先滋，徒失三百年藩服之心，转伤朝廷政体，而益烦西顾之勤乎？大致英人之借端构衅，与激藏番之铤而走险，同一棘手非策。顾势不得已，二者相衡，则藏番之变，较英人之来，其得失是非，判然远矣。所有辗转屯来威示藏番逐回藏境一说，实有室碍难行。且藏界即是隆图山迤南之热纳宗营官寨，卡伦犹在热纳之北，地即藏境，人即藏民，撤亦无从再撤也。

至于英人之刁悍要挟，折冲固非易易，然而既以和好托名，彼亦不能不说正理。比二三十年来，朝廷之所以俯从和议者，原为息事安民，故多曲从迁就。若或舆情不顺，强我自拂吾民，则固势所难行者。况今藏番未尝越界，图绘历历昭然，而英使屡次陈词，先后殊涉矛盾，据此推勘，虚实可辨，执此立论，不患无词……兹既查明界址，绘图贴说，考据详明，藏番既无越界戍守，且其地专是藏中门户，并与印度、廓尔喀往来道路无涉。藏番自因疆域，理难勒令撤卡。据此登复，想英使当亦无如理何也。[1]

文硕的奏折全面分析了隆吐山的归属，并揭示了英国人的真面目，还委婉地批评了清廷中某些人“朝廷之所以俯从和议者，原为息事安民，故多曲从迁就”。总之，文硕认为我方应当据理力争，而非一再忍让，更不能违背西藏人民坚决抵抗英国、维护正当利益的决心和民意。

然而，为了息事宁人，清廷下令立即从隆吐山撤兵，而文硕明知继续与清廷唱反调会招致何种结果，却仍然将支持藏人的观点向清廷做了呈报。在1888年正月三十日，他上奏清廷说道：

据商上另文申称：钦奉宣旨，业将种种苦衷下情恳请转奏大皇帝鸿慈垂鉴在案。内有漏叙者，是哲孟雄另有部落，久已暗附英人一节。查藏地接壤之哲孟雄及迤东之布鲁克巴，西面之作木朗、洛敏汤诸小部落，向来未得径行朝贡，而教道风俗、文字衣冠与唐

〔1〕《元以来西藏地方与中央政府关系档案史料汇编》，第3册，北京：中国藏学出版社，1994年，第1125－1126页，《文硕奏藏兵建卡驻守隆吐山并未越界无从撤出折》。

古特多同,互相联姻,事所时有。每年各部长派大头人进藏,叩谒驻藏大臣,在达赖喇嘛前瞻礼,呈递哈达土仪,各有例赏。偶遇偏灾等事,商上更有赈贷。而各部长若有因事出力之处,驻藏大臣亦曾赏给顶翎,并有奏明之案。据此情形,是为藏中属部。若哲孟雄暗附英人一节,藏中初不确知,但知英吉利初租独脊岭一隅之地侨居过夏,后渐侜张,恃强开广,哲孟雄后悔无及而已。因思现在江海各口岸,闻得皆有洋行租界,岂各地之民,皆已暗附洋人乎?是此说未必确切。如果确切,即此便知通商有后患,尤宜坚决杜绝,不可周旋迁就之凭据。至藏地接壤诸界址,是乾隆五十九年立定奏明之后,历久遵循。本年三月奉查设卡之地,当以地在藏界热纳以内之隆图山,据实申复。查隆图山是一地名,热纳宗是一地名,原是两处,然而必说藏界热纳以内之隆图山者,为明乾隆年间奏明立界。藏地与哲孟雄、布鲁克巴三面交界处,是热纳宗营官寨,今其地草场一段,虽赏准哲孟雄民通融住牧,该部长代办营官,地仍藏治。况设卡之隆图山,更在热纳宗以内,亟言并未越界之意。其隆图山是在哲孟雄境一语,不过色将军在省与刘制台闲谈偶然记舛之言。前蒙诘问,当即详细登复。今川督部堂来文,谓无论在藏界以外以内,既是在哲孟雄境,即可借此撤回。等语。夫既在藏界以内,何以又谓是在哲孟雄境,此言太觉笼统,难于适从。此次谕旨中,既将哲孟部落弃之版图之外,而热纳宗即日纳宗营官寨,实是乾隆五十九年奏明藏界之地,卑唐古特誓不暗附英人,热纳宗地必应恪遵乾隆五十九年奏案,收之版图之内,未可任彼英人笋听欺饰。呜呼,英吉利昔亦表贡之国,极其恭顺,今竟敢于掉头反噬,肆意猖狂,抚今追昔,良堪浩叹。所有遵案收留热纳宗地一节,最关紧要,谨专文呈请,一并奏明大皇帝圣鉴。[1]

经过清廷的反复交涉,英国人已经答应把动武强迫藏人后撤的时

〔1〕中国第一历史档案馆藏宫中朱批奏折,见《元以来西藏地方与中央政府关系档案史料汇编》,第3册,北京:中国藏学出版社,1994年,第1141-1142页,《文硕奏商上再次申明热纳宗系属我版图情况折》。

间推迟至3月底。清廷感到战争一触即发，但文硕又坚持己见，清廷只好撤回文硕。

3月8日，清廷降旨四川总督刘秉璋转升泰，要升泰迅速到任，开导藏民先行罢兵，隆吐山究竟属藏属哲，可以慢慢辨明。谕旨严厉批评藏民“不量已力，越疆置卡，肇衅生端”；指责文硕“连章累牍，哓辩不休”，决定撤回文硕。3月13日再降旨，回应文硕上疏：

文硕于此事筹及军旅，殊属昧于事情，不顾大局……目下时机紧迫，无论隆吐属藏属哲，将来自可辨明，现在总以撤卡为第一要义。升泰未到以前，文硕责无旁贷，仍饬禀遵叠次谕旨，剀切劝谕，迅速撤卡。即令印兵已到，强弱势殊，藏中番兵不可与之接仗。至我兵驻藏无几，尤宜严加约束，毋得稍有干涉，致生枝节，免将来难于转圜。[1]

清廷为明哲保身，竟丧失原则，在归属问题不明确的情况下，强硬地“总以撤卡为第一要义”，完全助纣为虐，站在了西藏人民的对立面。文硕深知英人不会罢休，在离任之前做最后努力，与西藏人民一起抗击即将到来的英国人的入侵。他上疏醇亲王，提出迅速筹饷、筹兵、筹将，并令噶厦加紧筹办军备，征集兵员，选将练兵，随时防备敌人的进攻。文硕同时还告知多尔济仁增和帕里营官有关防守和克敌制胜的战略战术，如藏军要加强隆吐山防守，凡由锡金、不丹进藏之路皆须留意，防备敌人声东击西之计。抵御要“勇往决断，不可游移退缩，使用以柔克刚之法”。文硕针对敌军情况，提出我军应当灵活“利用埋伏，不宜显露；队用星散，不宜聚集。攻利中路截击，不宜迎面对敌；时利昏夜冲袭，势利交手接仗；宜进不宜退，宜近不宜远”，[2]以及其他一整套战术，切实做好迎敌的各方面准备工作。西藏噶厦和三大寺按照文硕意见加紧练兵、调兵遣将，严加防范即将进攻的敌人。

6.2.2 英国武装侵藏与隆吐山战役

英国在控制了哲孟雄后，加紧在哲修路、架桥、设驿站，而且扬言

[1]《清季外交史料》，第2册，卷75《驻藏大臣文硕奏藏番驻兵情形并陈商上申复各情折》。

[2]吴丰培辑：《清季筹藏奏牍》，第1册，《文硕奏牍》卷5，第12页。

"定期入藏,如准畅行无阻,即毋庸议,不然定即带兵进藏"。[1] 1886年,英国暗中潜入西藏日纳宗隆吐高地至捻纳山一带,将道路崎岖之处垫平拓宽,继而在廓布修建驿站,步步进逼。

英国在准备就绪后,又于1887年12月送信给驻守隆吐山的藏军,扬言若在1888年3月15日前藏军仍不撤离,必用武力驱之。1888年1月,英印政府批准调遣边境总司令部和所谓"远征军"第32先锋队前往修复绒岭桥,拓宽进军道路。同年2月,印度总督达夫林(Lord Dufferin)写了一份最后通牒送往隆吐山驻军,转交给达赖喇嘛和西藏噶厦,声称藏军如在3月15日仍留驻隆吐山,英军将以武力驱逐,并称英国不能容忍外国军队在英国的保护国中出现。[2]

1888年2月15日,英国组成由格雷汉姆上校(Colonel T. Graham)为指挥官,孟加拉政府代表、驻大吉岭首席专员鲍尔(A. W. Pawl)为政治官的军队,包括第9—1北方师4门炮、德比西里团200人、总司令部的第13孟加拉步兵400人和第32先锋队700人,总计有1300名官兵、4门炮,以及由1000多名印度人、尼泊尔人和锡金人组成的后勤供应大队。印度政府在给孟加拉政府的命令中提出,这次任务是侵占西藏领土隆吐山,将藏人从该地赶走,以维护英国对锡金至则利拉山口的权利。侵略军初将后勤供应基地设在西里古里(Siliguli),后来由于该地气候恶劣而改为多列钦(Dolepchen)。

3月14日,全部英军集中于帕东(Padong),然后分为两个纵队:一支是隆吐纵队,由格雷汉姆本人亲自指挥,率领德比西里团100人和第32先锋队300人,配备皇家炮队两门大炮;另一纵队由米奇尔中校(Lieutenant - Colonel Mitchell)领导,有德比西里团100人和孟加拉步兵队300人,加上两门大炮。前者主攻隆吐山,后者派200人赴帕琼(Pakyong),50人把守新定山口至拉加(Shinting LaLagyap),其余兵力留守帕东,以防藏军抄断后路。

3月20日清晨7时,在格雷汉姆指挥下,隆吐纵队400人由两门大

[1] 吴丰培辑:《清季筹藏奏牍》,第1册,《文硕奏牍》卷2,第10页。

[2] Alastair Lamb, *Britain and Chinese Central Asia: the Road to Lhasa* , p. 183.

炮配合,向隆吐山下藏军阵地外围大栅栏前进。当天下午,英军发起进攻,打响了英国第一次大规模武装侵略我国西藏的隆吐山战役。面对武装先进的英国入侵者,藏军守备部队使用埋伏和挖设陷阱的方法,以土枪、刀、矛和投石器等落后原始的武器奋力反击敌人。他们英勇战斗,给敌人以重大打击,但藏军也有10多名官兵光荣捐躯。格雷汉姆命令J. 凯斯上校(Major J. Keith)率领德比西里团部分人和两门炮向前运动,并于3月21日拂晓抵达隆吐山下的噶内(Garnei)。

3月21日中午,格雷汉姆和其余的侵略军到达后,开始用大炮向隆吐山上藏军的防御设施猛烈攻击。在敌人大炮的猛烈轰击下,隆吐山阵地的防御工事完全被夷平,藏军伤亡过重,敌我众寡悬殊,藏军力不能支。藏军三团如本西瓦、五团甲本欧珠次仁率军与敌人展开了激烈的白刃战,打死打伤英军官兵120余人,欧珠次仁等抗英英雄18人壮烈牺牲。[1] 3月24日,隆吐、纳塘失守,藏军转移到捻纳附近的卓玛依等地。

隆吐、纳塘失守后,噶伦拉鲁·伊喜洛布旺曲向噶厦汇报情况,并提出下一步的作战方案。噶厦召开全藏会议,一致决定抗英到底,决不妥协,委派代本平绕·旺堆多吉和知宾强巴丹增带领4名僧俗官员分赴工布江达、朱龙、则岗、雪卡4县征兵1200名;从山南乃东、穷结、贡嘎、洛扎、达玛、拉康、生极等地征兵1600名并任命代本、汝本、定本若干人,同时增设后勤机构,负责继续征兵事宜。派拉丁色(在第二次抗英战争中任代本)和知宾索朗江村赴塔工一带征兵;派僧官单增顿珠和拉龙苏杰到康区征兵。下令芒康、左贡、左觉、察雅等县行政官员及各领地代理人协同办理,务期完成征兵任务并选拔合格下级军官。在此之前,从后藏征调的士兵已经陆续到达亚东、帕里。轰轰烈烈的抗英运动在全藏各地展开,一时人心激动、群情愤慨。据"卡达地区之僧俗百姓为自卫本地区订立之甘结"中载,"除独眼、瞎子、拐子三种人外,十八岁以上、六十岁以下男丁,要在政府、护法神前立誓,对所有人克服

〔1〕《西藏人民抗英斗争史料》,载《西藏文史资料选辑》,北京:民族出版社,2007年,第539页。

行贿、近视、偏向。”[1]民间做歌咒骂英帝,歌曰:“口蜜腹剑黄毛佬,远涉重洋霸‘天竺’;行动诡谲似毒蛇,妄想侵吞我‘雪域’。”[2]

英国侵略军在占领了隆吐山之后,继续向前推进至纳塘。藏军转移到亚东,准备反击。5月21日,孟加拉省副省督抵达纳塘视察英军,藏军获悉这个情报后,于当夜袭击了纳塘的英军营地。此次偷袭获得成功,消灭了许多敌人,还差点捉住孟加拉省副省督。[3]

英军原以为将藏军赶回到则利拉山口就大获全胜了,决定撤退至大吉岭。7月底,当英军获悉藏军在春丕集结兵力时,格雷汉姆立即命令部队重返前线,并请求孟加拉政府派出增援部队。孟加拉政府立即增派德比西里团、第32先锋队、第21廓尔喀步兵队和皇家炮队等1000多人开赴纳塘。

英军自占领隆吐山、纳塘后,除一面增兵修路积极准备继续进攻外,又唆使哲孟雄的颇当喇嘛和康萨卓尼作为中间人写信给噶厦调和,来信云“逞兵犯境,是因屡议通商,唐古特总无切实回信,今伊兄弟意欲从中说合等情”。[4]显然,英军想通过颇当喇嘛等直接和西藏地方打交道,并以通商为借口以欺骗西藏地方而掩盖其侵略。同时“廓尔喀果敢王亦有信致噶厦,词气亦欲从中调处”。[5]英军除进行上述活动外,另又向清朝保证,只要藏兵不“越界”,英兵即不进攻。但事实上英军却自占领隆吐山、纳塘后,即继续前进,将藏兵所筑围墙一律拆毁,并修建营房,输送粮食,增兵达2000名以上,并对藏地杂勒纳山(即则利拉)要隘挖掘工事进行强占。

西藏地方政府积极应战。每一批军队在经过拉萨开往前线之时,十三世达赖亲自给每一战士摸顶祈福,并发给经过喇嘛念过咒语的特

---

[1]中国社会科学院民族研究所、西藏自治区档案馆合编,陆莲蒂、王玉平等译:《西藏社会历史藏文档案资料译文集》,北京:中国藏学出版社,1997年,第237页。

[2]《西藏人民抗英斗争史料》,载《西藏文史资料选辑》,北京:民族出版社,2007年,第540页。

[3]A. K. J. Singh, *Himalayan Triangle, A Historical Survey of British India's Relations with Tibet, Sikkim and Bhutan* 1767—1950, British Library, 1988, p. 217.

[4]吴丰培:《清季筹藏奏牍》,第1册,《文硕奏牍》,卷7,第1页。

[5]吴丰培:《清季筹藏奏牍》第1册,《文硕奏牍》,卷7,第7页。

制的"白伞盖轮"一个，作为护身符。"……还有三大寺各扎仓的负责喇嘛一同前往，加强帕里前线的藏军布置和指挥。达赖还下令三大寺积极组织僧兵，准备一旦必要时开赴前线。与此同时，达赖又命令多扎堪布、拉惹僧布、客拉半见、参巴噶桑等人，还有念咒喇嘛十五人，在布达拉宫秘密念《武经》放咒，诅咒英军失败。又在布达拉宫请'乃均'降神问卜，'乃均'说，'事先不应做此事，即已作了干到底'，于是抗英决心更加坚定"。[1]

二月初八日(1888年3月20日)，清廷即下谕文硕免职，以升泰代替。而二月十六日(1888年3月28日)隆吐山失守之际，文硕当时并不知自己被撤职的消息。清廷以升泰为驻藏帮办大臣执行撤兵、不许开仗的命令。升泰竭力奉行清朝妥协投降的政策，不但不积极支持藏族人民抗击英国侵略军，反而进行阻挠。他竟然为英国侵略者辩护，将西藏临近哲孟雄的边界说成是在雅拉、支木两山，并说雅拉山在隆吐之北，所以隆吐山不在西藏境内。[2] 同时，升泰命西藏地方政府将军队先撤至帕里，认为"洋人若在藏兵撤后，再行进兵，则是违约在彼；纵属失地，不难索回"，[3] 但这种天真的幻想很快被英军的侵略行为打破。

英军于六月十二、十五两日用大炮7门进攻藏兵阵地。七月八、九日又继续前来藏军阵地挑战。藏军原定于七月十、十五日还击，但被升泰阻止。这时，英帝勾结廓尔喀前王子果尔杂捻带兵修路助战。英军又乘机将哲孟雄全部占领，并布置就绪后，准备向捻都纳进攻。

八月八日(9月13日)，英军200余人用炮向山顶藏军轰击。是夜，藏军侦察绕过英国军营，割取电线，破坏英军联络，双方均准备决战。八月十八日(9月23日)晚，藏军一夜之间修起一道4英尺高、3英里长的"战墙"。八月十九日(9月24日)，"一夕英军斥候过此，寂无一西藏人。其夜英军屯于那塘附近去此一英里半，终宵亦毫无声响，万

〔1〕牙含章：《达赖喇嘛传》，北京：人民出版社，1984年，第126页。
〔2〕吴丰培：《清季筹藏奏牍》，第2册，《升泰奏牍》，卷1，第1－2页。
〔3〕吴丰培：《清季筹藏奏牍》，第2册，《升泰奏牍》，卷1，第2页。

籁皆静。至晓忽见西藏人于其间筑墙以为防御之计,高与胸齐,长约四五里,英人惊诧为鬼工,数千藏兵,麇集其内,纵横呼噪,乃英兵一举队前进,开炮轰击,藏人终至大败涂地。"[1]格雷汉姆指挥部队分成左中右三个纵队,向藏军阵地发起猛烈攻击。敌人先用大炮长时间轰击墙体,然后派戈德尼少校(Major T. H. Goldney)率领第32先锋队的3个连和第二德比西里团、第21廓尔喀步兵队等冲向藏军阵地。由于英军火炮猛烈,藏军牺牲众多,辗转抵达仁青岗。英国侵略军则占领了则利拉、亚东、朗热等地。由于当时天气已寒,英军担心延误至大雪封山,也不敢继续深入。藏军败退至仁进岗后,适逢江孜守备萧占先赶到。

对此战斗,升泰在奏文中如是记述:

[八月]十八日(即公历1888年9月23日)藏番以捻都纳印兵时来山顶,施放枪炮,实距番营太近,即于夜间分队赴捻都纳两山扎营,连夜修筑战墙,为防守计。十九日天明,洋兵见藏番扼扎两山,亦不便于己,遂出队直冲,藏兵力不能支,败回姑布、冻曲原营,洋人跟踪来扑,两营不守,狂追逐北。藏番连夜奔逃,以至咱利、亚东、朗热等隘同日失去。印兵复分股包抄,所有藏营番兵一万数千,全行败溃,枪刀器械锅帐什物,弃置满道。印兵追逐,统带噶布伦公爵伊喜洛布汪曲于二十日败回仁进岗,适遇奴才委弁署江孜守备花翎都司尽先守备萧占先奉饬阻战到彼,正遇该噶布伦狼狈奔逃,伊喜洛布汪曲仓皇面告萧占先云,洋兵火炮甚利,万难抵敌,赶紧迅速同走逃命为是。言语之间,枪声不断,旋踵而至。萧占先回告云,我奉驻藏大臣扎饬阻战而来,不料尔等又复多事,以致败北。如果英人力追,势必全军俱没,帕隘不保。我系汉官,究与汝等有闲,惟有在此力阻。如洋人顾念和约,或可旋师,倘不能听,亦尽人事,伊喜洛布汪曲见洋兵已近,飞窜逃去。萧占先旋即竖起江孜汛营旗一杆,上书有汉字,印兵远处望见,旋即止枪。萧占先遣人往告奉委前来阻战之故,印洋统带兵官名巴丁色优又

[1][日]山县初男著:《西藏通览》(线装1函五册),西藏自治区历史档案馆编印,郑州:中州古籍出版社,1986年,第5册第2编,第74页。

称萨海者，当云，既有汉官，应即停战，即约相见。萧占先告以原委，并阻其追杀，英官允诺，始未穷追，面许静候办理。……于二十二日撤退，印兵仍扎对邦原营，并云尚有信函，致与驻藏大臣。[1]

上述奏文描述了英侵略军进攻和藏兵溃败的战争场景，更暴露了清朝官吏在英军侵藏中的妥协退让立场。萧占先是江孜守备武职，也即负责守御边疆的军官，但他并没有支持西藏官兵抵抗英国侵略军，而是在千方百计阻挠藏军抵抗英军未果后，又在藏军抵抗英国侵略军不利之际袖手旁观，充当"好人"，完全忘记自己是一名朝廷官员，有责任有义务与藏兵一起抵抗外来侵略者。在此次战役中，拥有先进武器的英国侵略军野蛮屠杀了1000多名西藏士兵和人民。

西藏地方噶厦和三大寺等在八月战败之后，并未屈服，收集残兵和调集新兵又得万余人，驻扎仁进岗一带，三大寺喇嘛也组成僧兵，准备反攻。升泰仍积极推行其压制藏族"先解战争"的政策，勒令解散僧兵。十月，升泰由拉萨启程亲赴前线，在英、藏两营之间同英国代表议和。英军第一次入侵西藏的战争暂告停止。

6.2.3 抗英战争失败的原因

此番西藏抗击英国侵略者失败有诸多原因：西藏人民虽斗志高昂，但自身武器装备落后，且藏军战斗力不强；清政府的投降妥协政策，极大地干扰了西藏人民的抗英运动；而英国方面，不仅武器装备等方面占有绝对优势，而且极尽挑拨离间之能事，其险恶用心由此可见。下面分别述之。

(1)从西藏地方政府来看，藏军战斗力差，武器装备落后，且寄望于迷信神灵，是此次西藏地方抗英失败的主要原因。

自清初以来，清朝统治者大力扶植格鲁派，以统治西藏地方和蒙古各部。短期的确有利于清朝的统治。但从长远来看，这种落后的政教合一制度和封建农奴制令西藏社会缺乏生气，严重阻碍了西藏社会向前发展，各种矛盾激化。

[1]吴丰培：《清季筹藏奏牍》，第2册，《升泰奏牍》，卷1，第9－10页。

面对英国侵略军强敌压境,西藏地方政府为了维护自身利益,主张反抗英国武装侵略;但由于这些僧俗领主平日养尊处优,耽于安乐,除了用保护宗教来号召人心之外,往往缺乏务实措施。西藏在此次反对侵略的战争中,动员兵力达 14000 余人,可谓不少。但此次战败,藏军自身弱点也充分暴露了出来。例如,士兵未经过很好的动员及训练,不了解打仗的意义,大半皆系民兵,纪律松弛,且"藏中自用兵以来,当差番民,因差繁赋重,十室九空,逃亡不少,藏库早经支绌"。[1] 因此,广大西藏人民并没有真正发动和组织起来。西藏的抗英只停留在少数的贵族僧侣上层,并非有计划、有组织和知彼知己地确定战略来进行的,尤其是迷信神灵保佑,凭护身符作战,这显然受到了当时西藏的社会情况及社会条件的限制。

(2)英国侵略军战斗力强,武器装备先进,并与此同时展开了一系列阴谋诡计,这也是西藏人民抗英失败的重要原因。

19 世纪的英国如日中天,在全世界建立起了殖民地,可谓当时最强大的国家。英国持续不断的扩张侵略,令英军在武器装备方面和战斗力上占有不言而喻的优势。英军不仅拥有当时世界上最先进的武器,而且装备和军需供应也极为优越,"防寒衣服极为整备,毛布(一万一千匹)、长短靴(四千一百双)、厚短衫(三千六百件)、羊皮上著(二千二百件)、毛织袜(八千双)、毛织裤(八千条)、手套、毛织胫卷、背心、印度式冠防水布、防水覆肩背衣、眼镜等,均无一不有。用意之周,诚为可感。"[2]

而英国侵略的对象是腐朽没落、妥协退让的清帝国,是毫无任何先进武器装备可言的西藏地方军队和人民。藏军使用的是火绳枪、弓箭、刀、矛、抛石器等极端落后的武器,穿的是破烂不堪的羊皮袄,没有辎重,装备衣食均需自备,加之藏军大半是民兵,缺乏训练,指挥失当,观念陈旧,迷信占卜等盛行。"更反观藏兵,则毫无给与,辎重荡然,自

---

[1]吴丰培:《清季筹藏奏牍》,第 2 册,《升泰奏牍》,卷 1,第 6 页。

[2][日]山县初男著:《西藏通览》(线装一函五册),西藏自治区历史档案馆编印,郑州:中州古籍出版社,1986 年,第 5 册第 2 编,第 73 页。

负糌粑袋与敌奋战。饥寒交迫……亦可怜也已”。[1] 这样一支军队客观上根本无法抵挡英国侵略军先进的武器装备。尽管朝廷腐败，但西藏人民仍然浴血奋战，为保家卫国流尽最后一滴血。

(3)英国侵略者诡计多端，竭力分化清朝中央政府和西藏地方政府，并争取清朝中央政府共同打击、孤立藏族人民的抗英斗争，这也是战争失败的重要原因之一。1888 年，英国完全统治了印度、控制了尼泊尔、锡金和不丹，我国西藏藩篱尽失，英国却相反获得了战斗后方，最终凭借其先进的武器和强大的实力对我西藏实施了武装侵略。

(4)清朝日益腐朽衰落，在抵抗英国入侵时采取妥协退让政策，反而对西藏人民抗英运动进行压制，这是此次西藏抗英失败的根本原因。

清朝经历了“康乾盛世”的鼎盛之后，其统治日益腐败，弊端百出，再加上 1840 年鸦片战争引发的内忧外患，激起了全国各族人民反抗清朝统治的斗争。1851 年至 1864 年爆发的太平天国起义，极大地动摇了清王朝统治的根基。此后，淮河流域的捻军起义、贵州苗民起义、云南回民起义、陕甘回民起义、新疆各族人民起义等此起彼伏，波澜壮阔，更令日益衰微的清王朝苟延残喘。内忧无止，外患不断。自鸦片战争后，列强不断发起侵略中国的战争，逼迫清政府签订了一系列不平等条约，并掀起瓜分中国的狂潮，使中国沦为半殖民地半封建社会。自古中央王朝强盛则边疆治理有力，中央王朝衰弱则边疆危机四伏。在这种背景下，清王朝对西北、西南发生的边疆危机鞭长莫及，甚至连其统治现状都难以维系。

清王朝在前中期顺、康、雍、乾年间，对西藏实施了有效管理，边疆得以稳定。但道光中叶后，朝廷起用的驻藏大臣常是一些严重失职的官员，如鸦片战争受到革职处分的琦善竟被委任驻藏大臣。琦善任内向清廷建议放弃稽核西藏财政收支的大权，同时奏请将前、后藏额设藏兵的“一切操防事宜”一概责成噶伦、代本管理，渐渐将西藏地方的防务推给西藏地方军队去负责。如此，清朝在西藏的驻军有名无实，地

---

〔1〕〔日〕山县初男著：《西藏通览》（线装一函五册），西藏自治区历史档案馆编印，郑州：中州古籍出版社，1986 年，第 5 册第 2 编，第 74 页。

方遇到危机,中央自然无能为力。由此便不难理解:为何面对英国武装侵略我国西藏,清廷会屈服于英国的外交压力和武力威胁,三令五申迫使西藏人民从隆吐撤卡退兵;不许藏兵与英军发生冲突,并撤换了支持西藏人民抗英的文硕;派出妥协退让的升泰前往督促撤兵,与英人议和。

清廷不但没有领导西藏人民共同对外,反而一再压制西藏人民的抗英热情。若清廷能够采纳文硕的意见,一方面据理和英军力争,一方面紧密地团结藏族人民,积极准备,造成一个群众性的抗英运动;然后根据具体情况,采取文硕的对英作战办法,即:"大概与英人角胜,利用以柔克刚之法,……接仗之法,利用埋伏,不宜显露,队用星散,不宜聚齐,攻利中路截击,不宜迎面对敌,时利昏夜冲袭,势利交手接仗,宜进不宜退。……至我军驻扎……总利散住帐房,断不可聚集营寨之内,以免开花洋炮,陡然轰击。……彼人马皆需口粮,若我设法截其粮路,再将我之口粮军火,缜密收藏,使彼孤军深入,无可抢劫得食,困饿而死,亦一法也。"[1]这些诱敌深入、空舍清野的游击战略和战术在西藏都是可行的。若能够采取文硕的办法,战争的结果可能会有利于西藏。然而,文硕积极抗英的立场在当时只能面临被腐朽的清廷罢免官职的命运。

1888年西藏人民抵抗英国武装侵略的斗争,是西藏人民为了保卫家园、捍卫祖国领土、反抗英国侵略者的正义斗争。这次反抗侵略的斗争虽然失败,但西藏人民反抗列强侵略的斗争并没有因此结束。广大西藏人民不惧怕英国的洋枪洋炮,不屈服于清廷的高压政策,"即便西藏男丁死尽,妇女亦愿坚决抵御到底,矢志不移"[2]的大无畏精神,将永远载入祖国反帝反侵略斗争的史册,激励后来者前仆后继。

---

〔1〕吴丰培:《清季筹藏奏牍》,第2册,《文硕奏牍》,卷5,第12页。

〔2〕中国社会科学院民族研究所、西藏自治区档案馆合编,陆莲蒂、王玉平等译:《西藏社会历史藏文档案资料译文集》,北京:中国藏学出版社,1997年,第220页。

6.3 《中英会议藏印条约》与续约

6.3.1 首谈失败

升泰抵达纳塘后便与英国官员保尔(A. W. Paul)会晤。英方见升泰很快回应其令藏军撤退再行谈判的要求,深知清廷已经腐败无力,于是气焰更加嚣张,非但没有同时撤兵,反而加紧修筑从纳塘至则利拉山口之路。保尔在会谈中提出七项条件,主要内容如下:

(1)英国政府与西藏政府愿敦睦谊,永远弗替。

(2)划定西藏与英国所属哲孟雄之边界,中国驻藏大臣代西藏政府允认英国在哲孟雄境内之完全统治权,并承允藏人永不侵扰哲孟雄国境,或干预其内政。

(3)英国臣民得自由进出西藏贸易,与西藏人民同等待遇。

(4)英国货物运入西藏所付关税,应按另议税则缴纳,自藏办运出口货物,纳税办法亦同。

(5)英国当局与西藏政府及官员文移往来,应按友好国家间一般惯例办理。

(6)英国政府原有充分权力可向西藏索取巨额罚款,兹为从宽对待,如西藏政府能允认上述各款,英国政府可放弃此项权力。

(7)中国驻藏大臣允于本约画押后二十日内取得西藏当局签字同意。[1]

印度总督达夫林派出印度政府外交大臣杜兰德(H. M. Durond)赴纳塘帮助保尔和驻藏大臣谈判。升泰为了讨好英人,在重大问题上如通商及英国明确将原西藏藩属锡金作为英国属国等事项,均未加反对。升泰知道英方所列出的7项内容毫无道理,故不敢同意。西藏商上和三大寺对保尔提出的7条全部拒绝,并严加驳斥:"保尔开来七

[1]中国近代经济史资料丛刊编辑委员会编:《帝国主义与中国海关资料丛编》之二《中国海关与缅藏问题》,北京:中华书局,1983年,第85-86页。

款,行知商上,该藏番逐项顶复,竟鲜遵从。"[1]

在哲孟雄归属的问题上,英国主张必须无保留地取得对哲孟雄的统治权,西藏对该地的任何权力都不能承认。升泰力争哲孟雄与中国西藏关系"照旧",即每年向达赖喇嘛、商上和驻藏大臣等呈送年节礼物及贺禀的礼节"照旧",英国向来如何"保护"哲孟雄,亦可照旧。甚至当升泰路过春丕,不堪英人压迫而逃亡当地的锡金王及其母、亲属等来行营哭诉,"实不愿投归英人","情愿弃地,不受洋人磨折",请求迁入西藏居住,并哀求升泰"勿将哲境划出圣朝版图之外",[2]却均被升泰拒绝。可见,清廷实际上已经承认了英国对哲孟雄的实际统治权,升泰所力争的照旧送礼等不过是徒有虚名,挽回一点面子罢了,而英国就连这点表面的象征性权力也不允许清朝拥有。

在通商问题上,英方代表最初坚持在西藏自由贸易,后经中方谈判委员等"严词以拒,百计辩说,始言退至江孜,仍答以万不能行,刻又意在帕克里。"升泰坚持战前边界通商,关市最远只能在对邦或亚东,"英官竟甚拂然",[3]双方争执不下,致使谈判中断。升泰为了缓和西藏各阶层人民对英国侵略者的愤慨,遂于 1889 年 1 月 18 日从对邦"移营仁进岗","开导藏番",准备继续同英人谈判。

首次议和失败后,参加谈判的印度政府外交大臣杜兰德为此写了一份数千字的备忘录给伦敦英政府印度事务大臣,论述谈判的过程和失败的原因,并提出今后必须在锡金建立英国人的权威,派驻英官员及不少于 2000 人的军队等等。后来英国政府完全按照其建议行事。[4]

6.3.2 和谈经过

由于第一次谈判未获成功,清廷接受了海关总税务司(Inspector -

[1]吴丰培:《清季筹藏奏牍》,第 2 册,《升泰奏牍》,卷 1,第 24 页。

[2]吴丰培:《清季筹藏奏牍》,第 2 册,《升泰奏牍》,卷 1,第 26 页。

[3]吴丰培:《清季筹藏奏牍》,第 2 册《升泰奏牍》,卷 1,第 22 页。

[4]伍昆明主编:《西藏近三百年政治史》,厦门:鹭江出版社,2006 年,第 183 页。

General of Chinese Maritime Customs Service)[1]赫德(Robert Hart)[2]的推荐,任命其弟赫政(James Henry Hart)为升泰的翻译和代表,与英印政府进行谈判。1889年1月,总理大臣衙门致电升泰:"升大臣鉴:现有税务司赫政,系总税务司之弟,在华年久,熟悉汉洋语言文字,曾随邓星使勘办越界,甚为得力。尊处现与印督议办一切,翻译需人,特派其由印度前往纳荡谒见,此时藏番谅不至别有疑忌,贵大臣可即留用,以资臂助。"[3]自此,赫德和赫政两个英国人完全操纵了整个谈判。

1月21日,赫政到达加尔各答,拜会了印度总督,"印度总督接待甚殷并长谈,又晤印度政府外交副大臣及总督机要秘书"。印度总督及夫人还宴请了赫政。27日,赫政访晤了主持与升泰谈判的印度政府外交大臣,并向他试探印度方面的真正意图和谈判停顿的症结所在。印度外交大臣说:"印度必须无保留地取得对哲孟雄的保护权,西藏对该地的任何权力,都不能承认。"[4]3月12日,赫德去电赫政,要他"设法向升大臣解释,英国愿加强中国在西藏的地位,如中国反对,英国必

[1]中国海关总税务司(Inspector-General of Chinese Maritime Customs Service),1912年前称"大清皇家海关总税务司",在1859年至1950年间为中国海关的实际最高领导。太平天国占领天京(今南京)后,中国清朝政府实际已无力控制上海海关。在此情况下,1854年,英国、法国和美国3国驻上海领事馆联合与苏松太道(上海实际行政长官)吴建彰谈判,决定由3国各派税务司一个"协助"清朝政府征集关税。很快,这个委员会的职权扩充到了海关、航运甚至邮政管理方面。1859年,英国税务司李泰国被清朝两江总督何桂清任命为总税务司,成为了中国海关的最高领导。1861年,这个职位得到清朝中央政府的确认。1865年,总税务司迁往北京,1929年迁回上海,1949年4月迁往台湾淡水县。1949年5月中国共产党下令中止其职权。总税务司以"通令"作为行政形式,统管中国境内的所有海关,各海关设税务司一人,向总税务司汇报。总税务司的工作语言为英语。总税务司机构初期为英国把持,辛亥革命后美国、德国、法国和日本官员也逐渐进入。1929年后,中国本土官员开始进入总税务司上层领导职位。

历任总税务司包括:李泰国〔英〕,(Horatio Nelson Lay,1859年—1863年);赫德〔英〕,(Robert Hart,1863—1911年);安格联〔英〕,(Francis Aglen,1912—1929年);梅乐和〔英〕,(Frederick Maze,1929—1943年);李度〔美〕,(Lester Knox Little,1943—1950年)。参见Donna Brunero, *Britain's Imperial Cornerstone in China: The Chinese Maritime Customs Service*, 1854—1949. Routledge, 2006.

[2]赫德(1835—1911),英国北爱尔兰人,英国维多利亚女王时代的显赫人物。鸦片战争后,赫德成为代表英国对中国进行统治的主要人物。参见《赫德日记——步入中国清廷仕途》,北京:中国海关出版社,2003年,第1页。

[3]中国近代经济史资料丛刊编辑委员会主编:《中国海关与缅藏问题》,北京:中华书局,1983年,第83页。

[4]中国近代经济史资料丛刊编辑委员会主编:《中国海关与缅藏问题》,第84-85页。

将抛开中国直接与西藏交涉,难免又惹起军事行动,对西藏固不利,对中国也很难堪。"[1]3月24日,赫政赴仁进岗,与升泰相见。此二位英国人对中方官员可谓威逼利诱,用尽一切手段暗助英国获取最大利益。此后,赫政不断给赫德去电,将中英双方的意见转告赫德并请求指示,而赫德则按英国利益行事。

如在锡金问题上,升泰原先坚持的哲孟雄部长(锡金王)按名义上的"上禀送礼",最后按赫政解释,不是"致敬函(pay homage)",而只是有礼貌的交际书信;送礼也不能用"tribute"(朝贡)一词,而是"随函送来的物品"、"普通的礼物",[2]去除了任何带有政治从属关系的含义。

在边界问题上,自谈判开始,英国就不同意升泰提出的以过去英国人自己提出的捻纳为界,而要以则利拉山为界。当升泰被迫退让同意以则利拉山顶为界时,赫政又将则利拉山顶为界改为含糊不清的词句:"锡金与西藏交界仍照旧,即是西藏莫竹河与锡金梯斯塔河中间最高之一带峰岭,岭北之水向入莫竹等河,岭南之水向入梯斯塔河,自分水一带高岭之中歧分处起始界限之。"[3]赫政在此故意不提原西藏锡金边界是以原有鄂博为界,这就为今后英国以此挑起边界纠纷进一步侵略西藏埋下伏笔。

正因为赫德完全站在英国政府的立场为英国利益服务,英方谈判官员保尔专门在写给赫德的电报中致谢说:"对阁下为取得协议所作个人努力,深为感谢。"[4]

4月底,赫政从仁进岗赴大吉岭,与英国代表开始商谈。4月20日,赫政在赴大吉岭途中接到英方代表保尔的信函,内称:"印度政府只能按下列条件作为基础应允重开谈判,即无条件承认印度政府所指的边界,并承认印度对哲孟雄的绝对统治权,哲孟雄境内绝不容许有外国权力的存在。"[5]4月24日,赫德电告赫政以下列草案作为谈判

[1]中国近代经济史资料丛刊编辑委员会主编:《中国海关与缅藏问题》,第87页。

[2]中国近代经济史资料丛刊编辑委员会主编:《中国海关与缅藏问题》,第100页。

[3]中国近代经济史资料丛刊编辑委员会主编:《中国海关与缅藏问题》,第107页。

[4]中国近代经济史资料丛刊编辑委员会主编:《中国海关与缅藏问题》,第112页。

[5]中国近代经济史资料丛刊编辑委员会主编:《中国海关与缅藏问题》,第96页。

的基础：

（一）哲孟雄与西藏边界保持原来状态；

（二）英国可在哲孟雄按照与哲孟雄部长所订条约行事；

（三）哲孟雄照旧向中国来函并致送礼物；

（四）中国承允西藏军队不逾越也不扰及哲孟雄边界；

（五）英国承允英国军队亦将尊重西藏边界。[1]

赫政将此草案交与保尔，并由他电告英印政府。此后，英印政府却迟迟不作回答，且有"做好越过边境进占春丕的一切准备"；[2]印度"军人方面急欲占领春丕"。[3] 直到6月初，赫政才得到英印政府的答复，内称"照现在草案的内容，还不能接受它作为谈判的基础"。因此，英印政府另拟了一个草案，主要内容是："西藏与哲孟雄交界，仍应照旧，即以流入梯斯塔河各水，与流入莫竹江及藏境河流各水之间最高分水岭为界。""在此边界的哲孟雄一方境内，英国政府有唯一的最高统治权，中国人和西藏人对哲孟雄内政均不得在任何方面予以干涉。英国政府应允在上述谅解下英国军队将不逾越藏哲边界。""英国政府将允许哲孟雄部长可以向在拉萨的中国及西藏当局致送表示礼貌但非致敬的函件和与进贡不同性质的礼物"等。[4]

赫政于7月2日返回仁进岗，根据上述英印政府所拟草约，与升泰一起改拟草约五条，电呈清朝政府。[5] 7月17日，清朝总理衙门回电升泰："来电近议五款，均系酌中办法，即与妥筹商定，从速了结。"[6]8月18日，英印政府答复升泰所拟五条："印度政府认为按照这新提案重开谈判，显无取得双方均能满意的解决办法之望。"因为这一提案"基本上仍坚持中国驻藏大臣所要求各点，此项要求曾使上次谈判决裂。"同时声明："印度政府绝不允许藏方对哲孟雄内政有任何干涉。

[1]中国近代经济史资料丛刊编辑委员会主编：《中国海关与缅藏问题》，第97页。

[2]中国近代经济史资料丛刊编辑委员会主编：《中国海关与缅藏问题》，第101页。

[3]中国近代经济史资料丛刊编辑委员会主编：《中国海关与缅藏问题》，第102页。

[4]中国近代经济史资料丛刊编辑委员会主编：《中国海关与缅藏问题》，第103页。

[5]中国近代经济史资料丛刊编辑委员会主编：《中国海关与缅藏问题》，第106页。

[6]中国近代经济史资料丛刊编辑委员会主编：《中国海关与缅藏问题》，第107页。

并愿指出,哲孟雄部长与春丕的关系是一项经常造成纠葛的原因,藏方亟应将部长眷属送回哲孟雄,以免再生纷扰。"[1]在英印政府的威胁下,清朝政府再次妥协让步,于9月10日、13日相继通过总理事务衙门电令升泰,重拟四条,与英人开议,并以此为"要端",与英人明定条约,以免后患。

这四条内容是:"一则,以分水流之山顶为界,界外仍准照旧游牧;一则,由英国一国保护督理;一则,两国之兵互允各不犯界;四、通商一事随后另议。"同时还指示升泰:"目前你可按下述方针努力交涉:来函及送礼两点可以放弃,不必再争。而游牧、立约两事则断不可少。如印度不肯听从,则中国拟与英国政府直接谈判。"[2]升泰接电后,即将上述四条意见通过赫政转给英印政府,但却迟迟得不到答复。原来英国担心一旦订约后其他各国也竞相模仿,如此英国便不能独占西藏,故又竭力拖延谈判。

10月26日,英印政府终于对清廷所拟四条予以答复,内容为:"鉴于最近谈判中,中国关于哲孟雄致送禀礼的态度,总督以为仅对这点作非正式的解释,不能使印度政府满意。除非我们取得中国的明白保证,确认印度在哲孟雄不可分割的统治权,并肯定放弃哲孟雄部长向中国和西藏当局致送禀礼的要求,重开谈判是无益的。印度政府对于赫政先生提案第三款也难同意,因为这一款可以作为阻止英国遣派军队越境惩罚藏人任何侵略行为的解释。"[3]尽管清朝政府已经明确提出"哲孟雄由英保护,藏不过问",但英印政府仍不能满意。

随着英俄在中亚和中国新疆帕米尔地区争夺的加剧,英国希望尽快结束中英关于西藏的谈判,以免为俄国提供可乘之机。英国开始催促印度总督早日结束谈判。[4] 12月12日,英印政府通过赫政向升泰提出新的四条草案,作为重开谈判基础,主要内容包括:第一款,藏哲之界以梯斯塔、莫竹二河分各水流之山顶为界。此条下旁注至藏人界外

[1]中国近代经济史资料丛刊编辑委员会主编:《中国海关与缅藏问题》,第107页。

[2]中国近代经济史资料丛刊编辑委员会主编:《中国海关与缅藏问题》,第114-115页。

[3]中国近代经济史资料丛刊编辑委员会主编:《中国海关与缅藏问题》,第120页。

[4]中国近代经济史资料丛刊编辑委员会主编:《中国海关与缅藏问题》,第122页。

游牧一节,俟查明情形再议。第二款:哲孟雄内政外交均应专由英国一国经办。该部长暨官员等除由英国经理准行之事外,概不得与无论何国交涉来往。第三款:中国代西藏,英国代本国,两国互允以第一条所定之界限为准,由两国遵守,并使两边各无犯越之事。第四款:藏哲通商一事,容后再行议定等语。[1] 清廷接到升泰的奏报后,总理衙门于12月21日致电升泰,认为"印议四条与本署四条之意大略相同,均可照办"。[2]

6.3.3 《中英会议藏印条约》

鉴于升泰能够严格秉承清廷旨意办事,光绪十六年(1890)正月初九日的电谕"驻藏帮办大臣升泰着作为全权大臣,与大英国所派全权大臣定约画押"。[3] 1890年2月,英国委派印度总督兰斯顿勋爵(Lord. Lansdoune)为全权代表。升泰于3月10日自大吉岭前往加尔各答,会晤印督兰斯顿,并于1890年3月17日订立了《中英会议藏印条约》(Convention between Great Britain and China Relation to Sikkim and Tibet,1890)。该条约共计八款:

第一款 藏、哲之界,以自布坦交界之支莫挚山起,至廓尔喀边界止,分哲属梯斯塔及近山南流诸小河,藏属莫竹及迫山北流诸小河,分水流之一带山顶为界。

第二款 哲孟雄由英国一国保护监理,即为依认其内政外交均由英国一国经办;该部长暨官员等,除由英国经理准行之事外,概不得与无论何国交涉来往。

第三款 中、英两国互允以第一款所定之界限为准,由两国遵守,并使两边各无犯越之事。

第四款 藏、哲通商,应如何增益便利一事,容后再议,务期彼此均受其益。

第五款 哲孟雄界内游牧一事,彼此言明,俟查明情形后,再为

[1]中国近代经济史资料丛刊编辑委员会主编:《中国海关与缅藏问题》,第128页。
[2]中国近代经济史资料丛刊编辑委员会主编:《中国海关与缅藏问题》,第128页。
[3]《清实录》,德宗朝,卷280,第55册,第734页。

议订。

第六款 印、藏官员因公交涉,如何文移往来,一切彼此言明,俟后再商另订。

第七款 自此条款批准互换之日为始,限以六个月,由中国驻藏大臣、英国印度执政大臣各派委员一人,将第四、第五、第六三款言明随后议订各节,兼同会商,以期妥协。

第八款 以上条款既定后,应送呈两国批准,随将条款原本在伦敦互换,彼此各执,以昭信守。[1]

《中英会议藏印条约》是英国侵略者通过武装入侵打开西藏大门的产物。通过这一不平等条约,英国不仅正式吞并了中国的藩属哲孟雄,而且割占了中国西藏南部隆吐、捻纳至则利拉一带的领土。此后,英国正式宣布成为哲孟雄的保护国,并委派专员常驻哲孟雄,开始统治该地。该条约关于藏哲边界分水岭的模糊提法,以及通商、游牧、交涉问题的随后再议,给英国侵略者随后扩大对西藏的侵略提供了借口和法理依据。

6.3.4 《中英续订藏印条约》

1890 年 3 月 17 日英国逼迫清廷签订了《中英会议藏印条约》后,驻藏大臣升泰于 7 月 17 日返回西藏拉萨。次日,他即拜会达赖喇嘛,告知条约内容及订约经过。达赖喇嘛即将条约抄件转发给西藏僧俗大会讨论,遭到了广大西藏人民的强烈反对,"番众会同三大寺僧众,攀辕递禀",指责升泰"有心见好英国,办理不公"。[2]

《中英会议藏印条约》于公元 1890 年 8 月 27 日在伦敦由中英两国政府互换批准。"随后再议"的问题提上日程。1891 年 1 月底,英方指派保尔为谈判委员;2 月,驻藏大臣委任西藏粮员黄绍勋为谈判委员,英人赫政为中方谈判翻译和代表,进行续议后三款的谈判。谈判前夕,赫德又指示赫政,要他先摸清中方谈判委员黄绍勋的底,探听黄绍勋打算谈什么,再探明他能答应什么,要赫政把印度方面的条件说得大

[1] 王铁崖编:《中外旧约章汇编》,第一册,北京:三联书店,1957 年,第 551-552 页。

[2] 吴丰培:《清季筹藏奏牍》,第 2 册,《升泰奏牍》,卷 4,第 6 页。

些，说印度要求开放许多地点，然后再提帕里。照这种方式进行，就可以使黄绍勋情愿开放帕里，甚至别的地方。赫德说："唯有使谈判面子上好像是中国人的胜利，一切行动才可以取得支持。希审慎进行，小心地使你的鱼能够自来上钩。"同时，赫德还要赫政向英方谈判委员保尔献策："印度必须虚张声势，多所要索，才能达到目的。无论你要求一点或者要求几点，反正中国方面总要辩驳一番，要求得多些，帮助也越大。中国代表想要办得光彩，印度多提一些，再减掉一些，可使中国代表自己和别人都心满意足，而印度则就此获得实际利益。"[1]赫德、赫政二人就这样操纵着谈判，出卖着中国国家和人民的利益。

1891年2月25日，赫政从加尔各答电呈英印政府关于续议三款的意见，[2]共三款十条，主要内容如下：(一)通商：英国企图取得在西藏"自由贸易"(或称"不受限制的贸易")和"无限制的旅行权力"。在这个前提下，又提出如下几条："(1)货物由印度进入西藏，或由西藏进入印度概不付税，但各项军火、军械、盐、酒以及各类迷醉药不在此内，或由两国政府禁止，或待定进出口专章；(2)帕里及其附近地区开放为自由市场，听凭英国诸色商民前往贸易；(3)英国诸色商民得在莫竹河流域自由往来，不需护照；其往来莫竹河流域以北者，由中国驻边境官员在所持护照上签证；(4)在藏之英国商民生命财产应受保护；(5)印度得派遣官员驻寓帕里等地；(6)英国各色商民得在英印官员驻寓地点置地建屋等等。(二)文移往来：(7)双方文移往来，应由印度驻哲孟雄政治专员(或驻寓帕里官员)及中国边境官员转递；(三)游牧：(8)关于游牧一节，可请升大臣提出解决办法，料可继续维持以前惯例；(9)如有争议事项，应由印度驻哲孟雄政治专员(或驻寓帕里官员)与中国边境官员妥商解决，或各向本国政府请示议办；(10)议定各款于

[1]中国近代经济史资料丛刊编辑委员会主编：《中国海关与缅藏问题》，北京：中华书局，1983年，第144－145页。

[2]主要内容为：(一)西藏在哲孟雄所享游牧权利，亦可由哲孟雄在西藏同样享受；(二)印度与西藏的文移往来，仅限于印度政府和中国驻藏大臣之间，由驻春丕的商务委员转递；(三)另行商定地点，订立章程，开放通商，税则应采用中国其他各口通用税则。见《中国海关与缅藏问题》，第143页。

十年内有效。”[1]

英印政府呈交这份意见后,赫政随即诱使升泰接受其条件。他给升泰致函说:“在本税司愚见,以为改关帕克哩一层,反复思之,与事似觉无碍。免税一层,可许以三年为限,至期如商务兴旺,两边即可订立税则,以便遵守。惟英属人等在藏置赁地基,建造房屋一层,可以不允。至在莫竹河边界游历一层,刻下亦可不允,俟三年后查看情形,再行参酌办理。……愚意以为惟茶叶一项,自开关之日为始,照章收税,不得援照各货免税三年之例。”[2]对英方通商开埠和印茶入藏等核心问题一律要求升泰照办,而对“置赁地基,建造房屋”及游历等问题则“不允”,赫德、赫政二人的居心昭然若揭。

1891年5月底,升泰将答复转交给英印政府代表保尔,内容如下:“(一)通商:应妥议税则,两国政府得各自决定何物应禁,何物可准。开放亚东,英商得在该处随意与任何人交易,或卖其货,或购买西藏货物,但不许租购土地建造房屋。西藏方面不愿答应自由游历旅行,因此英国商民不得过亚东以北。开放帕里及自由旅行两事现在既不讨论,遣派委员驻寓帕里自毋庸再议。(二)印度与中国驻藏大臣间之文移往来,可以经由英国驻哲孟雄政治专员及中国边境官员转递。(三)游牧:哲孟雄已在条约内言明由英国保护,应准目前在哲境游牧之藏民于规定时限内返藏,其留于哲境者,英国政府可课征游牧捐税。”[3]升泰的答复并没有满足英方自由贸易等要求。

1891年7月19日,升泰接到英方代表保尔关于《分析陈明印度完结后三款》意见,提出“前开呈各条,实非初创办法,系援照光绪七年贵国与俄国订约(此处指1881年《中俄伊犁改订条约》)均经办过之事。”[4]因《中俄伊犁改订条约》第十二条和中俄改订陆路通商章程第

---

[1]中国近代经济史资料丛刊编辑委员会主编:《中国海关与缅藏问题》,北京:中华书局,1983年,第145页。

[2]吴丰培:《清季筹藏奏牍》,第2册,《升泰奏牍》,卷4,第5页。

[3]中国近代经济史资料丛刊编辑委员会主编:《中国海关与缅藏问题》,北京:中华书局,1983年,第147页。

[4]吴丰培:《清季筹藏奏牍》,第2册,《升泰奏牍》,卷5,第24-26页。

一条,有两国边界百里之内"自由贸易和无限制的旅行";《中俄伊犁改订条约》第十三条准许俄民自置地方建造铺房行栈,故英国便援引此条,效尤俄国,为列强瓜分中国推波助澜。[1] 升泰将英方《分析陈明完结后三款》意见交给西藏商上后,引起西藏各阶层的强烈反对。他们在给升泰的禀呈里说:"通商、游历所在,将来即为英国之地,大吉岭、西金已有明证。无论如何誓不遵依。"[2]总理衙门也认为"中国方面已经劝令西藏息兵停战,如此刻再以须牵涉内政的条件,强使藏主接受,或将激起藏人的仇洋心理,甚非得策。因此如藏方反对自由贸易及自由旅行,中国自不便强其接受。"[3]因此,升泰电告清政府,使总理衙门妥商英驻京公使"转电印督,告以改关、游历为目前万做不到之事。"[4]

7月23日,赫德给赫政去电曰:"总理衙门将不强请西藏接受印方提案,西藏方面愿开亚东而不愿开帕里,此点甚为重要。开放亚东一点看来虽所获甚小,但印方接受后如能善为利用,消除藏人疑虑,即可使之发生楔子作用,打开更多的发展途径……你最好能将总理衙门的意思暗中通知印度总督,可以使他对升大臣的答复和以后与总理衙门商谈时所可能获致的结果,有所准备。"赫德并密告赫政:"总理衙门将提出缅甸条款第四款:'至英国欲在藏、印边界议办通商……倘多窒碍难行,英国亦不催问',而就此收场,这样印度将一无所得,与西藏照旧隔绝,通商的门路将更难打开了!"[5]最后,英印政府只得同意开亚东为通商关市,但又提出要英方谈判委员保尔先到亚东、春丕、莫竹河、格林卡等处察看地形,遭到了西藏人民的反对,只得在亚东进行察看。

1891年11月20日,总理衙门致电升泰赴亚东妥商,适逢九世班禅曲结尼玛选定,于1892年正月初三在扎什伦布寺受沙弥戒,并举行

---

[1]新疆社会科学院历史研究所编著:《新疆简史》,乌鲁木齐:新疆人民出版社,1980年,第222-224页。

[2]吴丰培:《清季筹藏奏牍》,第2册,《升泰奏牍》,卷4,第5-6页。

[3]中国近代经济史资料丛刊编辑委员会主编:《中国海关与缅藏问题》,北京:中华书局,1983年,第149页。

[4]吴丰培:《清季筹藏奏牍》,第2册,《升泰奏牍》,卷4,第7页。

[5]中国近代经济史资料丛刊编辑委员会主编:《中国海关与缅藏问题》,北京:中华书局,1983年,第149-150页。

坐床典礼。光绪帝令升泰顺道前往扎什伦布寺,主持九世班禅的坐床典礼,然后赴边关与保尔谈判。1892 年 1 月,英印政府正式同意以亚东为互市地点,但要求在该地置地造屋,派官员驻寓亚东。鉴于清政府和西藏地方政府的坚决反对,英国最后只好放弃"购地建屋"的要求,而改为"在亚东地方租赁住房、栈所。"

在印茶入藏问题上,双方争议较大。19 世纪中叶后,英国在印度大力发展茶叶种植业,到 19 世纪 80 年代,印茶开始与中国茶叶在国际市场上展开激烈竞争。1887 年,印度年产茶叶 9000 万磅左右,茶园 165 万亩。因使用机器制茶,加之现代化运输工具,故茶价低廉,有较强的竞争力。英国注意到处于印度北面的中国西藏有近百万喝茶的人民,印茶可以通过大吉岭在西藏廉价销售,这能使英国资本家获得高额利润,加大英国对我国西藏的经济侵略。[1] 清朝在印茶入藏问题上坚持不让步,因为这对我国内地(主要是四川省)入藏的茶叶会产生极大的冲击。1892 年 7 月 23 日,总理衙门致电川督刘秉璋:"藏印现订商务,拟禁印茶入藏,英执不允,恐占川茶销路。川茶每岁入藏约有若干,希确查速复。"[2] 7 月 24 日,刘秉璋电复总理衙门,说:"川茶全靠藏销,岁收税十余万充饷,而藏饷专指此款。印茶行藏,藏饷无着,是藏中切身之害。而川茶失此销路,川民失业,不为饿殍,即为'盗贼'。"[3] 7 月 30 日,四川总督刘秉璋再次复电总理衙门,说明川茶销藏每年约 14000 余万斤,征银十数万两。西藏广大群众也反对印茶入藏销售。中英双方各持己见。总理衙门向赫政表示:"中国宁可将谈判永久拖下去,而不肯允许印茶入藏竞争。"[4] 英印政府总督也密告赫政"印度已退让甚多,无可再让,如中国不能在茶叶问题上稍示让步,

---

[1] 中国近代经济史资料丛刊编辑委员会主编:《中国海关与缅藏问题》,北京:中华书局,1983 年,第 172 页。

[2] 中国近代经济史资料丛刊编辑委员会主编:《中国海关与缅藏问题》,第 161 页。

[3]《光绪十八年闰六月初一日亥刻收四川总督电》,中国第一历史档案电报档,第 2036 卷,参见周伟洲主编:《英国、俄国与中国西藏》,北京:中国藏学出版社,2000 年,第 124 页。

[4] 中国近代经济史资料丛刊编辑委员会主编:《中国海关与缅藏问题》,北京:中华书局,1983 年,第 163 - 164 页。

则交涉可能全盘失败”。[1] 在谈判濒于破裂的情况下，清廷提出印茶“俟百货免税五年限满，方可入藏销售，应纳之税可由两国政府事先商定”，后又改为“应纳之税与华商输英应纳之税即每担税银十两相等”。[2] 对于这一妥协方案，英方基本表示同意，但后半句改为“应纳之税，不得过华茶入英纳税之数”。[3] 最后，双方同意按英印政府修改的条文列入条约通商部分第四条之后。

1892年9月24日，升泰在仁进岗病逝，同年11月10日清朝政府任命奎焕为驻藏大臣，延茂为帮办大臣，令其与英方代表保尔继续商谈相关事宜。1893年11月2日，清廷谕令驻藏大臣奎焕和签字委员何长荣，赴大吉岭。同年12月5日，历时近三年的藏印续约三款的谈判正式在大吉岭达成协议，双方签订了《中英藏印续约》，共九条、续款三条，主要条款内容如下：

通商

第一款 藏内亚东订于光绪二十年三月二十六日开关通商，任听英国诸色商民前往贸易，由印度国家随意派员驻寓亚东，查看此处英商贸易事宜。

第二款 英商在亚东贸易，自交界至亚东而止听凭随意来往，不须阻拦，并可在亚东地方租赁住房、栈所。中国应允许所建住房、栈所均属合用，此外另设公所一处，以备如第一款内所开印度国家随意派员驻寓。其英国商民赴亚东通商，无论与何人交易，或卖其货，或购藏货，或以钱易货，或以货换货，以及雇用各项役马、夫脚，皆准循照该处常规，公平交易，不得格外刁难。所有该商民等之身家、货物，皆须保护无害。自交界至亚东，其间朗热、打均等处，已由商上建造房舍，凭商人赁作尖宿之所，按日收租。

第三款 各项军火、器械暨盐、酒、各项迷醉药，或禁止进出，或特定专章，两国各随其便。

[1]中国近代经济史资料丛刊编辑委员会主编:《中国海关与缅藏问题》,第173页。
[2]中国近代经济史资料丛刊编辑委员会主编:《中国海关与缅藏问题》,第174页。
[3]中国近代经济史资料丛刊编辑委员会主编:《中国海关与缅藏问题》,第174页。

第四款 除第三款所开应禁货物外,其余各货,由印度进藏,或由藏进印度,经过藏、哲边界者,无论何处出产,自开关之日起,皆准以五年为限,概行免纳进、出口税;俟五年限满,查看情形,或可由两国国家酌定税则,照章纳进、出口税。至印茶一项,现议开办时,不即运藏贸易,俟百货免税五年限满,方可入藏销售,应纳之税不得过华茶入英纳税之数。

第五款 各项货物到亚东关时,无论印度货物、藏内货物,立当赴关呈报请查,开单注明何项货物、多少及分量若干、置价若干。

第六款 凡英国商民在藏界内与中藏商民有争辩之事,应由中国边界官与哲孟雄办事大员面商酌办。其面商酌办者,固为查明两造情形,彼此秉公办理;如两边官员意见有不合处,须照被告所供,按伊本国律例办理。

交涉

第七款 印度文件递送西藏办事大臣处,应由印度驻扎哲孟雄之员交付中国边务委员,由驿火速呈递。西藏文件递送印度,亦由中国边务委员交付印度驻扎哲孟雄之员,照章火速呈递。

第八款 中、印两官所有往来文移,自应谨慎呈递,及来往送信之人亦应令两边委员照料。

游牧

第九款 从亚东开关之日起一年后,凡藏人仍在哲孟雄游牧者,应照英国在哲孟雄随时立定游牧章程办理。凡该章程内一切,须先晓谕通知。

续款

第一款 中、印各驻扎委员,如有议事意见不合之处,应由各委员呈报该管上司议办;倘该上司意见仍属不合,应由各上司请示本国国家议办。

第二款 自此次条约议定之日起,于五年后,如查其中有应行变通更改之处,必须于六个月之前声明,以便两国各派员议办。

第三款 藏、印条约第七款内载,由中、英各派员将第四、五、六三款言明随后议订各节，公同会商等语。现经两国派员，公同将以上通商、交涉、游牧三款议订九条，并续款三条，言明应与原约视同一律，其实力奉行之处，亦与逐字载入原约无异，彼此会同画押为凭。[1]

1890年签订的《中英会议藏印条约》和1893年的续约，是1888年英国入侵西藏得逞后，软硬兼施逼迫清廷签订的不平等条约，并产生了恶劣影响。英国通过这两个条约正式吞并了中国西藏的藩属哲孟雄，成为哲孟雄的保护国，派员管理哲孟雄的一切内政外交事务，致使我国西藏直接面对英国侵略者。英国还通过条约侵占了我国西藏的隆吐、捻纳、则利拉一带的大片牧场和险要地段，严重损害了中国的主权和领土完整。根据该条约，中国开放亚东为商埠，英国攫取了在亚东自由通商、派驻官员、租赁房屋、贸易免税五年、领事裁判等特权，这就令英国商品通过亚东口岸源源不断地流入中国西藏及邻近四川、青海等地，加大了对我国边疆地区的经济侵略，对我国经济造成了极大的冲击。

在抗英斗争和与英国侵略者签订不平等条约的整个过程中，清廷不仅没有支持西藏人民的抗英斗争，反而处处妥协退让，压制西藏人民的抗英斗争，从而加深了西藏地方与清朝政府之间的矛盾，以致后来为英、俄帝国主义所利用，策划了一系列“西藏独立”的阴谋活动，严重损害了西藏与祖国悠久的关系。不仅如此，清政府还任用海关总税务司英国人赫德之弟赫政协助升泰与英国交涉，无异于引狼入室。赫德、赫政二人利用种种便利，充当情报间谍，致使英方在与清廷代表谈判之前就对后者的底线烂熟于心。如此谈判，最终只能在最大程度上有利于英国。

[1]王铁崖编:《中外旧约章汇编》，第一册，北京:三联书店，1957年，第566－568页。

7　英国第二次入侵西藏

1903 年,英国悍然发动了第二次入侵西藏的战争,这距离英国第一次入侵西藏仅 15 年。英国为何如此急不可耐地发动对西藏的第二次入侵？其过程和影响如何？荣赫鹏和寇松在其中扮演了怎样的角色？清朝政府又是如何应对的？下面分而述之。

7.1　英国第二次入侵西藏的背景和原因

7.1.1　背景:英俄加剧争夺西藏

当英国以印度为基地加紧筹划侵略西藏的时候,沙皇俄国也把侵略的矛头指向了青藏高原,其触角伸到了拉萨,这令以总督寇松为首的英国强硬派万分担忧。俄国在 19 世纪中后期对我国西部边疆派出多支"考察队",这成为俄国搜集情报的重要手段。这些"考察队"都配有武装、大批测绘器材与后勤供应。他们不顾中国地方官员和百姓的反对,肆意横行,在我国藏区制造多起血案。尽管如此,这些"考察队"也仅是在新疆、蒙古、甘肃、青海、四川等地区活动,始终未能进入拉萨。

1888 年 3 月 19 日,俄国将军索波列夫在一篇名为《俄国可能对印度发动进攻吗?》的文章中大胆阐述了俄国入侵印度可能引起的四种结果:

第一,英国在南亚次大陆统治终结,南亚次大陆主要地区将会形成一系列独立国家;

第二,俄国征服印度,组成一个俄—印帝国;

第三,消除英国统治,在南亚次大陆形成在俄保护下的国家联盟;

第四,如果俄国与大英帝国之间能形成密切相关、互利互惠的联盟，英国将继续保持其在印度的势力。[1]

19 世纪中期以后，俄国加强了探查从俄境赴西藏道路的情况，大力开展对藏贸易，充分利用俄境内信仰藏传佛教的布里亚特蒙古人和卡尔梅克蒙古人（主要是僧人、商人）赴藏刺探情况，并打入上层社会，影响达赖喇嘛的决策，以实现俄国渗透西藏的野心。其中，德尔智是最为著名的一位。

1900 年 10 月 2 日至 15 日，《圣彼得堡杂志》（Journal de St. Petersburg）报道，9 月 30 日，沙皇在里瓦几亚皇宫（Livadia）接见了达赖喇嘛政府的官员“阿哈布拉·阿格旺·多杰耶夫”（Ahambra – Agvan – Dorjiew）（即德尔智，这是其第二次出访俄国，下文将详述）。这一报道令印度政府十分震惊。这无疑是对竭力试图同西藏建立“直接联系”的英印政府的一个强有力打击。

据哈定（Hardinge）报道，俄国公认的西藏事务专家巴德玛耶夫（Dr. Badmaev）“成功地同达赖喇嘛保持着某种关系”，并认为德尔智此行是来解决拉萨同俄国布里亚特人（Buryat）和卡尔梅克人（Kalmuks）之间的宗教问题（他们大都是佛教徒）。然而，有一点很明确：“无论达赖喇嘛派出的使团目的是什么，俄国政府都充分利用了这次出使。”[2]

从全球形势来看，20 世纪最初几年里，英国在世界的殖民主义统治和扩张受到俄、法等国的挑战。首先，俄国加快了在亚洲的推进速度，并占领了满洲里，对朝鲜、蒙古和新疆也心怀觊觎。英属印度北部的阿富汗边疆受到挑战，第三次阿富汗战争很有可能爆发；英国在伊朗和波斯湾也受到沙俄势力扩张的威胁；英法冲突在非洲达到了顶峰；英德关系日益恶化。所有这些因素对英国如何处理西藏问题都产

〔1〕Is a campaign by Russia to India possible? By General L. N. Sobolev, A Page from the History of the Eastern Question: the Anglo – Afghan Quarrel by Sobolev (4 vols, St. Petersburg, 1880 – 5), *Britain and Russia in Central Asia*, 1880—1907, edited by Martin Ewans, Volume I, Documents, Routledge 2008, pp. 228 – 229.

〔2〕Alastair Lamb, *British India and Tibet*, 1766—1910, Routledge and Kegan Paul Ltd, 1986, p. 205.

生了巨大影响:一方面,英国不愿冒险在西藏开辟一个新战场;另一方面,英属印度边疆又受到俄国殖民势力日益南扩的严重威胁。

此时的俄国也愈发认识到西藏的重要性,决意同英国争夺西藏,巴德玛耶夫在写给尼古拉二世的信中这样说道:

英国已经在克什米尔称王,并通过克什米尔从西向我渗透,而现在英国又想控制西藏,以便从东部向我渗透。站在印度这边来看,西藏对亚洲至关重要。谁统治了西藏,谁就统治了青海和四川省。谁统治了青海,谁就控制了整个佛教徒世界,就连俄国的佛教徒也不例外。而控制了四川就能控制整个中国。很显然,英国清楚地明白,统治了西藏就能对我们的突厥斯坦施加影响(通过青海、阿拉善和蒙古),另一方面是通过满洲里向我施加影响。当然,他们不但不会离开现在占据的地方,而且会挑拨整个佛教徒世界起来反抗我们,实际上,他们将会成为蒙古—西藏—中国东部的唯一统治者。一个真正的俄国人难道真的不明白允许英国进入西藏有多危险吗?和西藏问题比起来,日本的问题简直微不足道。小小的日本的确会威胁我们,但毕竟中间有水相隔,而强大的英国却将与我们面对面地打交道。[1]

可见,俄国对西藏十分重视,并清楚地意识到英国占领西藏会给俄国带来严重后果。

印度革命家、学者塔拉克纳特·达斯(Taraknath Das)这样评价英国在西藏的扩张:"英国在西藏扩张势力,成为英国在东方外交的重要组成部分,不仅能抑制俄国向印度推进,而且能够令英国完全控制长江流域,并以此对抗俄国和法国在中国的企图,确保'印度帝国'的稳定。"[2]

英俄加剧了对西藏的争夺,俄国膨胀的野心不断刺激着英国紧张的神经,这就是荣赫鹏率兵入侵西藏的国际背景。

---

〔1〕Martin Ewans, *Britain and Russia in Central Asia*, 1880—1907, Volume I, Documents, Routledge 2008, pp. 364 - 365.

〔2〕Taraknath Das, *British expansion in Tibet*, Calcutta, 1927, p. 79.

7.1.2 英国第二次入侵西藏的原因分析

7.1.2.1 贪得无厌:英国妄图扩大对藏经济侵略

1895年,中国在甲午战争中战败,割让台湾,帝国主义掀起了瓜分中国的狂潮,英国与俄国也加剧了在中亚的争夺。经过第一次对西藏的武装入侵,英国对自己在西藏的经济侵略远远不能感到满足,希望进一步增加口岸,并获得开矿等特权,为此,在1893年中英《藏印条款》签订后不久,英国政府开始和清朝政府交涉,企图迫使清政府给予英国人更多在西藏的特权。

1894年5月,英国驻锡金政治专员惠德(White)参加完亚东开埠仪式后,在其报告中写道:

> 亚东的地理位置实在不利于开埠:它位于一个狭窄的山谷,且由此通向西藏之路只有一条。藏人在此路上横向修建了一堵墙,不允许任何外国人(包括印度人或者欧洲人)经过,包括中国海关亚东关税司的戴莱(F. E. Taylor)也不能例外。然而,西藏的商人也不能前往亚东自由贸易。[1]

惠德向清政府派往亚东办理开埠事宜的官员提出,中国为英印官员和商人准备的房屋和行栈太小、太少,而且租费太贵,要求中国扩建亚东的英国官员公所,为英印商人增建旅舍和行栈,并将租金降低80%以上。惠德还无理地指责西藏地方政府在西藏帕里按惯例对来往货物抽取什一税是违反条约的,要求中方废止。[2]

1890年中英两国代表在进行划分藏哲边界的谈判时,中方代表升泰起初想以乾隆五十九年所设鄂博为根据,但遭到英国代表的拒绝。英国勘界委员惠德在咱利山口、支莫挚、多克纳等处设立了界碑,这一侵略行为遭到西藏人民的强烈反对,界碑设立后没几天,西藏人民便愤怒地拆毁了这些界碑。对于西藏人民的抗议活动,英国印度事务大臣汉密尔顿(George Hamilton)埋怨:必须让西藏人明白,如果他们继续

---

〔1〕Alastair Lamb, *British India and Tibet*, 1766—1910, Routledge and Kegan Paul Ltd, 1986, p. 167. 根据兰姆书,惠德认为亚东唯一的作用便是充当监视不丹和西藏的瞭望台。

〔2〕周伟洲主编:《英国、俄国与中国西藏》,北京:中国藏学出版社,2000年,第136页。

无视条约将会受到惩罚。[1]

1895年11月21日,英国约克郡布拉德福德地区(Brafford Yorkshire)商业理事会致函汉密尔顿,要求在中国西藏取得更多特权,以扩大对西藏的经济侵略。由此,英国开始在藏哲边界的划分上做文章,企图以此为借口扩大对西藏的侵略。

1898年11月17日,中国边务委员李毓森等人在亚东与英国勘界委员惠德举行会谈。在会谈中,惠德询问中方代表,如果藏哲边界按照传统边界定界,中国在藏印贸易方面可以给英国哪些新的便利?对此,清廷没有做出太大让步。

11月23日、12月9日,惠德向英印政府报告了中方立场,同时还建议英印政府,若按藏人所指哲藏旧有边界划界,中国应开放帕里为通商口岸作为补偿。他还建议,如果中国不同意开放帕里,英国可以无视中国在西藏的主权,直接与西藏地方政府交涉,以取得新的政治经济特权,如果西藏地方政府不答应英国提出的侵略要求,英国应立即对西藏采取强硬措施,以武力达到其侵略目的。惠德还在其报告中叫嚣:"俄国人正向北面推进,据我所知,他们已经在西藏产生了影响。我们必须赶到他们前面。我们绝不允许西藏市场对英国商品关闭。"[2]

惠德虽然态度强硬,但印度总督额尔金(Lord Elgin)却不完全赞同其观点,而是采取了一种较为温和的政策。1896年3月,额尔金告知孟加拉,他最关注的仍是继续贸易的问题;对藏人应当采取调解和妥协的政策,应当小心地避免任何可能导致冲突的行为。额尔金在1896年12月写道:我们应当满足于目前渐进的发展情况,也许这样可以令我们在边界上恢复信心,而在我方边界开辟此类的贸易路线可能令我

---

[1] Alastair Lamb, *British India and Tibet*, 1766—1910, Routledge and Kegan Paul Ltd, 1986, p.174.

[2] Alastair Lamb, *British India and Tibet*, 1766—1910, Routledge and Kegan Paul Ltd, 1986, p.177.

们的开销保持在合理水平。[1] 由于政见不一,惠德没有得到总督额尔金的重用,但新任总督寇松的到任改变了一切。

7.1.2.2 寇松上台:强硬的对藏政策

1899 年 1 月 6 日,乔治·寇松(George Nathaniel Curzon)取代额尔金(Lord Elgin)成为新一任印度总督。寇松采取了同其前任额尔金总督完全不同的强硬政策,这是因为:首先,寇松精力超凡,作为莅任伊始的大英帝国印度最高长官,寇松无法容忍"这种令人愤怒的边疆争端"继续存在;其次,寇松高度重视俄国向英印边疆推进的任何举动所带来的潜在危险。寇松多年来关注亚洲政治,他坚信英国迟早都会起来反对俄国统治整个亚洲的威胁,正如其在 1901 年 10 月所写的:

> 作为一名研究俄国雄心壮志和处事方式 15 年的学生,我可以自信地说,俄国的最终目标就是统治亚洲……但是,俄国从不满足于零零碎碎的妥协和让步,除非让我们吃亏,它是不可能知足的。默许俄国在德黑兰或马什哈德的目标并不能挽救锡斯坦。默许锡斯坦也不能令其目光离开波斯湾。默许其在波斯湾(的目标)丝毫不能阻止其在俾路支斯坦制造阴谋和麻烦。默许其在赫拉特和阿富汗并不能挽救喀布尔。默许其在帕米尔的行为也挽救不了喀什噶尔。默许其在喀什噶尔更不能将其目光从西藏上移走。俄国每吞下一小口,便只会更加刺激其胃口,并点燃其占领整个亚洲的激情。如果俄国享有实现这些野心的权力,那么英国则更有理由被迫享有反抗俄国为实现其扩张宏图而步步蚕食鲸吞的权力![2]

自寇松上台后,英属印度政府确立的对藏政策是确保西藏将会同

[1] Alastair Lamb, *British India and Tibet*, 1766—1910, Routledge and Kegan Paul Ltd, 1986, pp. 175 - 176.

[2] Letters from India, vol 139, No. 1376: Minute by Lord Curzon on Russian Ambitions in East Persia 28 Oct. 1901. 参见 Alastair Lamb, *British India and Tibet*, 1766—1910, Routledge and Kegan Paul Ltd, 1986, pp. 193 - 194.

英国结盟,而不是同俄国人结盟。[1] 对寇松而言,现在最迫切的任务莫过于直接同西藏地方政府打交道。寇松认为,那种通过清朝和西藏打交道的古老方式"十分耻辱、丢脸","已经被证明是一场闹剧"。[2] 1898 年 12 月 8 日,英国印度事务部大臣汉密尔顿通知英印政府,英国政府同意寇松所采取的旨在与西藏人建立直接交往的措施。所谓"直接交往"的实质,就是要否定中国在西藏的主权,诱使西藏从中国分裂出去,并成为英国扶植下的"独立国"。

寇松上台后决定按 1898 年末惠德提出的建议行动。他认为贸易市场必须由亚东进一步转移到帕里,而且必须努力同西藏地方政府建立直接联系。寇松提出,英国政府有必要改变原有的西藏政策,加紧侵略西藏,而其计划很快得到了英国政府的批准。按照这个新计划,他在 1899 年 3 月 25 日给清朝驻藏大臣文海发出一份照会,提出"如照藏人之意,定边于甲冈一带,则贸易情事,中国应先保有一妥筹之法,不得稍有顾忌。其法为何? 必准印度商民可至帕克哩(即帕里)随便贸易居住!"[3]

寇松的要求激起西藏人民的强烈反对。文海在致寇松的复照中转达了西藏地方政府对此事的态度:"通商市场,本非藏人所愿。贵国如有不便,尽可改移界外地方,万难改入界内。且贵国官民及税务司等,不得越亚东关前来等事,早经议定,亦难更易。至界务,藏人只照从前鄂博管理,现在请仍照此划界,此外万难允许改置!"[4] 文海在 1899 年 4 月 22 日的复照中拒绝了英国提出的开放帕里为通商口岸的侵略要求。此后,英国政府又向清朝总理衙门交涉,企图迫使中国开放帕里,但都没能得逞。

德尔智使团第一次出访俄国后,寇松并没有认真对待德尔智出访

---

[1]Alastair Lamb, *British India and Tibet*,1766—1910, Routledge and Kegan Paul Ltd, 1986, p. 195.

[2]Alastair Lamb, *British India and Tibet*,1766—1910, Routledge and Kegan Paul Ltd, 1986, p. 195.

[3]周伟洲主编:《英国、俄国与中国西藏》,北京:中国藏学出版社,2000 年,第 141 页。

[4]吴丰培辑:《清代西藏史料丛刊第一辑》,《藏印往来照会》,台北:文海出版社,1937 年,第 16 - 17 页。

一事，他仍希望自己能同达赖喇嘛联系上，因此，在给汉密尔顿的信中，他颇为自信地说："我认为，西藏人更有可能寻求我们的保护，而不是俄国的保护。我希望能尽快同达赖喇嘛联系上，这样就能在我们之间建立一种联系。"[1] 基于此，寇松并没有受到多少俄国新闻的报道干扰。他打算通过通信往来和达赖喇嘛建立联系。寇松的首选信使是不丹驻大吉岭代表乌金·噶箕(Ugyen Kazi)。此人具有进入拉萨的通行证，因其在大吉岭地区有颇多地产，足可保证对英国的忠诚。此人唯一的缺点是不会讲英语。

早在1898年7月，乌金·噶箕就曾前往拉萨，并带去不丹给达赖喇嘛的礼物，孟加拉政府借此机会给达赖喇嘛送上自己的礼物：一匹马。英印政府还要求他暗中调查拉萨藏人对于同英属印度加深关系持何种态度。乌金返回后，立即给惠德写了一篇很长的报告，声称达赖喇嘛要求他成为拉萨和加尔各答之间的非官方调解人，但被其拒绝。1899年9月，乌金又要返回西藏办理私人事务。英印政府要求他用自己的语言从帕里给达赖喇嘛写封信。1899年11月，乌金返回印度，报告说他已写信给达赖喇嘛，但对方的回信十分谨慎，表明其不愿意同英国方面进行通信往来。孟加拉政府由此得出结论"目前试图通过一位代理人打开同西藏地方政府的直接交流未能取得任何有益的进展"。[2]

由于乌金·噶箕未能促成英印同西藏地方的直接联系，寇松又于1900年选中了克什米尔行政副长官克尼恩(Captain R. L. Kennion)作信使。寇松利用克尼恩赴西藏噶大克(Gartok)会见当地噶本的机会，转交自己写给达赖喇嘛的一封信。9月，克尼恩前往噶大克，将信函交给噶本。1901年3月，噶大克噶本将信退还给克尼恩，称信已被送往达赖喇嘛处，但被原封不动地退了回来，并称西藏地方政府认为没有必要再和英国进行任何联系。4月，噶本又一次写信给克尼恩，此次，

[1] Alastair Lamb, *British India and Tibet*, 1766—1910, Routledge and Kegan Paul Ltd, 1986, p. 206.

[2] Alastair Lamb, *British India and Tibet*, 1766—1910, Routledge and Kegan Paul Ltd, 1986, p. 197.

噶本却说信没有送到过拉萨，但克尼恩认为西藏地方政府已经阅读过这封原信。寇松则认为这封信根本没有离开过噶大克，通过西部西藏和达赖喇嘛建立联系是浪费精力。现在，希望又重新寄托到乌金身上了。

1901年6月，达赖喇嘛购买了两只大象、两只孔雀和一只豹，希望乌金能够护送这些动物到拉萨。寇松决定利用这个机会，令乌金捎信给达赖喇嘛。这封信的口吻要比上回让克尼恩捎带的信更加强硬。寇松写道："如果西藏人在近期还不同英国人进行谈判，我的政府必须保留采取强制措施贯彻条约的权力，并确保藏人遵守贸易规定。"寇松如此措辞并未事前咨询伦敦，这令英国印度事务大臣汉密尔顿（George Hamilton）[1]和英国外交大臣兰斯顿（The Marquess of Lansdowne）[2]都十分担心，如果达赖喇嘛拒绝了这封最后通牒的信，会出现什么结果。[3]

1901年6月至8月间，德尔智又一次访问了俄国，并再度受到沙皇的接见。据说德尔智带来了达赖喇嘛亲笔写的感谢信。巴德玛耶夫宣布，西藏人正在向沙皇寻求援助，以防英国人入侵西藏。[4] 寇松对此似乎仍不以为然。然而，到了1901年秋天，寇松改变了看法，他写信给汉密尔顿说："恐怕西藏使团赴俄不仅仅代表宗教事务。"寇松强烈地怀疑德尔智是在西藏贯彻沙皇政策的俄国间谍。

1901年10月，乌金·噶箕从拉萨返回，原封不动地带回了寇松的信。达赖喇嘛拒绝的理由是"未经同驻藏大臣商议，不得同任何外国人进行信件往来"。[5] 寇松对此气急败坏，认为乌金·噶箕是英国特

---

[1]乔治·汉密尔顿勋爵（Lord George Hamilton），任职期为1895年7月4日至1903年10月9日。

[2]兰斯顿勋爵（The Marquess of Lansdowne），任职期为1900年11月12日至1905年12月4日。

[3]Alastair Lamb, *British India and Tibet*, 1766—1910, Routledge and Kegan Paul Ltd, 1986, p. 202.

[4]Alastair Lamb, *British India and Tibet*, 1766—1910, Routledge and Kegan Paul Ltd, 1986, p. 206.

[5]Alastair Lamb, *British India and Tibet*, 1766—1910, Routledge and Kegan Paul Ltd, 1986, pp. 202 - 203.

工最不幸的选择,他在给汉密尔顿的信中说:"我相信那人根本就没有见过达赖喇嘛或者给其递交过信函。相反,我认为他是个骗子,且极有能是一个被西藏收买了的间谍。"[1]

信使乌金的失败令寇松妄图同达赖喇嘛建立直接联系的阴谋彻底破产了。寇松开始采取措施给锡—藏边界施加压力。他坚决主张,在与俄国进行的这场"大角逐"中,英国应奉行"前进政策",要赶在俄国人之前在西藏建立影响和权威,而阻止俄国的唯一方式就是英国提前行动。他坚信,只有英国—西藏直接对话才能解决西藏问题,现在既然达赖喇嘛拒绝接受来自英国的信件,他就不得不带着一支英国军队与其进行对话了,而且要求对话地点只能在拉萨。英国加紧了再次武装侵略西藏的准备。甚至英国学者兰姆都如是评价:

> 似乎藏人和中国人都认为英国不会对甲冈采取任何举动,因此他们做出任何妥协也就没多大意义。事实已经足够清楚,任何进展都不可能获得,除非英国采取更为强有力的措施。[2]

而我们从荣赫鹏的回忆录中可知,寇松发动入侵西藏的理由如下:

> 他告诉我西藏之行的目的。总的想法十分简单:作为邻居,藏人长期以来不断制造麻烦;他们破坏英国同代表藏人的中国签订的条约;他们阻断印藏贸易,弄坏界柱……若俄国在西藏建立了一个站点,而我们却无法采取对抗措施,俄国将会在整个东北边疆引起我们极大的焦虑,正如其在西北边疆和北部边疆所做的那样,我们也许不得不增强边界守备力量了。对抗俄国在西藏不断增长的影响才是我此行的真正目的所在。[3]

寇松找出种种入侵西藏的借口,而"对抗俄国在西藏不断增长的影响"才是其真正目的,这暴露了英殖民主义者的强盗逻辑:欲加之

---

[1]Alastair Lamb, *British India and Tibet*,1766—1910, Routledge and Kegan Paul Ltd, 1986, p. 203.

[2]Alastair Lamb, *British India and Tibet*,1766—1910 , Routledge and Kegan Paul Ltd, 1986, p. 204.

[3]Francis Younghusband, *The Light of Experience——A Review of Some Men and Events of My Time*, London,1927, pp. 80 – 81.

罪,何患无辞？英俄争夺中亚的国际背景的确是影响英国第二次入侵西藏的重要因素,然而以寇松为首的英国侵略者在多大程度上夸大了这一出兵西藏的借口,仍值得我们深思。

7.1.3　英俄争夺西藏与英国对藏决策

英俄在19世纪末、20世纪初对我国西藏的争夺日趋白热化,尤其以英国第二次入侵西藏达到顶峰,特定的国际背景(英俄争霸),特定的人物(寇松),在相当大的程度上影响了伦敦的英国政府对西藏的决策。

1899年1月6日,寇松莅任新一届印度总督。对寇松而言,长期以来的抱负终于实现:印度总督这一职务不仅符合寇松性格中富于幻想的一面,而且也同他的坚定信仰相一致:印度是大英帝国统治的支柱,是帝国成败与否的试金石。[1] 为此,寇松通过学习、游历来武装自己在此方面的知识积累,并逐渐形成了自己的一套理论。寇松性格中狂妄、自负、浮躁的一面令他坚信俄国是英帝国在亚洲最大的威胁,这也是他莅任印度总督后极力影响英国本土政府,希望其支持自己观点的原因和基础。然而,英国政府对他的前进政策并不欣赏,也不信任,最主要的原因在于,当时英国正陷入南非的波尔战争(Boer)之中,不想开辟多个战场。此外,英国还希望同俄国及其盟军法国达成妥协,以便共同对付威胁日益增长的德国。这令寇松十分失望。

更令寇松失望的是,在他千方百计、处心积虑地想同十三世达赖喇嘛建立直接联系几番遭遇失败的同时,却传来西藏即将要同俄国签署协议的流言。俄国显然不会放弃充分利用英俄争夺西藏过程中已取得的优势机会。1902年11月21日,拉姆兹多夫向俄皇奏称:外交部"欢迎在西藏出现的一股对俄国有利的潮流,尽可能支持这股潮流,以便将来利用它为我们的利益服务"。[2] 英国原以为西藏只要对其实

---

〔1〕Michael Edwardes, *Playing the Great Game*, *A Victorian Cold War*, Hamish Hamilton London published,1975, p.139.

〔2〕〔前苏联〕波波夫:《俄国与西藏》,载〔前苏联〕《新东方》,第18期,第105页,参见王远大:《近代俄国与中国西藏》,第180页。

行封闭,同样也会对俄国实行封闭。然而“当他们一直疏远我们的时候,他们同俄国人结成了友好关系。达赖喇嘛拒绝接受印度总督送去的信函,而同时一个叫德尔智的人却持达赖喇嘛的亲笔信去见沙皇及其官员。他们如果对俄国人和我们两者都友好,或者对两者都不友好,我们可以理解。但是当他们对俄国人友好时,却对我们不友好。”〔1〕寇松对此更是愤懑难平:德尔智已多次会见沙皇密谈,而他竟然给达赖喇嘛寄封信都难于上青天!对寇松而言,似乎只有向西藏派出一个使团才能了解到西藏究竟发生了什么。

寇松同英国内阁之间始终存在着矛盾。内阁认为寇松的急进政策太过冒失,会影响大英帝国的全局利益。然而,俄国报纸上有关德尔智的几次访俄帮了寇松的忙,英国本土政府立场开始动摇,认为寇松的建议有一定合理性。外交部、印度事务部都同意寇松的建议,对中俄有关西藏协定的相关报道决不可等闲视之。但印度事务部仍不赞同寇松向拉萨派出使团,同西藏签订条约。只有战争事务部(War office)支持寇松向拉萨派出使团。时任英军总司令罗伯特勋爵(Lord Roberts)批准了这一计划,并写道:俄国在西藏所占的优势,将不会对印度造成直接的军事威胁,但却会对我们极为不利。无疑,它会干扰到尼泊尔,从而很可能会影响到我们招募廓尔喀士兵,这就是十分不利之处。眼下,俄国毫无疑问会在西藏拥有一个立足点,而我们已经、而且仍将会因为俄国距离印度西北边疆如此之近而面临极大的困扰和麻烦。〔2〕

寇松恐怕再也找不到如此的知音,这也足见寇松的观点确实影响了当时的英国政府。但情况并不乐观。1903 年,汉密尔顿认为有必要向西藏派出使团,但首相巴富尔(A. J. Balfour)却担心向拉萨派出使团会“破坏中国领土完整”。而外交大臣兰斯顿勋爵(Lord Lansdowne)仍希望继续同俄国进行外交协商。因此,1903 年 2 月的内阁会议上,寇

〔1〕英国议会文书,第 2054 帙,第 20 页,第 38 号文件。

〔2〕Michael Edwardes, *Playing the Great Game, A Victorian Cold War*, Hamish Hamilton London published,1975, p.149.

松出兵西藏的建议被否决了。

但没过多久,因为驻藏大臣的一封信,英国本土政府不太情愿地同意了寇松的建议。随着英军不断深入到西藏内部,寇松又经历了几次同本土政府的矛盾。英国入侵军最终在1904年8月3日抵达了拉萨。英军希望在拉萨发现有关俄国的任何蛛丝马迹,但结果令其失望。起初英方得知俄国给西藏送去了相当数量的军火武器,但英军在拉萨却什么也没发现。据说是在俄国人监督下成立的拉萨军工厂,发现的竟然是英式的马提尼—亨利枪支。[1]

纵观英国第二次入侵西藏的整个过程,寇松显然对英国决策者制定政策具有相当的影响作用。寇松无疑夸大了俄国在西藏的影响,而他自负、急躁的性格更令其急进政策备受英国本土政府的质疑和诟病。但当时西藏地方政府对英国、俄国迥然不同的态度以及德尔智多次访俄,在一定程度上有利于英国政府接纳寇松出兵西藏的建议。因此,对英俄争夺西藏在多大程度上影响了英国的决策这一问题,我们既不能忽视,也不应夸大。

7.2　英国第二次入侵西藏与西藏人民的反抗

7.2.1　甲冈之争

1901年7月,英国印度事务大臣照会俄国外交部,声称英国对俄国与西藏之间的接触"势不能沉默不问"。其后,寇松要求英国政府批准他入侵西藏的计划。英国政府决定首先利用藏哲边界问题制造纠纷,为进一步侵略寻找依据。

清光绪二十八年五月二十一日(1902年6月26日),在寇松等精心策划下,惠德带领200余名英兵闯入甲冈,蛮横地宣布当地藏族官员、守卡士兵和老百姓必须在24小时之内撤离甲冈界外。当地藏族官员多次向惠德抗议,惠德置之不理,宣称1890年驻藏大臣代表西藏同

[1] Michael Edwardes, *Playing the Great Game, A Victorian Cold War*, Hamish Hamilton London published, 1975, p.155.

英国签订的条约中规定如此，并再三用武力进行威胁。

甲冈一地本来就是西藏人民世代居住的地方，是中国西藏领土的一部分。因1890年的《中英会议藏印条约》关于这段边界划分措辞模糊才引发了此地归属问题之争。然而甲冈始终都处于西藏地方政府的有效管辖之下。惠德入侵甲冈之后，清查该地牲畜，据其统计：共有羊6270只，牦牛737头，其中属哲孟雄人者，羊仅1143只，牛仅80头，其余皆属西藏人。[1] 这一点更进一步证明甲冈是西藏人民传统生活之地。

英军使用武力迫使西藏官兵和老百姓撤出他们世代居住的地方后，立即拆除甲冈原藏军隘卡，插立帐房。因当地藏军仅40名，无法抵御。驻藏办事大臣裕钢传集噶伦，严正通告边事紧急，应派要员同汉官迅速前往阻止，但噶伦等以三大寺公议未妥推诿。五月二十八日（7月3日），达赖喇嘛给裕钢咨文，三大寺也递出公秉，均说不能派出噶伦，仅饬令驻边藏官达吉占堆（即英文文献中出现的 Dhurkey Sirdar）一人前往。裕钢上奏说三大寺"禀词桀骜，似不知边情缓急，且似不以汉官为可恃，奴才等不胜焦急"。[2] 因此他只好派出委员何光燮于六月初二（7月6日）起程前往干坝一带阻止英军深入。

六月初六（7月10日），中国亚东税务司巴尔（Parr）致函裕钢说，干坝地方英军越界有百里，计占地方11处，竖立英旗，修造界石，"此种情形荒谬之至"。六月十四日（7月18日），又致函裕钢说，驻边藏官这时先于何光燮赴甲冈，不知何意？他认为英印政府本不欲和汉官办理，而西藏先委员前往，英印政府正有所借口。[3] 由此可见，西藏地方官员希图直接同英方交涉，然因惠德认为对方资格不够，只有达赖喇嘛全权委托的任命书才与之开谈，故只能等待。

---

〔1〕Sir Francis Younghusband, *India and Tibet*, Hong Kong, Oxford University Press, Oxford New York Melbourne, 1985, p.71.

〔2〕《清代藏事奏牍》（下），第1117－1118页，光绪二十八年六月初四日裕钢奏"英人已抵藏界、番属不肯派员赴边饬界务委员何光燮由藏起程干坝阻英人边折"。

〔3〕《元以来西藏地方与中央政府关系档案史料汇编》，第4册，北京：中国藏学出版社，1994年，第1395页《光绪二十八年六月十四日巴尔为无计暂止惠德进兵并不解藏官派员赴甲冈等事致裕钢等函》。

英军继续北侵至干坝后,驻藏大臣裕钢在7月23日照会英属印度总督,"委派三品衔特用知府何光燮,并知会达赖会派番员,同往边界,与贵国惠大员晤商"。[1] 清廷也于9月照会英国驻华公使萨道义(E. M. Satow),[2]指出:"此次贵国官员,带兵径抵藏界,并未先期知照,且有拆毁隘卡情事。""相应照会贵大臣查照,速电印度总督,转饬该兵官,将拟办何事,俟驻藏大臣委员到彼,和衷晤商,切勿令兵队前进,以免藏众惊疑,期于边事有裨。"[3] 而萨道义却在复照中强词夺理,歪曲1890年的中英藏印条约,说甲冈在哲孟雄境内,反诬藏人越界游牧戍守,为武装侵占甲冈作辩护。并提出:"惟冀驻藏大臣所拟派何牧(何光燮)及达赖委员,与惠大员聚会妥商一切,即能将所有历年误会各节,全行销释。"正如中国亚东税务司巴尔所指出的,英国"拟与有权之藏官重订约章,以后华官无治理西藏之权。西藏政府倘不派员与之商议,彼竟乘机入藏代为治理……强令西藏为自主,与高丽同等。"[4] 其目的就是妄图直接与西藏地方政府交涉,侵害我国对西藏的主权。

由于当时英印政府与英国伦敦政府在对藏政策方面尚未达成一致,故英国暂时同意和中国委员就藏哲边界进行谈判。清廷派何光燮和亚东税务司巴尔前往边界参加。英印政府又提出中国谈判委员到哲孟雄甘托克(Gangtok)进行商谈,遭到了西藏噶厦政府的强烈反对。当时,何光燮正患病,而驻藏大臣裕钢又即将调回。11月29日,裕钢照会印度总督,告知"何委员现已病痊,复经本大臣札饬赴边,并约会巴税司与贵国惠大员晤面妥商"。[5] 然而,当何光燮一行抵达边界后,惠德却迟迟没有回音。实际上,英国正在筹划新的侵略方案。

---

[1]《清代西藏史料丛刊》第1集,《藏印往来照会》,第18页。

[2]萨道义(1843年6月30日—1929年8月26日),英文名Ernest Mason Satow。萨道义于1862—1883年、1895—1900年在日本当外交官;1884—1895年于暹罗(今泰国)、乌拉圭、摩洛哥当外交官;1900—1906年在中国任驻华公使,代表英国签署《辛丑条约》。1906年被委任为英国枢密院委员。

[3]《清代西藏史料丛刊》第1集,《藏印往来照会》,第20、22页。

[4]吴丰培辑:《清季筹藏奏牍》第二册,《安成奏牍》,第16页。

[5]《清代西藏史料丛刊》第一集,《藏印往来照会》,第22-23页。

7.2.2 所谓《中俄关于西藏密约》

就在英国侵占甲冈后不久,即 1902 年 8 月,中外报纸先后报道了所谓《中俄关于西藏密约》。英国驻华公使立即将此电告英国政府,立即引起了英国政府上下的关注。而事实证明,所谓的《中俄关于西藏密约》根本不存在,仅系传闻而已。首先是在一家中国报纸《益闻西报》[1]上发表的,主要内容是:中国清朝将西藏权益让与俄国,以换取俄国对于保持中国帝国的支持;俄国将派出与清朝相等的代表驻拉萨;西藏的矿产、资源及交通,系由俄国管理等。现存西藏自治区档案馆的一份报告详细记录了《中俄关于西藏密约》。这份报告有西藏地方政府驻外人员达吉占堆向诸噶伦报告,并附刊此消息的报纸四份。报告中记录了一个清朝官员和达吉占堆的秘密谈话,内容是:中俄密约属实;有关与英国划界问题,朝廷将采取拖延办法,一切按秘密条约行事;因此,西藏应尽快与英国签订划界协定,免给英国入侵西藏以借

---

〔1〕有学者认为是《中国时报》(China Times)(见《英国、俄国与中国西藏》,第 188 页),笔者认为可能是《益闻西报》。所谓中国报纸,其实是英国人在华创办的报纸。作者考证了《中国时报》,主要有两个版本,第一份报纸是于 1886—1891 年间出版的,为在中国天津发行的第一份外文报纸 Chinese Times(中文名:《中国时报》)。该报纸是清末民初在中国比较有影响的一家报纸。1886 年 11 月 6 日,由天津海关总税务司英籍德国人德璀琳与英商怡和洋行总理笳臣(Alexander Michie)集资,创办于天津英租界。分中英文两版。英文版每周出版三栏 12 页,议载中国的新闻、上谕。中文版的内容分为"谕旨"(皇帝的命令)、"抄报"、"论说"、"京津新闻"、"外省新闻"、"外国新闻"等栏目。英国传教士李提摩太曾担任过主笔。1891 年停刊。第二份报纸是 1901 年春由英国人 John R. Cowen 创办并任主笔的 China Times(中文名:《益闻西报》)日报。John R. Cowen(中文名"高文",1867—1929)的父亲曾是英国 Yorkshire Post 的助理主编,他本人曾在英国的 Leeds Grammar School 接受正规教育。Cowen 来华前是英国 Times 等报的新闻记者,1900 年夏以 Times 通讯员身份来华。但 China Times 与他曾服务的伦敦那份 Times 不可同日而语,在北京未能坚持很久。次年报社即迁往天津,由英国人组织公司接办,Cowen 照样任主笔,报纸也照样在北京发行。1904 年他由于报道日俄战争(1904—1905)时偏向俄国而被驱逐出中国,但次年驱逐令撤销,他又重新返回。据说 Cowen 任 China Times 主笔直至 1908 年,但 1904 年后,该报及 Cowen 与该报的关系等具体情况均不得而知。据此似可推知:这里的《中国时报》可能为《益闻西报》(China Times),理由有二:首先,《中国时报》(Chinese Times)早在 1891 年就已经停刊,不可能在 1902 年发表文章;其次,《益闻西报》的主编是英国人,鉴于俄英在西藏以及整个亚洲的争夺,该报纸的报道显然可能利于英国,有故意炒作俄国在西藏势力增强之嫌。故笔者认为所谓的《中俄关于西藏密约》有可能为英人一手炮制。

口,或许俄国与朝廷划界,签订密约之事势必会不了了之等。[1]

这则"中俄关于西藏密约"引起了英国方面的高度警惕和不安。英国政府分别向俄国、中国提出了质询,中、俄两国政府先后断然否认有签订关于西藏密约之事,但英国还是极为认真地对待中俄有关西藏秘密订约的报告。[2] 在北京,尽管不确认是否签订了正式条约,但萨道义(Satow)确信的是,华俄道胜银行(Russo - Chinese bank)及一些有影响的中国人(荣禄也应当算在内)近期一直在讨论西藏的未来。在外交部任职的兰斯顿(Lansdowne)勋爵于1902年得出结论,"俄中有关西藏协议的故事有大量证据佐证"。[3] 在印度事务部的汉密尔顿于1902年8月曾私下告知寇松,他确信俄国已经签订了这样一个协约,随着时间的流逝,没什么让他改变这种看法。[4] 印度事务部对这一条约相关报告的反应是:"我们无法忍受。"1902年11月,寇松表示坚信"中俄事关西藏之间即便不存在秘密条约,那也必有秘密事件在进行"。他认为自己的责任"就是在还来得及的时候挫败这一小小伎俩"。[5]

英印政府派加德满都代表雷文肖(Ravenshaw)上尉于1903年1月在拉萨专门做了调查,结果如下:

一位藏族僧人说:拉萨有一种说法,藏人现在可以安心了,既

〔1〕西藏自治区档案馆,全宗代号003-19-2。参见周伟洲主编:《英国、俄国与中国西藏》,北京:中国藏学出版社,2000年,第188-189页。〔日〕山县初男在《西藏通览》第二编中提及,"俄国既竭多数脑力,运多数手段,耗多数金钱以购得清俄密约,能甘心丧弃以付诸烟消,以坐听英人之高视阔步独握全藏利源耶?"参见山县初男:《西藏通览》第二编,西藏自治区历史档案馆编印,郑州:中州古籍出版社,1986年,第92页。

〔2〕荣赫鹏显然不满于印度事务部最初对此密约的不够重视。他在其著作《印度与西藏》一书中写道:"为什么要在乎这些无聊的流言蜚语?对于远在英国的那些高高在上、不负责任的人而言,这种流言的确不应当去理会。但对于富有责任心的印度政府而言,绝不能容忍如此轻松地对待此类流言。"Sir Francis Younghusband, *India and Tibet*, Hong Kong, Oxford University Press, Oxford New York Melbourne, 1985, p.74.

〔3〕FO 17 1554, Minute by Lansdowne in IO to FO 1 Oct. 1902. Alastair Lamb, *British India and Tibet*, 1766—1910, Routledge and Kegan Paul Ltd, 1986, p.222.

〔4〕Private Correspondence India, pt. I, Vol. VII: Hamilton to Curzon 27 Aug. 1902. Alastair Lamb, *British India and Tibet*, 1766—1910, Routledge and Kegan Paul Ltd, 1986, p.222.

〔5〕Private Correspondence India, pt. II, Vol. XXVI: Curzon to Hamilton 13 Nov. 1902. Alastair Lamb, *British India and Tibet*, 1766—1910, Routledge and Kegan Paul Ltd, 1986, p.222.

不用担心英国,也不必担心尼泊尔。

一位藏族商人还说:从去年起,达赖喇嘛就在寻求俄国的保护,因此,现在俄国是西藏的保护国。中俄已经达成协议,不再干涉西藏事务。俄国人将来到拉萨,而且如果可行的话,会在1903年底之前来。我是从拉萨一个大人物那里听说的这个消息。[1]

尼泊尔首相对雷文肖说道,俄国是西藏的保护国,只会增强藏人的军事力量。他说,藏人迫切地想对1856年遭到尼泊尔的入侵进行报复,装备精良、强大的西藏和装备极差的尼泊尔将会形成鲜明对比。寇松怀疑尼泊尔人真如其所说那般忧虑,但他确信尼泊尔王室十分关注西藏形势。寇松认为,尼泊尔对西藏事件的态度有所不同。一派希望俄国随时来藏,那就可以牵制英国,另一派则不喜欢俄国人在西藏,因为他们希望尼泊尔人自己在将来某一天吞并西藏领土。寇松总结到:两派都在西藏形势中看到提升尼泊尔人独立性的良机,而且可以通过购买英印政府的武器加强廓尔喀的军事力量。在当前情况下,英国很难拒绝尼泊尔购买武器和军火的请求。廓尔喀军队的扩大,除了威胁和平外,很可能会导致为英国服役的廓尔喀士兵数量减少,质量下降。寇松认为应当立即应对当前局势。印度事务部也同意寇松应针对西藏制定一项政策和计划的意见,西藏问题关注的远不止边疆划界以及跨界贸易等琐碎事务:但他们不同意在1902年底向拉萨派出英国使团;因为这会导致英国在西藏高原上承担军事义务,而当时英国仍陷于南非战争,无法分身。此外,派出使团将激起俄国抗议,令英国尴尬,而且可能损害正在同中国进行的废除厘金(likin)的谈判,比起打开西藏大门,此谈判将给印度带来更大的商业利益。[2]

印度事务部不想直接派兵往西藏,决定要英属印度政府挑唆和利用尼泊尔人入侵西藏,以驱走拉萨的俄国人。威廉·李·华纳爵士(Sir William Lee - Warner)曾在1902年9月提出过一个计划,承诺无

[1] Alastair Lamb, *British India and Tibet*, 1766—1910, Routledge and Kegan Paul Ltd, 1986, p. 223.

[2] Alastair Lamb, *British India and Tibet*, 1766—1910, *Routledge and Kegan Paul Ltd*, 1986, pp. 223 - 224.

需动用英国军队,也不必惊动英国外交部门就能给西藏人带来压力。李华纳发现,1856 年签订的尼藏条约中,尼泊尔方承诺,为了回报西藏的赎金,会在"任何他国军队侵略西藏"之际提供援助。因此,尼泊尔人完全可以通过其在拉萨的代理人正式询问西藏人,俄国人是否同达赖喇嘛建立了任何联系,因为这直接影响到尼泊尔人的利益。如果尼泊尔未从藏人处得到令人满意的答案,"是否可敦促尼泊尔人向拉萨派出军队,要求藏人向其确保不允许任何俄国军队进入西藏?"政治委员会和汉密尔顿同意了这个想法;兰斯顿勋爵在谈到李华纳概括此一议论所写的《西藏札记》时说:"我认为李华纳是对的……尼泊尔人对英比较友好,而且会动用武力。"1903 年 1 月 6 日,李华纳的计划被印度事务部采纳,作为解决西藏问题的最后办法。[1]

然而,对寇松而言,西藏目前的形势只有一个合理的解决办法:在拉萨签订英藏条约。李华纳设想的利用尼泊尔的计划,在寇松眼中既愚蠢又危险,只会在英印政府北部边疆上制造出另一个阿富汗,他根本不去考虑。他会同尼泊尔王室协商采取行动进行合作,但绝不会考虑让尼泊尔单独同西藏打交道。

寇松的建议在 1903 年 1 月 8 日的一份加长公文急件中完全体现出来。这份国外史学家称之为"英国—西藏关系史上最重要的几个文件之一"的公文基本假设是,若没有讨价还价的筹码,继续同中方和藏方在边界上谈判是无效的,即便不再涉及贸易和边疆的问题也是如此。他在中方的主动示好中看不到什么希望。在寇松看来,西藏的确切地位仍然悬而未决。中国宗主权的"宪法假设"(constitutional fiction),以及藏人与世隔绝的孤立政策之所以令印度政府容忍了那么久,就是因为英方采取的行动"不带任何政治或军事威胁的因素"。俄国保护西藏的可能性需要一个全新的解决办法:应当告诉中国人,英国打算在 1903 年春天举行公开的谈判,但谈判举办的地点将会在拉萨,而不是在亚东或者锡金边界的某个地方,此外,必须有一名非常胜

---

[1] Alastair Lamb, *British India and Tibet*, 1766—1910, Routledge and Kegan Paul Ltd, 1986, pp. 224 - 225.

任的藏族代表参加这个谈判。当前就是一个与藏人谈判的相当合适的时机，因为这是百年来达赖喇嘛第一次“既不是婴儿，也不是傀儡”。寇松建议说，拉萨的谈判不应仅仅涉及“与锡金边界相关的小问题，还应涉及我们同西藏未来的关系、商贸等事宜的整个所有问题，应在最后达成包括在拉萨设置永久领事或外交代表的协议”。英国派往拉萨的使团应当随同一支护卫队，以防遇到藏人攻击之时可以有能力保卫使团。凡事必先咨询尼泊尔王室再作行动。要向中方和藏方将建议的使团任务描述成纯商业性质的，要深思熟虑地确保英国决不会保护或吞并西藏的任何部分。[1]

寇松1903年1月8日的公文给印度事务部留下了深刻的印象，两周前还被政治委员会一致采纳的李华纳计划，现已被遗忘。向西藏派遣使团似乎变得十分重要，即便“极有可能我们会在最后被迫宣布成为西藏的保护国，而且要在拉萨留一支驻军”。汉密尔顿表示同意，“如果英国此次不在西藏有所行动，则对于英国抑制俄国在亚洲的任何地方推进的尝试，我都深感绝望”。汉密尔顿不得不承认，尽管不太情愿，但正如寇松在其公文中所描述的那样，当前的情势确实需要向西藏派出某个使团。现在的问题不是要不要向西藏派出使团了，而是汉密尔顿向西藏在私人信件中提出的“我们能否为您建议的行动赢得良好的国际舆论？”汉密尔顿说，如果没有这样一个理由，“内阁很可能会犹豫和延迟，若如此，今年派出一支远征队可能就太迟了”。至此，英国政府与英印政府已在出兵西藏方面达成一致。而英国政府则利用报纸等媒体为英国入侵西藏大造声势，过度鼓吹和夸大俄国在西藏的影响。

被人炮制出的所谓《中俄关于西藏密约》引发的反响可谓强烈，尤其对英国政府、英印政府产生了强烈的刺激，英国政府印度事务部和英印政府也围绕着这个所谓的“密约”展开了一场大辩论。伦敦的印度事务部与英印政府观点相左，仍不建议采取过激行动，但无疑对“密

[1] Alastair Lamb, *British India and Tibet*, 1766—1910, Routledge and Kegan Paul Ltd, 1986, pp. 226 - 227.

约"的炒作加深了英俄争夺西藏的矛盾,有利于给前进派寇松提供出兵西藏的借口。寇松坚决认为应当向拉萨派军,而且表面上将其"描述成纯商业的",妄图掩盖其侵略实质。可见,英国的确加速了侵略西藏的步伐。

7.2.3 干坝宗会谈

光绪二十八年十二月十六日(1903 年 1 月 14 日),何光燮抵达边境,英印未派人迎接;函约惠德会商,惠德也没有答复。对此,寇松认为英国这种不合作的态度是有道理的,因为只有新上任的驻藏大臣抵达之后,开展谈判才有意义,而他认为至少等到 1903 年 6 月才有这个可能。

1903 年 4 月 6 日,驻藏大臣裕钢发给寇松一件照会,曰:贵方所派之代表可来亚东,中方代表也可去锡金或类似的其他地方,这取决于阁下。[1]

"其他地方"的说法含义十分模糊,但驻藏大臣指的肯定是印度境内的大吉岭或英印政府的其他城镇,这一照会反映了中方代表要求尽快开展会谈的诚意。但寇松却故意将其歪曲为西藏的某个地方,并且基于这一点,进一步提出谈判应在西藏的干坝宗(Khambajong)举行。

寇松认为,当时选择干坝宗在很多方面都很适合举行谈判。它并未深入西藏腹地,北距甲冈大约 25 英里;但又足够远,让人不容置疑,这正是英方提议谈判的西藏地方。此外,干坝宗邻近甲冈(Giaogong),寇松的用意是想"教训西藏人"。干坝宗位于通往拉萨和日喀则的主路上,拉萨和日喀则都会留意这里发生的一切;而干坝宗又位于班禅辖区内,而自从波格尔和特纳使藏后,班禅表现得要比在拉萨的达赖喇嘛好打交道得多(对英国人而言),而其官员则可证明是联结英国和拉萨在未来对话中有益的纽带。然而,干坝宗也有不适合进行此类谈判的地方,例如,中方和藏方代表都没有出现(若没有任何藏方官方代表完全平等地参与进来,此次会谈将一事无成),那么,谈判地点便可

[1] Papers Relating to Tibet, 1904, p. 196: Amban to Viceroy 6 April 1903. Alastair Lamb, *British India and Tibet*, 1766—1910, Routledge and Kegan Paul Ltd, 1986, p. 232.

前移到江孜或者日喀则。寇松进一步提出,由200人组成的英方代表团应有惠德和当时任印多尔(Indore)常驻代表一职的荣赫鹏作为联合长官参加。寇松的一席话充分表明,英国选定干坝为会谈地点可谓用心"良苦",进退有据:若谈判人员品级不等,则将会议移至江孜或日喀则开;若谈判失败,则入侵西藏就有了借口;而若会谈成功,则将商埠自亚东前往江孜,并在江孜设立英印商务代表。而在当时,英国政府似乎也默认了寇松的选择。[1]

五月初八(6月3日),印度自西姆拉(Simla)寄出回复,要点是会谈内容不仅限于边境草场归属等问题,印度将派出荣赫鹏和惠德前来谈判。会谈开始时间定为光绪二十九年闰五月十三日(1903年7月7日)。6月21日,裕钢接到印度的这份照会,他当即同达赖喇嘛商定,择大仲译罗布藏称勒、前藏代本汪曲结布,随同何光燮和巴尔至"干坝界口"会议。

7月7日,惠德带领200多名英兵以及各式枪炮,越过甲冈,深入藏土,不听藏官拦阻,且挥马鞭打伤藏官,径直在干坝宗扎营,营地与藏官所居邻近。荣赫鹏随后率领骑兵前来。7月23日,双方会面,藏官拒绝在当地谈判,要求英国军队撤退。而荣赫鹏和惠德则提出了更为强硬的条件,甚至比1899年寇松给驻藏大臣提出的条件还要苛刻。印度政府不再满足于将帕里作为贸易新址,只有江孜才行。荣赫鹏还发表了一通演说,阐述印度的对藏政策以及目的等,当场将此番话译成藏文,告之何光燮。荣赫鹏演讲的大意是,英国属国有权力与中华帝国的每个地方进行贸易,中国也是如此,但英国同西藏的贸易却总是障碍重重。17年来,由于藏人持续不断地反对和破坏,中方始终未能履行诺言(即英藏贸易)……如果藏人能讲邦交,并答应推广贸易,则藏人原来所争的甲冈之界可以礼让。[2] 由此可见,甲冈之争现在对英方已经不重要了,英国现在野心更大,索求也更多了。最重要的是,英国

[1] Alastair Lamb, *British India and Tibet*, 1766—1910, Routledge and Kegan Paul Ltd, 1986, p.232.

[2] Sir Francis Younghusband, *India and Tibet*, Hong Kong, Oxford University Press, Oxford New York Melbourne, 1985, pp.118 - 121.

迫不及待地想找借口进入西藏。

英国内阁十分担忧寇松当前采取的强硬政策,他们拒绝考虑如果干坝宗谈判失败后会发生什么。但是,正如汉密尔顿指出的:

显而易见,如果谈判失败,而西藏人仍然拒绝履行其应尽的义务,我们必须表示反对,即要么封锁、要么占领春丕谷。这种反对并不会带来不便,也不会冒险造成未来更困难的局势。[1]

因此,尽管内阁反应冷淡,寇松仍有很强的底气。如果谈判失败,英国进一步向西藏推进就不可避免,即便内阁也有忍耐限度。如果谈判成功,寇松会在江孜获得贸易市场,根据1893年的贸易条约,英国有权在市场设立一个商业官员,而商业官员同政治官员的区别并不严格。尽管寇松相信藏人会轻易同意在江孜开设市场,但他根本不指望通过协商能达到这个目的。因为在过去很多年,印度政府就试图最小限度地令亚东市场顺利运转,但都失败了。这次派往干坝宗使团的重要意义是伦敦政府认为向西藏土地派出某种形式的英国使团是必要的,如果干坝宗失败了,使团唯一可能的方向便是向前进。从某种意义上讲,此次向西藏派出使团必须找到一个借口,而在干坝宗谈判的范围之内可能提出的唯一借口,就是藏人公然表现出的对英国的敌意。[2]

干坝会谈就这样不了了之,实际上从选择地点到谈判的过程,都是英国事先策划好了的。何况"弱国无外交",当时的清朝自顾不暇,不出差错便万事大吉了,殊不知此番纵容只会刺激英国胃口大开。

7.2.4 英军武装挑衅

在决定放弃干坝宗并继续向西藏推进后,英军在1903年进行了重组,荣赫鹏成了唯一的政治首领,惠德被辞退,总旅长麦克唐纳被指定为护卫队的军事司令,最终使团人数骤增至8000人。1903年12月,荣

---

[1] Alastair Lamb, *British India and Tibet*, 1766—1910, Routledge and Kegan Paul Ltd, 1986, p. 233.

[2] Alastair Lamb, *British India and Tibet*, 1766—1910, Routledge and Kegan Paul Ltd, 1986, p. 234.

赫鹏和护卫队的冲锋兵在毫无任何抵抗的情况下占领了则利拉山(Jelep La),沿着春丕进入到西藏高原边缘的西藏边疆帕里驿站。1904年1月,荣赫鹏又向堆纳(Tuna)推进了20英里。

英国人见干坝宗会谈没有取得预期效果,便开始处处挑衅,寻找新的借口。他们大肆夸大西藏人民的仇英情绪,认为"干坝宗藏方代表的态度和1894年以来西藏人对英国人所持有的态度一样,充满敌意"。英国人还认为,使团留在干坝宗毫无成果。这些原因构成了印度政府向西藏进一步派军的前提和基础。

首先,1903年7月,藏人在锡金逮捕了两名锡金人,当时他们正向日喀则行进。很显然,这些人即便不是间谍,也是给英国搜集情报的。当事实泄露,藏人按常规对待他们。但后来流言四起,说那两名锡金人在拉萨的一个监狱里遭受了残暴虐待——还有流言竟然传说这两人已经被处死。这些流言被寇松充分利用,让此二人的亲戚从锡金发出可怜兮兮的请愿书。驻藏大臣得到英方请求释放此二人,发现他们确实被关押在拉萨,但藏人拒绝释放这些英国"间谍",他们同时也发现两名锡金人身体状况良好,受到了较好地对待。寇松过去任外务次官时,对1897年兰道(A. H. Landor)受藏人虐待事件并未表示恼怒,而此时却故意对锡金人的遭遇表现得义愤填膺,极为愤怒。寇松还将锡金人的遭遇描述为"西藏政府对英国怀有敌意,以及对其他文明习俗的蔑视与鄙夷的最明显证据"。[1]

西藏人对英国人怀有敌意的第二个例证是一次"意外事故"。1903年8月,尼泊尔人派出了一支牦牛护送队前往干坝宗,增援那里的英国使团行李搬运车。在这些牦牛通过西藏地盘之际,藏人拖延了时间,很多牦牛死了。这也被英国人解释为藏人故意制造障碍。

第三个例证是:英国使团刚从锡金抵达西藏,西藏人就完全关闭了在亚东的贸易。最终,使团继续停留在干坝宗与藏人进行一些"毫无结果的讨论",抑或毫无指望地期盼驻藏大臣能尽快出现。但当时

[1] Alastair Lamb, *British India and Tibet*, 1766—1910, Routledge and Kegan Paul Ltd, 1986, p. 235.

有越来越多的流言蜚语表明,西藏人正在为同英国进行一次武装冲突做准备。对此有人猜想,可能是当时的间谍将每一群西藏牧民都当成西藏士兵来报告了。到1903年10月,荣赫鹏说,他无论如何都相信西藏军队已经大规模地集结在日喀则和干坝宗了。[1]

以上"例证",包括锡金人、牦牛、亚东闭市和西藏军队的集结,都成为寇松申请将荣赫鹏的军队向西藏进一步推进的"公开且合理"的理由。1903年11月6日,印度事务部允许英国暂时占领春丕谷,如果需要的话,英国使团可以推进到江孜,但只能理解为:这些措施既不能导致永久占领西藏的土地,也不能导致英国使团会在西藏长久停留。对于11月6日的政策,兰斯顿是这样向俄国驻伦敦大使本肯道夫(Benckendorff)解释的:由于西藏人采取的愤怒行为,藏人已破坏了同我方代表的谈判,逮捕了英国臣民,害死了友好邻邦用来运货的动物,因此我方决定派出考察团,并带有适当人数的护卫队,进一步深入西藏,但这一措施并不代表任何吞并、甚至长久占领西藏土地的意图。[2]

寇松在1903年8月写给汉密尔顿的私人信件恰恰是1903年流言的典型表露,内容如下:

> 我们对俄国在西藏的怀疑不断地在每个角落都获得了新的确认。巴尔上尉(Captain Parr)、中国的海关官员、还有一位……[3]……使团代表(他的名字绝对不能提及),已在荣赫鹏刚刚抵达干坝宗之时便秘密地告知他,他完全有充分的理由相信俄国人实际上正在来拉萨的路上。荣赫鹏进一步电告我们,他发现西藏人非常盲目自大,相当自信。他认为藏人觉得有俄国人在撑腰。我们也从尼泊尔和其他地方获得了同样的报告,这些报告又在最近获得路透社的确认:几百名哥萨克已经被派往西藏。这事对我说来得正好,因为,您知道,我一向认定俄国人在这里面捣鬼,遵照

[1] Papers Relating to Tibet 1904, p. 294: Lansdowne to Spring Rice 7 Nov. 1903. Alastair Lamb, *British India and Tibet*, 1766—1910, Routledge and Kegan Paul Ltd, 1986, p. 236.

[2] Papers Relating to Tibet 1904, p. 284: Younghusband to India 8 Oct. 1903. Alastair Lamb, *British India and Tibet*, 1766—1910, Routledge and Kegan Paul Ltd, 1986, p. 236.

[3] 指中国人。

兰斯顿向本肯道夫谈的话,我应该采取对策。荣赫鹏今天最新发来的电报说,有流言表明西藏人蓄意攻击英国营地,荣赫鹏已经做好了有原则地反击的准备。毫无疑问,所有这些故事肯定有大量夸张渲染的成分,我们必须毫无畏惧。然而,在我们经历这些之前,很有可能会有令人奇怪的进展。[1]

荣赫鹏专注地写下有关俄国威胁的备忘录,他在用显微镜来仔细审视每一个能有所证明的细微证据。例如,有关大量俄国哥萨克正在来拉萨的路上等流言,作者在引用寇松上面那封信时已经提过。在1903年底,寇松及其部下荣赫鹏极为关注俄国在西藏推进的可能性,他们从未如此关注过。在1903年8月,荣赫鹏以最大兴趣的语言总结了他西藏政策的目标:当我们获得了通往西藏的道路,便获得了在西藏与其等量的影响力,而这将俄国人的影响力排斥在外,我们将会避开一个对印度而言潜伏的政治危险;我们将使整个不适人居的羌塘高原成为印度的边境与未来可能是俄国的边境间的一道屏障;我们将会阻止任何将来可能来自法国或俄国通过亚洲北面、南面的势力范围对这一枢纽产生的影响。另一方面,我们将会支持已在四川进行的事业,并将我们的力量由东至西结合起来。[2]

英方积极寻找侵藏借口,驻藏大臣裕钢明显察觉到藏事的危急,遂请外务部向英国公使交涉,并奏报询问"将来设或藏英兵衅开,是否准其奴才相机帮兵助援,抑或始终善办,居间调停之处,奴才未敢擅便,惟有吁恳天恩指示遵行"。[3]

而当时的清朝已十分惧怕洋人,怎敢援助?外务部回电:"奉旨:裕钢奏已悉,仍着开导藏番,晓以利害,不准开衅。该大臣总以调停善办、勿生枝节为要,钦此。"[4]

---

[1]Private Correspondence India, pt. II, vol. XXVI: Curzon to Hamilton 5 Aug. 1903. Alastair Lamb, *British India and Tibet*, 1766—1910, Routledge and Kegan Paul Ltd, 1986, pp. 236 - 237.

[2]FO 17 1746, Younghusband, Memo on Tibet, p. 41. Alastair Lamb, *British India and Tibet*, 1766—1910, Routledge and Kegan Paul Ltd, 1986, p. 237.

[3]《清代藏事奏牍》(下),第1147 - 1148页,《光绪二十九年六月二十二日裕钢奏藏事危迫密陈边务情形折》。

[4]《清代藏事奏牍》(下),第1152页,《九月初一日外部来电传旨开导藏番不准开衅》。

主权国家领土的一部分如受到外敌入侵,代表中央的地方办事大臣只能奉命充当“调停善办”的角色,不准“开衅”,不准援助。这种匪夷所思的情况出现在腐朽没落的清代也不足为怪。

没落的清帝国在经历了辉煌的“康乾盛世”之后,早已失去了康、雍、乾奋发有为、积极开拓的进取精神,道、咸、同、光、宣等帝奉行“持盈保泰”,然而,在世界局势发生天翻地覆变化的19、20世纪,这一点是不可能做到的!墨子曾曰“国有七患”,晚清恐怕一应俱全;在距离清王朝覆亡越来越近的历史长河中,列强们肆无忌惮地加紧了掠夺、分裂中国的步伐。

7.2.5 荣赫鹏领兵侵藏与西藏人民抗英

7.2.5.1 荣赫鹏其人

荣赫鹏[1](Francis Younghusband),1863年生于印度,其祖父和父亲、叔父都曾经为英帝国在东方的殖民扩张服务,其父还曾亲自参加了1857年镇压印度人民起义的军事行动。荣赫鹏不到20岁时被送回英国,就读于克里夫顿学院(Clifton College)。1881年,他进入圣荷斯特皇家军事学院(Royal Military Academy Sandhurst)。1882年,他被任命为王室龙骑兵队(King's Dragoon Guards)中尉。毕业后,荣赫鹏返回印度从军。当时,被后人称作“大角逐”(the Great Game)的英俄两国在亚洲腹地的殖民竞赛方兴未艾,荣赫鹏决意要在这场争夺中一显身手。1886—1887年,他独自潜入我国东北,然后西行,穿越广阔的蒙古高原和浩瀚的新疆戈壁,翻越慕士塔格峰,由克什米尔返回印度。他此行取得的成就,使其成为皇家地理协会最年轻的成员,并获得了协会颁发的金质奖章。

1888年,当英国发动第一次侵藏战争时,荣赫鹏已经产生了独闯西藏的野心。在他看来,西藏是东方最后一片神秘、辽阔、未经白人探索的地区,也是英国皇家棋盘上一颗漏置的棋子。1889年,荣赫鹏回

[1]荣赫鹏(1863—1942),出生于英属印度的Murree(今巴基斯坦)的一个英国军人家庭,父亲约翰·荣赫鹏(John Younghusband),母亲克拉拉·简·沙敖(Clara Jane Shaw)。克拉拉的兄弟,即荣赫鹏的舅舅罗伯特·沙敖(Robert Shaw)是著名的中亚探险家。

到英国,被派往设在西姆拉的英印政府外交部工作,并探查通往克什米尔北部与中国和阿富汗接壤的罕萨山口。这次旅行又为荣赫鹏赢得了总督的奖赏。1891 年,荣赫鹏在帕米尔高原被俄国军队拘留,后获释回到印度。1893 年,荣赫鹏奉命担任吉德拉尔的第一任行政官。1902 年,荣赫鹏被任命为驻印多尔行政官。

早在 1892 年,在英国政府印度事务部任副国务大臣的寇松与荣赫鹏便在伦敦相识,两年后,两人又一同游历中亚。寇松是 1904 年英国第二次侵藏战争的策划者。他 1899 年出任总督时年仅 39 岁,比任何一位前任都年轻,野心也更大。寇松对荣赫鹏十分欣赏,他告诉汉密尔顿,荣赫鹏在中亚游历甚广,并且已经著书中亚。在为印度政府工作的人员当中,荣赫鹏比任何人都明白俄国阴谋的本质和动机。此外,荣赫鹏了解东方,尤其对中国人"了如指掌"。

寇松与荣赫鹏关系十分密切,据荣赫鹏后来回忆说:

> 自从寇松总督来到印度之后,就对我格外好。他从西姆拉写信告诉我说,不要将他视作总督,而是一位老朋友和曾经的旅伴。前者很难做到,我无法想象不将寇松视为总督。后者却很容易,因为绝大多数情况下,他都把我看成一个朋友。[1]
>
> 1903 年,我接到一份电报令我立即启程赴西姆拉,我被告知要带领使团前往西藏。我就像被人唤醒一般,突然间又变成了我自己……我明白我会遇到困难和危险。但相对安逸而言,人总是更偏爱冒险。舒适安逸只能令人玩物丧志,而危险却能令人精神紧绷,能力提高。[2]

荣赫鹏是一个天性喜欢冒险、刺激的人。对于能被寇松选中领兵前往西藏:

> 他感到十分自豪。整个远征都充满冒险。寇松自己的党派对于此事漠不关心,而远征的消息传出后,四处都是反对之声。灾难

[1] Francis Younghusband, *The Light of Experience——A Review of Some Men and Events of My Time*, London,1927, p.80.

[2] Francis Younghusband, *The Light of Experience——A Review of Some Men and Events of My Time*, London,1927, p.79.

是必然要来的,使团也将受到抨击;我们手头还有另一场'小的战争'等等。寇松在推动此项远征计划继续向前方面冒了很大风险。而他选择我,也冒了很大风险。我从来没见过一个西藏人,也没有在东北边疆工作过。我所有的经历就是曾游历过中亚北部边疆。我有可能在和藏人打交道时闯下大祸。如果此行目标是一个条约,为什么不派一个文官呢? 我的确看到寇松勋爵所冒的险,而这也令我全力以赴地证明:他做出这一选择是正确的。[1]

在寇松筹划侵藏的过程中,他发现没有比荣赫鹏更合适的人选了。英国发动了第二次侵藏战争,其公开的名义是派遣一个英国使团入藏,讨论边境事务及通商问题。侵略军是护送赴藏"使团"的"卫队",荣赫鹏则被任命为"使团"团长。[2]

当荣赫鹏完成侵略西藏的使命后,他从拉萨返回英国,并在此停留了几个月。1906 年,他被任命为驻克什米尔代表,在这个薪酬不菲而舒适安逸的职位上,他一直工作到 1909 年退休,时年 47 岁。他并没有进一步参与到英国对西藏政策的实施中来。1917 年,他被授予 KCSI (Knight Commander of the Order of the Star of India,第二级爵士印度之星勋章)头衔,而他认为自己在 1904 年就应该获得这个头衔了。英国学者兰姆对荣赫鹏评价甚高,他认为:

荣赫鹏的远征军从很多方面来看都是一种卓越的丰功伟绩。把超过一个旅的士兵,且大部分士兵以前从未参加过山地战,在冬季带到青藏高原,然后到了拉萨,又返回印度(从帕里到拉萨的距离是 230 英里),还包括解决极端困难的供给和交通问题。在海拔 19000 英尺的高度展开一场军事行动,正如同廓尔喀人和锡克人在卡罗山(Karo La)所做的那样,在英国军队编年史册上展示了独一无二的高超技艺。通往拉萨之路的探险,对藏传佛教的研究,

〔1〕Francis Younghusband, *The Light of Experience——A Review of Some Men and Events of My Time*, London,1927, p. 81.

〔2〕遍观兰姆的著作(无论《英国与中国中亚》,抑或《英属印度与西藏》),始终用"mission"(使团),"expedition"(远征)等词,从未出现过"invasion"(侵略)等词。参见帕特里克·法兰区著,郑明华译:《西藏追踪》,乌鲁木齐:新疆人民出版社,2000 年。

对西藏首都拉萨建筑的详尽描述，英国军官在羊卓雍湖(Yamdok)和雅鲁藏布江(Tsangpo或称Brahmaputra上游)，到噶大克(Gartok)和萨特累季(Sutlej)等地的游历，所有这些都极大丰富了西藏地理、西藏人民生活方式等方面的知识。获得如此巨大成功的同时，英国士兵的生命几乎没有受到损失，这都在很大程度上归功于荣赫鹏对下属士兵的激励和鼓舞，没人能够否认荣赫鹏在这段探险史上的地位，因为这对他而言名副其实。[1]

在兰姆看来，荣赫鹏的失败是由于同麦克唐纳之间的冲突引发的，后来更因为其政治观点同激进的寇松相同，而在返回印度和伦敦之后“没有受到英雄般的对待”，“在庵士尔和布罗德里克面前，他几乎成了一个不受欢迎的人”。因此，从某种程度上讲，荣赫鹏成了当时政治斗争的“牺牲品”，而他自己则毫不犹豫地卷入了这场英国政府同英印政府之间的矛盾斗争中。

我们坚决反对一些外国学者将荣赫鹏美化成“英雄”、“探险家”，将其率领的英军第二次侵藏称之为“丰功伟绩”，将侵略军美其名曰“使团”。因为，对中国人民而言，无论他如何为自己辩解，都无法掩饰其所扮演的十恶不赦的刽子手角色。

7.2.5.2　策划与交涉

1903年8月25日(七月初三)，印度总督致函驻藏大臣，请驻藏大臣本人或帮办大臣来边与荣赫鹏会谈，又借口现任藏人代表不胜任交涉事务且拒绝和荣赫鹏会谈，所以请达赖喇嘛派重要官员前来。英方还说何光燮、巴尔二人官职较低，与惠德、荣赫鹏地位不相称，藏官不晓事理，屡次失约，若再拖延时日，荣赫鹏、惠德只能在藏另择地过冬。[2] 9月3日，巴尔在边接到印度回复，即致信裕钢并附上此照会。为此，巴尔担心英方恐怕很快就会入侵西藏。9月30日，巴尔得知英人有进

[1]Alastair Lamb, *British India and Tibet*, 1766—1910, Routledge and Kegan Paul Ltd, 1986, pp. 239－240.

[2]Sir Francis Younghusband, *India and Tibet*, Hong Kong, Oxford University Press, Oxford New York Melbourne, 1985, p. 124.

入拉萨的打算,立即函告裕钢,请其来边。[1] 同日,外务部去电裕钢,要他寄上藏哲界务细图,由此可知清廷还不知英印政府关注的已经不再是边界划分问题了。

10 月 11 日,荣赫鹏离开干坝宗,南下印度西姆拉,与英印政府筹商下一步如何侵藏事宜。同一天,有泰从成都起程赴藏。10 月 25 日,裕钢上奏朝廷,汇报干坝会谈陷入僵局之事,并说他已咨达赖喇嘛派噶伦随同他一起赴边,"以副印督之请,免致别生他衅",[2]而达赖回答则欲令印督来边后再请大臣前往。

11 月 4 日,英印政府致电英国政府,对军队及军费作出预算,军队暂由"廓尔喀军一营、工兵两连两营、山炮两尊、麦克沁炮两尊、七磅大炮两尊、野战医院一所"组成,全部军费预算为 18.3 万英镑。军队由麦克唐纳(Macdonald. G)将军统一指挥。[3]

11 月 6 日,清廷向英国外交大臣兰斯顿抗议,反对英人任意在藏境内移动,并盼荣赫鹏静候新任驻藏大臣有泰莅任。[4] 然而正是在这一天,英国政府印度事务部正式批准了英印政府派军入侵西藏、占领春丕谷并进攻江孜的计划。英国外交大臣兰斯顿随即便告知俄国驻英大使,理由是上述提过的虐待两名锡金人以及牦牛事件等。[5] 为了遮掩其侵略的本质,英国政府一再宣称:麦克唐纳、荣赫鹏所率领的侵略军是与西藏人谈判的"使团"(Mission),目的是与中国西藏订立新的条约,等等。印度事务部还宣称:"采取这一步骤纯系为了求得满意的解决,决不允许导致占领或任何对西藏事务的长期干涉。一经取得赔

---

〔1〕《元以来西藏地方与中央政府关系档案史料汇编》,第 4 册,北京:中国藏学出版社,1994 年,第 1411 - 1412 页,《光绪二十九年八月初十日巴尔为获悉英军拟进攻拉萨请速衡夺免致变故事致裕钢函》。

〔2〕《清代藏事奏牍》(下),第 1152 页,《光绪二十九年九月初六日裕钢调何光燮回藏派赵钰接办边务折》。

〔3〕周伟洲主编:《英国、俄国与中国西藏》,北京:中国藏学出版社,2000 年,第 202 页。

〔4〕Sir Francis Younghusband, *India and Tibet*, Hong Kong, Oxford University Press, Oxford New York Melbourne, 1985, p.143.

〔5〕Alastair Lamb, *British India and Tibet*, 1766—1910, Routledge and Kegan Paul Ltd, 1986, p.236.

偿后,即行撤退。”[1]

11月28日,巴尔探知英方动态,致函裕钢,告知其若来边,请速来亚东,不必再去干坝,因荣赫鹏不再回干坝。

至12月初,英国方面的各项准备工作已就绪,只等采取行动。然而,12月的寒冬,向西藏边境采取军事行动无疑是十分困难的。寇松在给英国新任国务大臣的电报中表示:“尽管寒冷,一年中的这个季节还是完全有利的。我们估计在完成此次行动并保持通讯联系与给养供应方面没有困难。”[2]

12月10日,麦克唐纳、荣赫鹏、惠德等会合于隆吐,准备入侵西藏。英国侵略军的配置人员分两部分:一部分是以荣赫鹏为首的所谓“西藏边境委员会”,即“西藏使团”,成员大部分是由文职人员等组成;另一部分则是麦克唐纳将军率领的军事部队,主要任务是保证使团的“安全”。“这种在军事利益和政治利益之间精心制造的平衡关系,成为英国统治印度期间一再出现的模式。这两种利益常常发生矛盾。”[3]

12月11日,英军偷渡则利拉山,集合于亚东口外,巴尔告知裕钢,此次英国带来的士兵要比干坝宗会谈时候更多。[4] 12月13日,英军越界,进占仁进岗,侵入亚东。而与此同时,驻干坝的英国使团仍在佯装与中方代表谈判,而荣赫鹏则从另一方向发动武装进攻。当时,西藏军队700多人驻扎在干坝附近各隘口,完全没有估计到英国会背信弃义地向春丕、帕里一带入侵。英国官方《泰晤士报》写道:“英军攻占春丕,对西藏人是一个重大的意外事件。”[5]

英军入侵西藏后,巴尔与一名监督、一名藏官设宴于税关,以礼相待,劝荣赫鹏班师回锡金,说驻藏大臣和噶伦即将要来亚东,荣赫鹏不

[1]〔英〕彼德·费莱明:《刺刀指向拉萨》中译本,拉萨:西藏人民出版社,1997年,第80页;周伟洲主编:《英国、俄国与中国西藏》,北京:中国藏学出版社,2000年,第203页。

[2]〔英〕彼德·费莱明:《刺刀指向拉萨》中译本,拉萨:西藏人民出版社,1997年,第83页。

[3]〔英〕彼德·费莱明:《刺刀指向拉萨》中译本,拉萨:西藏人民出版社,1997年,第89页。

[4]《元以来西藏地方与中央政府关系档案史料汇编》,第4册,北京:中国藏学出版社,1994年,第1417页,《光绪二十九年十月二十五日巴尔为英军即日进藏事致裕钢函》。

[5] *Times*, December 25th, 1903.

允。他们又劝荣赫鹏在亚东停留两三月,荣赫鹏仍不理会。当日,巴尔具函告知拉萨具体情况。[1] 12月14日,英军占领春丕,停留4日;在此期间,干坝的英军和"使团"则按原计划赶到春丕,与荣赫鹏所率主力会合。12月15日,裕钢接到外务部电,要他"迅即亲赴边界,先与英员妥为商议,并切实开导藏番,毋得执迷不悟,致启衅端"。[2] 与此同时,英军2000人已经入侵仁进岗,裕钢表示立即致电外务部,说他不再等候噶伦,饬令备办夫马,定旬日后启行。而噶厦仍拒绝支应,并反对裕钢现在前去。

7.2.5.3 骨鲁大屠杀

12月18日,麦克唐纳率领800名轻装英军,从春丕向西藏重镇帕里进攻。12月19日,英军连运夫在内约3000余人抵达帕里。21日,英军全副武装侵占了帕里宗。与此同时,西藏地方也在积极征兵,且不告知驻藏大臣。裕钢致电外务部,认为战争无法避免。

在英军侵占帕里的过程中,荣赫鹏与麦克唐纳的矛盾日益显露出来。荣赫鹏进入春丕之后,向西藏人民保证,尤其向帕里宗本保证,只要西藏人不采取敌对行动,英国人就不会采取敌对行动。因此,从春丕到帕里的各个要塞、隘口,西藏均未设防,严格遵守着双方所承诺的协议。然而,麦克唐纳却用武力占领了帕里宗。费莱明在《刺刀指向拉萨》一书中指出:"在这种情况下,当我们装扮成一个和平使团,悄悄地闯入他们的要塞时,我不知道他们怎么能认为我们不是骗子。"[3]

1904年1月4日,以荣赫鹏为首的"使团"抵达帕里。1月7日,英军进一步占据了帕里东北的堆纳(Tuna)。英军在堆纳做好一切准备以便直趋江孜。英军在堆纳共停留了3个月,直至3月底。在堆纳,荣

---

〔1〕Sir Francis Younghusband, *India and Tibet*, Hong Kong, Oxford University Press, Oxford New York Melbourne, 1985, p.155.《元以来西藏地方与中央政府关系档案史料汇编》,第4册,北京:中国藏学出版社,1994年,第1417－1418页,《光绪二十九年十月二十五日巴尔为英兵入关进驻仁进岗事致裕钢函》。

〔2〕《清代藏事奏牍》(下),第1160页,《光绪二十九年十月二十七日外部来电传旨着速赴边》。

〔3〕〔英〕彼德·费莱明:《刺刀指向拉萨》中译本,拉萨:西藏人民出版社,1997年,第103页。

赫鹏与麦克唐纳的矛盾进一步加深。麦克唐纳因无法忍受堆纳恶劣的气候以及物质、燃料的匮乏,在抵达堆纳第三天即率领大部分军队返回春丕,只留下荣赫鹏驻扎在堆纳。藏军并没有抓住这个有利时机进攻孤零零的荣赫鹏驻军,仍对和平谈判抱有幻想。

1 月 12 日,西藏拉萨派出代表同英军谈判。藏方指责英国背信弃义,入侵西藏领土,强占春丕和帕里,坚决要求他们退回亚东再进行谈判。荣赫鹏无理狡辩,坚持非到江孜不可。2 月 7 日、10 日,西藏代表再度同荣赫鹏谈判,均无结果。

光绪二十九年十二月二十四日(1904 年 2 月 9 日),有泰抵达拉萨,11 日接任驻藏大臣,裕钢起程回京。3 月 21 日,荣赫鹏致函有泰:“本大臣等开赴江孜,恭候驾临,面商一切,并请随带主权番官。再请贵大臣严饬藏番,本大臣等定日开赴江孜,途中不得妄动起衅,若果无状,以后遇事则大有为难矣。”[1] 3 月 27 日,有泰复函荣赫鹏,告知急欲会见荣,并已会见了达赖喇嘛;但因达赖不愿提供交通便利,故遇到困难。鉴于此,有泰认为,西藏政治就是观望放任,而汉族官员则自私自利,明哲保身。因此,藏人便规避行动。但若与达赖争吵则只会生事,因此,他会“继续”履行自己应做的职责。他已决定“给北京写个简要的汇报”,并再度敦请运送。关于会谈之事,有泰说,自己有绝好的理由带着扈从前往江孜,但“藏人狡猾欺诈,不遵守原则”,他得逼迫藏人“明白什么是原则”。若荣赫鹏突然侵入其土地,恐怕其又会故态复萌,由此不利于贸易条约的缔结。达赖喇嘛曾告诉有泰,如果有泰退还亚东,达赖就会挑选藏人代表,邀请他(有泰)前往商谈相关事宜。[2]

荣赫鹏接到有泰复函后,根本未予理会,反而积极备战。3 月 28 日,麦克唐纳从春丕返回堆纳时,又带来“十磅大炮三尊,七磅大炮一

〔1〕吴丰培辑:《藏印往来照会》,台北:文海出版社,1937 年,第 56 页。

〔2〕Sir Francis Younghusband, *India and Tibet*, Hong Kong, Oxford University Press, Oxford New York Melbourne, 1985, pp. 179 – 180. 参见孙煦初汉译本,1983 年西藏社会科学院资料情报研究所重印,第 138 页。

尊,第三十二队工兵四连,第八廓尔喀兵三连半,以及野战病院工程队等”。[1] 连同原先在堆纳的军队,英军共计100余名,印军1200多名。

西藏地方政府对集中在骨鲁一带的藏军也做了部署,主要分左右两翼:左翼在距离骨鲁约9公里的曲眉仙郭,在赴江孜大道上建筑防御工事,阻截英军;右翼在拉莫湖对岸作掩护。

1904年3月31日,1300余名英国侵略军开始向曲眉仙郭藏军营地推进。当时,西藏代表作最后一次努力,要求荣赫鹏谈判,以避免使用武力。而荣赫鹏则一面伪装谈判,一面派其步兵、骑兵、炮兵偷偷向藏军阵地推进,等到开始谈判之时,藏军已经被敌人重重包围了。英军谈判代表到来后,首先声称:“既然要议和,为表示诚意,我军先将子弹退出枪膛,也要求贵军指挥官下令将火枪的点火绳熄灭!”英军指挥官即当场命令子弹退出一发,殊不知,在一刹那间英军又将子弹推上了膛。而藏军并未发觉,依然令将土枪点火绳全数熄灭。于是,英军谈判代表荣赫鹏把藏军指挥官拖住。当英军的机枪开始向藏军疯狂扫射时,英军谈判代表也突然拔出手枪将藏军谈判代表拉丁色代本、朗色林代本、班禅代表苏康努、如本康萨及三大寺的一名谈判代表统统击毙。[2]

第一声枪响后,英军使用来复枪和大炮在近距离约180米处,向手持大刀、长矛、火绳枪的藏军展开了赤裸裸的血腥大屠杀。当时世界上最强大的英帝国,就这样惨无人道地杀害了藏军近千人。事后,荣赫鹏是这样描述这一场景的:

> 就在这一瞬间,藏人几乎要冲破我方单薄的阵线,俘获我使节与军官。但那一瞬间一闪而过。数秒钟后,我方来复枪和大炮就对藏人实施了最致命的密集性摧毁。拉萨将军本人在战斗刚刚开始便被杀死,几分钟之内,整个战斗便告以结束。死去的藏人遍布平原,我军未接到直接命令便自动停火,但实际上每人只射

[1] Sir Francis Younghusband, *India and Tibet*, Hong Kong, Oxford University Press, Oxford New York Melbourne, 1985, p. 173.

[2] 西藏自治区政协文史资料编辑部编:《西藏文史资料选辑》(第一册),北京:民族出版社,2007年,第546页。

击了 13 枪。[1]

兰姆在其书中如是说：

英军与藏方发生了首次武装冲突。在这次战斗中，有 700 多人丧生，毋宁说这是一次对藏人的大屠杀，而这次大屠杀竟然发生在藏人同意缴出武器之后！反对寇松西藏政策的英国政府这回发现了宝贵的攻击寇松之材料。进一步冲突后，藏人微弱的火力令英军死亡人数不足 10 人。[2]

然而面临英方背信弃义后的大屠杀，西藏人民拼死反抗。英军随军记者坎德勒记述说："毫无疑问，那是愚蠢的自杀行为，但那却是人的本性的表现。他们不会连试都不试一下就投降的。我希望，当我说我钦佩藏人的勇敢和冲动时，不会有人认为我是亲藏分子。"[3]

费莱明在其《刺刀指向拉萨》一书中描述到：

马克沁机枪在不停地射击，施行报复。在如此可怕的痛击下，世界上没有哪支部队能够守住他们的阵地。这不是战斗，而是一场大屠杀。哈多是一名诺福克团的马克沁机枪手，当晚，他给母亲写信说："这场屠杀太令人恶心了。尽管将军命令尽可能地扩大战果，我还是停止了射击。"……西藏人垮了。他们没有逃跑。他们转过身去，背对着那道墙很慢地走开。子弹像暴雨一样向他们倾泻着，许多人不断地倒下，直到他们被半英里之外的山崖挡住。坎德勒记下了这一幕："他们走着，低着头，仿佛对他们神灵的幻想破灭了。"年轻的哈多把心里话告诉他的母亲："我希望自己没有再把任何一个走开的人打倒，那场面太惨了。"兰登写道："他们那缓步的逃遁令人不寒而栗，毛骨悚然。"[4]

---

[1] Sir Francis Younghusband, *India and Tibet*, Hong Kong, Oxford University Press, Oxford New York Melbourne, 1985, p. 178.

[2] Alastair Lamb, *British India and Tibet*, 1766—1910, Routledge and Kegan Paul Ltd, 1986, p. 238.

[3]〔英〕彼德·埃德蒙·坎德勒著：《拉萨真面目》，拉萨：西藏人民出版社，1996 年，第 84 页。

[4]〔英〕彼德·费莱明：《刺刀指向拉萨》中译本，拉萨：西藏人民出版社，1997 年，第 133－134 页。

骨鲁大屠杀结束后,英军“尽管十分完美地履行了自己的职责,但却无心庆贺”。而侵略者还在为自己寻找侵略西藏的借口:“是由于藏人的愚蠢,才使我们卷入了战争的漩涡。要想让他们认识到英国是一个强国,英国的军队需要认真对付,就非得杀掉他们几千人,否则就没有指望。”[1]

事后,荣赫鹏厚颜无耻地自我辩解说,一位英国政治家称之为对“手无寸铁”的人进行大屠杀,这是“不公平的”,因为藏人是“全副武装的”。总之,这场战事“不可避免”。[2] 无论怎样辩解,以伤亡不足10人的代价,用当时世界上最先进的武器野蛮屠杀了使用大刀、长矛的西藏人民近千人,这样血腥的事实永远不会从历史中抹去!

荣赫鹏首次对藏军进行大屠杀之后,复函有泰,告知战事,并称已向江孜进发,希望能在江孜会晤有泰及有权的藏官。4月8日,有泰接到来函,随即拟一电稿报告外务部。4月9日,电报发出,下面即是电报内容:

> 此事既经开衅,决裂已成,而又似非决裂者。盖英人战胜之后,颇具不忍人之心,即其照会前来,仍是虑周藻密,以邦交为重。惟藏番执拗无理,胆大妄为,即仪秦复生,即无所施其辩。昔年隆吐之战大致相同。今欲折服其心,非任其战、任其败,终不能了局。……倘番众果再大败,则此事即有转机。譬之釜底抽薪,不能不从吾号令也。此系实情,祈为转奏。[3]

有泰电文不但没有一句谴责英军对我西藏人民残酷屠杀的语句,更没有流露出对无辜同胞死难的丝毫同情,反倒夸赞英人“虑周藻密,以邦交为重”。让人怀疑有泰到底是不是中国人。不仅如此,最令人发指的是,他盼望藏人一败再败,只有这样才能“从吾号令也”,还认为这是釜底抽薪之策。清朝竟然任用这种昏庸冷酷、媚外卖国之徒,也确

---

〔1〕〔英〕埃德蒙·坎德勒著:《拉萨真面目》,拉萨:西藏人民出版社,1996年,第85、86页。

〔2〕Alastair Lamb, *British India and Tibet*, 1766—1910, Routledge and Kegan Paul Ltd, 1986, p. 238.

〔3〕《清代藏事奏牍》(下),第1187页,《光绪三十年二月二十四日致外务部陈藏印开衅情形电》。

实反映出其日暮西山、时日不多的现状。两年后入藏的张荫棠斥之为“诚不知是何肝肠”,“披阅之余,令人发指”!

7.2.5.4 江孜保卫战

江孜是山南通往拉萨的门户。英军抵江孜不到一个月,藏军就有1万多人聚集到江孜、日喀则及拉萨到江孜的大道上,准备保卫江孜。

1904年4月5日,英军开始向江孜入侵,沿途即遭到西藏军民的阻击,双方在雪那寺展开激战,藏军在伤亡100多人后撤退下来,英军占领了雪那寺。4月9日,英军向峡谷的藏军进攻,藏军在山脊上进行射击,随后双方展开了肉搏战。藏军奋战6个小时之久,打死打伤敌人280余人,藏军共伤亡150余人。杂昌谷地阻击战,虽然没有达到阻止英军继续前进之目的,但却充分表现了西藏人民不惧强暴,不怕牺牲的抗英勇气。再次向侵略者表明:西藏人民是不容欺负的![1]

4月11日,英军抵达江孜,先占领了江错白地,进而又占据江洛村。13日,英军占领江孜宗政府所在地,即江孜炮台。英军在此大肆掠夺,抢去了100吨粮食、若干牛羊肉干和数吨火药,并摧毁了宗政府。随后,他们便驻扎在宗政府附近的江洛林卡,将“包括它在河岸边的田庄与外部建筑改造成一个防御堡垒……军队在空地上扎营,把佛堂改成食堂。”[2]

4月22日,荣赫鹏给伦敦发了一封电报,报告说:

> 我们目前享有极高的威望,尼泊尔和不丹同我们站在一起,居民不反对我们,士兵们不想同我们作战,喇嘛们已经惊慌失措了……在军事准备能够完成的前提下,使团应尽早地直接向拉萨前进。……这将是最为有效和一劳永逸地解决问题的唯一途径,此外,也是最方便和最迅速的途径。[3]

荣赫鹏的请求并没有立即获得伦敦的回复,因为当时英国正在同

〔1〕西藏自治区政协文史资料编辑部编:《西藏文史资料选辑》(第一册),北京:民族出版社,2007年,第548页。

〔2〕L. Austine Waddell, *Lhasa and Its Mysteries*, *With A Record of the Expedition of* 1903—1904, third edition, London, 1906, pp. 205.

〔3〕〔英〕彼德·费莱明:《刺刀指向拉萨》中译本,拉萨:西藏人民出版社,1997年,第146页。

俄国就埃及问题谈判,希望能消除俄国在西藏问题上的疑虑。而荣赫鹏显然对此一无所知。

在江孜的英军遭到了西藏人民的袭击。5月1日,英军发现距离江孜东47公里处有藏军集结,并且修筑了一道坚固的防御工事,于是决定分兵前往。5月5日黎明,一支800人组成的藏军从日喀则赶到江孜英军大本营,发动了突袭。英军官瓦代尔描述藏军此次的突袭:

那天夜里,或更确切说是凌晨……我们突然被西藏人古怪的战斗呐喊惊醒。他们几百个声音嘶哑的西藏人,在我们的矮墙外几码的地方,突然尖声大叫……事情发生得太突然,因此过了几分钟我们的卫兵才进入阵地开始还击。[1]

此次突袭险些令荣赫鹏丧命。藏军突袭虽然被打退,但却夺回了江孜宗政府炮台及附近几个村,形成对英军大本营的包围。而江孜谈判却一拖再拖,正好成为荣赫鹏进攻拉萨的借口之一。被围困在江孜的英军在粮食给养等方面面临越来越大的困难。5月24日,一支增援江孜的英军部队抵达,暂时改变了英军的困境。26日,英军集中兵力向东边帕拉村藏军阵地发动进攻。经过11个小时的激战后,英军最后占领了帕拉,但也付出了惨重代价。在此次战斗中,藏军无比英勇,英侵略军军官瓦代尔写道:

西藏人在这次战斗中所表现的坚决、机智和英勇,对我们这些亲眼目睹他们袭击我们营地的人来说,不足为怪。说西藏人不能打仗,这种荒谬的错觉应该彻底打消了。他们的英勇举世无双。[2]

6月13日,荣赫鹏、麦克唐纳等率军从春丕出发,到江孜解救被围困的英军大本营,并准备进军拉萨。英军增援部队抵达江孜后,英军官兵总数达到4600人,还有3800名运输及服务人员,总计在11500人以上。为了解除被藏军围困的处境,英军在6月28日向宗政府左侧的紫

---

〔1〕L. Austine Waddell, *Lhasa and Its Mysteries, With A Record of the Expedition of 1903—1904*, third edition, London, 1906, pp. 247 - 248.

〔2〕L. Austine Waddell, *Lhasa and Its Mysteries, With A Record of the Expedition of 1903—1904*, third edition, London, 1906, p. 259.

金寺发动了进攻。紫金寺是一座著名古寺，矗立在一座小山上，控制着江孜通往日喀则的道路，当时有藏兵200余人、僧兵30多人守卫。后来有藏军援兵塔工的300民兵和100僧兵增援该寺，一场紫金寺保卫战打得异常激烈。藏军多次勇敢地击退敌人，但狡猾的英军从四面围攻紫金寺，并用炮火不断轰击，最终占领了紫金寺。

紫金寺失陷后，英军便集中火力进攻江孜宗。而鉴于藏军在江孜接连失利，达赖喇嘛决定采取战和相结合的策略。7月1日，噶伦抵达江孜。2日，双方进行了会晤，英方以武力要挟藏方签约，但其条件令藏方无法接受。3日下午，西藏谈判代表到达谈判场所，荣赫鹏借口其迟到，推迟了4个小时才开始谈判。会上，荣赫鹏强令藏方代表道歉，并要求藏方在7月5日正午前撤退江孜炮台的藏军，否则将终止和谈，诉诸武力。这些要求遭到藏方代表严正拒绝。

7月5日，英军在做好一切准备后向江孜宗政府发动进攻，西藏人民的江孜保卫战进入了决定性阶段。下午1时40分，英军用大炮猛烈轰击江孜城区和宗政府所在地的炮台。三时半，部分英军佯攻炮台以吸引藏军主力。半夜，英军兵分两路偷袭了江孜东南隅。天亮后，英军分三路向城区发动全面进攻。守城藏军顽强抵抗，用礌石、滚木、飞蝗石坚持战斗，迫使敌人几次后撤。最后，守城藏军实在不能坚守，索性打开城门，冲出城去与敌军决一死战！西藏军民用鲜血和生命捍卫着祖国的每一寸领土。直到下午2时，英军才占领城区。7月7日午后，英军向江孜炮台发动总攻。炮台内约有五六千藏军，他们毫无畏惧，多次打退英军的进攻。到了下午7时，英军才用大炮将炮台城垣炸开一个缺口，从缺口冲进炮台。抗击到最后的数百藏军全部跳崖牺牲。随后，西藏军民退守八角曲登。英军继续围攻八角曲登，西藏军民一直战斗到弹尽粮绝，才趁夜冲出了敌人的防线。江孜宗山被英军攻陷后，白居寺又被攻占。英军旋即占领整个江孜。

江孜保卫战从1904年4月开始到7月结束，持续了约100天，是西藏近代史上抗击外国侵略者规模最大、最为惨烈悲壮的战斗。西藏人民不畏强暴、宁死不屈的反抗精神，成为中国近代史上反抗帝国主义侵略的宝贵财富。

7.2.5.5 拉萨陷落

江孜保卫战后,英国侵略军于7月14日由麦克唐纳率军从江孜出发,长驱直入拉萨。这支侵略军携带大炮8门,马、步兵及运输、辎重人员各2000名。17日,当英军行至噶惹拉山时,遭到1000多名藏军的阻击。藏军在原有阵地修建了两道防御墙。18日,英军发动进攻,遭到藏军顽强的反击。在这次战斗中,藏军再次表现出了英勇的大无畏精神,就连其敌人坎德勒也大加赞扬:"就是在这个时候,我目睹了藏人的英雄主义行为,这也大大改变了我对这些人的估价。"[1]

7月27日,荣赫鹏照会有泰,说英军已抵曲水,将入拉萨。对于西藏地方政府多次请求有泰赴曲水劝阻英军勿入拉萨,有泰均"严词"拒绝。且就在英军侵入拉萨城前夕,有泰竟有闲情逸致纳妾寻欢。他在8月1日的日记中写到:"刘巡捕会同噶布伦等赴前路迎接洋官兵……午刻,郑金澜(有泰所纳之妾)由计泉夫妇送来东院……不意藏中正在军书旁午之时,作此闲情逸致之事,未免贻笑大方。"[2]

而在7月26日,达赖喇嘛在布达拉宫召见噶厦主要僧俗官员,宣布"我已决定离藏,先去蒙古,再赴北京陛见皇太后和光绪皇帝。我必须克服一切困难,想尽各种办法,保护佛法和政教宏业。"[3]达赖喇嘛授权噶丹赤巴洛桑坚赞主持政务,并要求大家不要告知驻藏大臣。7月28日,达赖喇嘛携带少数随员秘密离开了拉萨。

8月3日,英军进入拉萨。

8月4日,有泰即拜会荣赫鹏,并送牛羊、米面"犒劳"英军。8月16日,藏方将锡金二人交还英方,经检验发现藏人并没有虐待此二间谍。

而在英国侵略者眼中,西藏人民竟是"欢迎英国统治的"。侵略者

---

〔1〕〔英〕埃德蒙·坎德勒著:《拉萨真面目》,拉萨:西藏人民出版社,1996年,第161页。

〔2〕(清)有泰撰:《有泰驻藏日记》,卷6北京:中国藏学出版社1988年,第20页,。

〔3〕西藏自治区政协文史资料编辑部编:《西藏文史资料选辑》(第一册),北京:民族出版社,2007年,第554页。

这种一厢情愿的美好想象被西藏人民的坚决抗英打得粉碎。尽管清朝驻藏大臣有泰厚颜无耻地讨好英国侵略军，西藏人民却在积极备战，"集结在拉萨东郊的邦堆、德庆和蔡公堂三地的3000名藏兵正磨砺以待，三大寺、上下密院、木汝寺僧众也在咬牙切齿，纷纷表示：'如果英人敢于轻举妄动，誓与他们同归于尽'"。[1] 就是在这种强烈的仇英情绪下，一名色拉寺僧人冲入英军营地，砍伤英军1名、士兵数名，而他本人则被英军捉住，惨遭杀害。爱国僧人被杀一事引起了拉萨军民极大愤慨，反英情绪更为高涨。当时街上有传单、标语上面写道："任何人不得去英军营地附近出售肉、菜、柴、草等物！""噶厦的官员无论其职位高低，都不准和英军来往！"张贴的反英标语中还有诗句："雄鹰展翅次松塘，侵藏鬼子刀下亡。格萨尔勇士今重现，袈裟英杰赴国殇。"[2]

英国人觉察到拉萨以及整个西藏蕴藏着强烈的反英情绪，大有一触即发之势。此外，拉萨气候日渐转寒，他们似乎预感到，如果继续呆下去，将对自己不利，故迫不及待地通过驻藏大臣有泰向噶厦和摄政王提出"尽快举行谈判"的要求。摄政王称："此事事关重大，需经全藏会议讨论才能答复，更何况目前达赖圣师不在拉萨，噶厦无法作出决断！"驻藏大臣有泰对此答复极为恼怒，他说："你这话不要对我说，给荣赫鹏说去！"[3]

而荣赫鹏此刻正希望尽快缔结条约，返回印度，因为军方意见是在9月中旬离藏，延迟则可能遇上积雪冰雹从而危及英军士兵生命。若果真西藏人民如此欢迎侵略军，为什么荣赫鹏一行还要急着返回呢？他们的谎言不攻自破。

7.2.6 英国对西藏的文化、经济劫掠

对于英国侵略军在西藏的文化、经济掠夺等问题，学界虽有所涉

[1]西藏自治区政协文史资料编辑部编：《西藏文史资料选辑》(第一册)，北京：民族出版社，2007年，第554页。

[2]西藏自治区政协文史资料编辑部编：《西藏文史资料选辑》(第一册)，北京：民族出版社，2007年，第555页。

[3]西藏自治区政协文史资料编辑部编：《西藏文史资料选辑》(第一册)，北京：民族出版社，2007年，第555页。

及,但资料仍十分零散。而侵略者往往又对其侵略行为三缄其口,但我们在相关著作中依然能挖掘出其文化侵略的蛛丝马迹,铁的事实终究无法掩盖。

7.2.6.1　抢劫西藏文物、文献

1903—1904年间,以荣赫鹏和麦克唐纳准将为首的英国侵略军在大规模武装入侵西藏的同时,还大肆洗劫了西藏寺庙,掠夺了大批珍贵的藏文典籍。然而,因强盗行径不宜炫耀,荣赫鹏及其同伙在所著的书[1]中对其文化掠夺只是一带而过,与英军随行的瓦代尔上尉(Colonel Waddell)的助手大卫·麦克唐纳(David Macdonald)甚至虚伪地辩解:"在整个远征中,就目前我个人的观察而言,几乎没有什么抢劫行为,这表明军队和随行人员的纪律良好,尤其需要明白的是,在行军沿途的每个寺庙和大宅中都有珍贵的塑像、金银,更不用说无价之宝的丝绸、锦缎和瓷器了。"[2]事实果真如此吗?让我们在侵略者自己所撰写的著作中寻找答案吧。

大卫·麦克唐纳所著的《旅藏二十年》中清楚地记载道:"1905年1月,我被选派到加尔各答做一项特殊任务,负责将瓦代尔上尉和我自己在西藏收集(gathered)来的图书、手稿、古董分类、编目。我们用了400多头骡子才将这些物品运回来,其中包括很多稀有珍贵的藏传佛教经典著作手稿、塑像和各种各样的宗教随身物品、盔甲、武器、唐卡与瓷器。大量瓷器收藏品被送往离任的基钦纳勋爵(Lord Kitchener),他是一位狂热的收藏家。然而,不幸的是,我听说这些物品有很多在抵达目的地的时候已经被损坏了,无法修补……所有这些珍贵的艺术品都保存在印度博物馆,我就在那里展开工作。很多艺术品后来都分别存放在大英博物馆、印度博物馆、博德莱安图书馆、印度事务部图书馆。当我作编目工作的时候,寇松勋爵和莱明顿勋爵都参观过好几次博物馆,当时的印度总督寇松亲自挑选出一些物件呈送给加尔各答的维多

[1]如《印度与西藏》、《拉萨真面目》、《拉萨及其神秘》、《刺刀指向拉萨》等著作。

[2]David Macdonald, *Twenty Years in Tibet*, India, Cosmo Publications, 1996, p.26.

利亚纪念堂。”[1]

侵略者花了4个月的时间才将“收集”来的物品做了大致的分类，可见其抢劫文物之多。麦克唐纳如是说，他的长官瓦代尔则更是供认不讳。在其著作《拉萨及其神秘》中，瓦代尔在描述其驻军江洛林卡的时候，大言不惭地提到：“部队驻扎在庭院中，而不是在藏有藏文图书的图书馆前，我已将450多册藏文图书‘安全护送’到了大英博物馆”。[2]

在1912年，瓦代尔公开发表论文，介绍了其抢来的藏文文献典藏的整理和去向：在荣赫鹏执行拉萨使团任务期间，瓦代尔奉英印政府旨意搜集到这批数量众多、罕见的并且至今为止绝对不为世人所知的西藏手抄本和书籍。这批文献是至今为止欧洲人从未获得的最大和最丰富的西藏文献。虽然侵略者在获得这么大批的书籍和手抄本时并没有费什么周折，但在正常情况下要获得这种罕见的文献是绝对不可能的。当这批珍品在加尔各答展出时，有人把搜集这批珍品的工作描述为“相当仔细以及极其艰辛的劳动”。这批物品经过分类，已经分送给英国的几家图书馆，其中有大英博物馆、印度事务部、牛津大学和剑桥大学图书馆。但是，从目前出版和发表的文献看，有关这批新增加的、数量极大的，对佛教研究、对早期印度历史研究以及对早期西藏历史研究都有着十分重要意义的资料还没有得到应有的重视，只是瓦代尔在《拉萨及其神秘》一书中偶尔引用几处。目前这份清单中所列出的文献还具有相当重要的永久展出的价值，因为在世界任何地方都无法找到范围如此之广、趣味如此浓厚、意义如此深远的西藏文献，它们绝对是早期东方历史资料的真迹……这批藏文文献及资料涉及的科目广泛，数量巨大，共调集了300多头骡子才从西藏运回来。有些还是世人所不知的罕见珍品。在此基础上，英国图书馆的尴尬地位一去不复返了。目前，英国在这方面的藏书量，除了西藏、中国、圣彼德堡外，

[1] David Macdonald, *Twenty Years in Tibet*, India, Cosmo Publications, 1996, pp. 42 - 43.

[2] L. Austine. Waddell, *Lhasa and its Mysteries, with a Record of the Expedition of 1903—1904*, Methuen & CO. 36 Essex Street W. C., London, 1906, p. 205.

或许应该是世界上最丰富的了。[1]

瓦代尔的侵略行为得到了荣赫鹏的大力支持,“无论什么时间,只要情况允许,他都会为我进入寺院搜集或者走近刻着公告的石碑进行研究提供方便。”他在回忆自己“不辞千辛万苦”抢劫运送这些文物时说道:“请想象一下当时的情况,身处一个充满敌意的国家,又是在行军打仗的紧要关头,我必须在做好本职工作的同时来完成这项工作。除了核对、编目和分类外,我还要保管和安排运送这些包裹。因此在战事的空隙时间,仅开包,核对标题,粗略编目,做标记,以及按照不同图书馆的需要进行分类,就花费了很多天的时间,最后再打成包裹,搬放到骡子的背上,驱赶着它们翻山越岭,运往印度。”[2]

通过瓦代尔记录得知,他已为英国几家图书馆搜集了约2000部书籍和手抄本……仅《甘珠尔》就包括各类著作2000多种。在数百部非宗教书籍中,有一大批书籍相当罕见,有的就连欧洲人都没有听说过。这批收藏品包括:(1)佛教经书(手抄本和木刻印刷本);(2)有关宗教和神话的绘画;(3)历史资料的碑文,包括一块极其重要的刻有文字的石碑(该碑文记载了建立江孜城堡的历史过程,在其推荐下,这块石碑作为石刻的精品,已展放在加尔各答的印度博物馆)。此外,还有几尊佛像以及人种学资料。瓦代尔还临摹和拓印了拉萨古时纪念碑上的古老公告。经证实,这些古老公告记载了至今无人知晓的重大历史事件,可算是西藏最古老的历史文献。他把这些碑文编辑成册,并翻译成英语。这批刚刚新增的藏文文献极其丰富,远远超出欧洲人以前对藏文化的了解范围。瓦代尔还将“搜集”到的藏文书籍分类:佛教经书和手抄本;苯教(或前佛教教派)书籍;历史——世俗与宗教:国王和高僧传记;“科学”——医学、数学、占星学及地志;词汇、语法、逻辑等。

---

〔1〕L. A. 瓦代尔著,陈泉译,《在执行拉萨荣赫鹏使团任务期间搜集到的藏文手抄本和书籍的情况》,载《帝国与亚洲季刊——东方与殖民记录》,第33-34卷,1912年7-10月,第3期,载《中国藏学》2004年第2期(总第66期),第22-24页。此数字同大卫·麦克唐纳《旅藏二十年》中的“400多头骡子”不一致。

〔2〕L. A. 瓦代尔著,陈泉译,《在执行拉萨荣赫鹏使团任务期间搜集到的藏文手抄本和书籍的情况》,《帝国与亚洲季刊——东方与殖民记录》,第33-34卷,1912年7-10月,第3期,载《中国藏学》2004年第2期(总第66期),第25页。

瓦代尔于1912年发表了上述文章。英国作为古藏文文献收藏最多的国家之一，并没有采取对其有效整理，公之于众。90年后，据悉，在2003年初，剑桥大学、牛津大学和大英图书馆制定了一项科研合作计划：把荣赫鹏及同伙瓦代尔所掠夺后捐给(或卖给)英国各大图书馆和博物馆的西藏文物藏品及其他藏文馆藏品重新整理编目，制成缩微胶片、数码资料并上传至国际互联网。同时研究荣赫鹏"远征军"侵略西藏时藏文文献被盗的相关历史背景和文献资料。西藏社会科学院的巴桑旺堆先生也受邀请加入了此项国际合作学术研究。[1]

7.2.6.2 洗劫寺庙

英军除了抢劫大批藏文文献外，还洗劫了寺庙。英军在占领乃宁寺后，抢走了寺内所有的珍贵文物和财产，并将寺庙付之一炬，[2]之后不久便抢劫了紫金寺。1904年4月5日，英军开始向江孜入侵，在攻占雪那寺及4月9日向杂昌谷地推进过程中，均遭遇藏军英勇的阻击。5月5日，一支800人组成的藏军从日喀则赶到江孜，对英军大本营发动了突袭。6月13日，荣赫鹏、麦克唐纳等率英军增援部队抵达江孜，向江孜宗政府左侧著名的紫金寺发动了全面进攻，并最终占领了紫金寺。

雄伟的紫金寺毁于英军的战火中，但这对侵略军来说还不够。《西藏文史资料选辑》是这样记载的：

> 他们将寺内的文物抢劫一空。计有：高达四米，小至十厘米的铜质镀金佛像一千多尊；"唐嘎"、缎绣佛像、金粉书写的《甘珠尔》(《大藏经》)、蒙古地方和祖国内地以及尼泊尔国出产的各种佛事乐器，金、银、铜质的大小神灯和圣水碗等器皿；有银制"曼扎"、铜制"唢呐"以及各种缎绣神龛和祭品等。这伙英国强盗甚至连该寺大殿内僧众坐的长垫子也抢走了，致使幸存下来的扎巴到处流

---

[1]巴桑旺堆：《关于英国入侵西藏时所盗走的藏文文献典籍相关情况介绍》，载《军事历史》2004年第6期，第19页。

[2]西藏自治区政协文史资料编辑部编：《西藏文史资料选辑》(第一册)，北京：民族出版社，2007年，第550页。

浪行乞。

藏历五月,英军在紫金、江热一带驻扎期间,任意将其战马放在农民庄稼地里糟蹋,造成成千上万克(克约等于亩)青稞颗粒无收。

凡英军所到之处,人民惨遭蹂躏。住在孜雪利康扎丁的差巴户家里的英军强奸妇女,抢夺群众财物。撤离时还将他家的羊群赶走。人们随时都能听到受害者凄惨的哭声。一首民谣描述了此番惨景:"江孜地方美如仙境,如今到处哭叫声声;聚宝只为乐享太平,哪料成为镜花水月。"[1]

7.2.6.3　经济损失

英军自1903年9月8日入侵亚东,发动第二次侵藏战争,至1904年9月22日撤离拉萨共1年零14天。在此期间,侵略者所到之处均被抢劫一空,对寺庙造成毁灭性的破坏。寺院内神圣不可侵犯的珍贵佛像、经典、佛塔上镶嵌的松耳石、珊瑚、猫眼石、琥珀、钻石,金银供器和佛冠、佛耳环、佛项珠以及用龙纹缎、嵌花缎和四相缎等制成的大批殿堂饰物,都成了侵略军囊中的无价宝。这些英国强盗还恣意剪坏了白居寺新旧两幅约五层楼高的缎绣佛像,并盗走了蒙古、尼泊尔产的古制珍贵大铙钹,炸毁了该寺观音自在佛堂晒佛地和两面墙上的夜叉屋顶,观音自在佛堂内的金、铜佛像,《甘珠尔》(大藏经)、《丹珠尔》(小藏经)全套,四继部众佛画像约40余幅……均遭到了骇人听闻的毁坏。据通往边界各驿站所掌握的情况,英军掠夺西藏人民贵重物品,明火执仗运走的(不包括他们装进个人腰包的)就有460余驮(每匹马驮两袋为一驮)。英军从白居寺抢走的东西,在印度独立之后的1950年,有两名印驻江孜兵营的军官曾告诉该寺:他们曾在印度亲眼看到过不少早年英国侵藏时,带到印度的该寺缎绣佛像之断片,还说他们正在搜集这些断片,目的是为了重新制作一幅缎绣佛像,今特来量一下规格……这两位印度军官还将两箱早年英军劫走的佛像断片归还

[1]西藏自治区政协文史资料编辑部编:《西藏文史资料选辑》(第一册),北京:民族出版社,2007年,第550-551页。

给了该寺,直到西藏民主改革前一直在寺内保存着。[1]

据《西藏文史资料选辑·西藏人民抗英斗争史料》中记载:

> 噶厦政府在战后为医治战争创伤,曾指派两名僧俗官员专事负责救济受难人民和遭受严重破坏的政府机构设施、寺院的修复工作。共计用去藏银一万一千六百二十三两,按当时最低价格折合青稞四万六千四百九十二克(一克约二十八市斤)。这场战争对各阶层人民造成了极大的损失……西藏地方政府给予因英军损坏禾苗而没有收成的灾民救济青稞五千六百克。为修复被英军破坏后的江孜宗政府和白居寺院、紫金寺和乃宁寺院支付藏银两万三千八百多两,折合青稞四万六千五百克。为此而造成劳动者年复一年的额外劳役负担,更是无法统计。[2]

英帝国侵略者通过两次侵藏战争,攫取了种种在藏特权,为其后来在西藏从事分裂活动提供了条件,同时加重了中国西南边疆的危机,更为日后的中印边界纠纷埋下了祸根。内外交困的晚清政府虽然无力同英国抗衡,但强烈的刺激也促使清政府在后来采取了开发西藏的某些措施,这些措施在一定程度上为西藏社会的发展打下了基础。西藏民众殊死抗击英军的英勇行为,有力地打击了英国侵略者的气焰。西藏人民面对强敌入侵所表现出的不屈不挠的斗争精神将永远铭刻在史册中,成为中华民族抗击外来侵略的一笔宝贵精神财富。

7.3 城下之盟:《拉萨条约》

对荣赫鹏而言,向拉萨派出"使团"本身是远远不够的。正如他在1904年5月提到的,一个带有护卫队的英方代表应留在西藏首府;春丕谷应被英国永久性地占领,英国应"可持续地干涉西藏事务"。[3] 寇

[1]西藏自治区政协文史资料编辑部编:《西藏文史资料选辑》(第一册),北京:民族出版社,2007年,第557页。

[2]西藏自治区政协文史资料编辑部编:《西藏文史资料选辑》(第一册),北京:民族出版社,2007年,第557页。

[3]Alastair Lamb, *British India and Tibet*,1766—1910, Routledge and Kegan Paul Ltd, 1986, p.242.

松赞同荣赫鹏的观点。他在1904年7月写给庵士尔勋爵(L ord Ampthill)的信中说到:

我认为,要是没人在拉萨监视着藏人,一旦我们离开,他们可能又会对英国人怀有敌意并开始亲俄了。城堡还可以再建。德尔智们也会越来越多。贸易也会被禁止。我们留在江孜的人(如果我们还有人的话),则会变得没有任何权力:只有一件事是我们确信的——不会有任何政府花过多时间再去思考是否派另一个使团或另一支远征军前往拉萨。[1]

8月25日,清政府听信有泰一面之词,竟然同意革除达赖喇嘛的名号。[2] 清廷这一错误决定引起了西藏广大僧俗人民的强烈不满,加深了西藏地方政府同清廷之间的矛盾,为以后帝国主义制造"西藏独立"的阴谋进一步做了铺垫。

7.3.1 条约的签订

在到达拉萨之前,荣赫鹏已经意识到,他必须直接贯彻寇松的政策,因为寇松在1904年4月请假去了英国,直到12月才能返回印度。而在向拉萨推进的最后关键阶段,庵士尔勋爵成了印度的首领,他与寇松的个性大相径庭。此外,因麦克唐纳认为9月15日之前军队务必离开西藏,荣赫鹏为此与之发生了冲突。荣赫鹏不愿自己费尽千辛万苦即将得来的成果付之东流,坚持要等条约签订后才肯离开。

9月1日,荣赫鹏迫使有泰召集代理摄政、噶厦官员、代表举行会议。当时,英军全副武装经过拉萨市区到驻藏大臣衙门,进行武装示威。会上,荣赫鹏拿出早已拟好的条约十款(中、英、藏三种文字)交给有泰,限其一周内与英方订约。条约内各款要求只许解释,不能讨论。

---

[1] Alastair Lamb, *British India and Tibet*, 1766—1910, Routledge and Kegan Paul Ltd, 1986, p. 242.

[2]《清末十三世达赖喇嘛档案史料选编》(北京:中国藏学出版社,2002年)第79页记载:英人所约八条,经督饬委员苦口开导,该番众虽未能全行遵照,却稍有头绪。惟达赖喇嘛于前月十五昏夜潜逃,询及商上僧俗番官,皆云不知去向。查本年战事,该达赖实为罪魁,背旨丧师,拂谏违众,及至事机逼迫,不思挽回,乃复遁远扬,弃土地而不顾,致使外人借口,振振有词……乞代奏请旨,将达赖喇嘛名号暂行褫革,以肃藩服而谢邻封。《清季筹藏奏牍》第一辑,有泰奏牍卷1,第14页。

荣赫鹏声称,条约中的赔款自英军在江孜受到“攻击”后算起,到条约签订后一个月为止。“每天五万卢比计算,如果明日可以签约,则总数为750万卢比;如果延长到9月3日签约,则为755万卢比;如再延长到9月4日,则为760万卢比,以下类推。”[1]西藏代表表示,如此巨大的赔款数额藏方无法偿付。

9月4日,西藏地方政府被迫同意在英方所拟条约上签字,仅提出赔款限期3年付清,改为以每年10万卢比交付,75年偿清。5日,荣赫鹏与驻藏大臣、西藏地方政府代表讨论了签订条约的形式与最后手续。为显示英国在西藏的权力,荣赫鹏强迫西藏地方代表同意在布达拉宫举行签字仪式。[2]

9月7日(光绪三十年七月二十八日),英军在布达拉宫严密设防,并用大炮对准布达拉宫,城下之盟《拉萨条约》就这样被迫签订了,西藏代理摄政在条约上盖好了达赖喇嘛之印,其余噶伦、三大寺代表及僧俗大众分别被迫签字。

荣赫鹏提出的条约内容大致如下:

鉴于对1890年签订的《中英会议藏印条约》及1893年《中英续订藏印条约》之含义与有效性,以及在这些条约之下西藏地方政府的责任有所怀疑并遇到困难;鉴于最近发生的事件给英国政府与西藏地方政府之间长久以来的友谊和理解造成了干扰;鉴于双方都希望重建和平与友好关系,解决上述所言疑虑与困难,英国政府已决定,就这些内容签署条约,以下条款由荣赫鹏上校全权代表英王陛下政府,由噶丹赤巴洛桑坚赞仁波切、噶厦及色拉、哲蚌、甘丹等三大寺代表,以及国民大会(即春都)的僧俗官员代表西藏地方政府同意:

第一,西藏地方政府承诺尊重1890年签订的《中英会议藏印条约》,承认该条约第一款中所给出的对锡金与西藏之间的边界

[1] Sir Francis Younghusband, *India and Tibet*, Hong Kong, Oxford University Press, Oxford New York Melbourne, 1985, pp. 291 – 292.

[2] Sir Francis Younghusband, *India and Tibet*, Hong Kong, Oxford University Press, Oxford New York Melbourne, 1985, p. 300.

线的划定,并相应建立界石;

第二,西藏地方政府增开两个新的贸易市场,即江孜和噶大克为商埠,和在亚东所开商埠一样,所有的英人和藏人都有权自由进出这些口岸;

1893 年《中英续订藏印条约》中适用于亚东贸易市场的条款规定,也应当在英国、西藏双方一致同意前提下,适用于上述新开辟的贸易市场。

除了在上述地方建立贸易市场,西藏地方政府必须保证,不可对已有贸易路线加以限制,如果贸易的进展需要,需考虑在同样条件下建立新的贸易市场之问题。

第三,1893 年《中英续订藏印条约》中保留容后再议的问题,西藏地方政府必须保证任命完全授权的代表与英国政府代表就修改细节问题进行进一步协商;

第四,西藏地方政府保证,除将来立定税则内之税课外,无论何项征收概不得抽取;

第五,西藏地方政府保证,务必保持同往江孜和噶大克的路途畅通,并从英方贸易代表处向中方以及藏方政府传递信件;

第六,藏赔偿英军费五十万英镑,即七百五十万卢比,每年年初交付十万,分七十五年交清,自 1906 年 1 月 1 日开始起付。赔款在英政府所指定之处缴纳;

第七,为保障赔款偿付的安全以及贸易市场的正常运作,英国必须占领春丕谷,直至赔款全部付清,及商埠妥立三年后为止;

第八,西藏保证拆除自英国边界至江孜、拉萨的所有防御工事;

第九,西藏保证,未经英国人的同意,

(a)西藏领土的任何部分不得被割让、出售、出租、抵押或被任何列强占领;

(b)不得允许任何列强干涉西藏事务;

(c)任何列强的代表或列强的代理人都不得进入西藏;

(d)不得授权给任何列强铁路、公路、电报、开矿或其他特许权。在同意任何列强获得此类特许权的同时,英国政府也应当获得相似的或同等的特许权。

(e)西藏的收入,无论以现金或者以别的方式,都不得允诺或给予任何外国,或者任何外国的属国。

第十,本条约共缮五份,于1904年9月7日即光绪三十年七月二十八日,由商定之员在拉萨签字。

条约的附约为独立条款,允许英方驻江孜的贸易代理人在其认为合适的时候访问拉萨。[1]

英国学者兰姆是这样评价1904年《拉萨条约》的:

荣赫鹏希望春都(即国民大会)能在世俗事务上取代达赖喇嘛的地位。当达赖喇嘛与德尔智逃离拉萨后,也即英军接近其首府之际,无论其合法与否,春都都是留在拉萨唯一能与荣赫鹏交涉的机构。达赖喇嘛的确留下了一个摄政在拉萨,赤仁波切(即噶丹赤巴洛桑坚赞),在达赖喇嘛不在之时任摄政。然而,驻藏大臣显然是在荣赫鹏的建议下废黜了达赖喇嘛,那么,一个被废黜了的统治者的代表还有什么权力呢?达赖喇嘛还将其印章留了下来,这是用来在重要的宗教文件上盖章的——显然对于条约这样的世俗性文献毫无价值。班禅喇嘛也留了下来,而荣赫鹏也曾想过在扎什伦布寺认定一个转世来替代拉萨的达赖喇嘛,但技术上的难度令他无法完成选定喇嘛的任务。最后,荣赫鹏最后签署的被称为《拉萨条约》的协定,是同被废黜的达赖喇嘛的代表签订的,并盖上了达赖喇嘛的宗教印章,而且得到了春都,一个宪法性值得怀疑的机构的批准认可。驻藏大臣并没有在这个文件上签

[1] Sir Francis Younghusband, *India and Tibet*, Hong Kong, Oxford University Press, Oxford New York Melbourne, 1985, p. 441; *Britain and Russia in Central Asia*, 1880—1907, edited by Martin Ewans, Volume I, Documents, Routledge 2008, pp. 381 - 385; Alastair Lamb, *British India and Tibet*, 1766—1910, Routledge and Kegan Paul Ltd, 1986, pp. 243 - 244. 此约最早的汉译文仅见于《清季外交史料》卷196,第11-15页,《元以来西藏地方与中央政府关系档案史料汇编》(4)第1436-1438页录全文,又见孙煦初译《英国侵略西藏史》之附录。本文为新译,均参考两文。

字,这无疑是英国外交史上最奇怪的条约之一。[1]

兰姆此番评论在一定程度上揭示了《拉萨条约》的不合法性。

7.3.2 《拉萨条约》在英国引发的争论

11月11日,英国政府正式批准了《拉萨条约》,但对其中的条款作了单方面的修改:原约规定的75年还清750万卢比改为3年还清250万卢比。因此,英军占领春丕的时间也相应由75年改为3年。同时,英国驻江孜代表有权进入拉萨的附款也被废除。

《拉萨条约》的第六款、第九款和独立条款给英国带来了相当多的麻烦。尽管荣赫鹏不为第九款的具体措辞负责;但他的确要为第六款负责,即藏人预期赔款数额细节;并为独立条款负责,这令江孜贸易代表有权访问拉萨。同时,庵士尔凭借自己的权力,将赔偿金减少到250万卢比,期限为3年。

但在荣赫鹏看来,寻求75年分期付款,而且要求获得允许批准英国商务代表赴拉萨访问的权力是至关重要的。他认为"如果在短时间内筹集如此多的现金恐怕十分困难,我赞同在75年内分期付款"。[2]表面上看荣赫鹏似乎处处在为西藏人民考虑,但他的目的再明显不过,"他们(指西藏方面)清楚地明白,一旦签订75年分期付款的条约,我们就有权力一直侵占春丕谷,直到75年的赔款还清"。[3]

从1904年的信函可知,英国对藏政策存在很大分歧。继汉密尔顿主持印度事务部的布罗德里克(Brodrick),把派往拉萨的使团看成英国在印度边疆力量的炫耀。正如他在1904年7月写给庵士尔的信中说的:

> 我们主要目的是重建我们的威望,并向俄国表明,我们决不会屈服于俄国在西藏建立的主导权。依据我们的判断,仅仅这一事实,而不必签订条约,就能建立起我们所宣称的,并显示我们的

〔1〕Alastair Lamb, *British India and Tibet*, 1766—1910, p.243.

〔2〕Sir Francis Younghusband, *India and Tibet*, Hong Kong, Oxford University Press, Oxford New York Melbourne, 1985, p.298.

〔3〕Sir Francis Younghusband, *India and Tibet*, Hong Kong, Oxford University Press, Oxford New York Melbourne, 1985, p.298.

力量:即派一支英军向拉萨进军,并在沿途屠杀大量藏人。[1]

而寇松和荣赫鹏却认为,只有通过建立某种长效机制来贯彻英国在西藏的影响力,才能真正将俄国人排除在西藏门外。正如寇松1904年5月在英国写道的:

> 内阁极为反对在拉萨或者任何地方建立永久性代理人。但我说过,如果通过其他方式,尽管采取的措施也许能满足表面的需求,但他们根本无法阻止俄国人在西藏的存在。[2]

兰姆认为,兰斯顿在西藏既看到了外交风险,也看到了如果能够合理利用,西藏将会成为展示某种力量的外交武器。因此,在1904年的初夏,当荣赫鹏被包围在江孜之际,兰斯顿暗示俄国人,他打算对英国宣称的西藏地位一事做一些修改,而荣赫鹏使团如果不是在理论上,便是在实践中成功地做到了这一点,交换条件是俄国承认最近英法针对埃及的协议。[3]

最后一种对藏政策则认为,荣赫鹏使团不仅导致俄国计划受挫,而且也解决了一些边疆的突出问题。的确应当做点什么来改进在东部西藏和西部西藏中印度贸易的地位了,自从英国将重点放在锡金路线上之后,这些地区就备受冷落。噶大克(Gartok)的市场应当被打开,也许东部西藏的察隅(Rima)也该打开。印藏边界还有很多细小争论需要解决。[4]

由于荣赫鹏入侵西藏的时间与日俄战争(1904—1905)发生的时间接近,因此荣赫鹏侵藏又遭到英国政府的非议。1904年5月,哈定提倡对俄国在西藏采取更为和解的态度。6月,庵士尔则认为既然德国现已成为极大的威胁,英国是否应该认真考虑同俄国交好呢?他询

---

[1] Alastair Lamb, *British India and Tibet*, 1766—1910, Routledge and Kegan Paul Ltd, 1986, p. 246.

[2] Alastair Lamb, *British India and Tibet*, 1766—1910, Routledge and Kegan Paul Ltd, 1986, p. 246.

[3] Alastair Lamb, *British India and Tibet*, 1766—1910, Routledge and Kegan Paul Ltd, 1986, p. 246.

[4] Alastair Lamb, *British India and Tibet*, 1766—1910, Routledge and Kegan Paul Ltd, 1986, pp. 246 - 247.

问布罗德里克,如果英国对俄国扩张的判断足够公正,“是否认为领土扩张是强加给俄国的,是完全不合情理的呢?正如我们大英帝国的力量增长也是由于我们无法控制情况才产生的。”[1]庵士尔坚持认为,在西藏取得的成功不能通过“换来俄国无法平息的敌意”而获得。换句话说,正当对俄国的担心在减弱时,荣赫鹏的“出使”又一次令英国政府处于遭受挑战的危险之中。[2]

因此,英国伦敦政府感到“有责任”修正荣赫鹏签订的《拉萨条约》。其独立条款被声明放弃,赔偿金从 750 万卢比减少到 250 万卢比,而且必须在 3 年内分期付清。如果赔款一旦付清,英军就不能在 1908 年后继续留在西藏了。

通过以上分析可以看出,在国际形势瞬息万变之际,英国适时调整对西藏政策,进而修改《拉萨条约》,绝不是出于对中国人民的怜悯而突然大发慈悲;相反,英国这么做是担心《拉萨条约》中过于苛刻的条件会引发国际社会的一致谴责,从而在更长远的层面上影响大英帝国的利益。

7.3.3 《拉萨条约》遭到反对

《拉萨条约》一经公布就受到中国政府的强烈反对。在签约过程中,荣赫鹏多次诱迫有泰在条约上签字。有泰犹豫不决,何光燮劝阻其不要画押,认为其应当先向外务部请示。在有泰请示外务部之后,清廷立即于 9 月 8 日电告有泰:“英员开送十条,有损中国主权,尊处切勿画押。”接连几次电令有泰“切勿画押”。但有泰 9 月 13 日才收到此电报。同日,又接到外务部在 9 月 10 日发来电文:

> 西藏为我属地,光绪十六、十九年两次订约,系中英两国派员议定。此次自应仍由中国与英国立约,督饬番众,随同画押。不应由英国与番众径行立约,致失主权。开议之始,当以力争主权为紧

[1] Alastair Lamb, *British India and Tibet* ,1766—1910, Routledge and Kegan Paul Ltd, 1986, p. 248.

[2] Alastair Lamb, *British India and Tibet*, 1766—1910, Routledge and Kegan Paul Ltd, 1986, p. 248.

要关键。希先与英员声明此义。所有条款,俟英员允与中国妥议,方能酌核。即速商电复。[1]

所幸有泰当时没有画押,才未酿成大错。9月15日、16日,有泰连续向外务部发电,报告签约后荣赫鹏同他往来照会的内容,说荣赫鹏已经解释条约第九条里所写的"外国",中国并不在内,"反复思议,似无碍于中国主权",但自己对议约素不谙习,如其中有碍难应驳之处,请外务部与驻京英使商议。[2]

在学者兰姆看来,《拉萨条约》第九条的措辞是含糊不清的。"外国(Foreign power)"是什么意思?中国是否应当归到这一类别?英国是否被认为将自己也和其他列强一样被排除在西藏之外?第四个条件(d),事实上可以很清楚地理解为,这就意味着英国已经给自己在西藏定下了一个独有排外的位置,而这一解释又被以下事实所强化:即《拉萨条约》给英国在江孜提供了一个贸易代理人,而根据条件(c),其他列强似乎不能建立自己的代理机构。这就引发了其他列强的不满。德国、美国、法国、意大利等均通过其驻京公使馆,向中国和英国提出异议。[3]

德国人对《拉萨条约》的第九款很不高兴,因为这一款令英国获得了在西藏拥有最惠国待遇的地位。据说在北京的德国大臣穆默(Baron Mumm)竭力劝说中国人反对《拉萨条约》。在《泰晤士报》上的一则声明引发了来自柏林的一阵抗议之声。美国、法国、意大利均通过其驻北京代表,直截了当地评论了《拉萨条约》隐含的最惠国待遇;萨道义报道说,中国人十分担忧,一旦其接受荣赫鹏的条约,恐会激起德国将山东、日本将福建、法国将云南分别宣称为其占有。俄国人抗议《拉萨条约》造成了英国对西藏保护的建立,而他们依据的证据就是1904年9

[1]《清代藏事奏牍》(下),第1195-1196页,《光绪三十年八月初四日外务部条约须由中英两国议定以重主权电》。

[2]《清代藏事奏牍》(下),第1196-1197页,《光绪三十年八月初六日有泰致外务部二电》。

[3]Alastair Lamb, *British India and Tibet*, 1766—1910, Routledge and Kegan Paul Ltd, 1986, p. 249.

月17日发表在《泰晤士报》上的条约第九款。[1]

我们认为,《拉萨条约》是缺乏法律效力的非法条约。首先,《拉萨条约》并非主权国家代表签订,清朝驻藏大臣有泰并没有签字,故没有法律效力。当时,何光燮认为有泰应当先向外务部请示。在有泰请示外务部之后,清廷几次电令有泰"切勿画押"。可见,中国政府并没有同意《拉萨条约》,而有泰也没有在条约上签字,仅西藏地方代表签字的条约是无法代表中央政府的。因此,在没有清朝中央政府授权,没有驻藏大臣签字,也没有十三世达赖授权签约的情况下,西藏地方政府摄政等人擅自签订的《拉萨条约》,显然是非法无效的。《维也纳条约法公约》规定:只有主权国家才有"缔结条约之能力"。其次,《拉萨条约》是英国武装入侵西藏后逼迫西藏地方政府签订的条约,不符合国际法自由平等签订条约的规定。荣赫鹏等率英国军队在未得到中国政府同意的情况下,非法侵略中国西藏,兵临城下,用武力威胁手段逼迫西藏地方政府签订条约,是对国际关系准则的粗暴践踏。

通过两场侵略战争,英国无疑扩大了其在西藏的影响。历史上西藏僧俗上层中亲英派的出现也始于此时。此外,英帝国主义者经过侵藏战争之后,认识到无法靠武力来征服这片高原,因而在西藏僧俗上层中培植亲英势力,挑动、怂恿西藏地方与中央政府对抗,试图用这种办法把西藏从中国分裂出去,将其变为英国的势力范围或者附庸,变为保护英属印度东北边境的一个"缓冲区"。这一切,正是当年帝国主义者所惯于采取的手段。历史是现实的一面镜子,当年列强犯下的侵略罪行,怂恿、鼓动"西藏独立"的图谋,以及其注定失败的命运,已为世人共睹,也必然给当今世界带来深刻警示。

[1] Alastair Lamb, *British India and Tibet*, 1766—1910, Routledge and Kegan Paul Ltd, 1986, p.250.

8 结语:英国对华陆路战略与侵藏步骤

综观1774年英国派波格尔入藏至1904年英国发动第二次武装侵略我国西藏的全过程,可将英国对华陆路战略分为四个阶段:

8.1 战略展开阶段:波格尔、特纳进藏

1757年普拉赛战争爆发后,英国确立了对印度的统治,开始试图通过班禅或者达赖喇嘛同清廷建立联系。1774年,黑斯廷斯派遣波格尔进藏活动,拉拢班禅和仲巴呼图克图,企图打开中国西藏的大门。波格尔虽然没有完成与中国西藏建立商业联系的任务,却带回了大量的有关西藏地区经济及西藏地方与中国中央政府关系的情报。黑斯廷斯根据获得的情报,进一步确立通过西藏地方与中国中央政府建立关系的原则。1783年他又派特纳借祝贺班禅灵童之名访问扎什伦布。期间特纳再次提出该公司与西藏直接贸易的要求,遭到西藏地方的拒绝。两次失败并没有令英国政府放弃打开与中国西藏通商的念头,却促使其在方法上做出调整。1787年,英国政府决定派卡斯卡特中校为大使率领英国政府使团前来中国,其任务之一就是争取清廷同意派卡斯卡特的秘书阿格纽取道西藏回印度,以开通孟加拉与西藏的贸易,但此次行动因卡斯卡特在途中病逝而流产。

8.2 试图干涉阶段:英在两次廓尔喀侵藏战争中的所谓"中立"

英国对华陆路战略随着英国派出波格尔和特纳使藏后逐渐清晰起来。在随之而来的廓尔喀两次入侵西藏事件中,英国表面上保持中

立,实际上暗中和交战双方进行联系,妄图谋求最大利益。

在廓尔喀第一次侵藏战争中,后藏扎什伦布寺总管仲巴呼图克图背着驻藏大臣,擅自以班禅的名义向英属印度总督康华利致函求援。当时,康华利面临两难的选择:如果不经过清廷的同意,英国及英属印度政府擅自出兵援藏,势必会招致清廷的猜忌与反对,影响英国在华的全局利益,尤其是在广东的贸易;如果英国及英属印度政府坐视不管,很可能错失扩大其在西藏的影响以及向中国内陆进一步渗透的良机。但英国若在局势未明之前贸然介入,却有可能招来适得其反的结果。权衡利弊,康华利采取了坐山观虎斗的立场,名义上维持中立,暗地里则同双方都保持联系。这次战争因中尼达成"许银赎地"的协议而私下议和,英印政府企图从这次战争中渔利的如意算盘也随之落空。

在廓尔喀第二次侵藏战争中,慑于清朝强大的军事力量,廓尔喀国王向英国求援。考虑到印藏贸易必须通过尼泊尔,而且帮助中国会得罪尼泊尔,丧失既得利益,于己不利,因此,康华利采取了斡旋调停的立场,分别致信双方,表示英国愿意调停中尼之战,并故意在致达赖喇嘛的信中透露了尼泊尔国王曾向其求援及遭到拒绝之事,企图以此取悦中方,为日后挟功索赏、从中渔利捞取资本。英国在廓尔喀第二次侵藏战争中扮演了空前活跃的角色。

英国试图捞取最大利益被清政府的果断出兵所粉碎。清廷于1792年制定的《钦定藏内善后章程二十九条》加强了对藏统治,确保通过驻藏大臣主持西藏涉外事务,切断了自波格尔出使以来东印度公司与西藏地方政府的非法联系,这样,英国势力被排除在喜马拉雅山以外长达一个多世纪。然而,英国并未放弃对华陆路战略,只是改变了侵略方式,在时机成熟时便显露出狰狞面目。

8.3 武装入侵的准备阶段:撤除西藏的藩篱

1840年,英国发动了侵略中国的鸦片战争,打开了中国东南沿海大门。同时,在喜马拉雅山地区,英国通过征服、控制中国西藏的藩属,使之变成向西藏推进的跳板。

1816 年,英国东印度公司强迫廓尔喀签订了不平等的《塞哥里条约》,在加德满都设置了公司代办官邸,并侵占了廓尔喀南部几乎所有平原土地。

1861 年 3 月,哲孟雄被迫与东印度公司代表谈判,签订了丧权辱国的《通朗条约》。英国由此控制了哲孟雄,打通了由哲孟雄通往西藏的大门。哲孟雄成为英国进一步侵略不丹和西藏的基地。

1841 年,英国以贸易摩擦为借口,强占了不丹靠阿萨密边界约 1600 平方英里的 7 个山口。1865 年 11 月,不丹被迫与英国签订《新曲拉条约》,失地丧权,沦为英国控制下的一个属地,成为英国侵略中国西藏的又一个基地。

到了 19 世纪中叶,英国利用清朝政府的腐败无能,通过战争、拉拢、挑拨和收买的手段,逐步控制了属于喜马拉雅诸山国,形成了对西藏的包围圈,为武装侵藏创造了有利条件。

8.4　武装侵略阶段:英国两次武装入侵西藏

英国政府未曾料到,在迫使清政府同意其在西藏游历、传教和通商之后,他们仍遇到西藏人民顽强的反抗。于是,英国撕下和平通商的伪装,通过武装入侵西藏达到其目的。

1888 年 3 月 20 日,英军在做好了充分准备后,从隆吐山下札鲁隘口向隆吐藏军阵地发动了进攻。藏军以少胜多,取得了反抗英帝侵略初战的胜利。但最终由于清政府软弱无能,对外妥协退让,藏军武器落后,指挥失当等因素,西藏人民反击英帝侵略失败了。

1899 年寇松继任为印度总督后,积极推行“前进政策”,英国酝酿着对西藏的第二次武装侵略。1903 年 11 月英帝组成侵略军队,1903 年 12 月 12 日即偷越泽利拉(rtse ri la)。13 日,英军进驻仁进冈(Rin chen sgang)。14 日占领春丕(chu vbi)。21 日占领帕里(pha ri)。1904 年 1 月 4 日,英军占领堆纳(dud sna)。英国在同藏族代表谈判的同时,积极为战争作准备。从 1903 年 12 月至 1904 年 3 月的四个月中,英军将军火物资集中起来,向戛吾藏兵阵地进攻,并通过使用阴谋诡计占领了戛吾。4月10日,英军占绍岗(sa phud sgang),11日占江孜(rgyal rtse),13日攻占宗政府。1904年8月3日(光绪三十六年六月二十二日),英军侵入拉萨,占驻布达拉宫后拉鲁(lha klu)宅内。强迫签订不具法律效力的《拉萨条约》。

自1774—1904的130年间,英国始终没有放弃侵略西藏的野心,其战略前后连贯、体系完整、循序渐进。从1774年英国派员游历通商,至1788、1791年廓尔喀两次侵藏战争中的干涉,蚕食鲸吞西藏周边藩属以撤其藩篱,并作为侵藏跳板,到最终发动武装入侵西藏,均为一脉相承,主旨明确。

1937年至1949年在西藏求法的汉人喇嘛邢肃芝(洛桑珍珠)就看到了这一点,在此,作者引用他的一段话作为本书结尾:

> 英国帮助西藏训练军队,提供枪支,在噶伦堡的英国学校接受了不少西藏贵族的子弟,长期以来,英国人用这些方式扩大自己的影响,在贵族中建立起亲英势力。历史上,英国对于西藏始终有着明确的战略目的,在政策上前后连贯。[1]

〔1〕邢肃芝(洛桑珍珠)口述,张健飞、杨念群笔述:《雪域求法记——一个汉人喇嘛的口述史》,北京:生活·读书·新知三联书店,2003年第1版,2009年第3版,第229页。

附录1　论文三篇

1　论18世纪末至20世纪初英国对华陆路战略：以西藏为中心[1]

明末清初以来，以掠夺原料、开辟商品市场为主要目标的欧洲殖民者相继东来，把贪婪的目光瞄准幅员辽阔、资源丰富的中国。其中，新兴资本主义国家英国凭借其经济和军事实力，在东方与葡萄牙、西班牙、荷兰展开激烈竞争，并相继战胜对手而取得绝对优势。当它巩固了对印度的统治之后，便把矛头指向中国，竭尽全力要把中国变成它倾销商品的最大市场。当时，英国对华所推行的是海上战略，即主要通过海上贸易的手段打开中国的大门。由于中国实行限关自守政策，[2]因而英国从海上进军中国多次遭到挫折。严酷的现实迫使英国不得不另寻出路。而英属东印度公司的成立及其在南亚次大陆的活动，给英国提供了一条新的途径。那就是通过陆路、以与中国西南边陲毗邻的南亚次大陆国家为跳板向中国西藏进行渗透，在取得立足点之后，便通过西藏地方当局与清朝中央北京政府发生联系，伸其魔爪于中国内陆。事实上，拥有丰富资源和特殊战略地位的西藏地方，自18世纪末以来，就成了英国推行其对华陆路战略的重要目标和突破口，而且在鸦片战争之前已遭英国染指。

认真清理、深入研究18世纪末至20世纪初英国的对华陆路战略，具有非常重要的意义。只有了解了1840年前英国把西藏作为它的对华陆路战略的重要目标和突破口的来龙去脉，才能更加透彻地了解

〔1〕节选自《世界历史》2008年第5期，总第192期，梁俊艳：《论18世纪末至20世纪初英国对华陆路战略：以西藏为中心》一文部分内容。

〔2〕朱雍：《不愿打开的中国大门》，南昌：江西人民出版社，1989年。

1840年后英国侵略西藏的线索与指归。可是,迄今为止,学术界对于清代前中期英国以西藏为重要目标和突破口的对华陆路战略研究较少,对英国对华陆路战略从整体上的研究也颇为缺乏,而对英国对华陆路战略的阶段性、特征及影响尚未给予足够的重视,本文正以此为中心而展开论述,不当之处,请专家批评指正。

1.1 英国实施对华陆路战略的原因(略)

1.2 英国实施对华陆路战略的几个阶段

英国的对华陆路战略具有明显的阶段性,本文将其分为四个阶段:

1.2.1 战略展开阶段:波格尔、特纳进藏与卡斯卡特使团赴华

1757年普拉赛战争后,英国确立了对印度的统治,从那时开始,英印统治者即渴望打开西藏大门,发展印藏贸易,使西藏成为英国商品的销售市场,从西藏获得在广州购买中国丝、茶叶等产品所需要的资金。同时,试图通过班禅或者达赖喇嘛的引荐,同清廷建立联系。1774年,黑斯廷斯派遣波格尔进藏活动,拉拢班禅和仲巴呼图克图,企图打开中国西藏的大门。波格尔虽然没有完成与中国西藏建立商业联系的任务,但却带回了大量的有关西藏地区经济及西藏地方与中国中央政府关系的情报。[1] 黑斯廷斯根据获得的情报,进一步确立通过西藏地方与中国中央政府建立关系的原则。1783年他又派特纳借祝贺班禅灵童之名访问扎什伦布。访问期间,特纳再次提出该公司与西藏直接贸易的要求,但也为西藏地方所拒绝。[2]

英属印度政府和东印度公司发起的波格尔入藏和特纳入藏相继失败之后,英国东印度公司明白:西藏是中国的一部分,中国的中央政

〔1〕〔英〕马克汉姆主编:《乔治·波格尔使藏与托马斯·曼宁的拉萨之行》,印度新德里:文殊师利出版社,1971年,前言部分,第68-69页(edited by Clements R. Markham, *Narratives of the Mission of George Bogle to Tibet and of the Journey of Thomas Manning to Lhasa*, Manjusri Publishing House, New Delhi, 1971)。有关商业方面的情报见兰姆:《英国和中国中亚:通往拉萨之路,1767-1905年》,伦敦:罗德里奇出版社,1960年,第19页(Alastair Lamb, *Britain and Chinese Central Asia: the Road to Lhasa, 1767 to 1905*, Routledge and Kegan Paul, London, 1960, p.19)。

〔2〕〔英〕马克汉姆主编:《乔治·波格尔使藏与托马斯·曼宁的拉萨之行》,印度新德里:文殊师利出版社,1971年,前言部分,第71页。

府对西藏地方进行着有效的管理和控制，任何避开中国中央政府单独与西藏地方缔结商约的企图都注定要失败。但英国政府并没有放弃打开与中国西藏通商门户的念头，只不过在方法上有所改变，即由通过西藏地方的中介建立与北京宫廷的联系转变为直接与中国中央政府联系，以期开通与西藏的商务。1786 年英国爆发经济危机，东印度公司与英国政府更加迫切希望打开中国大门，扩大英国工业品的销售市场。1787 年，英国政府决定派卡斯卡特中校为大使率领英国政府使团去中国，其任务之一就是争取清廷同意派卡斯卡特的秘书阿格纽取道西藏回印度，以开通孟加拉与西藏的贸易，但此次行动因卡斯卡特在途中病逝而流产。[1]

1.2.2 试图干涉阶段：在两次廓尔喀侵藏战争中的所谓“中立”

英国对华陆路战略随着英国派出波格尔和特纳使藏后逐渐清晰起来。在随之而来的廓尔喀两次入侵西藏事件中，英国表面上保持中立，实际上暗中和交战双方进行联系，妄图谋求其最大利益。

在第一次廓尔喀侵藏战争中，后藏仲巴呼图克图背着驻藏大臣，擅自以班禅的名义向英属印度总督康华利致函求援。当时，康华利总督面临进退两难的境地：如果不经过清廷的同意，英国及其英属印度政府擅自出兵援藏，势必会招致清廷的猜忌与反对，进而会影响英国在华的全局利益，尤其是英国在广东的贸易；如果英国及其英属印度政府坐视不管，很可能错失扩大其在西藏的影响以及向中国内陆进一步渗透的良机。但英国在局势未明之前贸然介入，极有可能招来适得其反的结果。权衡利弊，康华利总督采取了坐山观虎斗的立场，名义上维持中立，暗地里则同双方都保持着联系。不料，这次战争因理藩院侍郎巴忠主张西藏地方政府对廓尔喀“许银赎地”而很快进行了私下议和，英属印度政府企图从这次战争中渔利的如意算盘落空。

在廓尔喀第二次侵藏战争中，慑于清朝强大的军事力量，廓尔喀

〔1〕〔美〕马士：《东印度公司对华贸易编年史，1635—1834 年》，牛津出版社，1926 年，第二卷，第 160 - 167 页（*The Chronicles of the East India Company Trading to China*，1635—1834，H. B. Morse，Oxford，1926，VOLUM2，pp. 160 - 167.）

国王向英国求援。但是考虑到印藏贸易必须通过尼泊尔,而且帮助中国会得罪尼泊尔,丧失既得利益,又于己不利,因此,康华利采取了斡旋调停的立场,分别致信双方,表示英国愿意调停中尼之战,并故意在致达赖喇嘛的信中透露尼泊尔国王曾向其求援但被拒绝之事,企图以此取悦中方,为日后挟功索赏、从中渔利捞取资本。[1] 英国在廓尔喀第二次侵藏战争中扮演了空前活跃的角色。

英国试图捞取最大利益被清政府的果断出兵所粉碎。1792 年的《钦定藏内善后章程二十九条》使清朝对藏统治达到了巅峰时期,确立了通过驻藏大臣主持西藏涉外事务的体制,关闭了西南后门,切断了自波格尔出使以来东印度公司与扎什伦布的非法联系,这样,英国势力被排除在喜马拉雅山以外长达一个多世纪之久。但是,英国始终没有放弃对华陆路战略,只不过陆路战略的形式有所变化,由以前直接渗透改变为通过尼泊尔、不丹、锡金渗透西藏的间接渗透。直到英国认为时机已经成熟,才于 1899 年、1903 年直接派兵武力入侵我国西藏。

1.2.3 武装进攻的准备阶段:蚕食鲸吞周边小国

1840 年,英国发动了侵略中国的鸦片战争,以武力打开了中国的大门。对于中国西南边疆的西藏地区早已虎视眈眈,试图用尽浑身解数早日侵占,但无奈时机未到,只好先征服、控制中国的属国,撤除中国的藩篱,使之成为向中国西南边疆推进的跳板。

1815—1816 年英国东印度公司强迫廓尔喀签订了不平等的《塞哥里条约》,英国便在加德满都设置了公司代办官邸,并侵占了廓尔喀南部几乎所有平原土地。由于屡次遭受英国侵略,廓尔喀统治者多次向清朝求援,但此时的清朝早已无力干涉"外藩",这就导致英国侵略势力进一步深入到喜马拉雅山国之中。衰落的清朝对整个南亚局势基本上处于无知状态,且自顾不暇,无力援助廓尔喀反英。

1860 年,英印政府派遣穆莱上尉(Captain Murray)率兵进攻哲孟

---

[1]〔英〕科克帕特里克:《尼泊尔王国志》,伦敦:威廉·米勒出版社,1811 年,第 349 - 350 页(Colonel Kirkpatrick, *An Account of the Kingdom of Nepaul*, London, printed for William Miller, Albemarle - street, by W. Bulmer and Co. Cleverland - Row St. James, 1811, pp. 349 - 350.)。

雄,但遭惨败,10 人被俘,包括 70 支来复枪在内的大量物资被哲孟雄人缴获。随后,英人增兵,命艾登(Ashleg Eden)率两千多名士兵再度进攻哲孟雄,占领首府通朗(Toom Long)。1861 年 3 月 29 日,哲孟雄被迫与东印度公司代表谈判,签订了丧权辱国的《通朗条约》,通过这个条约,英国控制了哲孟雄,完全打通了通往西藏的大门,从而利用哲孟雄作为进一步侵略不丹和西藏的基地。

对于不丹,英国在鸦片战争后加速了对其侵略的步伐。1841 年,英国以贸易摩擦为借口,强占了不丹靠阿萨密边界约 1600 平方英里的 7 个山口。[1] 1865 年 11 月,不丹被迫与英国在新曲拉签订条约十款,不丹失地丧权,逐步沦为英国控制下的一个属地,成为英国侵略中国西藏的又一个基地。

到了 19 世纪中叶,英国利用清朝政府的腐败无能,通过战争、拉拢、挑拨和收买的手段,逐步控制了属于清朝的"藩属"喜马拉雅诸山国,形成了对西藏的包围圈,为武装入侵创造了有利条件。

1.2.4 武装侵略阶段:1888 年、1903 年赤裸裸的军事进攻

在 19 世纪末列强掀起了瓜分中国的狂潮中,英国悍然发动侵略中国西藏的战争,企图用武力打开中国的大门。英国政府没有料到,在迫使清政府同意其在西藏游历、传教和通商之后,会遇到西藏人民如此激烈的反抗。于是便撕下和平通商的伪装,用武装入侵来达到目的。

英国在控制哲孟雄后,在藏哲边境进行了一系列侵略活动,迫使西藏地方政府在临近哲孟雄边境的日纳宗北隆吐高地上设防,并派兵戍守。同时,噶厦还劝哲孟雄王土朵郎思入藏居住,以免被英国要挟。土朵郎思不顾英属印度政府的阻挠,全家毅然搬到西藏春丕居住。西藏地方政府在自己的领土隆吐设防的正当自卫行动,却成了英国武装入侵的借口。

清光绪十二年十一月二十九日(1886 年 12 月 24 日),英驻华公使华尔士(J. Walshas)向清朝政府提出:"现在藏番因闻英人停止入藏,

---

〔1〕〔英〕威廉·格里菲斯:《前往不丹的政治使团》,伦敦,1855 年,第 38 – 40 页(Giffiths. W, *Political Missions to Bootan*, London, 1855, pp. 38 – 40)。

边界外距大吉岭相近百里地方,建立炮台,意在阻止通商。在英国不难将其炮台毁去,但本国亦不愿多事。请行知驻藏大臣,转饬藏番。不可妄为。"[1]到1887年10月12日,英国驻华公使再向清朝政府提出照会,施加压力。后来又多次施加压力,照会口气也逐步升级,一步一步用武力胁迫清政府就范。英国说隆吐在英属哲孟雄境内,藏军驻守隆吐是:"越界戍守",完全是颠倒黑白。然而软弱的清政府却对英国无理要求藏军撤出隆吐,一再妥协退让。1888年3月20日,英军在做好了充分准备后,由军官纳尔亲自指挥,从隆吐山下札鲁隘口向隆吐藏军阵地发动了进攻。藏军以少胜多,取得了反抗英帝侵略初战的胜利。[2] 但最终由于清政府软弱无能,对外妥协退让,藏军素质低劣,武器落后,指挥失当等因素,西藏人民反击英帝侵略者失败了。[3]

1899年寇松继任为印度总督后,积极推行"前进政策",[4]竭力推动英国政府扩大对西藏侵略的政策。英国酝酿着第二次对西藏的武装侵略。1903年11月英帝组成侵略西藏的军队,1903年12月10日全部集中在纳汤,12日即偷越则利拉。13日,英军进驻仁进冈。14日占领春丕。21日占领帕里。1904年1月4日,英军占领堆拉。英国在同藏族代表谈判的同时,积极为战争作准备。从1903年12月至1904年3月的4个月中,英军将军火物资集中起来,向戛吾藏兵阵地进攻,并通过使用阴谋诡计占领了戛吾。英军继续向江孜前进。4月10日,英军占绍岗,11日占江孜,13日攻占宗政府。1904年8月3日(光绪三十六年六月二十二日),英军侵入拉萨,占驻布达拉宫后拉鲁宅内。英帝国主义者第二次侵藏战争的军事行为告一结束。

直到1912年清朝灭亡,英国始终没有放弃对西藏的侵略野心,其战略始终是连贯的。这是一个循序渐进的过程,由18世纪70年代前后开始的游历通商,到18世纪末两次廓尔喀战争中的所谓"中立",鸦

[1]《文硕奏牍》,卷2。

[2]《文硕奏牍》,卷8。

[3]《藏族简史》,拉萨:西藏人民出版社,1986年,第284-285页。

[4][英]兰姆:《英国和中国中亚:通往拉萨之路,1767—1905年》,伦敦:罗德里奇出版社,1960年,第239、245页。

片战争前后对西藏周边藩属的蚕食鲸吞,以为侵藏的跳板,到最终的武装入侵,都是一脉相承的。研究外来势力染指西藏,特别是英国侵略西藏的历史,不能忽视英国早期以西藏为重要目标和突破口的对华陆路战略。

1.3 英国对华陆路战略的特征及影响

1.3.1 英国对华陆路战略的特征

我们认为,英国对华陆路战略从其制定到实施具有以下几个特征:

第一,前后连贯性。英国对华陆路战略并没有因为更换某个总督而导致战略方向的改变。英国对华陆路战略的总目标始终没有改变过,即在着眼于英帝国的商业利益,巩固、扩大英国在华的商业优势的同时,取得与俄国争夺远东及亚洲的军事战略利益以及英国的全球军事政治利益。虽然康华利的政策遭到了非议,但实际上英国的对华陆路政策是一脉相承,没有本质性变化的。

冈德里对英国在两次廓尔喀战争中的作为这样评价到:“贯穿始终,英国的政策是相当软弱无力的。也正如马克汉姆所言,我们本该从一开始就努力控制廓尔喀,这样就能赢得西藏的感激,避免中国军队的远征以及由此导致的英国后来被孤立的状态。可是康华利勋爵却无所作为。面对尼泊尔的求援,他回复说‘我们专注于同中国人的贸易,不可能与中国人为敌’;但他为双方进行了调解,当达赖喇嘛告诉康华利中国军队的获胜后,他给达赖喇嘛写了一封回信,提出了同样的建议。他的确派出了基尔克帕特里克上尉去尼泊尔进行调解,但是中国将军(指福康安)用他自己的方式解决了问题;他关闭了西藏通往印度的关口直至今天。机会就那样错失了。”[1]

冈德里对此评价说:“我们失去了所有黑斯廷斯政策下取得的成果,连同达赖喇嘛的友谊;我们招致了中国人的嫉妒和怀疑 ,还有尼泊

[1]〔英〕R·S·冈德里:《中国及其法国印度支那邻居,俄国与中国,印度与西藏》,伦敦:查普曼与霍尔公司,1893 年,第 331 – 332 页(R. S. Gundry, *China and Her Neighbors France in Indo – China*, *Russia and China*, *India and Tibet* , London: Chapman and Hall, ltd, 1893, pp. 331 – 332)。

尔人的蔑视。"[1]然而我们在认真分析康华利所采取的态度之后，便无法认同他的观点。康华利真的放弃了黑斯廷斯的策略吗？事实上，英国对华对藏的政策始终是一致的、连贯的，并没有发生冈德里上述的本质性的变化。虽然在具体的情况下，英国政府可能会有不同的策略，但英国侵略的本质难以改变。

第二，体系完整性。英国的战略在宏观上和其在南亚次大陆的战略以及针对俄国的战略是相辅相成的。英国要巩固在南亚次大陆的战略地位，就必须拿下西藏，而西藏对英属印度的战略重要性不言而喻。

随着19世纪90年代中后期帝国主义在全球竞争加剧，亚洲成了众矢之的。俄国侵入帕米尔，进逼印度西北，法国西进暹罗，威胁英属缅甸，俄法联盟对英属印度构成"钳形攻势"。在瓜分中国的狂潮中，俄国割东北、租旅顺，谋图直隶；法国占广州湾，划两广、云南为其势力范围；英国则宣布长江流域为其势力范围，形成俄法联盟"南北夹击"英国在华势力范围的态势。在全球范围内，后期的德国对英国构成了更严重的威胁，英德矛盾急剧上升。在南非，德国怂恿德兰士瓦尔抗击英人；在西亚，德国的柏林—拜占庭铁路计划向英国发出挑战。德国扩充海军军备直接动摇着支撑英帝国世界霸权的基石，德国叫嚣重新瓜分世界显然是公然挑战英国权威，而奉行"光荣孤立"政策的英国已经明显力不从心。此时，寇松总督的"前进"政策出台了。中国西南边疆被纳入了帝国主义全球战略中。寇松以俄国对英国造成的不断威胁为借口，提出了"前进"政策。从某种程度上而言，控制西藏对英国的政治战略意义已经远远高于经济方面带来的利益。因此可以说，英国对华陆路战略不是孤立的，而是紧密地配合英属印度政府出台的各种政策以及符合英帝国的整体利益的。

第三，循序渐进性。英国的战略是逐步形成、逐渐成熟的。英国并

---

〔1〕〔英〕R·S·岗德里：《中国及其法国印度支那邻居，俄国与中国，印度与西藏》，伦敦：查普曼与霍尔公司，1893年，第331－332页（R. S. Gundry, *China and Her Neighbors France in Indo－China*, *Russia and China*, *India and Tibet*, London: Chapman and Hall, ltd, 1893, pp. 331－332）。

不是从一开始就实行武力侵夺西藏，而是从派出使团开始，逐步深入，在蚕食鲸吞周边地区，而清朝彻底无力招架之际，实行军事总动员，武装入侵西藏。今天看来，英国的对华陆路战略呈现出明显的阶段性，可谓一环扣一环，各个阶段紧紧相连，缺一不可。在最初不了解情况的前提下，英国先派出考察团、使团等以各种借口想方设法进藏考察，对藏族的婚姻情况、家庭组织、丧葬礼仪、人文地理等都做了大量记录和认真研究，并想尽办法建立与西藏地方的直接贸易往来，但遭遇失败；在充分了解情况的基础上，英国认为对藏贸易不但可行，而且有利可图，便利用廓尔喀两次入侵西藏的机会，妄图打入西藏，扩大印藏贸易，仍然遭遇失败；顽固的殖民者并没有放弃其战略，而是采取迂回策略，从西藏四周入手，将尼泊尔、不丹、锡金一一拿下，撤除西藏的藩篱，使西藏直接暴露于殖民者统治区内，为下一步的武装入侵打下基础；最后，一切时机均已成熟，清朝也无力反击，便堂而皇之地将军队开入西藏，武装入侵西藏。

第四，手段多样性。英国在展开对华陆路战略之际，实施的手段可谓五花八门，多种多样。首先，派出波格尔、特纳等使藏，可谓绞尽脑汁，用尽花招，极尽拉拢之能事。为了赢得班禅的信任，博取后藏高级僧侣和贵族的欢心，尽量减小他们对英殖民主义的疑虑，波格尔学习藏文，学说藏语，身穿藏装，学习饮茶，并作了大量的记录和资料准备。后来，他的著作成了欧洲人了解西藏的标准教科书。可以说，为了达到预期目的，波格尔可谓竭尽所能，不择手段，用尽了浑身的解数。[1] 虽然与西藏直接通商的目的没有达到，但是他们绘制的地图以及所作调查报告，对后来武装入侵西藏都起了极大的参考作用。

由于对西藏有了进一步的了解，英国不满足于现状，希图积极扩大对西藏的贸易，借着廓尔喀两次入侵西藏的良机，并从中斡旋，充当廓尔喀与清朝的调停人，希望渔翁得利，进一步打入西藏的市场，但却因清朝反击廓尔喀战争获胜而美梦破灭。

---

〔1〕〔英〕马克汉姆主编：《乔治·波格尔使藏与托马斯·曼宁的拉萨之行》，印度新德里：文殊师利出版社，1971年，第88－89页。

调停战争未果,英国并没有因为《钦定藏内善后章程二十九条》而放弃中国西藏,相反,凭借着大英帝国的强大实力,英国采取蚕食鲸吞的方法,逐一占领了西藏周边的不丹、锡金、尼泊尔等国,并在自认为时机成熟的时候武装入侵西藏。可以说,英国殖民主义为了达到自己的目的不择手段。

1.3.2 英国对华陆路战略的影响

西藏地方自13世纪以来就归属中国中央政府的行政管辖之下,是中国领土不可分割的一部分,在帝国主义势力侵入西藏以前,即13世纪直到19世纪后期的世界历史和国际关系中,从来没有出现过什么"西藏问题"。[1] 西藏地方内部发生的各种纠纷甚至冲突,都属于中国内政问题,由中国中央政府自己解决。但19世纪下半叶以来,英国殖民主义分子在吞并全印度后,扩张其势力,向喜马拉雅山区进攻,企图分割中国侵占西藏,于是才有了所谓的"西藏问题"。可以说,是英国肇始了"西藏问题"。而英国开始打西藏的主意,并不是19世纪下半叶才开始的。

18世纪晚期,英国妄图突破清朝海禁,扩展对华贸易,但都遭到了顽强的抵制。多次挫败之后,英政府令东印度公司设法从中国西南地区找到一条绕过清王朝禁阻的商路。1774年,英属印度总督黑斯廷斯派遣波格尔出使中国西藏地区的扎什伦布寺,后来又借口祝贺班禅灵童坐床,派遣特纳再次到扎什伦布谈判通商贸易。西藏在中国中央政府的有效管辖之下,英国试图绕过清廷与西藏地方建立商业往来的图谋遭到了西藏地方拒绝,波格尔和特纳的出使均以失败告终。

随之而来的廓尔喀两次入侵西藏战争,英国扮演了空前活跃的角色,以"中立"为借口,妄图从中捞取最大的好处,但因清政府及时出兵而未有收获。此后,英国并没有停止其对华的陆路战略。英属印度政府连年发动战争,征服周边各国,逼近中国西南边疆。

1840年,英国发动了第一次鸦片战争,以武力打开了中国东南沿

---

〔1〕杨公素:《中国反对外国侵略干涉西藏地方斗争史》,北京:中国藏学出版社,2001年,前言。

海通商门户,但英国的对华贸易额并没有达到英商的期望值,而其他列强已经纷纷进入中国,列强在华商业竞争日趋激烈。如何才能保证英国在华优势?英国政府与英国商人展开了一场对华贸易辩论。斯普莱提出的滇缅铁路计划将辩论引向中国西南边疆,形成了在从中国东南沿海西进的同时,贯通滇缅、贯通藏印,通过一条英国独擅其利的商路,将英属印度与长江流域联结起来的对华贸易战略。[1] 在中英签订《天津条约》、《北京条约》后,开放中国沿海地区的计划大体完成,英国着手贯通滇缅、藏印。斯来登前往云南腾冲与大理杜文秀政权建立联系,后来英国又派遣武装团队强行入境导致"马嘉理事件",逼迫清廷订立中英《烟台条约》,在增开长江流域通商口岸,向西推进的同时,开放大理为商埠。另议专条又规定英属印度派员赴藏,以实现其连结英属印度与长江流域的构想。光绪十四年(1888),英国利用种种借口发动了第一次侵略中国西藏的隆吐山战役,正式揭开了武装侵略西藏的序幕。英国此次侵藏后,逼迫清政府在两个不平等条约上签字,将西藏边境小镇亚东辟为商埠,从而打开了西藏的门户。

第一次侵藏后不久,英国利用他们占领印度的势力,趁中国处于内忧外患之中,又发动了第二次侵藏战争。19、20 世纪之交,就任英属印度总督的寇松坚持以亚洲为主战场,以俄国为主要对手,把印度推上了"国际政治的前线"、"英帝国的战略前线",提出了把西藏变为英国控制下的"缓冲国"的计划,图谋占领西藏,实现英属印度与长江流域英国势力范围的结合,以击败俄法的"钳形攻势"和"南北夹击",进一步以印度为基地四面出击,确立英国在华和在亚洲的优势。[2] 为此,寇松以俄国威胁为由,怂恿英国政府发动第二次侵藏战争。1904 年,荣赫鹏驱兵直入拉萨,以卑劣手段强迫西藏地方签订了非法的《拉萨条约》。他们挑拨汉藏民族关系,离间中国中央与西藏地方的隶属关系,培养亲英分子,支持军火财力,企图使西藏从中国分割出去。为

〔1〕吕昭义:《英帝国与中国西南边疆(1911—1947)》,北京:中国藏学出版社,2001 年,第 3 页。

〔2〕〔英〕兰姆:《英国和中国中亚:通往拉萨之路,1767—1905 年》,伦敦:罗德里奇出版社,1960 年,第 259 页。

了实现这一阴谋,他们还制造出许多否认西藏属于中国的谬论,混淆视听,其造成的不良影响至今仍在。1908 年英俄协议的达成,标志着英国全球战略调整的完成,英国英属印度政府对中国西南边疆政策也进入一个新阶段,即侧重维护其在英属印度殖民统治的地区性政治军事利益。

所谓"西藏独立"说正是源自于寇松的"缓冲国"阴谋。将西藏变成英国控制下的"缓冲国",是寇松在 1901 年 6 月 11 日给汉密尔顿写的信中正式提出的。信中说:"如果我们在西藏无所作为,那么,要不了十年,俄国将建立对西藏的保护关系。也许在若干年内这不会对我们构成军事威胁,但却会带来政治危险性。在其影响下,尼泊尔、不丹、锡金将会动荡不安并处于危险状况。虽然我们不能阻止俄国人夺取中国的整个蒙古和土耳其斯坦(按,指新疆),在这两个地区我们所能做的,充其量不过是推迟俄国在土耳其斯坦的推进。但是,我认为,俄国对西藏的保护是可以阻止的,唯一的办法就是我们自己的推进。"寇松接着说:"我的意思是,西藏,而不是尼泊尔,必须成为我们竭力要建立的缓冲国。"寇松不惜发动战争改变西藏地位,使之成为英国保护下的"缓冲国",对此,《新编剑桥世界近代史》将寇松入侵西藏作为"因过分恐惧而进行侵略的实例之一",是"由于这种不正常的精神状态","为可能出现的危险而感到不安,并倾向于对被夸大了的危险采取过分的安全措施。后来伟大的索尔兹伯里勋爵曾把这种心理状态描述为主张去占领月球以防止来自火星的袭击"。[1] 在我们今天看来,这种荒诞的理论无非是为殖民主义对外侵略扩张找借口。

综上所述,英国和英属印度政府对中国西南边疆的一切政策,无论是基于商业利益,还是全球战略利益、维护对印度的殖民统治利益,都是以英帝国的需要为根本出发点,以侵害中国人民利益、分裂中国为目的的,英国帝国主义造下的种种恶果产生了消极的历史影响。近代以来所谓的"西藏独立"问题就是英国对华陆路战略的直接结果,其

---

〔1〕〔英〕埃尔顿编:《新编剑桥世界近代史》,中译本,卷 11,北京:中国社会科学出版社,2003 年,第 576－577 页。

阴魂至今未散。因此,反对外国敌对势力将西藏从祖国分裂出去仍然是我们今天面临的严峻任务。

2 英国与所谓"西藏问题"

"西藏独立"论出现于19世纪末期,是帝国主义侵华的产物。入侵中国西藏的英国是始作俑者。在19世纪和20世纪初,印度成为英国东方殖民体系的政治、经济中心和向亚洲进行侵略扩张的战略基地。为了确保英国能在南亚次大陆长期稳定的榨取最大限度的经济利益,英国的战略家们逐步提出了所谓的"拱卫印度安全"的"三个缓冲区、两个同心圆和一个内湖"的战略思想。三个"缓冲区"中的第一个就是"印度管理下的西藏,保证印度不受中国威胁"。从这一战略构思出发,英国先后于1888年、1903年发动了两次侵略中国西藏的战争。这两次战争都遭到西藏军民的奋起抵抗。在第一次侵藏战争结束后,由于清政府的软弱和腐朽,《中英会议藏印条约》签订,历来是中国西藏地方藩属的锡金落入英国人手中。但西藏地方政府和藏族人民对于上述不平等条约强烈不满,拒不执行损害国家利益、西藏利益的协议。英国看到这种状况,遂产生了撇开清廷直接同西藏当局谈判的想法。这就是英国企图制造"西藏独立"的开端。直接谈判的想法遭到十三世达赖喇嘛的拒绝。英国于是发动了第二次侵藏战争。

1904年8月3日,荣赫鹏部队进入拉萨,展开谈判。9月7日,"英藏条约"[1](俗称《拉萨条约》)在布达拉宫大厅签订,荣赫鹏和噶布伦及三大寺代表完成签押。在条约签署之后荣赫鹏所作演说中,"赞扬"英藏间误会冰释,建立了"友好"关系;保证不干预西藏的宗教和内政,也不会兼并西藏的领域;荣赫鹏还向驻藏大臣有泰表示,英国完全承认中国在西藏的"宗主权"(Suzerainty)。[2] 对于拉萨条约的签署,清廷事先并不知情,事后也未批准签约。在清外务部收到有泰寄来的草

〔1〕条约内容参见荣赫鹏:《印度与西藏》,香港·牛津大学出版社,1985年,第441-443页,附录。

〔2〕荣赫鹏:《印度与西藏》,香港·牛津大学出版社,1985年,第305页。

约后,立即回电令有泰力争中国在西藏的“主权”。英国鉴于中国政府未能批准“英藏条约”,提议中英两国派专使在印度重新商议,以求彻底解决西藏问题。

2.1 唐绍仪、张荫棠力争我在藏主权

1905年2月16日,印度会议召开,清廷派唐绍仪为议约全权大臣,希望他能争回中国在藏主权。2月,唐绍仪抵达加尔各答,随即与英国代表费礼夏(S. M. Fraser)展开会谈。根据唐绍仪与费礼夏历次会议记录及所拟草约来看,中英双方相持不下的争论正是“主权”之争。

唐绍仪坚持英国必须承认中国是西藏的“主权国”(Sovereign State);费礼夏拒绝,表示仅能承认中国是西藏的“宗主国”(Suzerain State),理由是中国一向未能尽其义务,故英国乃能出兵入藏。唐绍仪力主中国于西藏享有主权,则拉萨条约乃英印与中国属下的一地方私相签订,全无效力,不废自废。这是英属印度政府最反对而又无可奈何的。4月20日,印度外务大臣韦礼敦(E. C. Wilton)给唐回信说:“英竭尽数年心力,耗兵费八十余万镑,冻死士卒百余人,始成拉萨条约,今将约内已得利益,全行让出,无此办法。”唐云:“英国与番僧立约,只有一面,并非两平等国,不能视为约内已得利益,若照此稿,我手上断不能画押。”唐又列举历代达赖、班禅受册封,藏官补缺请旨简放,藏军由驻藏大臣督率每岁操演各事,均证明我有主权。韦礼敦云:“君言虽如此,费礼夏决不肯改,盖此稿系末次之稿。”唐云:“我甚愿听‘末次’二字。”5月19日,唐绍仪接到外务部来电,乃于5月23日以病为辞,请求返国。6月5日,唐绍仪拟出末次稿函寄给费礼夏,避去“宗主权”、主权词语纠缠,拟出首条为“英国允认中国在西藏原有及现时享受应得之权力”。6月22日,费礼夏复函,坚决不同意,并谓此时未能将歧疑之处解释明白,恐将来因歧疑而生争执,其意仍要辨明主权、“宗主权”问题。还表示依照拉萨条约,英印有事须与藏族官员联系,将决意行之;如藏人按约办事,中国不宜阻挠。9月16日,上谕唐绍仪患病,着即赏假回国。

由于双方各持己见,不肯让步,致使会议历时1年3个月,一度更换代表及地点,才于1906年4月27日在北京签署《中英新订藏印条约》(Convention between Great Britain and China ,1906)。[1]

1906年10月中旬,张荫棠出任赴藏查办事件大臣,直接由印度入藏,一面协商驻藏大臣联豫办理西藏善后,一面筹办开埠通商。到了1907年5月,张荫棠再度奉命赴印,与英国协商新的通商章程。当时,英国驻华公使朱尔典(John Jordan)致函外务部,要求张荫棠来印议事,必须有西藏代表同行,未来的通商章程上必须有西藏代表画押。[2]这引起了张荫棠的强烈抗议,张荫棠认为英方的这项要求有损清廷治藏主权,因为西藏是中国的属地,西藏问题也就是中国的内政问题,外国不必干预。西藏条约既然由中英双方签署,中国政府自负全责,责令西藏人民遵守,毋庸英国费心。因此,他对朱尔典要求携同藏方代表赴印议约的反应是:"可携同藏方代表噶布伦赴印议定通商章程,但章程由中英双方签押即可,藏方无须画押。因为中国既签署条约,自然会责令藏人遵守。"[3]张荫棠认为,英国要求西藏代表随同画押是有其政治目的的,他电告外务部云:"英国坚持由中英藏三方签署条约,是要提升西藏的政治地位,使之与中、英两国平等,以此来否定西藏内属中国的政治关系。"[4]清廷虽然同意张荫棠的看法,但由于英国态度强硬,而朝中又不愿为西藏问题节外生枝,只好派藏官同去,只随同办事,条约章程则全由中英双方签订。

除此之外,英国还要求派出"西藏全权代表",可代表西藏行使独立之主权,清廷虽然同意派遣西藏代表,但该代表只是中国全权代表的随员,随同张荫棠办理交涉。1907年末,英方又提出"藏文入约"的问题,要求将来所订的通商章程应由中英藏三种文字并列。张荫棠认

[1]条约内容参见荣赫鹏:《印度与西藏》,香港·牛津大学出版社1985年,第443-444页,附录。

[2]光绪三十三年《总理各国事务衙门清档》册2,《光绪三十三年五月四日收英国公使朱尔典》节略。

[3]光绪三十三年《总理各国事务衙门清档》册2,《光绪三十三年五月十四日收张荫棠电》。

[4]光绪三十三年《总理各国事务衙门清档》册4,《光绪三十三年九月十四日收张荫棠电》。

为英国人要求“藏文入约”是另有野心,企图否认中国在藏主权:藏文入约,从前体制未有;既然中英约无印文,中俄约无满蒙文,藏文当然也不应列入条约,因此,他电告清廷务必据理力争。[1] 1908 年 1 月 9 日,外务部致英公使朱尔典照会中,提出了折中的方法,即:条约以英文为准,约成另译成藏文,咨送印度政府查核。1908 年 4 月 20 日,《中英修订藏印通商章程》(Tibet Trade Regulations, 1908)[2]终于签署完毕。

上述唐绍仪、张荫棠在同英国外交官交涉的过程中折冲樽俎,有力地打击了英国利用“宗主权”来否定我在西藏主权的企图。

2.2 1907 年英俄《西藏协定》:“宗主权”一词的出笼

1907 年 8 月 31 日,俄国同英国在彼得堡签订了《协约》,其中包括《西藏协定》、《波斯协定》和《阿富汗协约》三项条约。通过协约,俄英两国调整了在西藏、波斯、阿富汗问题上双方的矛盾,做成了大笔一揽子交易。俄英两国在《西藏协定》中,第一次提出“中国对西藏之宗主权”的说法,否定中国在西藏的主权。俄英两国背着中国以“西藏问题”为筹码,在波斯和阿富汗等问题上进行了帝国主义的政治交易。

英俄《西藏协定》的内容如下:

> 俄国政府和英国政府承认中国对西藏之宗主权,并考虑到英国因其地理位置,对完全维持西藏对外关系之现状,具有特殊利益,兹订立协定如下:
>
> 第一款　两缔约国保证尊重西藏之领土完整和一律不干涉西藏之内政。
>
> 第二款　俄国和英国遵照承认中国对西藏之宗主权这一原则,保证:仅仅通过中国政府与西藏联系。但此项保证不排斥 1904 年 9 月 7 日英藏条约第 5 款所规定,并为 1906 年 4 月 27 日英中条约所确认之英国商务委员同西藏当局的直接联系,也不更改上述 1906 年条约第 1 款中英国和中国所作之诸项保证。

[1]光绪三十三年《总理各国事务衙门清档》册 4,《光绪三十三年十二月一日收张荫棠电》。

[2]冯明珠:《中英西藏交涉与川藏边情,1774 - 1925》,北京:中国藏学出版社,2007 年,第 416 - 419 页。

不言而喻，无论俄国和英国之佛教徒臣民均可仅仅出于宗教原因同达赖喇嘛以及西藏佛教之其他代表人物进行直接联系。俄国政府和英国政府保证：就两国政府而言，将不准此种联系违反本协定之规定。

第三款 俄国政府和英国政府各自保证不派遣代表去拉萨。

第四款 两缔约国保证不在西藏为自身或其臣民寻求或获取对铁路、道路、电报及矿山的任何租让权或其他。

第五款 两国政府约定，西藏收入，无论为实物或现金，均不允许抵押或转让给俄国或英国，或其任何臣民。[1]

1907 年 9 月 23 日，俄英两国政府的代表在彼得堡互换了《英俄协定》的批准书。9 月 24 日，两国政府将协约正式通告各大国。9 月 26 日，两国政府正式公布协约。9 月 27 日下午，俄英两国驻北京公使璞科第和朱尔典将英俄《西藏协定》的法文副本知照清政府外务部。

迫于国际形势的急剧变化，为了寻找同盟对付新兴的德国，英国不得不拉拢法国和俄国。而俄国迫于日俄战争中的失败，也急于寻求英国这样的同盟。如此，英法俄在对德战争中集结而成协约国，这也是第一次世界大战协约国形成的基础。英国终于达到了其目的：消除了俄国对印度的威胁，且得到了俄国同意将“中国对西藏之宗主权”写入协约之中，俄国也承认了荣赫鹏非法逼签的《拉萨条约》。

英俄《西藏协定》表明，帝国主义为了各自目的，在争夺中亦有结盟，这再次证明了国际关系中没有永恒的朋友，只有永恒的利益。英俄联合起来首次提出“宗主权”的概念，否定了我国对西藏的主权，造成了极其恶劣的影响。

2.3 西姆拉会议中的“内藏”、“外藏”划分与鼓动西藏“独立”

1911 年，中国爆发了辛亥革命，清政府被推翻。袁世凯上台后，为了换取英国等帝国主义的承认，不得不在西藏问题上有所让步，同意

[1]条约内容参见荣赫鹏：《印度与西藏》，香港·牛津大学出版社，1985 年，第 444－445 页，附录。

召开西姆拉会议。在西姆拉会议召开之前,外交部参事顾维钧和英国公使艾斯顿就在西姆拉召开讨论藏事会议的问题进行了交涉,[1]中英双方争论的焦点是西藏的主权与归属问题,尽管艾斯顿认为西藏已经和中国脱离了关系,中国已经无权过问西藏的一切,中国官员顾维钧还是有理、有利、有节地驳斥了英人的论调,坚持中国对西藏的主权,坚持西藏是中国的一部分,西藏代表不能以全权大臣的身份参加会议,更不能以平等的一方在将来的会议定的约章上签字。退一步也只能沿袭光绪三十二年(1906)修订的藏印通商章程例,西藏代表称为"西藏掌权之员"随同商议,附签于后。英方强词夺理,提出了所谓条约的有效性问题。当时急于要巩固统治地位的袁世凯希望在外交上获得英国等西方列强的承认,国内又面临着"二次革命"等事件,"不得不委曲求全,多所容忍"。1913 年 10 月 7 日,由于袁世凯答应了英帝等列强提出的在华特权,英俄等 13 国承认中华民国北京政府。

1913 年 10 月 13 日,西姆拉会议正式开场。参加会议的代表,英方首席代表麦克马洪(英属印度政府外务大臣),成员有中国事务顾问罗斯(英驻华公使馆官员),西藏事务顾问贝尔(锡金行政长官);中方代表有陈贻范(西藏宣抚使),成员有王海平(西藏宣抚副使);西藏地方首席代表司伦夏札·班觉多杰,成员有副马基(藏军副司令)、台吉赤门巴·诺布旺杰、知宾堪穷登巴达杰,以及三大寺的代表。

西藏方面有着充分准备,一方面有着达赖喇嘛制定的原则,另一方面又有熟悉国际条约的贝尔的帮助,因此,夏札首先提出了条约草案。[2] 从其提案中不难看出,其核心就是"独立",要从中华民族大家庭中分裂出去,投靠西方英殖民主义者。条约认为五世达赖喇嘛以来至民国初期的历史是所谓的"施主"、"法主"关系,得出结论"汉藏地方,是谁也不属于谁的",所以西藏要独立出来。

民国中央政府分析了西藏地方的提案草案后,在 10 月 30 日对西

---

〔1〕《元以来西藏地方与中央政府关系档案史料汇编》,北京:中国藏学出版社,1994,第 2390－2391 页。

〔2〕《元以来西藏地方与中央政府关系研究》(下册),北京:中国藏学出版社,2005 年,第 874－876 页。

藏地方草案做了答复并提出条约草案。[1] 中国政府的提案用史实说明中国对西藏无可辩驳的主权,但西藏方面针对中央政府的提案又提出了《辩驳书》,其中所列举的"独立"理由,如前所述。由于双方草约差距很大,11 月 18 日,中、英、藏三方代表举行联席会议时,麦克马洪避过实质性的问题不谈,却将"中藏边界"问题提到首要解决的问题之一。由于疆界问题上分歧较大,遂展开了激烈争辩。12 月 5 日、11 日、12 日连续开会协商,终未能取得英方满意的结果。1914 年 1 月 12 日,中英、藏三方召开全体会议,就有关疆界问题提出了各自的意见书。[2] 综观夏札的意见书,基本还是原来提交草约的一件,即西藏自唐以来就是一个独立的国家;达赖喇嘛宗教权力及其影响所及的藏区地域就是实现了政权统治的依据;各地藏区对寺院的布施就是纳税的行为;康区的土司任免、承袭要经过噶厦政府等等。因夏札的意见书根本上违背了西藏地方与中国政府关系的基本史实,所以论点和理由都是无法成立的。

1914 年 2 月 17 日又召开全体会议,英方按上次会议的规定,对中藏双方的意见书提出所谓的"调停意见书",其"调停意见书"中,在历史上第一次出现了"内西藏"、"外西藏"的提法,即所谓的内藏与外藏的问题,这足以证明"内外藏"的划分问题是英帝国主义分子侵略西藏的产物。由于中国政府不同意英方划分内外藏的做法,3 月 11 日,英方正式提出调停约稿十一款,[3] 其内容大致重复了以前英国政府提出的关于西藏问题的提议和照会的内容,以及西藏地方向中央提出旨在

[1] ①西藏为中国领土之一部分,其向为中国领土之关系,继续无间;②中国可派驻藏长官驻扎拉萨,所享之权力,与前相同。并有部队 2600 名,除 1000 名驻扎拉萨外,余 1600 名由该员斟酌,分驻各处。③西藏于外交及军政事宜,均应听受中国中央政府指示而后行,非经由中国中央政府不得与外国订商。④西藏人民之以向汉之故,因而身被监禁,产业被封者,西藏允一律释放给还。⑤藏员所开之第五款可商议。⑥前订之通商条款如需修改,须有中英街两方面根据光绪三十二年四月初四日中英所订藏事正第二款商议。⑦中藏边界兹于附上之图内约略画明。[《元以来西藏地方与中央政府关系研究》(下册),北京:中国藏学出版社,2005 年,第 876 – 877 页。]

[2]《元以来西藏地方与中央政府关系研究》(下册),北京:中国藏学出版社,2005 年,第 879 – 892 页。

[3]《元以来西藏地方与中央政府关系研究》(下册),北京:中国藏学出版社,2005 年,第 895 – 898 页。

闹地方割据和"独立"的无理要求。而其目的就是将中国对西藏的管辖从主权国降为"宗主国"的地位,给西藏以独立式的自治,以确保在印度北部边境的扩张。同时,英国还提出中国在外藏不得驻扎文武官员,不办殖民之事,这种粗暴干涉我国内政,分裂我国领土西藏的行径,必然遭到中国政府和人民的反对。

然而,袁世凯为了巩固其统治,令中国代表对英帝国主义的斗争策略转为步步妥协退让。最终,陈贻范在草约上签字,但中国政府始终没有承认,英国人一手导演操纵的西姆拉会议就这样告终。

西姆拉会议条约正文中承认西藏在中国的"宗主权"(Suzerainty),而英国此时将所谓的"外藏"又视为中国本部与英印之间的缓冲了。

2.4 英国率先炮制"宗主权"[1]的概念

宗主权是指宗主国对其进贡国享有的一项权力,宗主国通常在一定程度上拥有进贡国的外交权,但进贡国仍有独立的自治权力。较有权的一方为宗主,英文里的宗主权"Suzerainty"原是用来形容奥图曼帝国及其周围属地的关系。[2] 与主权不同的是,宗主关系里的附庸通常有一定程度的自治权,也可指封建君主对进贡诸侯的关系。

1901 年之前,"宗主权"这一概念并没有出现在任何英国正式文件

[1]有关中英关系中中国对西藏"宗主权"(Suzerainty)概念,参见胡岩:《中英关系中中国对西藏宗主权的概念》(Hu Yan, The Concept of Chinese Suzerainty over Tibet in Sino - British Relations)。

[2]Suzerainty is a situation in which a region or people is a tributary to a more powerful entity which allows the tributary some limited domestic autonomy to control its foreign affairs. The more powerful entity in the suzerainty relationship, or the head of state of that more powerful entity, is called a suzerain. The term suzerainty was originally used to describe the relationship between the Ottoman Empire and its surrounding regions. It differs from sovereignty in that the tributary has some (limited) self - rule. A suzerain can also mean a feudal lord, to whom vassals must pay tribute. Although it is a concept which has existed in a number of historical empires, it is a concept that is very difficult to describe using 20th - or 21st - century theories of international law, in which sovereignty either exists or does not. While a sovereign nation can agree by treaty to become a protectorate of a stronger power, modern international law does not recognize any way of making this relationship compulsory on the weaker power. 参见 http://en.wikipedia.org/wiki/Suzerainty.

中。但总的来说,英国普遍承认西藏是处在中国的宗主权之下的。[1]早在1903年寇松写给汉密尔顿的一封信中就提到过,“我们认为所谓的中国对西藏的宗主权只是一种章程上的虚构”,寇松甚至连这种宗主权都不愿意承认。1907年,在英俄间划分帝国主义势力的文件中提出:“俄国政府和英国政府承认中国对西藏之宗主权。”把中国对西藏的主权说成宗主权,英俄用意何在呢?宗主权和主权到底有什么区别呢?实际上英帝国主义者就是要用“宗主权”来否定中国对西藏的主权。根据柳陞祺的回忆,1944年国民政府驻藏办事处处长沈宗濂曾在新德里同英印外交部长卡罗(Olaf Caroe)谈到西藏问题,沈问卡罗,我们一直认为中国对西藏是主权关系,而你们英国总说是宗主权关系,请问宗主权究竟是什么含义呢?卡罗爵士笑着说,你把我问倒了,让我们一起来查书。于是他亲自挪动短梯,从上层书架上取下1卷《英国百科全书》来,同沈宗濂两人一同研究。研究结果,卡罗向沈宗濂说,对这个词还很难下定义,宗主权的伸缩性很大,这要看中央政府对一个地方的权力贯彻到什么程度。如果全部贯彻了,那就是主权,不然,就是宗主权罢。[2]显而易见,“宗主权”完全是一个为了自己侵略利益方便而杜撰出来的概念,目的就是要否定中国对西藏的主权,最终实现“西藏独立”的目的。

1943年3月,第二次世界大战还未结束,中国人民正在艰苦卓绝地抵抗日本法西斯的侵略。就在这一关键时刻,英国外交部提交了一份名为《西藏与中国“宗主权”问题》的报告,提出取消中国对西藏的“宗主权”一事。但与印度事务部磋商后,因为害怕中国出兵,英国不敢取消中国对西藏的“宗主权”。同年8月5日,英国外相艾登给国民政府外交部长宋子文的备忘录中,仍坚称西藏是“事实上完全自治的地位”,试图再召开西姆拉式的会议,中国根本不予理会。此时,第二次世界大战结束在望,大英帝国呈现瓦解即行没落,其长期精心设计

〔1〕胡岩:《中英关系中中国对西藏宗主权的概念》(Hu Yan, The Concept of Chinese Suzerainty over Tibet in Sino - British Relations)。

〔2〕《西藏文史资料选辑》,北京:民族出版社,2007年,第356页。

的“西藏独立”阴谋遂成为泡影。

1946 年底,英国驻拉萨商务代表黎吉生向西藏亲英上层声称:“如果西藏政府这次派代表团出席泛亚洲会议,就能体现出西藏是一个独立的国家。从目前的形势来看,如今正是搞‘西藏独立’的大好时机。”1947 年 3 月,英国政府利用新德里泛亚洲会议,策动西藏上层闹独立。英国邀请西藏作为独立国家派代表参加,把西藏的“雪山狮子旗”同各国的国旗并列悬挂,并在会场悬挂的亚洲地图上将西藏置于中国疆域之外,经中国代表团提出强烈抗议后才加以改正。1947 年英国撤出印度后,黎吉生仍作为印度的代表继续留驻拉萨,从事策划“西藏独立”的活动。1949 年 7 月,在黎吉生煽动下西藏地方政府制造了第二次“驱汉事件”,将国民政府驻藏办事处官员和有关的汉藏官员强制“护送”出境。

综观 175 年来(1774—1949)英国殖民主义者在西藏的活动,不难看出其分裂中国西藏的“路线图”:首先以所谓的“宗主权”来否定中国对西藏的主权,使西藏在“自治”的名义下实现事实上的“独立”,然后唆使西藏宣布“独立”,从而使西藏彻底脱离中国。为此目的,英国展开对华陆路和海路两手战略,相互配合,并以对华陆路战略为主,最终在 1888 年和 1903 年两次武装入侵西藏。

3 1947 年以来英国的对藏政策

3.1 竭力阻挠西藏和平解放

经过两次世界大战,英国的势力大大衰弱。1947 年,英国被迫撤出印度,但其觊觎中国西藏的野心未死,仍力图通过独立后的印度对西藏施加影响。英国颁布的印巴分治的《蒙巴顿方案》,让印度继承了英国通过武力攫取的在藏特权;其原驻拉萨的商务代表黎吉生,作为印度的代表继续留在拉萨,为英国继续干涉中国内部事务埋下了伏笔。

1949 年夏,当中国人民解放军即将在全国范围内取得胜利之际,英国通过黎吉生与西藏地方政府官员频繁接触。黎吉生对西藏摄政进言:“目前正值中国政局大变化时期,我们要立即把汉人驱逐出藏,如不这样,势必里应外合,引进中国共产党。”在黎吉生的鼓动下,西藏地方政府在当年7月制造了“驱汉事件”,将国民政府驻藏办事处人员和有关汉藏官员强制“护送”出境。这一事件,后来成为达赖集团主张“西藏独立”的一个重要依据,至今仍为“藏独”势力所乐道。

新中国成立后,英国又通过黎吉生向西藏地方政府献计:“不能坐喊‘西藏独立’,应当向联合国致信呼吁。”西藏地方政府起草的“西藏独立”宣言,也是由黎吉生修改并由他翻译成英文稿的。1949年冬,黎吉生还同当年入藏的美国特务劳威尔·托马斯一道,向摄政进言并秘密商定,派出西藏“亲善代表团”分赴美国、英国、印度、尼泊尔4国请求援助“西藏独立”。后经中国政府及时揭露,其阴谋才未能得逞。

1950年1月17日,英国通过印度驻拉萨“代表处”的工作人员英国特务福克斯向藏军总司令致函献策,要西藏地方政府做好破坏道路、桥梁,埋设地雷等准备。英国还派报务员福特到昌都掌管电台,直接帮助西藏地方政府阻挠中国解放西藏。福特在昌都期间,害死了前去劝和的西南军政委员、西康省人民政府副主席、甘孜白利寺格达活佛。后来,福特在昌都战役中被中国人民解放军俘获,成为英国阻挠中国解放西藏的铁证。

3.2 经济上援助达赖集团

英国对达赖集团的经济援助大多是通过一些组织完成的。据不完全统计,在英国冠有“西藏”字眼的组织有不少:“多党议会支持西藏小组”、“藏人适用技术服务组织”、“援助西藏”、“西藏基金会”、“英国西藏协会”、“支持西藏小组”、“英国支持西藏组织”、“英国藏人社区”、“自由西藏运动”、“西藏救援协会”等。达赖集团的骨干丹增格切、平措旺杰、央金卓嘎等都先后或至今仍在这些组织中活动。此外,在英国还有一些国际性人权组织和以旅行社或以慈善机构名称出现的支持达赖集团的组织,如“大赦国际”、“国际警戒”、“奥肯登救援组织”、“加普有限公司行动计划”、“少数民族权利小组”、“拯救儿童基金”等,这些组织的相当一部分活动是污蔑中国在西藏违反人权,为达赖集团呐喊助威、筹集资金,或为流亡英国的藏族儿童提供教育及职业培训。

根据2004年达赖集团在达兰萨拉召开的年度春季伪"人代会"达赖"流亡政府财政部"负责人在大会上做的书面述职报告显示,2001年4月至2003年12月(即在两年9个月的时间里)"流亡西藏政府"共获得世界各国的资金援助973 911 715.07卢比(约合人民币173 912 806元)。欧洲各国的援助数目为477 576 174.77卢比(约合人民币85 281 459元),而其中英国援助的数目达到66 232 579.20卢比(约合人民币11 827 246元)。

英国还通过为达赖集团培养人才来筹集资金。早在1968年英国就接收了3名流亡藏族青年到英国布里斯托尔大学进修。达赖的妹妹吉尊白玛也曾留学英国,她后来成为分管文化卫生的噶伦。近年来,英国一些政要人士还在不断为达赖集团培养人才奔走呼吁。据英国国际发展署秘书弗尔克斯透露,仅1995年到1996年,英国通过非政府组织如"救助儿童组织"给予西藏、四川和印度的藏人援助就达375万美元。

3.3 政治上支持达赖集团

首先,英国是最早允许达赖集团设立办事处的西方国家之一。达赖驻伦敦办事处成立于1981年,其主要功能就是"使人们更好地了解西藏的局势,吸引世界公众舆论对西藏人民的请求的关注和对西藏流亡政府作用的关注"。在相当长的一段时间内,该办事处代理英国、爱尔兰、丹麦、挪威、瑞典、芬兰和冰岛的"西藏事务",还负责管理达赖对这些国家进行访问活动的安排。1995年,达赖集团的外事工作年度会议就在英国伦敦召开。这些年的情况表明,达赖驻伦敦办事处是达赖集团在西欧活动的中心之一。

其次,除了在伦敦设立办事处外,英国还积极为达赖集团提供宣传"藏独"的讲坛。早在20世纪80年代初,英国就允许旅英藏人创办了《西藏新闻周刊》杂志。在英国政府的支持下,设在英国的"欧洲支持西藏组织"、"国际警戒"、"国际律师协会"等所谓人权组织,曾先后在英国多次召开所谓的“西藏问题国际讨论会”。达赖及其集团骨干伪“人代会”会长桑东活佛、达赖驻华盛顿特别代表甲日·洛珠坚赞、前“藏青会”秘书长扎西平措、噶伦扎西旺堆、丹巴泽仁等都先后在这些会上发表“藏独”演讲。不仅如此,英国反华势力还让达赖集团骨干分子参加英国政党活动。1998 年 9、10 月间,桑东活佛就在访问英国期间参加了英国工党的周年大会,就西藏的局势发表了演讲,开了“藏独”份子在英国政党会议上宣传“藏独”的先河。时隔 1 年,1999 年 10 月 1 日,甲日·洛珠坚赞也获准在英国自由俱乐部纪念大卫·埃纳尔斯的会上作了题为“西藏、中国与 21 世纪:达赖喇嘛的地位”的演讲。

第三,英国政府高官公开支持“藏独”活动。在 1991 年前,达赖访问英国主要是在英国议会和宗教等民间团体中活动。英国政府官员一般不会见达赖,即便会见也是以“私人身份”进行会见。1991 年,美国总统布什率先会见达赖后,英国政府官员也紧随其后,公开与达赖集团接触。1990 年 7 月,英国前副外交大臣思尔纳斯以执行秘书身份参与了人权组织“国际警戒”在英国伦敦召开的“西藏问题国际会议”。1991 年 11 月,英国首相梅杰打破英国政府官员不与达赖集团公开接触的惯例,会见了来访的达赖。此后,英国政府官员公开会见达赖成了经常性的事情。无论是保守党还是工党政府,都把会见达赖作为遏制中国的一个重要手段。英国工党政府首相布莱尔上台后,布莱尔本人及其外交大臣库克等政要均会见了达赖,并向达赖保证,英国“将抓住一切机会与中国当局就人权问题继续展开对话”。事实证明,英国政府确实做到了向达赖的承诺,一直将“西藏问题”作为对华交涉的一个重要内容,要我尽快无条件与达赖进行谈判。

2007 年 6 月 27 日,英国工党戈登·布朗担任首相,并于 2008 年 5 月 23 日在英国坎特伯雷大主教威廉姆斯的住所兰巴斯宫会见了达赖喇嘛。会谈后英方发表的声明称,布朗保证“为促进中国与西藏人民之间的和解而努力”。布朗虽然决定不在首相府会见达赖喇嘛,但并不表示他已同国内支持“藏独”势力的政界人士完全划清了界限。布朗也知道会见达赖将给英中关系带来新的障碍,但由于面临工党内部及在野各党的压力,因此他"一定要见达赖"。而选择在兰巴斯宫这个宗教场所会见达赖喇嘛,无疑是布朗的变通做法:既不严重伤及英中关系,又对国内朝野政党有所交代。布朗在对华政策上这种摇摆不定略带投机的行为,给中英关系的顺利发展带来了一定的风险。

在英国朝野人士的支持和怂恿下,达赖集团在英国的骨干分子每年都要在"3·10"、"5·23"、"9·27"等所谓敏感日期大搞"藏独"活动,其规模和影响在西方国家中都是相当大的。英国现已成为达赖集团在西方的一个主要活动基地。

3.4 舆论媒体倒向达赖方面

以 BBC 为首的英国主流媒体为达赖集团进行全方位宣传,造成恶劣影响。设在英国的"西藏信息网络"、"大赦国际"、"英国广播公司"(BBC)等组织和机构,声称要为全世界提供所谓"西藏及中国境内发生事件的真实可靠的新闻资料",为达赖集团及其"藏独"活动摇旗呐喊,大力宣传。它们每天都向全世界散布有关西藏情况的歪曲、诽谤性信息,是国外有关西藏谣言的主要制造者。在英国的达赖集团骨干次仁夏加,近年来编撰、出版了歪曲西藏历史的书籍《龙在雪域》,鼓吹该书是"1947 年来的西藏现代史","1913 至 1950 年这个时期的西藏是独立的",攻击"中国占领西藏",西方很多人吹捧此书为"惊世之作",而次仁夏加本人也承认此书是众多英国人帮他共同完成的。

通过对 2008 年 3 月 14 日拉萨暴力事件的报道,尤其是奥运圣火传递以来,我们再次看到以 BBC 为首的一些西方媒体充满偏见的一面。BBC 新闻赫然将解放军救助骚乱受害人的场景说成是"军事镇压"。在他们的镜头及文章里,参与打砸抢烧的犯罪嫌疑人成了"受害者及被镇压的对象",破坏奥运火炬传递的丑行成了"捍卫人权的义举"。而中国政府维护正常社会秩序、捍卫奥运火炬尊严的正当行为他们却视而不见。更有甚者,就在他们完全不顾事实、片面报道的同时,却将责任推到中国身上,似乎真理永远掌握在他们手里,他们俨然成了当今世界的"卫道士"。BBC 新闻对"3·14"拉萨暴力事件的报道最有力地证明了英国主流媒体对西藏问题的看法,对英国普通民众了解真相带来了恶劣的负面影响。

3.5 英国依然支持达赖集团的原因

长期以来,以英国为首的对中国怀有敌意的西方国家在所谓的"西藏问题"上大肆炒作,至今沿袭殖民时代的旧思维,玩弄"宗主权"概念。表面上,"西藏问题"是西方国家热衷的人权、民族、宗教和环境等问题,但其背后却包藏着国际反华势力分裂中国的祸心,正如德国《法兰克福汇报》中说:"西藏问题能够成为(西方)在西藏战略扑克游戏中对付中国的一张王牌。"

因此,英国今天依然支持达赖集团,总有一些议员对中国的西藏政策说三道四,主要有两个原因。

首先,妄图遏制中国的发展。历史是一面镜子,2008 年国际反华势力借北京奥运会重弹"西藏问题"的老调,不过是他们历史闹剧的重演。而所谓的"西藏问题",绝不是什么"民族问题"、"宗教问题",更不是"人权问题",而是帝国主义分裂中国的产物。以英国为主的国际反华势力就是想通过"西藏问题"抹杀中国的国际形象,遏制中国的发展,最终达到"西化"、"分化"中国、颠覆社会主义中国的目的。正如法国社会党左翼参议员让—吕克·梅朗雄所说,"西藏问题"只不过是一个借口。看到这些针对中国的行为,让他想起"当年殖民者用武器逼迫中国进行鸦片贸易的情景"。香港《文汇报》载文说:"对付一个从来不依靠武力征服外国而又拥有古老文明与智慧的中国,西方只有在 19 世纪与 20 世纪前期俯视中国的经验,还没有足够的与中国平起平坐的心理准备。"西方国家之所以对"西藏问题"情有独钟,无非是他们传统的冷战观念在作祟。随着中国日益强大,"中国威胁论"也甚嚣尘上。英国等西方国家更愿意看到一个被他们"同情"的"弱小民族",而不是一个与"西方的主流价值观"格格不入的东方大国。意大利著名历史哲学家梅尼科·洛苏尔多在网站发表的呼吁书一针见血地指出:"一个'妖魔化'中国的卑鄙行动正在一些西方国家开展。他们以'自治'为旗号,支持'西藏独立'。这个目标如果实现,他们的下一个目标就会是新疆、内蒙古等中国其他地区。他们的目的就是要肢解很多个世纪以来形成的、现在由56个民族组成的多元文化的中国。"

第二,由于历史的原因,受殖民思想影响,英国一直没有很好地反省其过去的错误政策,也总有那么一部分人试图借尸还魂,重温旧梦。而达赖喇嘛的积极窜访刺激了他们的幻想。2008年6月达赖喇嘛在英国国会发表演说时宣称"英国与西藏有着伟大、悠久的历史关系,在西藏问题上应该肩负起推进和改造历史的使命",并请求英国各界在西藏问题上给予"更大支援和关注",也为英国插手西藏问题提供了借口。事实上,无论是什么原因,无论怎样叫嚷,总无法改变历史,也无法改变西藏是中国一部分的现实,正如小平同志所说的那样:"有人想把西藏从中国分裂出去,把西藏拿过去,我看他们没有这个本事。"

3.6 百年来首次承认中国对西藏的主权[1]

自英国首次提出"宗主权"概念的100多年来,世界形势发生了日新月异的变化。2000年英国发布的《人权宣言》里声称:英国是唯一不承认中国对西藏拥有主权的国家,但也不承认西藏的独立。[2] 然而到了2008年10月29日,英国外交大臣米利班德(David Miliband)就发表关于西藏问题的书面发言,承认中国对西藏的主权,这是100多年来的首次承认。米利班德在发言中说:"我们对中国政府公开申明,我们不支持"西藏独立"。和欧盟其他成员国、美国一样,我们认为西藏是中华人民共和国的一部分。我们的利益是追求长期的稳定,而这只能通过尊重西藏人权状况以及藏人更大程度上的自治才能获得。"[3] 为什么英国会改变其百年来的政治立场呢?

(1)"过时的宗主权概念"

正如米利班德所言:"我们判断中国对西藏'特殊地位'的根据是过时的宗主权概念。"长期以来,以英国为首的对中国怀有敌意的西方国家在所谓的"西藏问题"上大肆炒作,至今仍沿袭殖民时代的旧思

---

[1]《英百年来首次承认中国对西藏主权》2008年11月11日16:49,青年参考。

[2] UK is only country which does not recognize Chinese sovereignty over Tibet. But we do not recognize Tibet as being independent.

[3]英国外交部官方网站。

维,玩弄“宗主权”概念。在21世纪的今天,英国若仍然秉承“日不落帝国”的殖民思维,不啻为世人所耻笑。这种落伍的、过时的观念,与全球化、现代化发展背道而驰。故此,米利班德强调说:“和欧盟其他成员国、美国一样,我们认为西藏是中华人民共和国的一部分。”

(2)适应国际环境变化的需要

100年间天翻地覆的变化自毋庸赘言,英国政府此番发言正是适应了国际环境变化的需要。米利班德的发言中提到英国对西藏地位的认识受到英国在20世纪初立场的影响,而当时的立场是基于地缘政治的。[1] 当时英俄争夺我国西藏,英国担忧俄国南下威胁英属印度的安全,而提出“宗主权”,成立“缓冲国”,恰好可以解决这一难题。当时正值清末民初,中国国力衰弱,根本无力与之抗衡。而如今,随着英国实力和影响力日渐衰落,中国的综合国力却蒸蒸日上,虽然我们还存在很多问题需要解决,但我国在世界的影响力不容忽视。自1978年来,中国经济持续快速增长,国家对外交往能力、技巧和外交水平也突飞猛进。同时,中国国内保持高度稳定,政府体制运转有效,中国的政治实力也日益增强。英国此番承认中国对西藏的主权,符合国际形势变化的需求。尽管不能说明英国对我国西藏政策从根本发生了变化,但至少同世界其他国家处于相同水平。英国承认中国对西藏的主权,无疑对促进中英关系的发展具有积极作用,从长远来看,是一个具有战略眼光的决定。

〔1〕Our ability to get our points across has sometimes been clouded by the position the UK took at the start of the 20th century on the status of Tibet, a position based on the geo-politics of the time。

附录2　历任印度总督一览表
(Governors of India,1773—1950)

称号	印度总督姓名	印度总督任期
威廉堡司令官 Governors of the Presidency of Fort William (Bengal) 1773 - 1833	沃伦·黑斯廷斯 Warren Hastings	1773年10月20日至1785年2月1日
	约翰·麦克弗森(临时) Sir John Macpherson (acting)	1785年2月1日至1786年9月12日
	查理·康华利,第二代康华利伯爵 The Earl Cornwallis	1786年9月12日至1793年10月28日
	约翰·肖爵士 Sir John Shore	1793年10月28日至1798年
	艾留雷德·克拉克爵士(临时) Sir Alured Clarke (acting)	1798年3月至1798年5月18日
	理查德·韦尔斯利,第二代莫宁顿伯爵 The Earl of Mornington	1798年5月18日至1805年6月30日
	查理·康华利,第一代康华利侯爵 The Marquess Cornwallis	1805年6月30日至1805年10月5日
	乔治·希拉里奥·巴洛爵士(临时) Sir George Barlow,Baronet (acting)	1805年10月5日至1807年7月31日
	吉尔伯特·艾略特-默里-基宁蒙德,第一代明托伯爵 The Lord Minto	1807年7月31日至1813年10月4日
	弗朗西斯·罗顿-黑斯廷斯,第二代摩拉伯爵 The Earl of Moira	1813年10月4日至1823年1月9日
	约翰·亚当(临时) John Adam(acting)	1823年1月9日至1823年8月1日
	威廉·皮特·阿美士德,第二代阿美士德男爵 The Lord Amherst	1823年8月1日至1828年3月13日
	威廉·巴特沃思·贝利(临时) William Butterworth Bayley (acting)	1828年3月13日至1828年7月4日
	威廉·本廷克勋爵 Lord William Bentinck	1828年7月4日至1833年

称号	印度总督姓名	印度总督任期
孟加拉印度总督 Governor-Generals of Bengal 1833-1858	威廉·本廷克勋爵 Lord William Bentinck	1833年至1835年3月20日
	查尔斯·梅特卡夫爵士(临时) Sir Charles Metcalfe, Bt (acting)	1835年3月20日至1836年3月4日
	乔治·艾登,第二代奥克兰男爵 The Lord Auckland	1836年3月4日至1842年2月28日
	爱德华·劳,第二代艾伦巴勒男爵 The Lord Ellenborough	1842年2月28日至1844年6月
	威廉·威尔伯福斯·伯德(临时) William Wilberforce Bird (acting)	1844年6月至7月23日
	亨利·哈丁爵士 Sir Henry Hardinge	1844年7月23日至1848年1月12日
	詹姆斯·布朗-拉姆齐,第十代达尔豪西伯爵 The Earl of Dalhousie	1848年1月12日至1856年2月28日
	查尔斯·坎宁,第二代坎宁子爵 The Viscount Canning	1856年2月28日至1858年11月1日
印度总督和印度副王 Governors-General and Viceroys of India 1858-1947	查尔斯·坎宁,第二代坎宁子爵 The Viscount Canning	1858年11月1日至1862年3月21日
	詹姆斯·布鲁斯,第八代额尔金伯爵 The Earl of Elgin	1862年3月21日至1863年11月20日
	罗伯特·内皮尔爵士(临时) Sir Robert Napier (acting)	1863年11月21日至12月2日
	威廉·登尼森爵士(临时) Sir William Denison (acting)	1863年12月2日至1864年1月12日
	约翰·莱尔德·迈尔·劳伦斯爵士 Sir John Lawrence, Baronet	1864年1月12日至1869年1月12日
	理查德·勃克,第六代梅奥伯爵 The Earl of Mayo	1869年1月12日至1872年2月8日
	约翰·斯特莱切爵士(临时) Sir John Strachey (acting)	1872年2月9日至2月23日
	弗朗西斯·内皮尔,第十代内皮尔勋爵(临时) The Lord Napier (acting)	1872年2月24日至5月3日
	托马斯·巴林,第二代诺斯布鲁克男爵 The Lord Northbrook	1872年5月3日至1876年4月12日

称号	印度总督姓名	印度总督任期
	罗伯特·布尔沃-李顿,第二代李顿男爵 The Lord Lytton	1876年4月12日至1880年6月8日
	乔治·罗宾逊,第一代里蓬侯爵 The Marquess of Ripon	1880年6月8日至1884年12月13日
	弗雷德里克·汉密尔顿-坦普尔-布莱克伍德,第一代达费林伯爵 The Earl of Dufferin	1884年12月13日至1888年12月10日
	亨利·佩蒂-菲茨莫里斯,第五代兰斯敦侯爵 The Marquess of Lansdowne	1888年12月10日至1894年10月11日
	维克多·布鲁斯,第九代额尔金伯爵 The Earl of Elgin	1894年10月11日至1899年1月6日
	乔治·纳撒尼尔·寇松,第一代凯德尔斯顿的寇松男爵 The Lord Curzon of Kedleston	1899年1月6日至1905年11月18日
	奥利弗·罗素,庵士尔勋爵(代理) Lord Ampthill (acting)	1904年4月至12月代理寇松
	吉尔伯特·艾略特-默里-基宁蒙德,第四代明托伯爵 The Earl of Minto	1905年11月18日至1910年11月23日
	查尔斯·哈丁,第一代潘雪斯特的哈丁男爵 The Lord Hardinge of Penshurst	1910年11月23日至1916年4月4日
	弗雷德里克·塞西杰,第三代切尔姆斯福德男爵 The Lord Chelmsford	1916年4月4日至1921年4月2日
	鲁弗斯·艾萨克斯,第一代里丁伯爵 The Earl of Reading	1921年4月2日至1926年4月3日
	爱德华·弗雷德里克·林德利·伍德,第一代尔文男爵 The Lord Irwin	1926年4月3日至1931年4月18日
	弗里曼·弗里曼-托马斯,第一代威灵东伯爵 The Earl of Willingdon	1931年4月18日至1936年4月18日
	维克托·霍普,第二代林利思戈侯爵 The Marquess of Linlithgow	1936年4月18日至1943年10月1日
	阿奇博尔德·韦维尔,第一代韦维尔子爵 The Viscount Wavell	1943年10月1日至1947年2月21日
	路易斯·蒙巴顿,第一代缅甸的蒙巴顿子爵 The Viscount Mountbatten of Burma	1947年2月21日至8月15日

称号	印度总督姓名	印度总督任期
印度 总督 Governors General of India 1947 - 1950	路易斯·蒙巴顿,第一代缅甸的蒙巴顿子爵 The Viscount Mountbatten of Burma	1947 年 8 月 15 日至 1948 年 6 月
	查克拉瓦尔蒂·拉贾戈巴拉查理 C. Rajagopalachari	1948 年 6 月至 1950 年 1 月 25 日

附录 3　历任印度事务大臣一览表
(Secretary of State for India)

(1)印度事务大臣 (Secretary of State for India)	任期
斯坦利勋爵,Lord Stanley	1858 年 9 月 2 日至 1859 年 6 月 11 日
查尔斯·伍德爵士, Sir Charles Wood, Baronet	1859 年 6 月 18 日至 1866 年 2 月 16 日
格雷伯爵,The Earl de Grey	1866 年 2 月 16 日至 1866 年 6 月 26 日
克兰伯恩侯爵,Viscount Cranborne	1866 年 7 月 6 日至 1867 年 3 月 8 日
斯塔弗·诺斯科特爵士, Sir Stafford Northcote, Baronet	1867 年 3 月 8 日至 1868 年 12 月 1 日
阿盖尔公爵,The Duke of Argyll	1868 年 12 月 9 日至 1874 年 2 月 17 日
索尔兹伯里侯爵,The Marquess of Salisbury	1874 年 2 月 21 日至 1878 年 4 月 2 日
克兰布鲁克子爵,The Viscount Cranbrook	1878 年 4 月 2 日至 1880 年 4 月 21 日
赫廷顿侯爵,The Marquess of Hartington	1880 年 4 月 28 日至 1882 年 12 月 16 日
金伯利伯爵,The Earl of Kimberley	1882 年 12 月 16 日至 1885 年 6 月 9 日
伦道夫·丘吉尔勋爵,Lord Randolph Churchill	1885 年 6 月 24 日至 1886 年 1 月 28 日
金伯利伯爵,The Earl of Kimberley	1886 年 2 月 6 日至 1886 年 7 月 20 日
理查·阿什顿·克劳斯爵士,Sir R. A. Cross	1886 年 8 月 3 日至 1892 年 8 月 11 日
金伯利伯爵,The Earl of Kimberley	1892 年 8 月 18 日至 1894 年 3 月 10 日

(1)印度事务大臣 (Secretary of State for India)	任期
亨利·福勒,Henry Fowler	1894年3月10日至1895年6月21日
乔治·汉密尔顿勋爵,Lord George Hamilton	1895年7月4日至1903年10月9日
圣约翰·布罗德里克,Hon. St John Brodrick	1903年10月9日至1905年12月4日
约翰·摩尔利,John Morley	1905年12月10日至1910年11月3日
克鲁伯爵,The Earl of Crewe	1910年11月3日至1911年3月7日
摩尔利子爵,The Viscount Morley of Blackburn	1911年3月7日至1911年5月25日
克鲁伯爵,The Earl of Crewe	1911年5月25日至1915年5月25日
奥斯汀·张伯伦,Austen Chamberlain	1915年5月25日至1917年7月17日
埃德温·萨缪尔·蒙塔古, Hon. Edwin Samuel Montagu	1917年7月17日至1922年3月19日
皮尔子爵,The Viscount Peel	1922年3月19日至1924年1月22日
奥利佛勋爵,The Lord Olivier	1924年1月22日至1924年11月3日
伯肯赫德伯爵,The Earl of Birkenhead	1924年11月6日至1928年10月18日
皮尔子爵,The Viscount Peel	1928年10月18日至1929年6月4日
威廉·维基伍德·贝恩, William Wedgwood Benn	1929年6月7日至1931年8月24日
塞缪尔·霍尔爵士,Sir Samuel Hoare	1931年8月25日至1935年6月7日
泽特兰侯爵,The Marquess of Zetland	1935年6月7日至1937年5月28日

(2)印缅大臣 (Secretaries of State for India and Burma)	任期
泽特兰侯爵,The Marquess of Zetland	1937年5月28日至1940年5月13日
里奥·艾默里,Leo Amery	1940年5月13日至1945年7月26日
佩西克·劳伦斯勋爵,Lord Pethick - Lawrence	1945年8月3日至1947年4月17日
利斯托韦尔伯爵,The Earl of Listowel	1947年4月17日至1947年8月14日
(3)缅甸大臣 (Secretaries of State for Burma)	任期
利斯托韦尔伯爵,The Earl of Listowel	1947年8月14日至1948年1月4日

附录4 中西人名、地名及专有名词对照表

A

Abbé Huc 胡克神父

Abdul Kadir Khan 阿不都·卡迪尔·汗

A. Campbell 坎贝尔

Act of 1786 1786年法案

A. H. Landor 兰道

Alfred Thayer Mahan 阿尔弗雷德·塞耶·马汉

Agnew, A. 阿格纽

Ahambra-Agvan-Dorjiew 阿哈布拉·阿格旺·多杰耶夫

Alexander Csoma de K·r·s 亚历山大·乔玛

Amban 驻藏大臣

Anglo-Nepalese Trade Pact 英尼通商协定

Angus Maddison 安格斯·麦迪森

Ann Moorcroft 安·穆尔克罗夫特

Alexander Hamilton 亚历山大·汉密尔顿

Arka Tagh 亚克岭

A. R. Margary 马嘉理

Assam 阿萨姆

Asad Husain 阿萨德·胡赛因

AtakGangla 阿塔克冈拉山脉

A. W. Pawl 保尔

Azimabad 阿兹马巴德

A Policy of Non-Intervention 不干涉政策

Augustus Loftus 洛夫特斯

B

Dr. Badmaev 巴德玛耶夫医生

Bahadur, Rana Jung 拉纳·钟·巴哈杜尔

Bahadur Shah 巴哈杜尔·沙阿

Baltistan 巴尔蒂斯坦

Bam Shah 巴姆·沙阿

Bantam 万丹

Bara Garhi 巴拉·加西

Baron Mumm 穆默

Batang 巴塘

bde-legs-rnam-rgyal 德雷南杰

Bengal 孟加拉

Benares 贝拿勒斯

Benckendorff 本肯道夫

Bhardar 尼泊尔政府代表

Bhatgaon(Bhadgaun) 巴特冈

Bhutan 不丹

Bijapur 比节伊布尔

Bir Singh 比尔·辛哈

Bka-blon 噶伦(噶布伦)

Bka-shag 噶厦

Blo bzang ye-shes 罗桑益喜,五世班禅

Blo-bzang chos-kyi rgyalmtshan 罗桑曲结,四世班禅

Blo-bzang don-grub 罗桑丹珠,三世班禅

Blo-bzang dpal-idan ye-shes 罗桑巴丹益喜,六世班禅

Bogle,George 乔治·波格尔

Bombay 孟买

Bom Bahadur 博姆·巴哈杜尔

Boundary Commission 划界委员会

H. Bornford 本福德

Brafford Yorkshire 布拉德福德地区

Britain 英国

British Indian Government 英属印度政府

British East India Company 英国东印度公司

Brodrick 布罗德里克

Bskal-bzang rgya-mtsho 噶桑嘉措,七世达赖

Bsod-nams phyogs-glang 索南却朗,二世班禅

Bsod-nams rgya-mtsho 索南嘉措,三世达赖

Bstan-pai dbang-phyug 丹白旺修,八世班禅

Bukhara 布哈拉

Buriats(Buryat) 布里亚特人

Burma 缅甸

Buxa 布华

Butwal 布特华尔

C

Calcutta 加尔各答

Captain Alexander Cunningham 克宁汉

Captain George Raymond 乔治·雷蒙德

Captain Jones 琼斯上尉

Captain R. L. Kennion 克尼恩

Captain Kinloch 金洛克上尉

Captain Lloyd 洛德上尉

Captain William Hearsey 威廉·赫尔塞上尉

Capuchins 圣芳济各嘉布会

Cathcart,Charles 卡斯卡特

Changgu 昌古

Charter Act 1813 1813年特许状法案

Charter Act 1833
1833 年特许状法案
Charter Act 1853
1853 年特许状法案
Chefoo Convention 《烟台条约》
Chichacotta 奇恰可塔
Claude White 惠德
Clements R. Markham
马克汉姆
Clifton College 克里夫顿学院
Chinri 车里
Colman Macaulay 马科蕾
Colonel T. Graham 格雷汉姆上校
Conde de Linhares
总督林哈列斯伯爵
Convention between Great Britain and China Relation to Sikkim and Tibet,1890
《中英会议藏印条约》
Cooch Behar (Kuchar or Kuch Behar) 库赤·贝哈尔
Cornwallis,Lord 康华利勋爵
Curzon,Lord. 寇松勋爵
The Company of Merchants of London Trading into the East Indies
"伦敦商人在东印度贸易的公司"

D

Daba 大坝镇
Darjeeling 大吉岭
Dalai Lama 达赖喇嘛
Damodor Panre 达姆打·潘特
Deb Rajah 不丹德布王
Deb Singh 德布·辛哈
Delhi 德里
Demo Jong 哲孟雄
D. H. McDowell 马克道维尔
Dhansiri River 丹西里河
Dhir Shum Sher
迪尔·苏姆·谢尔
Dhurkey Sirdar 达吉占堆
Dinapur 第纳普尔
Dinanath Upadhyaya
蒂纳纳斯·乌帕德亚亚
Dolepchen 多列钦
Dom Pedro da Silva 席尔瓦
Drabya Shah 德拉比亚·沙阿
Dr. Thomson 汤姆逊
drung-pa-hu-thog-tho
仲巴呼图克图
Duncan 邓肯
Dza-sag Lama 札萨克喇嘛
Dzongka (Jungka or Jhumga)
宗喀

E

East India Company 东印度公司
East India Company Act 1773
1773 年东印度公司法案
East India Stock Dividend Redemp-

tion Act
东印度公司股息救赎法案
Eastland Company 伊斯特兰公司
Elias 伊莱亚斯
engineering agency 工程学机构
E. M. Satow 萨道义

F

F. E. Taylor 戴莱
Ferdinand Magellan 麦哲伦
Feudal Lord 封建领主
First Anglo-Nepalese Trade Pact
英尼通商协定
Flying Eagle “飞鹰”号
Fort St. George 圣乔治堡
Fort William 威廉堡
Francis Younghusband 荣赫鹏

G

Gangtok 甘托克
Garhua(Garhwal) 加瓦尔
Gardner 加纳
Gartok 噶大克
Gaya 迦耶(在印度贝哈尔邦)
George Everest 乔治·埃佛勒斯特
George Hamilton 汉密尔顿
George Nathaniel Curzon
乔治·寇松
George Trebeck 乔治·特勒贝克
Giaogong 甲冈
Girvan Jodh Bikran
吉冯·约德·比克拉姆
glang dorma 朗达玛
gnam ri srong btsan 囊日松赞
Goa 果阿
Gorden 戈登
Governor 总督(“果尔那尔”)
the Great Game “大角逐”
Great Trigonometric Survey
大三角法测量
Gumashtahs 古马士塔人
Gulab Singh 古拉伯·辛格
Gurkha(Gorkha) 廓尔喀
Gurkha Dynasty 廓尔喀王朝
Gurkha Soldiers 廓尔喀士兵
Gurkha War 廓尔喀之役
Gwalion 格华利奥
G. W. Grant 格兰特
Gyamda 江达
Gyantse 江孜
Gya-pon 甲本

H

Harding,A 哈定总督
Hastings,Warren 黑斯廷斯
Haywood 海沃德
Henry Dundas 邓达斯
Heart 赫拉特
Himalaya 喜马拉雅
Hiskang 西康
H·G·Rawlinson 罗林逊

H. M. Durond 杜兰德
Hodgson 贺德逊
Hooker 胡克
Hormuz 霍尔木兹
Hyorabad 海德拉巴

I

India 印度
Indore 印多尔
Inner Tibet 内藏
Inspector-General of Chinese Maritime Customs Service 海关总税务司
International Law 国际法

J

Jalalabad 贾拉巴巴德
James Logan 洛根
James Henry Hart 赫政
James Flint 洪仁辉
Jammu 查谟
J. K Fairbank 费正清
J. Hooder 呼德尔
Jodpur 约德普尔
John Aken 阿肯
John Harrison 哈里森
John Lowrence 总督约翰·劳伦斯
John Macgregor 约翰·麦克雷格
John Walsham 华尔身
Journal de St. Petersburg 圣彼得堡杂志
Jungka 宗喀

K

Kabul 喀布尔
Kalingpong 噶伦堡
Kalmuks 卡尔梅克人
Kangting 康定
Kanze 甘孜
Karo La 卡罗山
Konstantin Petrovich von Kaufman 考夫曼
Kashmir 克什米尔
Kathmandu 加德满都
Kathmandu Valley 加德满都谷地
Kawaguchi 河口慧海
Kerong(Kairong) 济咙
Kham 康(喀木)
Khampa 干坝(宗)
Khntughta 呼图克图
Khubilghan 呼毕勒罕
Kinloch 金洛奇
Kinthup 金塔普
Kirkpatrick, Captain 基尔克帕特里克上尉
Kishan Singh 基申·辛格(化名克里什纳, Krishna)
Knox 诺克斯队长
Koko-nor 青海湖
Kongbu 工布

KCSI(Knight Commander of the Order of the Star of India) 第二级爵士印度之星勋章
Kuchar 库赤·贝哈尔
Kulum 库伦
Kulu valley 库鲁山谷
Kumaon 库马翁
Kuti(Nyelam) 库提(聂拉木)

L

Ladakh 拉达克
Lahore 拉合尔
Lahul 拉胡儿
Lahul valley 拉合尔山谷
Lamb, Alastair 兰姆
lang ka tse 浪卡孜
Led 列城
Leadenhall Street 利德贺街
Leg myi rhya 李聂秀
Lepcha 列普查人
Lhasa 拉萨
Lhasa Treaty (Convention between Great Britain and Tibet, 1904) 拉萨条约
Lhatse 拉孜
Lieutenant Henry Strachey 亨利·斯特里奇中尉
Likin 厘金
Lingtu 隆吐山
Listee 里斯提
Litang 理塘
Livadia 里瓦几亚皇宫
London 伦敦
London “伦敦号”
Lord Amherst 阿美士德勋爵
Lord Ampthill 庵士尔勋爵
Lord Dufferin 总督达夫林
Lord Elgin 总督额尔金
Lord. Lansdowne 总督兰斯顿勋爵
Lyton 总督利顿
Lord William Bentinck 威廉·本汀克勋爵
Lord Macartney 马嘎尔尼勋爵
Lt. Col. Cathcart 卡斯卡特中校
Lieutenant-Colonel Mitchell 米奇尔中校

M

Macartney, George 马嘎尔尼
Macdonald. G 麦克唐纳
Macojo 马可作岛
Madras 马德拉斯
Mahomed Rejeb 马赫穆德·雷哲布
Mahomed Walli 马赫穆德·沃里
Major Stringer Lawrence 劳伦斯上校
Mayo 总督梅奥
Major Bradshaw 布拉德肖少校
Major J. Keith 凯斯上校

Major T. H. Goldney 戈德尼少校
Malla Dynasty 马拉王朝
Malla King 马拉国王
the sacred lake of Manasarowar 玛纳萨洛瓦尔
Maryum 马努山
Masterly Inactivity “精明无为”政策
Matabar Singh 玛塔巴尔·辛格
Mcmahon Line 麦克马洪线
Mdag-dpon 戴本(代本)
mngar-ris 阿里
Mochu River 莫竹河
Moghul Empire 莫卧尔帝国
Moira 总督摩拉
Monglia 蒙古
Morse, H. B. 马士
Murung(Morung, Morang) 穆朗
Mustang 木斯塘
Mysore 迈索尔

N

Nagpur 纳格普尔
Nain Singh 纳恩·辛格,又名南辛格
Nangyal 朗吉
Nepal 尼泊尔
Nepal-Tibet Relations 尼藏关系
Netherlands(Holland) 荷兰
Newbery 纽伯里
New Delhi 新德里
Newar 尼瓦尔
the frontier pass of Niti 尼提关口
Norfolk 诺福克
Northbrook 总督诺思布鲁克
Nuwakot 努瓦

O

Obos 鄂博
O'Conor 欧康纳
Oliver Cromwell 奥利弗·克伦威尔
Orient Company 雷万特公司
Oudh 俄得(前英属印度的一个省,位于北方邦内)
Outer Tibet 外藏

P

Padong 帕东
Pakyong 帕琼
Pana(Patang) 巴塘
Patna 巴特那
Patan 帕坦
Panchen Lama 班禅喇嘛
Panchen Er-te-ni 班禅额尔德尼
Pangong Lake 班公湖
Paul Michael Kennedy 保罗·肯尼迪

Pax Netherlandica 荷兰统治下的和平
Pemiongtchi 白木格齐
Persian Gulf 波斯湾
Phari 帕克里(帕里)
Pho-lha-nas 颇罗鼐
Pitt's India Act 皮特法案
Portuguese 葡萄牙
Potala 布达拉宫
Pratap Singh Shah 普拉特普·辛哈
Prithvinarayan Shah 普里特维·纳拉扬·沙阿
Punjab 旁遮普
Purangir 普南吉

Q

Queen Elizabeth I 伊丽莎白女王

R

Rajah on the Jumna, the puppet Emperor Shah Alam 沙阿·阿兰姆
Rajendra Laxmi 拉金德拉·拉克希米
Ramman 南门河
Randall Parr 中国亚东税务司巴尔
Rana Bahadur 拉纳·巴哈杜尔
Rana Jung Bahadur 拉纳·钟·巴哈杜尔
Rana Family 拉纳家族
Rangpur 兰普尔(朗布尔)
Rani Jong 纳里·钟
Ranjit River 兰吉特河
Ranjit Singh 兰吉特·辛格
Rarrmagur 若纳古尔
Ravenshaw 雷文肖
Rawling 罗林
Rawats 拉瓦特人
rdo-khyu 多玉
Reinthal 莱茵塔尔
Regulations of 1893 Regarding Trade, Communication, and Pasturage to be Appended to the Sikkim - Tibet Convention of 1890《中英会议藏印续约》
Richard Chancellor 钱塞勒
Richard Strachey 理查德·斯特里奇
Rima 日马
Robert Hart 赫德
Robert Saunders 罗伯特·桑德斯
Royal African Company 皇家非洲公司
Rtse-drung Lama 济仲喇嘛
Rupees 卢比
Russo-Chinese bank 俄中银行
Russooah 鲁素阿

S

Sad mar kar 赛玛噶
Sakya 萨迦
Samarpa, Lama of the Red Sect 沙玛尔巴
Samuel Davis 萨缪尔·戴维斯
Sagauli 萨高利(塞哥里)
Sarat Chandra Das 萨拉特·昌德拉·达斯
Schuyler Camman 凯曼
Sde-pa 第巴
Secretary of Bengal Government 孟加拉政府秘书
Secretary of State for India 印度事务大臣
Sera Monastery 色拉寺
Shigate (Digarcha) 日喀则
Shekhar Dzong(Shikarjung) 胁噶尔宗
Siachen 塞钦河
Sikh 锡克兵丁
Sikh Kingdom 锡克王国
Sikkim 锡金(哲孟雄)
Siliguli 西里古里
Simla 西姆拉
Sing-pa 森巴
Sining 西宁
Sinkiang 新疆
Sir Hugh Willoughby H·威洛比
Sir James Lancaster 兰开斯特
Sir John Macpherson 麦克菲逊
Shinting LaLagyap 新定山口至拉加
S. J. Davis 英国驻香港总督德庇时
skyi-lde-nyi-ma-mgon 吉德尼玛衮
Sovereign State 主权国
Sovereignty 主权
Spain 西班牙
Spiti 司丕提
Srong Tsang Gampo 松赞干布
Staunton, George Leonard 斯当东
Surat 苏拉特
Sutlej 萨特累季河(苏特杰河)
Suzerain State 宗主国
Suzerainty 宗主权
Surveyor-General of India 测量总监
Szechwan 四川

T

Tachienlu 打箭炉
Tanpa 坦帕
Tashilhunpo (Tashilumpo) 扎什伦布
Terai 泰莱区
T. G. Montgamerie 蒙哥马利
Thapathali 塔帕塔利
The Governor of Bengal 孟加拉总督

The Survey of India 印度勘测局

The Treaty of Amritsar 《阿姆利则条约》

The Treaty of Lahore 《拉合尔条约》

The Treaty of Sagauli 《塞哥里条约》

the Treaty of Titalya 《梯塔利亚条约》

The United Company of Merchants of England Trading to the East India 对东印度群岛贸易的英国商人联合公司

Thimpu 廷布

Thomas Manning 托玛斯·曼宁

Thomas Mun 托马斯·孟

Tibet 西藏,唐古忒

Tibetology 藏学

Times 《泰晤士报》

Tingkey 定结

Tingri 定日

Tipu Sultan 蒂普苏丹

Tista River 梯斯塔河

Treaty between Great Britain and Bhutan 英不条约

tribute 朝贡

Tributary relations 朝贡关系

Truce and Free Trade to China 休战和对华自由贸易协定

Tsamba 粘粑

Tsang 藏

Tuna 堆纳

Turner, Samuel 特纳

T. Wade 威妥玛

U

ü 卫(危)

Ugyen Kazi 乌金·噶箕

Unicorn "玉可号"

V

valley of the Dauli 达力山谷

van de Putte 范德普

Vassal State 附庸国,附属国,属地

Viceroy of India 英属印度总督

Victoria Cold War "维多利亚时代的冷战"

W

Wazir Zorawar Singh 瓦希尔·俄拉瓦·辛格

William Lee-Warner 威廉·李·华纳爵士

William Lambton 威廉·兰普顿

William Moorcroft 威廉·穆尔克罗夫特

William W. Rockhill 柔克义

Y

Yamdok 羊卓雍湖

Yangla	羊拉寺
Yarkand	叶尔羌
Yatung	亚东

参考文献

一、中国文献与论著

(一)档案与资料

(明)宋濂等撰.元史.北京:中华书局,1997.

(明)中央研究院历史语言研究所校印.明实录.上海:上海书店,1984.

(清)张廷玉,等撰.明史.北京:中华书局,1997.

(清)蒋良麒.东华录.北京:中华书局,1980.

(清)清实录.北京:中华书局,1987.

西藏研究编辑部编.清实录藏族史料.拉萨:西藏人民出版社,1982.

(清)清史稿.北京:中华书局,1976,点校本.

(清)王先谦.东华续录(嘉庆朝).台北:文海出版社,2006.

(清)魏源.圣武记.北京:中华书局,1984.

(清)昭梿.啸亭杂录.北京:中华书局,1980.

台湾"中央研究院历史语言研究所"编.明清史料·庚编(影印本).北京:中华书局,1987.

台北故宫博物院编.宫中档乾隆朝奏折.台北:故宫博物院,1982.

中国第一历史档案馆编.乾隆朝上谕档.北京:档案出版社,1991.

钦定巴勒布纪略.西藏学汉文献汇刻(影印旧抄本).北京:[出版社不详],1991.

西藏社会科学院西藏学汉文文献编辑室编.钦定廓尔喀纪略//西藏学汉文文献汇刻第一辑.全国图书馆文献缩微复制中心,1991.

(清)魏源撰.乾隆征廓尔喀记.北京:中国藏学出版社,1995.

冯明珠.廓尔喀档(全四册).台北:故宫博物院典藏专案档暨方略丛编.台北:沉香亭企业社,2006.

《西藏研究》编辑部主编. 西藏志、卫藏通志合刊∥西藏研究丛刊. 拉萨:西藏人民出版社,1982.

(清)松筠,黄沛翘. 西招图略、西藏图考合刊. 西藏研究丛刊. 拉萨:西藏人民出版社,1982.

中国藏学研究中心等编. 元以来西藏地方与中央政府关系档案史料汇编(共七册). 北京:中国藏学出版社,1994.

吴丰培. 清季筹藏奏牍. 北京:全国图书馆文献缩微中心,2004.

吴丰培. 清代藏事奏牍. 北京:中国藏学出版社,1994.

张其勤原稿,吴丰培增辑. 清代藏事辑要. 拉萨:西藏人民出版社,1983.

吴丰培. 藏印往来照会∥清代西藏史料丛刊第一辑. 台北:文海出版社,1937.

(清)有泰. 有泰驻藏日记(十六卷). 北京:中国藏学出版社,1988.

(清)王彦威纂辑,王亮编,王敬立校. 清季外交史料. 北京:书目文献出版社,1987.

四库未收书辑刊编纂委员会编. 四库未收书辑刊 · 叁辑 · 捌拾册 · 廓尔喀案部分卷. 北京:北京出版社,2000.

中国第一历史档案馆编. 英使马嘎尔尼使团访华档案史料汇编. 北京:国际文化出版公司,1996.

〔英〕斯当东. 英使谒见乾隆纪实. 叶笃义,译. 上海:上海书店出版社,2005.

罗松多吉. 西藏自治区政协文史资料编辑部编∥西藏文史资料选辑 · 西藏人民抗英斗争史料. 北京:民族出版社,2007.

中国近代经济史资料丛刊编辑委员会编. 中国海关与缅藏问题∥帝国主义与中国海关资料丛编之二. 北京:中华书局,1983.

〔美〕马士著. 东印度公司对华贸易编年史 1635—1834. 中国海关史研究中心组,译,区宗华,译. 广州:中山大学出版社,1991.

刘家驹编译. 班禅大师全集. 全国图书馆文献缩微中心,2007.

严中平,等. 中国近代经济史统计资料选集. 北京:人民出版社,1989.

姚贤镐.中国近代对外贸易史资料.北京:中华书局,1962.

王铁崖.中外旧约章汇编.北京:三联书店,1957.

北京大学历史系等辑.西藏地方历史资料选集.北京:三联书店,1963.

顾廷龙,叶亚廉主编.李鸿章全集.上海:上海人民出版社,1985.

王之春著,赵春晨点校.清朝柔远记.北京:中华书局,2000.

(清)文庆,等编.筹办夷务始末.台北:文海出版社,1970.

中国藏学研究中心历史所编.英国印度事务部档案馆有关西藏档案题解及选译 //《西藏通史》资料丛刊 23.北京:中国藏学出版社,2005.

汪毅,等.光绪条约.外务部图书处铅印本,1916.

中国第一历史档案馆,中国藏学研究中心合编.清末十三世达赖喇嘛档案史料选编.北京:中国藏学出版社,2002.

中国第一历史档案馆,中国藏学研究中心合编.清初五世达赖喇嘛档案史料选编.北京:中国藏学出版社,2000.

〔英〕荣赫鹏.英国侵略西藏史.孙煦初,译.北京:商务印书馆,1935.

〔英〕彼德·费莱明.刺刀指向拉萨.向红笳,胡岩,译.拉萨:西藏人民出版社,1997.

〔英〕埃德蒙·坎德勒.拉萨真面目.尹建新,苏平,译.拉萨:西藏人民出版社,1996.

〔英〕大卫·麦克唐纳.旅藏二十年.孙梅生,黄次书译,张守义,丁云孙,刘家驹,廖文奎,校.北京:商务印书馆,1936.

〔印度〕萨拉特·钱德拉·达斯著.柔克义编拉萨及西藏中部旅行记.陈观胜,李培茱,译.北京:中国藏学出版社,2006.

中国第一历史档案馆,中国藏学研究中心合编.六世班禅朝觐档案选编.北京:中国藏学出版社,1996.

西藏社会科学院西藏学汉文文献编辑室编辑.西藏学汉文文献汇

刻第二辑:松溎桂丰奏稿·筹瞻奏稿·有泰驻藏日记·清代喇嘛教碑文四种合刊.北京:全国图书馆文献缩微复制中心,1991.

邢肃芝(洛桑珍珠)口述,张健飞、杨念群笔述.雪域求法记——一个汉人喇嘛的口述史.北京:三联书店,2003年第1版,2009年第3版.

(二)研究论著

1.中国史方面

张岂之.中国历史(6卷本).北京:高等教育出版社,2001.

王戎笙.清代全史(10卷本).沈阳:辽宁人民出版社,1991.

戴逸主编.18世纪的中国与世界(9卷本).沈阳:辽海人民出版社,1999.

中国人民大学清史研究所,郭成康,等著.康乾盛世历史报告.北京:言实出版社,2002.

〔英〕安格斯·麦迪森.中国经济的长远未来.楚序平,吴湘松,译.北京:新华出版社,1999.

刘大年.中国近代史问题.北京:人民出版社,1978.

陈尚胜.闭关与开放——中国封建晚期对外关系研究.济南:山东人民出版社,1993.

庄吉发.清高宗十全武功研究.北京:中华书局,1987.

朱雍.不愿打开的中国大门.南昌:江西人民出版社,1989.

费正清,刘广京编.剑桥中国晚清史(上、下卷).北京:中国社会科学出版社,1993.

《藏族简史》编写组编.藏族简史.拉萨:西藏人民出版社,1985.

多杰才旦主编,邓锐龄,等著.元以来西藏地方与中央政府关系研究.北京:中国藏学出版社,2005.

周伟洲.英国、俄国与西藏.北京:中国藏学出版社,2000.

伍昆明.西藏近三百年政治史.厦门:鹭江出版社,2006.

伍昆明.早期传教士进藏活动史.北京:中国藏学出版社,1992.

牙含章.达赖喇嘛传.北京:人民出版社,1984.

牙含章.班禅额尔德尼传.拉萨:西藏人民出版社,1987.

杨公素. 中国反对外国侵略干涉西藏地方斗争史. 北京:中国藏学出版社,2001.

吕昭义. 英属印度与中国西南边疆. 北京:中国社会科学出版社,1996.

王远大. 近代俄国与中国西藏. 北京:三联书店,1993.

冯明珠. 近代中英西藏交涉与川藏边情——从廓尔喀之役到华盛顿会议(故宫丛刊甲种). 台北:"国立"故宫博物院,1997.

佘素. 清季英国侵略西藏史. 北京:世界知识出版社,1959.

〔英〕约翰·麦格雷格. 西藏探险. 向红笳,译. 拉萨:西藏人民出版社,1985.

〔瑞士〕米歇尔·泰勒. 发现西藏. 耿昇,译. 北京:中国藏学出版社,2005.

王森. 西藏佛教发展史略. 北京:中国藏学出版社,2002.

王辅仁,陈庆英. 蒙藏民族关系史略. 北京:中国社会科学出版社,1985.

廖祖桂,李永昌,李鹏年. 〈钦定藏内善后章程二十九条〉版本考略. 北京:中国藏学出版社,2006.

肖怀远. 西藏地方货币史. 北京:民族出版社,1987.

西藏自治区钱币学会编. 中国西藏钱币. 北京:中华书局,2002.

罗贤佑. 历史与民族——中国边疆的政治、社会和文化. 北京:中国社会科学出版社,2005.

陈家琎. 西藏森巴战争. 北京:中国藏学出版社,2000.

〔日〕山县初男. 西藏通览(线装一函五册). 西藏自治区历史档案馆编印. 郑州:中州古籍出版社,1986.

丁实存. 清代驻藏大臣考. 蒙藏委员会印行,1943.

〔意〕利玛窦,金尼阁. 利玛窦中国札记. 何高济,王遵仲,李申,译. 北京:中华书局,1983.

〔英〕C. R. 博克舍编注. 十六世纪中国南部行记. 北京:中华书局,1990.

（清）夏燮著，高鸿志点校. 中西纪事. 长沙：岳麓书社，1988.

（清）余庆远. 维西见闻记. 北京：商务印书馆，1915.

（清）西清. 黑龙江外记. 哈尔滨：黑龙江人民出版社，1984.

陈庆英，高淑芬. 西藏通史. 郑州：中州古籍出版社，2003.

柳陞祺. 柳陞祺藏学文集（汉文卷上下）. 北京：中国藏学出版社，2008.

邓锐龄. 邓锐龄藏族史论文译文集（上下）. 北京：中国藏学出版社，2004.

陈庆英. 陈庆英藏学论文集（上下）. 北京：中国藏学出版社，2006.

张云. 西藏历史问题研究（增订本）. 北京：中国藏学出版社，2008.

〔日〕佐藤长. 中世纪西藏史研究. 东洋史研究丛刊之三十八. 京都：同朋舍刊，1986.

〔英〕查尔斯·贝尔. 十三世达赖喇嘛传. 冯其友，等译. 西藏社会科学院西藏学汉文文献编辑室，1985.

喜绕尼玛. 近代藏事研究. 拉萨：西藏人民出版社，世纪出版集团，上海书店出版社，2000.

苏发祥. 伸向雪域的魔爪——从波格尔使藏到英国第一次侵藏战争. 北京：中国藏学出版社，2002.

〔英〕黎吉生. 西藏简史. 李有义，译. 北京：中国社会科学院民族研究所民族历史研究室，民族学研究室，1979.

周伟洲. 唐代吐蕃与近代西藏史论稿. 北京：中国藏学出版社，2006.

中国社会科学院民族学与人类学研究所，罗贤佑. 历史与民族——中国边疆的政治、社会和文化. 北京：社会科学文献出版社，2005.

2. 世界史方面：

〔美〕保罗·肯尼迪. 大国的兴衰. 蒋葆英，等译. 北京：中国经济出版社，1989.

马克思恩格斯全集（第9卷）. 北京：人民出版社，1985.

〔英〕马汉.海权对历史的影响:1660—1783.安常容,译.北京:解放军出版社,1998.

〔美〕查尔斯·金德尔伯格.世界经济霸权1500—1990.高祖贵,译.北京:商务印书馆,2003.

倪世雄,等.当代西方国际关系理论.上海:复旦大学出版社,2001.

楚树龙.国际关系基本理论.北京:清华大学出版社,2003.

王逸舟.西方国际政治学:历史与理论.上海:上海人民出版社,1998.

叶自成.地缘政治与中国外交.北京:北京出版社,1998.

李景治,罗天虹,等.国际战略学.北京:中国人民大学出版社,2003.

楼耀亮.地缘政治与中国国防战略.天津:天津人民出版社,2002.

王绳祖.国际关系史(十卷本).北京:世界知识出版社,1995.

吴于廑,齐世荣.世界史·近代史编、世界史·现代史编(上下).北京:高等教育出版社,1992.

〔英〕J.O.林赛编,中国社会科学院世界历史研究所组译.新编剑桥世界近代史(第7卷:旧制度,1713—1763).北京:中国社会科学出版社,1999.

〔美〕杰弗里·帕克.剑桥战争史.傅景川,等译.长春:吉林人民出版社,1999.

〔英〕马丁·吉尔伯特.英国历史地图.王玉函,译.北京:中国青年出版社,2009.

〔美〕斯塔夫里阿诺斯.全球通史(上下).吴象婴,梁赤民,译.上海:上海社会科学出版社,1999.

〔美〕马士.中华帝国对外关系史(三卷本).张汇文,等译.上海:上海书店出版社,2000.

〔英〕安格斯·麦迪森.世界经济千年史.伍晓鹰,等译.北京:北京大学出版社,2003.

〔英〕莫尔顿.人民的英国史.谢琏造,等译.北京:三联书店,1958.

〔英〕托马斯·孟.英国得自对外贸易的财富.袁南宇,译.北京:商务印书馆,1981.

钱乘旦,许洁明.英国通史.上海:上海社会科学出版社,2002.

萨本仁,潘兴明.20世纪的中英关系.上海:上海人民出版社,1996.

高鸿志.近代中英关系史.成都:四川人民出版社,2001.

高鸿志.英国与中国边疆危机(1637—1912).哈尔滨:黑龙江教育出版社,1998.

〔英〕杨国伦(Leonard Kenneth Young).英国对华政策(1895—1902).刘存宽,译.北京:中国社会科学出版社,1991.

张亚东.重商帝国——1689—1783年的英帝国研究.北京:中国社会科学出版社,2004.

〔尼泊尔〕I. R. 阿里亚尔,T. P. 顿格亚尔.新编尼泊尔史.四川外语学院《新编尼泊尔史》翻译组,译.成都:四川人民出版社,1973.

王宏纬.尼泊尔.北京:社会科学文献出版社,2004.

〔前苏联〕安东诺娃,等.印度近代史.北京编译社,译.北京:三联书店,1978.

〔美〕戈登·克雷格,等.武力与治国方略:我们时代的外交问题.时殷弘,等译.北京:商务印书馆,2004.

〔前苏联〕雷斯涅尔,等.东方各国近代史.丁则良,等译.北京:三联书店,1957.

(三)研究论文

邓锐龄.清初第五辈达赖喇嘛进京及受封经过//藏族历史宗教论文集.北京:中国藏学出版社,1996.北京:中国藏学出版社,2004.

邓锐龄.关于1652—1653年第五辈达赖喇嘛晋京的两个问题.民族研究,1995,(3).

邓锐龄.第一次廓藏战争(1788—1789)中的议和潜流.中国藏学,2007(1).

邓锐龄.乾隆朝第二次廓尔喀之役(1791—1792).中国藏学,2007

(4).

邓锐龄.1789—1790年鄂辉等西藏事宜章程.中国藏学,2008(3).

邓锐龄.清乾隆朝第二次廓尔喀侵藏战争(1791—1792)史上的几个问题.中国藏学,2009(1).

柳陞祺,邓锐龄.第六辈班禅额尔德尼·洛桑贝丹意希生平事迹述评.民族史论丛,1987(1).

柳陞祺.柳陞祺藏学文集(上).北京:中国藏学出版社,2008.

柳陞祺.乔治·波格尔入藏的使命内容及其执行结果//柳陞祺藏学文集(上).北京:中国藏学出版社,2008.

柳陞祺.马各——第一个到拉萨的英国人//柳陞祺藏学文集(上).北京:中国藏学出版社,2008.

柳陞祺.所谓"西藏独立"及西藏的"宗主权"//柳陞祺藏学文集(上).北京:中国藏学出版社,2008.

柳陞祺.评西方若干藏学研究者的藏族史观.柳陞祺藏学文集//(上).北京:中国藏学出版社,2008.

周伟洲.19世纪西方探险家、传教士在我国藏区的活动//唐代吐蕃与近代西藏史论稿.北京:中国藏学出版社,2006.

周伟洲.19世纪前后西藏与拉达克的关系及其划界问题//唐代吐蕃与近代西藏史论稿.北京:中国藏学出版社,2006.

周伟洲.关于19世纪西藏与森巴战争的几个问题.中国边疆史地研究,2008(3).

〔英〕L. A.瓦代尔.在执行拉萨荣赫鹏使团任务期间搜集到的藏文手抄本和书籍的情况.//帝国与亚洲季刊——东方与殖民记录.1912,33-34(3).陈泉,译.中国藏学,2004(2).

巴桑旺堆.关于英国入侵西藏时所盗走的藏文文献典籍相关情况介绍.军事历史,2004(6).

高鸿志.英国与18世纪后期的中尼战争——评〈圣武记·乾隆征廓尔喀记〉.中国边疆史地研究,1998(4).

高鸿志.辛亥革命时期英国分裂中国西藏的阴谋.安徽大学学报:

哲学社会科学版,2001(5).

张云.钦定藏内善后章程二十九条的形成与版本问题.民族研究,1997(5).又见《西藏历史问题研究》(增订本).北京:中国藏学出版社,2008.

张云.乾隆皇帝治藏宗教政策的思想基础——以〈喇嘛说〉为中心.西北民族论丛.2002.又见《西藏历史问题研究》(增订本).北京:中国藏学出版社,2008.

张云.乾隆皇帝处理廓尔喀侵藏善后事务的一些基本思想.中国藏学,2008(3).

张云.和琳驻藏——清朝驻藏大臣的一个典型性分析//法国汉学·边臣与疆吏(第十二辑).北京:中华书局,2007.

戴逸.一场未经交锋的战争——乾隆朝第一次廓尔喀之役.清史研究,1994(3).

吴从众.历史的启示——为纪念西藏人民抗英斗争一百周年而作.中国藏学,1988(3).

杨公素.所谓"西藏独立"活动的由来及剖析.中国藏学,1989(1).

黄鸿钊.1904年英国侵略西藏战争.中国藏学,1993(1).

吕昭义.英属印度对中国西南边疆政策综述.中国边疆史地研究,1995(3).

吕昭义.寇松与英国内阁对西藏问题的政策.世界历史,1992(3).

吕昭义.试论寇松的西藏政策.思想战线,1991(3).

胡岩.〈寇松备忘录〉与民国初年英国侵略中国西藏的政策.中国藏学,1998(3).

〔意〕伯戴克.拉达克王国:公元950—1842年(一)——拉达克的早期历史.扎洛,译.西藏民族学院学报·哲学社会科学版,2009(2).

骆威.清代抗击廓尔喀侵藏战争背景及意义新探.民族研究,1998(2).

(四)藏文文献与论著

王尧,陈践,译注.敦煌本吐蕃历史文书(增订本).北京:民族出版社,1992.

达仓宗巴·班觉桑布(stag tshang rdzong pa dpal vbyor bzang po)著藏文本.汉藏史集(rgya bod yig tshang),成都:四川民族出版社,1985;陈庆英汉译本.拉萨:西藏人民出版社,1986.

刘立千译.续藏史鉴.成都:华西大学出版社,1945.

恰白·次旦平措,诺章·吴坚,平措次仁.西藏通史·松石宝串(bod ki lo rgyus rags rim gyu yi phred ba).陈庆英,格桑益西,何宗英,许德存,译.拉萨:西藏社会科学院,中国西藏杂志社,西藏古籍出版社,1996年初版,2004年第2版.

嘉木央·久麦旺波.六世班禅洛桑巴丹益希传.许得存,卓永强,译,祁顺来,李钟霖校.拉萨:西藏人民出版社,1990.

五世达赖喇嘛阿旺洛桑加措(ngag dbang blo bzang rgya mtsho)著.五世达赖喇嘛传(ngag dbang blo bzang rgya mtshovi rnam thar)(藏文).拉萨:西藏人民出版社,1991;陈庆英、马连龙、马林汉,译本.北京:中国藏学出版社,2006.

第穆呼图克图·洛桑图丹晋麦嘉措.八世达赖喇嘛传.冯智,译.北京:中国藏学出版社,2006.

朵喀夏仲·策仁旺杰(mdo mkhar zhabs drung tshe ring dbang rgyal)著藏文本.噶伦传(bkav blon rtogs brjod).成都:四川民族出版社,1981;周秋有汉译本.拉萨:西藏人民出版社,1986.

多卡夏仲·策仁旺杰(mdo mkhar zhabsdrung tshe ring dbang rgyal)著藏文本.颇罗鼐传(mi dbang rtogs brjod).成都:四川民族出版社,1981;汤池安汉,译本,拉萨:西藏人民出版社,1988初中级,2002年再版.

多仁·丹增班觉(rdo ring bstan vdzin dpal vbgor)著藏文本.多仁班智达传(rdo ring panti tavi rnams thar).成都:四川民族出版社,1986;汤池安,译、郑堆校汉,译本,北京:中国藏学出版社,1995.

扎西旺都. 西藏历史档案公文选·水晶明鉴. 王玉平,译. 北京:中国藏学出版社,2006.

中国社会科学院民族研究所、西藏自治区档案馆合编. 西藏社会历史藏文档案资料译文集. 陆莲蒂,王玉平,等译. 北京:中国藏学出版社,1997.

拉达克王统传(la dwags rgyal rabs). 拉萨:西藏人民出版社(bod ljongs mi dmangs dpe skrun khang),1987.

二、外文文献与论著

A. K. J. Singh. Himalayan Triangle, A Historical Survey of British India's Relations with Tibet, Sikkim and Bhutan 1767 - 1950. London: British Library, 1988.

Alastair Lamb. Britain and Chinese Central Asia: the Road to Lhasa 1767 to 1905. London: Routledge and Kegan Paul, 1960.

Alastair Lamb. British India and Tibet, 1766 - 1910. London: Routledge and Kegan Paul Ltd, 1986.

Alastair Lamb. Tibet, China and India, 1914 - 1950: A History of Imperial Diplomacy. London: Roxford Books, 1989.

Alastair Lamb. Crisis in Kashmir, 1947 - 1966. London: Routledge and Kegan Paul, 1966.

AlastairLamb. The China-India Border: The Origins of the Disputed Boundaries. London: Oxford University Press, 1964.

AlastairLamb. The McMahon Line. 2 Vols. London: Routledge, 1966.

Asad Husain. British India's Relations with the Kingdom of Nepal, 1857—1947, A Diplomatic History of Nepal. London: Allen and Unwin, 1970.

Angus Maddison. Chinese Economic Performance In The Long Run.

Paris: OECD, 1998.

Barbara D. Metcalf and Thomas R. Metcalf. A Concise History of India. Shanghai: Shanghai Foreign Language Education Press, 2006.

B. D. Sanwal. Nepal and the East India Company. London: Asia Publishing House, 1965.

British Parliamentary Papers: China. Vol. 36. Shannon: Irish University Press, 1971.

Brian Gardner. The East India Company: A History. New York: Dorset Press, 1971.

Clements R. Markham. Narratives of the Mission of George Bogle to Tibet and of the Journey of Thomas Manning to Lhasa. New Delhi: Manjusri Publishing House, 1971.

Colman Macaulay. Report of a Mission to Sikkim and Tibetan Frontier, 1884. Kathmandu: RatnaPustakBhandar, 1977.

Col. M. N. Gulati. Tibetan Wars through Sikkim, Bhutan and Nepal. New Delhi: Manas Publications, 2003.

Colonel Kirkpatrick. An Account of the Kingdom of Nepaul, Being the Substance of Observations Made During A Mission to that Country in the Year 1793. London: William Miller, 1811.

C. U. Aitchison. A Collection of Treaties, Engagements and Sanads Relating to India and Neighboring Countries. Calcutta: Oxford University Press, 1929 - 1931.

DhanalaxmiRavuri. British Attitude to Nepal's Relations with Tibet and China, 1814—1914. New Delhi: Bahri Publishing house, 1981.

Dorothy Woodman. Himalayan Frontiers—A Political Review of British, Chinese, Indian and Russian Rivalries. London: Barrie and RockliffThe Cresset Press, 1969.

David Macdonald. Twenty Years in Tibet. Delhi: Cosmo Publications, 1996.

Elvin, Mark. The Pattern of the Chinese Past: a Social and Economic Interpretation. Stanford: Stanford University Press, 1973.

Frederic E. Wakeman, Jr. China and the Seventeenth-century Crisis, Late Imperial China Vol 6, No. 2, December. Baltimore: Johns Hopkins University Press, 1985.

Frederic E. Wakeman, Jr. The Fall of Imperial China. New York: Free Press, 1975.

Frederic E. Wakeman, Jr. The Great Enterprise: the Manchu Reconstruction of Imperial Order in Seventeenth-century China. Berkeley: University of California Press, 1985.

Frederic. A. Greenhut II. The Tibetan Frontiers Question, from Curzon to the Colombo Conference (an unresolved factor in Indo-Sinic Relations). New Delhi: S. Chand, 1982.

Francis EdwardYounghusband. India and Tibet: A History of the Relations Which Have Subsisted between the two Countries from the Time of Warren Hastings to 1910, with a Particular Account of the Mission to Lhasa of 1904. London: John Murray, 1910.

Francis EdwardYounghusband. TheLight of Experience—AReview of Some Men and Events of My Time. London: Constable & Co., Ltd., 1927.

George Macartney. An Embassy to China: Being the Journal Kept by Lord MacartneyDuring His Embassy to the Emperor Ch'ien-lung, 1793—1794. Edited by Cranmer-Byng. London: UK Longmans, Green and Co. Ltd., 1962.

GeorgeStaunton. An Authentic Account of An Embassy from the King of Great Britain to the Emperor of China. London: W. Bulmer and Co. for G. Nicol, 1798.

Hans Morgenthau. Politics Among Nations: Struggle For Power and Peace. Revised by Kenneth W. Thompson. New York: Alfred A. Knopf, Distributed by Random House, 1985.

H. B. Morse. The Chronicles of the East India Company Trading to China, 1635—1834. Oxford: Clarendon Press, 1926.

Hedley Bull and Adam Watson. The Expansion of International Society. Oxford: Clarendon Press 1984.

Henry Dodwell. Warren Hastings'Letters to Sir John Macpherson. London: Faber &Gwyer, 1927.

Huge E. Richardson. Tibet and its History. Second edition, revised and updated. Boston and London: Shambhala Publications.

Immanuel C. Y. Hsu. The Rise of Modern China. Fifth edition. London: Oxford University Press, 1995.

Jane Kate Leonard and John R. Watt. To Achieve Security and Wealth: the Qing Imperial State and the Economy, 1644—1911. Ithaca NewYork: East Asia Program, Cornell University, 1992.

Joseph Nye, Jr.. Understanding International Conflicts: An Introduction to Theory and History. New York: Longman, 1997.

Jack S. Levy. War in the Modern Great Power System, 1495 - 1975. Lexington, K. Y.: the University Press of Kentucky, 1983.

James B. Crowley. Modern East Asia: Essays In Interpretation. New York: Harcourt, Brace & World, 1970.

Jeremy Bernstein. Dawning of the Raj, the Life and Trials of Warren Hastings. Chicago: Ivan R. Dee, 2000.

John J. Mearsheimer. The Tragedy of Great Power Politics. New York: Norton Company, 2001.

John King Fairbank. China: A New History. Cambridge, Mass.: Belknap Press of Harvard University Press, 1998.

John King Fairbank. The Chinese World Order: Traditional China's Foreign Relations. Cambridge: Harvard University Press, 1968.

John Macgregor. Tibet: A Chronicle of Exploration. Routledge&Kegan Paul, 1970.

JohnRowland. A History of Sino-Indian Relations: Hostile Co-existence. Princeton N. J. : Van Nostrand, 1967.

Jonathan D Spence. The Search for Modern China. New York: Norton, 1999.

KeayJohn. The Honorable Company, A History of the English East India Company. London: HarperCollins, 1991.

Keith Feiling. Warren Hastings. London: Macmillan CO LTD, 1955.

Leo. e. Rose and Margaret. W. Fisher. The Politics of Nepal, Persistence and Change in an Asian Monarchy. Ithaca, N. Y. : Cornell University Press, 1970.

L. Austine Waddell. Lhasa and Its Mysteries, With A Record of the Expedition of 1903 - 1904. Third edition, London, 1906.

Luciano Petech. The Kingdom of Ladakh, 950—1842 AD. Roma: Istitutoitaliano per ilMedioedEstremoOriente, 1977.

Ludwig F. Stiller. The Rise of The House of Gorkha, AStudy in the Unification of Nepal 1768—1816. New Delhi: Ma? ju? rī Publishing House, 1973.

Martin Ewans. Britain and Russia in Central Asia, 1880—1907. Volume I, Documents, London: Routledge, 2008.

Michael Aris. Bhutan, the Early History of A Himalayan Kingdom. Warminster-England: Aris and Phillips Ltd. , 1979.

Michael Edwards. Playing the Great Game, A Victorian Cold War. London: Hamish Hamilton, 1975.

Paul Kennedy. The Rise and Fall of The Great powers——Economic Change and Military Conflict from 1500to 2000. New York: Vintage Books, A Division of Random House, 1987.

Patrick French. Younghusband: The Last Great Imperial Adventurer. London: HarperCollins Publishers, 1994.

Perceval Landon. Opening of Tibet. New York: Doubleday, Page &

Co., 1906.

Prem R. Uprety. Nepal - Tibet Relations, 1850 – 1930, Years of Hopes, Challenges and Frustrations. Kathmandu: RatnaPustakBhandar, 1998.

Ping-Ti Ho. The Significance of the Ch'ing Period in Chinese History. Journal of Asian Studies, VOL26, NO. 2, 1967.

Ramakant. Nepal - China and India (Nepal - China Relations). New Delhi: Abhinav, 1976.

Ramkrishna Mukherjee. The Rise and Fall of the East India Company. New York: Monthly Review Press, 1974.

R. Bin Wong. China and World History. Late Imperial China, Vol 6, No. 2, December, 1985.

Richard J. Smith. China's Cultural Heritage: the Qing Dynasty, 1644 – 1912. Boulder, Colorado: Westview Press, 1994.

Robert A. Pastor. A Century's Journey: How The Great Powers Shape the World. New York: Basic Books, 1999.

R. S. Gundry. China and Her Neighbors France in Indo-China, Russia and China, India and Tibet. London: Chapman & Hall, 1893.

Ronaldshay, Earl. The life of Lord Curzon, being the authorized biography of George Nathaniel, Marquess Curzon of Kedleston, K. G. . 3 Vols. London: E. Benn, ltd., 1928.

S. A. M. Adshead. China in World History. New York: St. Martin's Press, 1995.

Schuyler Cammann. Trade Through the Himalayas: the Early British Attempts to Open Tibet. London: Greenwood Press, 1951.

Shakabpa, Tsepon W. D. Tibet, A Political History. London: Yale University Press, 1967.

ShramanaEkai Kawaguchi. Three Years in Tibet. With the Original Japanese Illustrations. Delhi: Book Faith India, 1995.

Sir William Wilson Hunter. A History of British India. London: Longmans, Green, and Co. , 1900.

Taraknath Das. British Expansion in Tibet. Calcutta: N. M. Raychowdhury& Co. , 1928.

Tatiana Shaumian. Tibet, the Great Game and Tsarist Russia. Oxford: Oxford University Press, 2000.

Tirtha Prasad Mishra. The Taming of Tibet, A Historical Account of Compromise and Confrontation in Nepal-Tibet Relations (1900—1930). Nirala Series-16. Jaipur: Nirala Pub. , 1991.

Warren Hastings. Historical Documents of British India. Edited by G. W. Forrest. Vol1. Delhi: Anmol Publications, 1985.

W. Faster. England's Quest of Eastern Trade. London: A. & C. Black ltd. , 1933.

Wilbur, Marguerite Eyer. The East India company and the British empire in the Far East. New York: R. R. Smith, 1945.

WitoldRodzinski. The Walled Kingdom: AHistory of China from Antiquity to the Present. New York: Free Press, 1984.

W. W. Rockhill. The Dalai Lamas of Lhasa and their Relations with Manchu Emperors of China, 1644—1908. ToungPao, Vol. XI 1910.

Z. Ahmad. Sino-Tibetan Relations in the Seventeenth Century. InSerie Orientale Roma XL. Roma: IstitutoItalianoPer Il Medio Ed EstremoOriente, 1970.

索 引

C

D

E

F

G

H

J

K

L

M

N

P

·欧·亚·历·史·文·化·文·库·

Q

R

S

T

W

X

Y

Z

后记

书稿即将付梓，回顾这些年的学术成长之路，心中竟五味杂陈。

首先要感谢我的父亲母亲。这些年，没有他们的坚定支持，我肯定走不到今天。我的家境并不富裕，父母含辛茹苦地供我们五个兄弟姐妹上学的执著精神，在当时并不为很多邻居、朋友所理解。正是在父母的支持、鼓励下，哥哥姐姐榜样力量的作用下，我才有了今天。

其次要感谢我的硕士导师魏长洪教授。我本科就读于新疆大学历史系，2000 年本科毕业后，继续被保送在历史系攻读硕士学位，魏老师是我的导师。魏老师治学严谨、追求完美，待人接物总是慷慨热情，有时竟像慈父般唠叨……这看似平淡的一切，在 2007 年 6 月 6 日魏老师永远离开我们那一天变得意义不同，我忽然感到他对我的影响如此之深。追求完美对一个普通人而言既是一种美好境界，同时也意味着经受苦难与折磨，我想用这种标准要求、提升自己。魏老师是我进入学术研究殿堂的引路人。在他的悉心指导下，我的硕士毕业论文《英国扶植阿古柏政权研究》顺利通过了答辩，并在《南亚研究》(2004 年第 2 期)等刊物上发表，我的研究方向也确定在边疆史、中外关系史等方面。2006 年春节期间，我去看望魏老师。当时正忍受病痛折磨的他，与我进行了长达一个多小时的促膝长谈，其中谈得最多还是我的工作。想到这些，不禁悲从中来。

2003 年 9 月，我考上了中国人民大学清史所的博士研究生，师从郭成康先生。读博士的 3 年，从论文的选题、构架到写作，郭老师都予以悉心指导和教诲。在人大清史所的 3 年，我的知识视野得到拓展，并逐渐将兴趣转向藏族史研究。我的博士论文《18 世纪晚期廓尔喀入侵西藏前后的中英关系研究》在 2006 年 5 月顺利通过了答辩。对此，我还要感谢中国社会科学院历史研究所的赫治清先生，他在论文选题和写作构架方面给予了许多帮助,北京师范大学的倪玉平博士也对论文的修改提出了具体意见。

2006年7月,我来到中国藏学研究中心历史所工作。近五年的时间,我在藏研中心学到了许多在大学校园十年中学不到的知识。藏研中心的领导十分重视年轻人语言能力的培养和业务能力的提高,自2007年至今,我一直在参加藏研中心举办的藏语学习班的学习。2007年9月到2008年2月,我又通过考试,得以前往加拿大渥太华进行为期半年的英语进修。在加生活学习的半年,无论从视野、知识等各方面,我都感觉到了进步。也是在出国后,我发现普通的西方老百姓只是全盘接受了国家和媒体的宣传,根本不了解中国,更谈不上了解中国西藏。学习之余,我翻译并出版了《西藏历史——十四世达赖喇嘛访谈录》(张云校)一书,感觉到自己逐渐步入了藏学研究的天地。

2007年我参加了中国藏学研究中心与奥地利维也纳大学合办的"藏传佛教后弘期上路弘传历史艺术文化专题研讨会",担任口译工作,并承担了会议论文集《西部西藏的文化历史》(中国藏学研究中心2008年)一书大部分文稿的英译汉、汉译英任务。我还申请到并顺利完成国家社会科学基金西南工程课题一项,承担并完成国务院新闻办公室组织的留学生西藏知识手册《走近西藏》(中国藏学出版社2009年)的撰稿任务。2008年拉萨"3·14"事件发生以来的现实,让我更深刻地体会到藏学研究鲜明的政治属性,舆论斗争实践也让自己增长了见识,提高了分辨是非的能力,同时也真切认识到藏学研究的重要意义。我觉得自己更加热爱藏研中心,热爱藏学研究,热爱藏族文化了。2008年9月,藏研中心举办了第四次北京国际藏学会,我在现当代组担任英汉翻译,再次得到锻炼和提高。2009年更是忙碌的一年,先在中央党校西藏班学习半年,后借调到国新办工作。在西藏班我结交了不少热情豪爽的藏族朋友,理论素养也有所提高,令我获益良多;国新办的工作更让我感觉到涉藏外宣工作的重要性,以及西藏反分裂斗争的长期性和艰巨性。

在中国藏学研究中心工作的5年,我的专业积累、理论知识等各方面都有所提高，我对博士论文的修改也同步进行，对一些问题的看法也更加深入和系统，这便是《英国与中国西藏(1774—1904)》一书的形成过程。书稿得到中国藏学研究中心历史所邓锐龄研究员的悉心指导。邓先生已是85岁高龄，仍仔细认真地通读全书，先后两次提出了宝贵的修改意见，并为本书作序。邓先生一丝不苟的学风和严谨认真的态度，将永远激励、鼓舞着我。陕西师范大学周伟洲教授对全书的框架结构提出了修改意见。中国藏学研究中心原党组书记朱晓明也对全书提出了修改意见，还欣然应邀为本书作序。中国藏学研究中心张云研究员多次对本书的构架和有关内容提出了重要而宝贵的修改意见，并始终关注着本书的进展。原中国藏学出版社总编马丽华老师对书稿提出了中肯的意见，现任总编毕华老师也十分关心本书的出版。中国藏学研究中心历史所陈庆英研究员、周源研究员、熊文彬研究员也对本书稿提出了修改意见，在此，我向他们致以衷心的感谢！

来到藏研中心工作的几年里，我得到过拉巴平措总干事、柳应华副总干事、郑堆副总干事、科研办廉湘民主任等的关心和帮助，在此表示感谢。我还要感谢我所在的历史所的全体同志的帮助。

感谢本丛书主编、著名中亚史专家余太山先生惠允将拙作纳入"欧亚历史文化文库"丛书，感谢兰州大学出版社的施援平女士、高燕平女士为本书的出版所给予的诸多帮助。感谢所有关心、支持我的朋友。

2011年1月23日